KB202565

장한결의

**부도지 강의**

박제상 원저 — 장한결 풀이와 강의

장한결의 부도지 강의

符都誌

2025
개정판

좋은땅

부도지(符都誌)는 한민족뿐만 아니라 인류를 아우르는 창세(創世)와 시원(始原)의 대서사시(大敍事詩)이자, 숨겨진 보물이다. 부도지는 우주와 지구의 탄생에서부터 인류의 탄생과 타락, 그리고 복본(復本)을 향한 수천, 수만 년의 여정을 그리고 있다. 필자가 부도지(符都誌)를 만난 것은 서기 1992년 어느 날 충북의 깊은 산골에서였다. 첫 만남 이후 바쁜 삶 속에서 잠시 미뤄 두기는 했어도 부도지를 잊은 적은 없다. 부도지에서 받은 충격은 인생 전반에 두고두고 영향을 미쳤다.

부도지를 알고부터 이 글을 쓰고 있는 2022년의 어느 날까지, 부도지가 조금씩 나름의 색채를 입고 세상에 나오는 것을 목격할 수 있었다. 드라마에서 마고(麻姑)신이라는 이름이 등장하는가 하면 지구어머니를 지칭하는 존재로 알려지기도 했다. 마고성을 어설프게 그린 영화도 있었고, 마고할미 동화책은 생각보다 많았다. 뿌리와 원형을 찾는 사람들, 그리고 뜻있는 문화인들에 의해서 지구어머니 마고는 사람들 속에서 조금씩 부활하고 있었던 것이다. 그러나 관심을 가지고 보면 사실 마고는 한순간도 우리 곁을 떠난 적이 없었다. 우리나라 곳곳에는 마고와 관련된 지명이나 전설이 흔하다. 일제 강점기와 산업화시기 지난 100년 동안 급격히 지워지고 잊힌 마고설화의 원조가 되는 기록이 부도지(符都誌)이다. 안타까운 것은 부도지(符都誌)가 세상에 출현한 지 수십 년이 지났지만 사회적 연구나 담론을 이끌어 내지 못하고 있다.

부도지가 난해하다는 선입견 때문일까? 오래전 부도지 관련 강의를 했을 때 반짝이던 수많은 눈동자를 기억한다. 하지만 1~2시간 강의에 관심을 보이던 사람들도 막상 책을 읽고는 어렵다고 한 경우가 많았다. 이후로 부도지를 쉽게 알려 주고 싶다는 마음이 늘 가슴 한 켠에 있었다. 2015년부터 쉽게 풀어쓴 부도지 제본을 주변인들에게 나눠 주거나, 부도지 이야기를 동화로 구성하여 출판하기도 했다. 직접적인 계기는 팬데믹이 전 세계를 휩쓸 던 2020년, 갑자기 한가해진 시간을 어떻게 보내면 좋을지 고민하다가 부도지를 강의해 보기로 한 것이다. 이 책은 2020년 6월부터 약 1년 간 유튜브에 게재한 강의영상을 정리한 것이다. 정제되지 않은 날것의 부족한 강의에도 불구하고 시청해 주신 분들의 응원은 큰 힘이 되었다. 무엇보다 부도지에서 받은 감동을 다른 이들과 나눌 수 있다는 것 자체만으로 감사한 시간이었다. 유튜브 특성상 지난 강의를 듣지 않고 해당 강의를 보는 시청자를 위해 같은 말을 반복할 수밖에 없었었는데, 원고를 정리하면서 고민 끝에 대부분 그대로 두었다. 반복하여 말한다는 것은 그만큼 중요하다는 뜻이니 감안하고 읽어 주시길 바란다. 구어체로 되어 있어 실제 강의를 듣는 것처럼 읽기는 수월하리라 본다.

이 책은 1부 부도지 강의와 2부 부도지 원문(한글풀이, 한문)으로 구성되어 있다. 부도지를 모르는 사람들도 어려움 없이 이해할 수 있게 강의하였으니 순서대로 읽어도 좋고, 2부 부도지 원문을 먼저 읽어도 좋을 것이다.

현대인들에게 우리 창세기 부도지는 생소하고 구약의 에덴동산 이야기는 익숙하기에 함께 설명하여 이해를 돕고자 하였다. 혹여 읽는 와중에 난해한 대목을 만나더라도 굳이 애쓰지 말고 넘기기 바란다. 언젠가는 알게 되는 날이 있으리라. 분명한 것은 부도지의 대략 골격만으로도 한민족의 정체성을 알 수 있다는 것이다. 인간이란 어떤 존재인지, 존재 이유는 무엇인지, 그리고 어떻게 살아야 하는지까지 그 모든 질문에 대한 답을 부도지에서 찾을 수 있으리라 확신한다. 필자도 그중 한 명이다. 정치, 경제, 종교, 교육, 철학, 문화계 종사자를 비롯해 평범한 누군가가 부도지와 만날 때 이 책이 징검다리가 되기를 두 손 모아 기도드린다.

이해를 돕기 위해 부도지를 간략히 소개한다.

부도지의 의미와 유래

　부도지(符都誌)라는 이름의 의미와 이 이야기가 어떻게 지금 우리에게까지 오게 되었는지 유래를 알아보자. 부도지(符都誌)는 부도(符都)에 대한 기록(지, 誌)이라는 뜻이다. 부도(符都)는 천부도시(天符都市)의 준말이다. 부(符)는 하늘과 부합하다, 일치하다는 뜻이며, 도(都)는 도시(City)를 뜻한다. 즉 부도(符都)는 하늘(天)과 부합(符)하는 도시(都市), 하늘의 뜻이 온전히 실현되는 도시를 말하는데, 도시는 중심이 되는 도읍, 도성이란 의미와 더불어 교역하는 시장(市場)을 뜻한다. 부도(符都)는 임검씨(壬儉氏), 즉 단군왕검이 마고성(麻姑城)을 재현하여 건설하였다. 부도(符都)는 곧 단군조선(檀君朝鮮)이고, 부도지(符都誌)는 하늘과 완전히 부합한 단군의 나라에 대한 기록이다.

부도지는 총 33장으로 구성되어 있는데 1~26장까지는 마고성에서
부터 부도(단군조선)까지를, 27~33장은 부도를 재건한 박혁거세와 신
라의 이야기로 소부도지(小符都誌)라고도 한다. 부도지(符都誌)의 지
은이는 신라시대 내물왕~눌지왕 시대 박제상(朴堤上, 364~419) 선생
이다. 선생은 볼모로 잡혀 있는 왕자를 구하기 위해 일본에 갔다가 죽
음을 맞이하기 전 신라에 있을 당시 고대 서적을 담당하던 보문전(寶
文殿) 태학사(太學士, 비유하자면 국립도서관 관장 정도)로 있었는데,
당시에 접한 여러 고대 서적과 집안에 내려온 글을 정리하여 징심록
(澄心錄, 마음을 맑게 만드는 기록)을 저술하였다고 한다. 징심록(澄
心錄)은 총 15개의 기록(지, 誌)으로 구성되었는데 부도지(符都誌)는
그중 하나이며, 박제상 선생의 아들인 백결 선생이 나중에 금척지(金
尺誌)를 지어 총 16지(誌)가 되었다고 한다. 박제상 선생은 영해박씨
(寧海朴氏)의 시조이므로 이 글은 대대로 영해박씨 문중에 전해져 왔
다고 한다. 이후로 부도지(符都誌)를 포함한 징심록(澄心錄)을 지닌
영해박씨 문중은 고려를 거쳐 조선 건국 초기에 이르기까지 왕실과 뜻
있는 학자들의 각별한 존경과 관심을 받았다고 한다. 대표적인 인물이
세종대왕과 김시습이다. 하지만 단종을 폐위하고 왕위를 찬탈한 세조
에게 반기를 든 영해박씨 문중은 탄압을 피해 함경도 문천(文川)의 깊
은 산속으로 숨어 겨우 명맥을 유지하였다고 한다. 이후로 징심록(澄
心錄)과 부도지는 세상에서 잊혀졌다. 세종대왕 당시 영해박씨 문중
과 가족처럼 지내며 징심록(澄心錄)을 특별히 아꼈던 김시습(金時習,
1435~1493)은 징심록추기(澄心錄追記)에 이러한 내용을 기록하여 남

셨다.

　일제강점기, 영해박씨 문중의 후손인 박금(朴錦, 박제상의 55세손, 본명 박재익, 1895년 출생, 1925년 동아일보 입사, 1934년 퇴사) 씨가 동아일보 기자로 재직중, 어릴 때부터 즐겨 읽던 부도지를 정리하여 신문에 연재하려 하였으나 뜻을 이루지 못하였다. 일제 패망 후 그는 고향인 함경도 문천(文川)으로 돌아가 부도지를 다시 정리하던 중 6.25동란으로 그만 원본은 챙기지 못한 채 급히 남쪽으로 피난을 오게 되었다. 이에 박금 씨가 그의 조상인 박제상 선생과 후손들의 땅인 울산에 머물며 부도지를 복원하는 일을 평생의 사명으로 삼아 전란 중인 1953년에 최초로 프린트하여 출간하였다. 비록 어릴 때부터 가문에 전해져 온 글을 봐 왔고, 여러 번 정리하기는 하였으나 기억에 의존하여 기록하였기에 박금 씨는 나중에 북한에 있는 원본을 찾으면 수정할 것을 당부하였다. 그가 어렵게 복원하여 정리한 부도지가 원본과 비교하여 비록 작은 차이는 있을지 모르나 큰 맥은 이었다고 믿는다. 이후로 뜻있는 사람들과 출판사의 노력으로 부도지는 우리 곁에 오게 되었으니 그야말로 하늘의 보살피심이 아닐까 한다. 저자인 박제상 선생과 영해박씨 문중, 박금 씨, 최초 주해자 김은수 선생 등 부도지가 우리 곁에 올 수 있게 지켜 주신 모든 분들께 진심으로 깊이 감사드린다.

　부도지를 촉매로 한국인뿐만 아니라 인류 안에 잠자고 있던 태초의 기억과 천손(天孫)의 DNA가 깨어나리라.

# 1부

# 부도지 강의

# 1강
# 부도지란 무엇인가?

반갑습니다.

부도지(符都誌)를 들어 보신 분도 계시고 처음 접하는 분도 계실 텐데요, 개인적으로 저는 부도지(符都誌)를 위대한 책으로 높이 평가하고 있습니다.

한국은 어떤 나라일까요? 한민족은 어떤 민족일까요? 한국의 건국 이념 홍익정신 깊은 곳에 있는 한민족의 원형(原形)은 무엇일까요? 한민족을 탐구할 때 추천해 드리는 것이 몇 가지가 있습니다. 가장 처음이자 끝이라고 할 수 있는 천부경(天符經), 그다음에 삼일신고(三一神誥), 그리고 부도지(符都誌)입니다. 부도지는 한민족의 정체성에 대하여 결정적인 해답을 줍니다.

부도지를 한마디로 표현하자면 '우리 민족의 창세기(創世記)'라고 힐 수 있습니다. 지구상에 많은 민족이 있지만 신화(神話)를 가지고 있는 민족, 더 나아가 창세기(創世記)를 가지고 있는 민족은 많지 않습니다. 창세기를 가지고 있는 민족은 뿌리가 있는 민족이라고 합니다. 우리 민족의 태초 신화로 잘 알려진 단군사화(檀君史話)는 민족의 처음 시작에 하느님이 아들을 보내 이 세상을 이롭게 하라, 홍익인간(弘益人間) 재세이화(在世理化, 理化世界)하라 했는데, 이것이 우리 한민족의 정체성이라 해도 틀리지 않습니다. 그런데 단군사화보다 훨씬 앞으로 올라가서 말 그대로 우주(宇宙)의 첫 시작, 창세(創世)부터 시작하는 이야기가 부도지입니다. 창세기가 있기에 이것을 역사(歷史)로 본다면 무리가 있을 것입니다. 그렇다고 해서 신화(神話)로만 볼 것이냐? 그것도 역시 무리가 있습니다. 어느 순간에는 역사적 인물들이 등장을 하기 때문입니다. 신화와 역사가 중첩되어서, 처음에는 신화적 요소가 많이 있지만 어느 순간부터는 우리가 아는 인물들이 등장합니다. 바로 환인, 환웅, 단군, 그리고 신라시대로 넘어가서 신라를 건국한 박혁거세부터 석탈해, 김알지 같은 인물들이 등장하며 전개되기 때문입니다.

먼저 부도지(符都誌)라는 이름의 의미부터 알아보겠습니다. 부(符) 자는 '부합(符合)하다'는 뜻을 가지고 있다고 합니다. 대나무를 반으로 쪼갰다가 딱 붙이면 어떻게 되겠습니까? 완전히 한 치의 오차도 없이 딱 맞아떨어지겠죠. 바로 그러한 뜻을 상형(象形)했다고 합니다. 그럼 천부경(天符經) 할 때 천부(天符)는 무슨 뜻일까요? 하늘[天]과 완벽하게 부합(符)한다는 뜻이겠죠? 부도지(符都誌)의 도(都) 자는 도시(都

市), 도읍(都邑) 할 때 도(都) 자입니다. 영어로 하면 City가 되겠죠. 그러니까 부도(符都)는 천부도시(天符都市) 즉 '하늘과 완벽하게 부합하는 도시'라는 뜻을 가지고 있는 것입니다. 지(誌)라고 하는 것은 글, 기록이라는 뜻이니까 부도지(符都誌)는 '하늘과 완벽하게 부합하는 도시에 대한 글, 기록'이라는 뜻이 되겠습니다. 그렇다면 부도지에서 말하는 부도(符都), 즉 하늘과 완벽하게 부합하는 도시는 어디일까요? 단군왕검이 만든 단군조선의 수도 아사달입니다. 작게 보면 아사달이요, 크게 보면 단군조선을 이르는 말입니다. 홍익인간 이화세계, 즉 하늘의 뜻이 완전히 실현된 이상적인 도시, 세상을 말합니다. 이 도시는 누가 만들었느냐, 부도지에서는 임검씨(壬儉氏)라고 나옵니다. 임검씨는 단군임검, 즉 단군왕검을 뜻합니다. 임(壬)은 곧 왕(王)이요, 임검(壬儉)은 곧 왕검(王儉)이기 때문입니다.

원래는 부도지가 단독으로 있었던 것이 아니라 부도지를 포함하여 15개의 지(誌)가 있는 책(전집, 全集)이 있었다고 합니다. 그 책(전집)을 징심록(澄心錄)이라고 하는데, 징심록(澄心錄)은 '마음을 맑게 하는 글, 기록'이라는 의미를 가지고 있습니다. 나중에 징심록 15지(誌)에 금척지(金尺誌)가 추가되어 총 16개의 지(誌)가 되었다고 합니다. 이를 상교(上敎) 중교(中敎) 하교(下敎)로 나누기도 하는데 목록은 다음과 같습니다.

- **상교(上敎) 5지(誌)** : 부도지(符都誌) 음신지(音信誌), 역시지(曆時誌), 천웅지(天雄誌), 성신지(星辰誌)

- **중교(中敎) 5지(誌)** : 사해지(四海誌), 계불지(禊祓誌), 물명지(物
名誌), 가악지(歌樂誌), 의약지(醫藥誌)
- **하교(下敎) 5지(誌)** : 농상지(農桑誌), 도인지(陶人誌), 3지(誌)는
알 수 없음.
- **후대 추가** : 금척지(金尺誌)

그렇다면 부도지와 부도지가 포함된 15개의 지(誌), 징심록(澄心錄)
을 지으신 분은 누구일까요? 박혁거세의 후손이면서 영해박씨 시조인
박제상(朴堤上, 364~419, 내물왕~눌지왕 시대) 선생입니다. 이후 추가
된 금척지는 박제상 선생의 아들, 백결 선생이 지었다고 합니다. 박제
상 선생은 신라의 충신(忠臣)으로 고구려에 가서 볼모로 잡혀 있던 왕
자를 구해 왔지요. 우리가 같은 민족, 단군의 자손인데 왕자를 볼모로
잡고 있으면 되겠냐, 돌려 달라고 고구려를 설득해서 왕자를 데리고
왔습니다. 그런데 또 다른 왕자가 일본, 당시에는 왜(倭)죠. 왜국에 잡
혀있는 왕자를 탈출시키고 본인은 붙잡히게 되지요. 그러나 선생의 훌
륭한 인품을 보고 일본의 신하가 되라고 회유한 왜왕에게 "계림(鷄林,
신라)의 개돼지가 될지언정 일본의 신하는 되지 않겠다."는 말씀을 하
시고 결국 죽임을 당하셨습니다. 박제상 선생의 아내와 두 딸은 울산
치술령 고개에서 남편과 아버지를 기다리다가 망부석이 되었다는 전
설이 있습니다. 아들 백결 선생은 거문고의 대가였다고 하지요. 하루
는 집안이 너무 가난해서 아내가 쌀 좀 구해 오라고 잔소리를 하니까
거문고로 방아 찧는 소리를 내줬다는 이야기가 전해 옵니다.

박제상 공이 고구려와 왜국에 가시기 전 관직에 있을 때 보문전(寶文殿) 태학사(太學士)로 근무하셨다고 합니다. 보문전(寶文殿)은 보물 할 때 보(寶), 글 문(文) 즉 보물 같은 문서, 지금으로 말하면 국립중앙도서관 정도 될 것 같습니다. 나라의 진귀한 문서들을 모아 놓은, 그런 곳이 신라에만 있었던 것이 아니라 조선시대에도 있었고 지금도 있지요. 태학사는 지금으로 말하면 전문가, 박사겠죠. 고대로부터 내려오는 귀중한 문서들을 관리하고 보존하고 연구하는 기관에 큰 박사였습니다. 그러니까 징심록, 부도지는 박제상 선생이 창작하신 것이 아니고 보문전에서 읽은 책들과 선생의 가문, 박혁거세의 직계 후손에게 대대로 내려오는 여러 가지의 문서들을 같이 정리해서 15개의 지(誌)를 지으시고, 읽고 마음을 닦으라는 뜻의 징심록이라 이름한 것입니다. 징심록은 지금으로 치면 전집, 문집 같은 개념이라고 보면 될 것 같습니다. 백결 선생의 금척지까지 16지(誌)가 된 징심록은 영해박씨 문중에서 대대로 보관하여 전해져 옵니다.

우리 한민족을 통틀어서 명망 있는 가문들이 많이 있는데 영해박씨 문중은 우리 민족의 시원(始原)이 담긴 보물 같은 문서를 지키고 있었던 것입니다. 이후로 신라뿐만 아니라 고려나 조선 등 역대 왕조에서도 영해박씨 문중을 특별히 대우해 줬다고 합니다. 야사(野史)에는 조선시대로 와서 특히 세종 때 영해박씨를 크게 우대하여 궁궐 옆에 집을 지어서 살게 하고 담을 헐고 문을 내어 언제든지 출입 가능하게 하였으며 세종대왕이 훈민정음을 창제할 때 징심록을 참고했다는 설(說)도 있습니다.

또 우리가 알고 있는 역사적인 인물 중에서 이 징심록을 읽은 분이 세종 때와 문종 그다음에 세조 시대까지 생존하셨던 김시습(金時習)이라는 분입니다. 김시습 선생은 당대의 천재로 유명했는데 세조가 단종을 유배 보내 죽이고 왕위 찬탈을 했잖습니까? 계유정란이라는 이 사건으로 김시습은 세조에 협력하지 않겠다고 하면서 세상을 등지고 살았다는 이야기가 있는데요, 바로 이 김시습 선생이 영해박씨와 교류하면서 징심록을 읽고 글을 남겼는데 징심록추기(澄心錄追記)라고 합니다.

세종, 문종 당시만 해도 왕실의 특별한 총애를 받던 영해박씨 문중은 김시습과 마찬가지로 계유정란 이후 세조와 등을 지게 됩니다. 세조는 명망 있는 영해박씨 문중이 협력을 해 줬으면 좋겠는데 그러지 않았던 것이죠. 당연히 탄압을 받게 되었고 야반도주를 하게 되었다고 합니다. 함경도 문천(文川), 산골에 숨어 살게 되었고 영해박씨 문중은 점차 세상에서 잊히게 됩니다. 이후 징심록은 영해박씨 문중에서 종가와 가까운 문중 자제들을 교육시키는 글이 되었다고 합니다. 조선시대가 막을 내리고 일제강점기에 종손은 아니지만 종손하고 가까운 일가에 박금(朴錦) 선생이 어릴 때부터 종갓집을 드나들면서 징심록, 부도지를 읽었다고 합니다.

선생이 동아일보의 기자로 재직할 당시 민족의식을 살리는 일환으로 부도지 등 징심록의 내용을 정리하여 신문에 연재하겠다는 생각을 하게 됩니다. 그래서 부도지를 현대적으로 정리하여 편집장에게 올렸는데 반려당합니다. 당연한 일이었겠죠. 그래서 연재하지 못한 채 원고만 소장하고 있었습니다. 1945년 해방이 되어 고향인 문천으로 돌아가 이학원(理學院)을 운영하다가 6.25가 일어나면서 월남을 하게 됩니다. 그런데 급히 피난을 오다 보니까 부도지 원고를 함경도 문천에 놓고 내려오게 되었습니다. 전쟁 통에 박금 씨는 영해박씨 조상들의 땅이었던 영해, 울산에 머물면서 사명감을 가지고 부도지를 다시 복원하는 작업에 들어갑니다. 원고가 없는 상태에서 옛 기억을 짚어 가면서 작업을 한 것이지요. 그렇기 때문에 처음에 이 부도지가 나왔을 때는 요정(要整)이라는 부제를 달았습니다. 나중에 원본이 발견되면 안 맞는 부분은 고치라는 뜻이었습니다. 지금 우리가 만나는 부도지는 박금 선생이 1951년부터 약 3년에 걸쳐서 기억에 의존하여 쓴 것입니다. 말할 수 없는 고생을 했다는 후기가 있습니다. 전쟁으로 물자가 부족했던 1953년 출판은 못 하고 프린트를 하여 세상에 배포합니다. 이것이 우리가 징심록 16지를 다 잃어버리고 부도지 하나만 겨우 건지게 된 과정입니다. 이후 1970년대까지 아주 극소수의 사람들만 부도지를 알다가 1980년대 초에 김은수라는 분이 학교 선생님이었는데 부도지를 처음으로 주해하여 정식으로 출판을 합니다. 부도지가 비로소 세상에 알려지게 된 것입니다.

과정을 보면 아시겠지만 부도지가 원본이 없고 영해박씨 문중에 있었다고는 하지만 영해박씨 문중에서도 함경도 문천 종가에만 있었던 것 같고, 더구나 6.25전쟁으로 이조차 행방을 알 수 없게 되었으니, 진위를 의심받을 소지는 다분히 있습니다. 그러나 부도지를 읽어 보면 과연 이 글이 창작할 수 있는 것인가? 결코 그렇지 않다고 말씀드리고 싶습니다.

앞으로 강의를 하면서 말씀을 드리겠지만 역(曆, 역법)이라고 하는 것이 나오는데 바로 우리가 알고 있는 달력이죠. 달력에 대해서 설명하는 대목이 나옵니다. 이것을 설명하는 화자(話者)는 유호씨라는 인물로 요임금이라고 알고 있는 요(堯)의 무리에게 훈계를 하는 대목에 나오는데요, 유호씨가 역(曆)이라고 하는 것은 이런 것이다. 이렇게 하늘의 이치로 체계를 세워야 되고 사사로이 이것을 바꾸면 안 된다고 설명하는 대목이 있는데 이 대목을 보면 부도지는 절대 현대에 와서 누가 창작을 할 수 있는 게 아니라는 걸 아시리라 봅니다. 조금만 미리 말씀드리면 단군조선시대는 1년이 13달이었다고 나옵니다. 그래서 부도지에 대한 많은 시비가 있지만 부도지라는 책에서만 주장하는 독특한 철학, 문화, 수리체계 등에 있어서 신빙성을 부여해 주는 것도 많이 있다고 말씀드리고 싶습니다.

또 부도지에도 등장하는 환인 환웅 단군 이전에 시원(始原)이 되는 존재가 있는데 바로 마고(麻姑)입니다. 이 마고라고 하는 존재는 쉽게 얘기하자면 서양에서는 가이아(Gaea, 대지의 여신)라고 하죠. 이 대지의 여신과 비슷한 개념이라고 보시면 됩니다. 땅의 여신, 지구의 여신인 마고에 대한 이야기가 한국뿐만 아니라 중국에도 있어 왔습니다. 한때 중국에서는 한국을 마고지나(麻姑之那)라고 불렀다는 기록도 있습니다. 바로 마고의 나라라는 뜻이죠. 뿐만 아니라 우리나라 전역을 보게 되면 마고할미에 대한 전설, 설화가 굉장히 많습니다. 없는 곳이 없다고 봐도 될 정도인데요, 강원도 태백시 같은 경우에도 마고에 대한 전설이 세 군데가 넘게 있습니다. 강원도 정선에서 강원도 태백으로 넘어오는 두문동재라는 고갯마루에 돌탑들이 많은데, 그 돌탑 이름이 마고할미탑입니다. 그리고 태백 시내에 가운데 있는 연화산에는 마고할미 통시라고 해서 마고할미의 뒷간, 화장실이 있었다는 이야기도 있고요. 태백산 정상에 천제단이 있는데 지금 있는 천제단은 6.25 당시 미군이 허물고 헬기 착륙장으로 쓰다가 전쟁 이후에 봉화군 물야초등학교의 우성조 교장 선생 등이 재건을 한 것인데, 이분은 대종교 신자로 민족의식이 있는 분이었다고 전해집니다.

지금은 강원도 태백시(1981~)라는 행정구역이 별도로 생겼지만 과거 태백산은 강원도 삼척군 또는 경북 봉화군에 속해 있었습니다. 기록에 보면 태백산 천제단은 그 옛날 9개의 단(壇)으로 되어 있었다고 하는데 그 이름을 마고단이라고 했다고 합니다(태백시지명지). 여기에도 마고라는 이름이 등장하는 것이지요. 우리 민족의 영산이라고 하면 태백산도 이야기하지만 지리산을 빼놓으면 서운하잖습니까? 민족의 영산 지리산에는 노고단(老姑壇)이 있습니다. 노고단은 늙은 마고, 즉 마고할미를 모시는 단(壇)이라는 뜻입니다. 지리산 뿐만 아니라 마고를 지칭하는 노고산(老姑山)은 경기도 양주, 파주, 서울시 마포구, 경북 영천 등 여러 곳에 있습니다. 경북 문경과 경남 양산 등에는 마고산성이 있고, 마고할머니 사당도 부산과 용인 등 곳곳에 있습니다. 노고(老姑)와 함께 마고할미를 지칭하는 고모(姑母)라는 지명도 마찬가지입니다. 불과 일제강점기 이전만 하더라도 우리나라 전역에 다 있었다고 볼 수 있는 것입니다. 우리 한국뿐만 아니라 중국에도 문헌에 보면 마고에 대한 이야기가 많이 나옵니다. 개념은 거의 비슷합니다. 땅의 여신, 늙은 할머니, 이런 개념인데 '마고'라는 존재에 대하여 그 어떤 전설, 기록보다 부도지가 가장 명확하게 밝혀 주는 것을 알 수 있습니다. 바로 아시아에 넓게 분포되어 있는 늙은 할머니 창조주 신화가 어디에서 시작되었는지 알 수 있는 것입니다.

저는 개인적으로는 부도지를 1992년도에 처음 만나게 되었습니다. 당시에도 큰 충격을 받았고 이후 저의 인생에도 많은 영감과 영향을 주었고, 홍익인간이라는 우리 민족의 정신, 정체성을 더 깊이 있게 이해할 수 있게 해 주었기에 정말로 소개를 드리고 싶은 마음 간절합니다.

앞으로 부도지와 함께 뜻깊은 시간 되시기 바랍니다.

감사합니다.

## 2강
# (1~3장) 창세와 인간,
# 인간은 어떤 존재인가

반갑습니다.

지난 시간에는 부도지라는 책이 어떤 책인지, 우리가 어떻게 부도지를 만나게 되었는지 과정을 간략히 알아보았습니다.

부도지는 총 33장으로 구성되어 있습니다. 자세하게 나누면 1장부터 26장까지를 부도지라고 해서 창세에서부터 단군조선 말까지를 그리고 있고, 27장부터 33장까지는 소부도지(小符都誌)라고 해서 신라 건국부터 저자인 박제상 선생 이전 시대까지를 그리고 있습니다.

부도지는 한민족의 창세기라고 말씀드렸는데요, 비단 한민족뿐만 아니라 전 세계를 아우르는 창세기로서의 가치가 큰 기록이라고 확장해서 말씀드릴 수 있겠습니다. 부도지를 말씀드리는 그 목적이라고 할까요. 의도는 부도지를 통해서 우리 한민족의 원형, 본래 처음부터 가지고 있었던 뿌리가 되는 형태, 뿌리가 되는 모양을 찾을 수 있기 때문입니다.

한민족은 누구인가?

나는 누구인가?

우리는 어떤 민족인가?를 탐구할 때 그 해답을 명확하게 알려 주는 것이 바로 부도지라고 감히 말씀드리겠습니다.

오늘 말씀드리는 내용은 1장에서 3장입니다. 부도지의 시작이죠. 그런데 1, 2, 3장은 시간의 흐름으로 볼 때 약간 뒤죽박죽되어 있어요. 그래서 처음에 부도지를 접하시는 분들이 첫 시작에서 약간의 혼동과 생소함을 느끼기도 합니다. 하지만 1, 2, 3장만 넘어가면 4장부터는 크게 어렵지 않을 것입니다.

부도지의 시작은 역사보다는 신화(神話) 쪽에 훨씬 가깝습니다. 그렇다면 신화(神話)란 무엇일까요? 신화(神話)를 '단순한 허구에 불과한 이야기'라고 접근하는 것은 인류학적인 측면에서도 옳지 않고, 한국학(韓國學, 國學)이라는 관점에서도 많은 것을 놓치게 될 것입니다. 신화는 허구일 수는 있지만 그 속에는 많은 것이 녹아 있습니다. 신화를 공유하고 있는 민족 구성원의 집단무의식, 보편적인 정서, 심성, 감성, 가치관 그리고 세상을 바라보는 관점 등 민족 구성원과 그들이 사는 세계를 하나의 이야기로 보여 주는 것이 신화입니다. 때문에 신화(神話)를 알면 그 민족을 알 수 있고 공동체의 생각을 알 수 있는 것이죠. 부도지를 통해서 우리 한민족의 첫 생각을 알 수 있습니다.

이해를 돕기 위해 다른 이야기와 함께 말씀드릴 텐데요, 부도지와 흡사하면서도 많은 이들이 부도지보다 잘 알고 있는 이야기가 있습니다. 전 세계에 알려진 대표적인 창세기라고 할 수 있는 에덴동산 이야기입니다. 부도지는 에덴동산의 이야기와 상당히 흡사합니다. 어느 쪽에서 모방한 게 아닌가 하는 생각까지 들 정도입니다. 그러나 깊이 들어가면 들어갈수록 전혀 다른 이야기, 완전히 상반된 가치관이 녹아 있다고 말씀드리고 싶습니다. 앞으로 강의를 들으시다 보면 분명 이 말씀을 이해하실 것입니다.

에덴동산 이야기에서 창세의 주체가 있습니다. "태초에 말씀이 있었다." 이렇게 나오죠. 부도지에는 어떻게 나올까요? 태초에 '율려(律呂)'가 있었다고 나옵니다. 율(律)이라고 하는 것은 율법(律法)처럼 법(法), 법칙(法則)을 뜻하고, 려(呂)라고 하는 것은 대략 음악적인 느낌을 줍니다. 사전에 찾아보면 율(律)은 양적인 음악, 려는 음적인 음악이라고 설명하기도 합니다. 율(律)과 려(呂)는 둘 다 어떠한 '질서(秩序)'라고 할 수가 있는데요, 율(律)의 성격은 코스모스(Cosmos)에 가깝습니다. 우주(宇宙)를 뜻하죠. 코스모스는 질서라는 의미가 있습니다. 이에 반해 려(呂)는 불규칙적인 질서, 변칙적인 질서의 의미가 있습니다. 바로 카오스(Chaos)에 가깝습니다.

바이블(Bible)에 보면 "태초에 말씀이 있었다." 이렇게 나오는데요, 우리는 번역된 것을 보고 있는 것이죠. 바이블(Bible)을 성경(聖經)이란 이름으로 번역했고요. 로고스(Logos)를 '말씀'으로 번역한 것입니다. '태초에 로고스(Logos)가 있었다'를 태초에 말씀이 있었다고 번역한 것인데 로고스(Logos)란 단어에도 '질서', '법칙'이란 의미가 있습니다. 에덴동산 이야기에서는 이것이 창세의 주체라고 할 수 있죠. 태초에 로고스(Logos)가 있었다. 태초에 율려(律呂)가 있었다. 비슷하죠. 여기에 하나의 의미를 추가해서 말씀드리고 싶습니다. 바로 '에너지(Energy)'입니다. 율려(律呂)를 '모든 것을 창조하는 주체'인 '태초의 에너지'로 봐도 좋을 것 같습니다. 에너지의 종류가 많이 있는데 지금 과학자들은 암흑물질이라고도 하고 태초에 빅뱅이 있을 때 엄청난 에너지가 나왔다고도 합니다. 그래서 이 율려라는 것을 에너지, 우리 조상들은 기운(氣運)이라고 했죠. 기운(氣運). 이렇게 추상적이나마 정의를 내리고 설명 이어 가겠습니다.

에덴동산 이야기에서는 신(神)이 7일 동안 이 세상을 만들었다고 하죠? 정확히는 6일 동안 만들고 7일째 되는 날은 쉬었다고 나와 있습니다. 태초에 말씀이 있었고 7일간 세상을 만들었는데 흙으로 빚어서 남자 사람 아담을 만들고 아담의 갈비뼈를 빼서 이브(하와)를 만들고, 거기에 선악과가 있었는데 신이 다른 거는 마음대로 해도 되는데 선악과는 절대 따 먹지 마라고 했죠? 그런데 이브가 뱀, 사탄의 꼬임에 넘어가서 선악과를 먹었다고 이야기가 전개됩니다.

그런데 부도지는 좀 더 구체적이면서도 조금씩 다릅니다. 상반된다고도 할 수 있습니다. 간단히 말씀드리면 태초에 율려가 있었고, 율려에서부터 수많은 별들이 생겼다가 없어졌다를 반복하면서 아주 셀 수 없는 오랜 세월이 그렇게 흘렀습니다. 이러한 세상을 짐세(朕世)라고 합니다. 단어가 생소하죠? 이런 것들은 다 이해하려 하지 마시고 대략적으로만 아셔도 됩니다.

율려에서 짐세(朕世)가 나오고 마고(麻姑)가 나옵니다. 마고(麻姑)는 누구일까요? 옛날에 마(麻)로 농사를 지어서 옷을 해 입었죠. 바로 그 삼 마(麻) 자를 씁니다. '마'라는 글자를 이해할 때는 한문의 뜻도 의미가 있겠지만 그보다 먼저 소리, 발음에 집중할 필요가 있습니다. 인간이라는 존재가 태어나서 제일 먼저 하는 말이 '마'입니다. 그래서 '마'라는 음가는 지구상에 거의 모든 단어에서 '엄마'를 의미하는 단어에 포함됩니다. 마, 마마, 마미, 엄마, 어미, 어매, 어머니를 뜻합니다. 아기가 제일 먼저 엄마를 발음하고 조금 더 자라면 아빠를 찾습니다. '마'는 엄마를, '파'는 아빠를 찾는 소리인 것입니다. 그래서 '마고' 할 때 '마'는 어머니를 뜻하고 '고(姑)'는 아주 오래된 어머니, 큰어머니, '근원의 어머니'를 의미합니다. 지난 시간에 마고가 굳이 비유를 하자면 서양에서 대지의 여신 가이아(Gaia)와 비슷한 개념이라고 말씀을 드렸습니다. 그것은 완전 초보자를 위한 말씀이고, 더 깊이 들어가면 사실은 '마고'와 '가이아'는 완전히 다른 개념입니다.

몇 년 전 〈도깨비〉라는 유명한 드라마가 있었습니다. 이 드라마를 서구권에 수출하면서 '도깨비'를 '고블린(Goblin)'으로 번역을 했다고 합니다. 이것은 제대로 된 번역일까요? '김치'와 '파오차이'가 다르듯 완전히 별개지만 같은 존재가 없기에 어쩔 수 없이 번역을 한 것이죠. 비슷한 것을 찾다 보니 고블린으로 번역을 한 것인데 명확히 하면 우리나라의 도깨비와 서양의 고블린은 완전히 다른 존재입니다. 마고와 가

이이도 마찬가지인 것이지요.

근원의 어머니 마고가 짐세에 태어나서 마고성(麻姑城)이 생깁니다. 말 그대로 성(城, Castle)입니다. 성(城)은 모두 3개가 있습니다. 실달성(實達城), 허달성(虛達城), 마고성(麻姑城)이 있는데 앞에 두 개는 몰라도 괜찮습니다.

마고성은 네모, 정사각형 모양으로 생겼어요. 구조가 부도지에 나옵니다. 마고성은 지상에서 가장 높은 성인데 모양은 사각형 모양입니다. 사각형 모양의 성(城)이라고 하니 재미있는 사실이 있는데요, 낙원(樂園)을 뜻하는 파라다이스(Paradise)의 어원을 보면 '네모난 성(城)'이라는 뜻이 있다고 합니다.

마고성이 어떻게 생겼을까를 상상을 하다가 티베트 스님들이 그리는 그림이 생각났습니다. 바로 만다라라는 그림이죠. 관심 있는 분들은 아실 텐데요, 개인적으로 만다라(Mandala)를 보면 마고성이 떠오르곤 합니다.

석가탑, 다보탑 등 불교의 여러 탑이 있습니다. 우리는 불탑(佛塔)을 옆에서 볼 수밖에 없습니다. 그런데 만약에 불탑을 하늘에서 보면 어떨까요? 역시 사각형 형태가 나오겠죠. 가운데 부분은 솟아 있을 것입니다.

마고성은 사각형의 형태이고 동서남북에 각각 성문이 있습니다. 가운데에는, 여기서 아주 중요한 단어가 등장합니다. 천부(天符)라고 하는 단어인데요, 바로 천부경(天符經) 할 때 그 천부(天符)이고 천부삼

티베트 만다라(Mandala)

인(天符三印) 할 때 그 천부(天符)입니다. 단군사화에서 하느님의 아들 환웅이 삼위태백을 바라보면서 "가히 홍인인간 할 땅이로다."라고 합니다. 이에 환인이 환웅을 인간 세상 삼위태백 지방으로 보내면서 풍백(風伯), 우사(雨師), 운사(雲師) 그리고 삼천(三千)의 무리를 함께 보내 주면서 가장 중요한 것을 줍니다. 천부삼인(天符三印)이지요. 천부경(天符經), 천부삼인(天符三印), 천부(天符). 그 천부(天符)를 마고성의 정중앙에 봉수(奉守)하였다, 즉 천부(天符)를 받들어서 모셨다 (지켰다)는 것을 보면 굉장히 중요한 보물임을 알 수 있습니다. 이 천부(天符)를 기억해 주세요. 앞에서 창세의 주체가 율려(律呂)라고 했는데요, 율려 다음에 음(音)과 향(響)이 등장합니다. 이것도 기억을 하실 필요가 있습니다.

율려는 아주 근원의 에너지예요. 근원의 에너지이기 때문에 너무나 강력하죠. 파워가 굉장히 강합니다. 비유를 하자면 우리가 실생활에서 볼 수 있는 에너지가 뭐가 있을까요? 바로 전기죠. 전기는 발전소에서 만듭니다. 발전소에서 만든 전기는 고전압 고전류입니다. 에너지가 너무나 강력하죠. 만약에 가정에 그대로 연결하면 홀라당 타 버릴 것입니다. 일반 가정에 있는 전등이라든지 컴퓨터라든지 TV 등 가전제품을 돌리려면 발전소의 강력한 전기를 가정에 맞게 220볼트로 낮춰 줘야 합니다. 그것이 바로 변전소에서 하는 역할입니다. 그런 식으로 전기가 공급이 됩니다.

율려는 에너지라고 말씀을 드렸는데 이것은 발전소에서 생산된 강력한 전기처럼 우주의 강력한 에너지입니다. 이 태초의 강력한 에너지가 그대로 지구에 전달되면 어떻게 되겠습니까? 지구의 생명과 여러 환경이 버틸 수가 없겠죠. 그래서 율려라는 태초의 강력한 에너지를 지구의 환경에 맞게 변환시키는 변전소 역할을 해 주는 곳이 마고성인 것입니다. 마고성 안에는 율려의 에너지를 안테나처럼 받아 내리는 것이 있습니다. 그것이 바로 가운데에 봉수(奉守)한 천부(天符)입니다. 마고는 이 율려를 관장하는 존재인 것이지요. 이제 마고가 창조를 하기 시작합니다. 마고성을 만들었어요. 그리고 두 딸 궁희와 소희를 낳습니다. 궁희와 소희는 역할이 있을까요, 없을까요? 에덴동산에서는 6일 동안 세상을 만들어요. 인간을 창조합니다. 흙을 빚어서 아담을 만들었는데 아담이 외로워요. 밤에 잘 때 갈비뼈를 하나 뽑아서 이브를 만듭니다. 왜라는 질문을 한번 해 봅시다. 왜 인간을 왜 만들었나요? 왜? 조금 모호하다는 거죠. 인간이라는 존재를 왜 만들었는가.

부도지에서는 인간이라는 존재를 왜 만드는지가 명확합니다. 궁희와 소희가 나왔어요. 아버지 없이 무성생식으로 태어났는데, 궁희와 소희에게 어떤 일을 주냐면 "오음칠조(五音七調)를 맡아 보게 하였다." 여기서 음(音)이 나오죠. '소리'라고 할 수도 있고 '음악'이라고 할 수도 있습니다. 이것이 중요합니다. 율려가 변해서 무엇이 되냐면(律呂의 연장선상에서) 음향(音響)이 된다고 말씀을 드렸습니다. 율려라는 강력한 에너지를 받아서 지구의 여러 연약한 생명들에게 맞는 수준으로 조정을 해 줘야 되는데, 그 조정된 에너지가 바로 음(音)과 향(響)인 것입니다. 음향(音響)에 대해서 여러 해석이 있을 수 있습니다만 가장 쉽게 이해하자면 음악(音樂), 소리입니다. 스피커 광고를 보면 음향이 좋다, 음향시설이 좋다 이런 얘기를 합니다. 사전적으로 율(律)은 양적인 음악이고 려(呂)는 음적인 음악이라고 앞에서 말씀드렸는데요, 음향(音響)도 똑같습니다. 음(音)은 양적인 소리, 향(響)은 음적인 소리입니다. 음(音)은 홀로 존재할 수 있습니다. 그런데 향(響)은 음(音)이 있어야 존재할 수 있습니다. 산에 올라가서 야~ 호~를 외쳤어요. 소리를 냈으면 그것은 소리, 음(音)입니다. 그런데 그 소리가 앞산에 갔다가 메아리쳐 돌아옵니다. 그것은 향(響)입니다. 음(音)이 있고 향(響)이 있어야 비로소 소리가 완성되는 것이죠. 음과 양처럼 음향(音響)은 하나의 세트입니다.

마고가 궁희와 소희를 낳아서 오음칠조(五音七調)를 맡아 보게 했다고 했습니다. 마고는 율려(律呂)를 담당을 하고 두 딸 궁희와 소희는 오음칠조(五音七調)를 담당하면서 창조를 합니다. 궁희와 소희도 마고와 같이 창조의 주체가 된 거죠. 그런데 점점 만물(萬物)이 생겨남으로 인해서 일손이 부족해집니다. 함께 창조하고 조율(調律)할 존재가 필요합니다. 마고가 궁희와 소희에게 너희도 자손을 낳으라고 합니다. 그래서 각각 2남 2녀를 낳습니다. 부도지에는 사천인(4天人) 사천녀(4天女)라고 나옵니다. 궁희가 황궁씨(黃穹氏)와 청궁씨(靑穹氏)를, 소희가 백소씨(白巢氏)와 흑소씨(黑巢氏)를 낳습니다. 왜 남자 이름만 있고 여자 이름은 없냐, 그렇게 보기보다는 남녀 한 쌍, 짝으로 봐주면 좋을 것 같습니다. 그래서 사천인, 사천녀가 탄생합니다. 이분들은 음(音, 소리)을 맡아 보기 시작합니다. 음(音)을 관장(管掌)한다, 음(音)을 관섭(管攝)한다고 하는데, 마고성에서 관(管)을 쌓아 놓고 소리를 만드는 게 이분들의 일이었습니다. 음(音), 소리를 만든다고 했는데 악기를 보면 타악기, 현악기, 관악기가 있습니다. 타악기는 북처럼 두드려서 소리를 내고 현악기는 바이올린처럼 활로 마찰시켜서 소리를 만듭니다. 관악기 할 때 관(管)은 피리 같은 악기입니다. 피리 같이 관(管)을 쌓아 놓고 소리를 만드는 거겠죠. 후~ 하고 불면 다양한 소리가 만들어지겠죠. 이렇게 음(音)을 만드는 게 이분들의 역할이었습니다.

근원의 에너지 율려(律呂)라는 원재료를 가지고 지구 환경과 생명에 맞춰서 변조하여 소리, 음(音)을 만드는 것. 궁희와 소희가 오음칠조(五音七調)를 맡아 보다가 더 일손이 필요하기 때문에 사천인 사천녀를 낳았는데, 사천인 사천녀는 음(音)을 관장했습니다. 이분들까지는 인간이라고 볼 수가 없어요. 마고와 궁희, 소희가 신(神)적인 존재라면 사천인 사천녀는 신과 인간이 중첩된 존재입니다. 인간은 그다음 대에 출생합니다. 지상(地上)에 나타난 인간의 시조라고 부도지는 말하고 있죠.

우리가 철학(학문)을 할 때 가장 기본적인 자세는 '왜'라는 질문을 하는 것입니다. 인간은 왜 사는가, 나는 왜 사는가, 나는 누구인가, 이 질문이 철학의 시작이고 종교의 시작이고, 철학과 종교의 끝이지 않습니까? '인간이란 존재는 왜 생겼는가?'라는 질문에 부도지는 어떤 답을 들려줄까요?

앞에서 음(音)과 짝을 이루는 것이 향(響)이라고 말씀드렸는데요, 그때에 만물의 음(音), 정확하게는 본음(本音)을 관장하는 존재(사천인, 사천녀)는 있었는데 **향(響)을 맡아 보는 존재가 없었기에 만물이 잠깐 사이에 생기고 잠깐 사이에 사라지며 유지되지 못했다고 합니다.** 마고는 결정을 내립니다. 향(響)을 맡아 보는 존재가 필요하겠구나, 율려(律呂)를 가지고 음(音)을 만들어서 주면 그것을 받아 주는 존재가 있어야 되겠구나, 메아리처럼 울려주는 존재가 있어야겠구나, 공명해서 전해 주는 존재가 있어야겠구나, 여기서 아~ 하면 저기서 아~ 하고 받아 주는 존재가 있어야 되겠구나, 하고 말이지요.

사천인 사천녀까지는 무성생식으로 태어나신 분들이에요. 그다음 인간들부터 남녀의 결합으로 태어납니다. 사천인 사천녀가 서로 혼인을 해서 각각 3남 3녀를 낳습니다.

횡궁씨(무무)가 3남 3녀를 낳고,

청궁씨(부부)가 3남 3녀를 낳고,

백소씨(부부)가 3남 3녀를 낳고,

흑소씨(부부)가 3남 3녀를 낳아서 모두 24명, 12명의 남자와 12명의 여자, 12쌍의 인간이 태어납니다. 부도지에서는 이들이 인간의 시조(始祖)라고 이야기합니다. 이후로 또 결혼을 하고 출산을 하여 족속이 불어나 각각 3천 명씩 늘어납니다. 12시조(始祖) 곱하기 3천 명이니까 마고성의 인구는 3만 6천 명이라고 할 수 있을 것 같습니다. 그런데 인구가 여기서 멈추는 게 아니라 시간이 지남에 따라 계속 불어나겠죠? 이것을 기억해 주세요. 나중에 마고성의 인구 증가는 큰 변수가 됩니다.

12명의 시조와 인간들의 역할은 향상(響像)을 맡아 보는 것이었습니다. 이것을 부도지에서는 "향상(響像)을 수증(修證)한다."라고 했습니다. 닦을 수(修), 증명할 증(證), 닦아서 증명한다. 사천인 사천녀가 관(管)을 쌓아 놓고 음(音)을 만들어서 전해 주면 그 음(音)을 받아 닦아서(修) 증명한다(證). 그래서 하늘에는 음(音)이 있고 땅에는 향(響)을 맡아 보는 존재가 있어서 음향(音響)이 고르게 균형이 맞게 되었고, 음향(音響)이 조화롭게 되자 **비로소 만물(萬物)이 유지(維持)되었습니다.** 뿐만 아니라 비로소 역수(曆數)가 조절되었습니다. 역수(曆數)가 조절되었다는 것은 무슨 뜻일까요? 지구의 운행(자전과 공전)이 비로소 조화롭게 되었다고 해석해 봅니다. 만물이 안정을 찾았다, 편안해졌다는 내용입니다.

## 마고성에서의 역할

| 마고 | - | 궁희소희 | - | 사천인, 사천녀 | - | 인간 |
|------|---|----------|---|----------------|---|------|
| 율려 | - | 오음칠조 | - | 음(본음) | - | 향(향상) |

본음(本音)이라는 중요한 개념이 나오는데요, 사천인, 사천녀, 즉 황궁씨, 청궁씨, 백소씨, 흑소씨가 관장하는 음(音)이라는 것이 무엇일까요? 인류는 동서양을 막론하고 만물의 근원이 되는 것으로 네 가지를 꼽았습니다. 동양철학을 공부해 보신 분들은 만물의 근원을 뭐라고 설명을 하죠? 목화토금수(木火土金水) 오행(五行)이라고 합니다. 정확하게 말하면 중국철학이지요. 그런데 서양은 물, 불, 바람(공기), 흙 네 가지로 보았습니다. 혹시 뤽베송 감독의 〈제5원소〉라는 영화를 보셨습니까? 기본적인 세계관이 만물의 근원이 되는 네 가지 원소를 중심으로 영화에서는 한 가지를 더해서 5원소라고 했는데, 4가지 원소가 바로 물, 불, 바람(공기), 흙입니다. 이것이 서양에서 기본적으로 가지고 있는 기본 인식, 철학체계예요. 서양만 그러냐? 그렇지 않습니다. 불교도 지수화풍(地水火風), 사대(四大)라고 하는데, 결국에는 이 세상이 뭐로 이루어졌냐? 지수화풍(地水火風)으로 이루어졌습니다. 지(地)는 땅(土)이죠. 수(水)는 물입니다. 화(火)는 불, 풍(風)은, 바람, 공기죠. 그래서 인간이 흩어지면 지수화풍(地水火風)으로 돌아간다, 환원된다고 합니다. 목화토금수로 가는 게 아니에요. 지수화풍으로 간다고 합니다. 그런데 부도지에는 기화수토(氣火水土)라고 나옵니다.

기(氣)는 공기, 화(火)는 불, 수(水)는 물, 토(土)는 흙이죠. 이것이 황궁씨는 토(土)를 담당하고, 백소씨는 기(氣), 공기를, 청궁씨는 물(水)을, 흑소씨는 불(火)을 담당합니다. 이것이 사천인 사천녀가 맡아보는 만물(萬物)의 본음(本音)입니다. 이 음(音)을 받아서 향(響)으로 수증(修證)하는 존재가 바로 인간이라는 존재였습니다. 여기서 알 수 있는 것. 우리 민족은 원래 오행(五行)철학이 아니에요. 부도지에 의하면 오행(五行)은 이것, 기화수토(氣火水土)를 잘못 변형시킨 것입니다. 앞으로 나오겠지만 부도지는 오행(五行)을 정면으로 비판합니다. 그래서 우리가 알고 있는 상식체계를 깨는 요소가 상당히 있습니다. 완전히 바꿔 버리죠.

다시 돌아와서 '왜?'라고 말씀을 드렸는데, 인간이라는 존재가 왜 생겼을까요? 인간은 창조의 주체로서 또는 창조주의 자녀로서 창조주와 함께 지구상에서 창조와 양육, 조화를 함께 담당하는 존재, 지구의 생명과 지구 그 자체까지도 조화롭게 존재케 하는 필수 불가결, 반드시 있어야만 하는 존재, 조절하는 존재, 핵심 구성요소로서의 존재라는 것입니다. 부도지에 의하면 인간이라는 존재가 없으면 이 만물은 본래 모습을 잃어버린다는 거죠. 얼마나 인간이라는 존재가 위대한 존재냐는 겁니다. 인간이 곧 신(神)이고 인간이 곧 창조주(創造主)고 인간이 곧 조화주(造化主)라는 것입니다. 사실 이러한 인식은 우리 민족에게 줄곧 있어 왔습니다. 예를 들면 조선시대까지만 하더라도 비가안 오고 가뭄이 들면 어떻게 생각했느냐, 왕은 내가 덕이 없어서 이 가뭄이 든다고 생각을 했습니다. 또 약간 웃길 수도 있고, 지금의 사고방식으로 보면 미신으로 볼 수도 있지만 이 생각의 근원을 깊이 고찰해 볼 필요가 있습니다. 가뭄이 들고 뭔가 기후가 고르지 못한 것은 노처녀 노총각이 많아서 한(恨)이 쌓여 이것이 이 세상에 영향을 줘서 기후에 변화가 있는 것이라고 생각을 했어요. 그래서 큰 가뭄이 들면 노처녀 노총각들을 나라에서 결혼을 시켜 줬습니다. 인간의 생각, 감정, 정서가 이 세상 만물에 영향을 미친다는 것이 바탕에 있었던 것입니다. 바로 부도지와 같은 사고방식인 거죠. 인간이 본음(本音)을 잘 받아서 향(響)을 잘 관장했을 때 심지어는 지구가 태양의 주위를 도는 것조차도 고르게 되게 되었고(역수가 조절되고), 만물이 비로소 조화롭게 존재하게 되었습니다. 인간은 만물이 제 모습으로 조화롭게 존재케 하는 존재입니다. 신(神)과 같은 권한과 책임이 주어진 존재라는 것입니다.

인간은 무임승차하지 않았습니다.

인간은 존재의 의미가 있습니다.

그것이 우리 민족의 인간관입니다.

하느님과 같이, 창조주와 같이 이 세상을 조화롭게 경영하는 존재가 인간이고 그 일을 어떻게 했는지까지 부도지는 명확하게 설명하고 있습니다.


마고성이 네모난 형태이고 가운데 천부(天符)를 봉수(奉守)했고, 동서남북으로 4개의 성문이 있었다 말씀드렸습니다. 그러면 마고(麻姑)는 어디에 있었을까요? 마고라는 존재는 천부(天符)가 있는 마고성의 가운데 있었겠죠. 두 딸 궁희와 소희와 함께 말이죠. 사천인, 사천녀, 황궁씨, 청궁씨, 백소씨, 흑소씨 이분들까지도 같이 있었을지도 모릅니다. 그리고 12명의 시조가 있는데 각각 3명씩 시조는 성문을 지키고 그다음에 자손이 3천 명씩이라고 했는데 이들은 동서남북에 각각 자리 잡아 마을을 이루고 만물의 향상(響像)을 수증하는 일을 했다고 합니다. 마고성이라는 '우주에너지의 지구 변전소'에서 각자가 맡은 일도 명확했다고 말씀드릴 수 있겠습니다.

부도지는 인간이라는 존재가 왜 생겼는가, 인간이라는 존재가 왜 지구상에 존재해야만 하는가, 그것을 우리에게 이야기를 해 줍니다. 그리고 이것이 우리 한민족의 집단무의식과 일치한다고 말씀드리고 싶습니다.

감사합니다.

3강

# (4~5장) 마고성에서의 생활과
# 오미의 변, 무엇이 타락인가

반갑습니다.

신화(神話)는 단순한 허구가 아니라 그 안에 민족의 사고방식, 정
서, 가치관이 있다고 말씀드렸습니다. 그러한 관점에서 부도지를 탐구
하자고 말씀드리고 있습니다. 한민족의 원형을 탐구하는데 중요한 교
재가 바로 부도지입니다. 지구상에 여러 신화들에 이상향인 낙원(樂
園)이 있습니다. 종교에도 이상향이 있습니다. 에덴동산이라는 유토
피아가 있습니다. 불교에서는 극락정토를 이야기합니다. 아미타경에
는 부처님이 극락세상이 어떻게 생겼는지 상세하게 묘사하는 대목이
나옵니다.

우리가 이상향을 상상할 수 있다는 것은 참 중요한 것 같습니다. 왜
냐하면 우리는 완전한 무(無)에서 유(有)를 창조하지는 못합니다. 기

존에 있는 것을 고쳐서 새롭게 재창조할 뿐이죠. 우리가 도자기를 만든다고 했을 때 아무것도 없는 무(無)에서 만드는 것이 아니죠. 흙, 물, 불이라고 하는 기존에 있는 것을 조합해서 창조하는 것입니다. 스마트폰도 기존에 있는 것들을 조합한 결과물입니다. 우리의 머릿속에 있는 이상향도 마찬가지입니다. 신화 속 이상향이든 종교의 이상향이든 심지어 소설 속에 있는 이상향조차도 무의식적으로 인간에게 영향을 줍니다. 인간은 무의식적으로 이상향의 재현을 지향(指向)하거나 그곳으로 가는 것을 원하기 때문입니다. 그래서 인류가 만들고 싶은 세상, 어떤 미래상을 신화 속에서 찾는 경우가 많습니다. 그렇기 때문에 우리 민족이 홍익인간 이화세계라고 하는 이 여덟 글자를 가지고 있다는 것, 이 세상을 이롭게 하기 위해 하늘에서 내려왔다는 이야기를 가지고 있는 것이 얼마나 소중한 일인지 모릅니다. 우리가 세상을 살아갈 때 원하는 대로 이 세상을 만들 수 있는 저력(底力)이 여기에서 나온다고 해도 과언이 아닐 것입니다.

대표적인 인간의 상상력의 산물로 영화가 있습니다. 할리우드 영화도 있고 유럽, 인도 등 많이 있지요. 그런데 여러분 한번 잘 보십시오. 미래를 그린 영화들 중에 유토피아적인 미래상을 그리는 게 많을까요, 디스토피아적인 미래상을 그리는 영화가 많을까요? 안타깝게도 인류의 미래를 그린 영화들 중에는 유토피아적 미래상을 그린 영화보다는 디스토피아적인, 그러니까 지구가 망한 이야기죠. 외계인의 공격을 받든지, 인간들끼리 싸우든지, 악당이 나타나든지, 기계가 인간을 지배하든지, 좀비가 나타났든지… 어떻게든 인류가 망하는 영화가 훨씬 많다는 거죠. 미래를 그린 영화 중 이상향, 낙원, 이상적인 세계를 그린 영화는 정말로 찾아보기가 어렵습니다. 우리 인류는 무의식적으로 이상적인 세상이 어떻게 생겼는지 잘 모르는 겁니다. 잘 안 그려지는 거죠. 막연할 뿐, 구체적인 상상을 잘 못합니다. 반면에 폐허가 되고 고통스러운 부정적인 상황은 구체적으로 상상하기 쉽다는 거죠. 이것은 사실 정신적으로 큰 문제라고 할 수 있습니다. 개인도 어린 시절 부모 사랑 듬뿍 받고 행복했던 기억이 있는 사람과 학대받은 기억이 있는 사람은 인생이 완전히 달라지잖습니까? 학대받고 자란 사람이 성인이 돼서 화목한 가정에 초대받아 가면 어색하고 적응이 힘들다고도 하죠. 개인이 그런 것처럼 인류도 공통의 기억(신화, 무의식) 속에 구체적인 이상향이 있다는 것은 그 집단에게 정신적, 심리적으로 매우 큰 자산입니다.

4장은 우리 민족의 이상향 마고성의 모습을 간략히 묘사하고 있습니다. 마고성 사람들은 품성(稟性)이 순정(純精)하였습니다. 아주 맑고 순수했다는 뜻이죠. 마고성에 있는 사람들은 무엇을 먹고살았을까요? 중요한 단어가 나오는데요, 이 사람들은 지유(地乳)를 먹고살았습니다. 땅 지(地), 젖 유(乳), 땅에서 나오는 젖을 먹고살았다는 것입니다. 여기서 우리는 무엇을 유추할 수 있을까요? 젖은 어머니에게서 나오는 것입니다. 그런데 땅에서 나는 젖을 먹었다는 것은 땅, 지구를 어머니로 인식했다는 해석이 가능하겠죠. 더하여 마고성에 있는 사람들이 아직 젖을 먹는 '갓 낳은' 아이와 같이 순수했다고도 볼 수 있을 것 같습니다. 실제로 인류의 역사로 보면 갓난아기에 해당되는 시기이기도 합니다.

마고성에도 법(法)이 있었을까요? 자재율(自在律)이 있었다고 합니다. 스스로 자(自), 있을 재(在), 법 률(律), 스스로 존재하는 율법이란 뜻이죠. 이것을 부도지에서는 '금지하지 아니하되 스스로 금지하는 법'이라고 설명합니다. 완전히 자율에 맡기는 것입니다. 비슷한 이야기인 에덴동산의 법은 어땠을까요? 다른 것은 다 마음대로 해도 되지만 선악과(善惡果)만은 먹으면 안 된다고 했죠. 강제성이 있는 조항이 딱 하나가 있는 것입니다. 그런데 마고성에서는 단 하나의 강제적인 조항도 없었습니다. 이 하나의 차이가 엄청난 차이를 만들어 냅니다. 차츰 말씀드리도록 하겠습니다. 완전한 자율에 맡긴다는 자재율(自在律)은 있지만 없는 법, 존재하되 존재하지 않는 법입니다. 그러니까 법이 있다고도 할 수 있고 없다고도 할 수 있습니다. 그럼에도 조화로운 사회를 유지했다는 것은 인간의 도덕과 양심이 때 묻지 않은 순정(純精) 그 자체였다고 볼 수 있겠습니다.


마고성 사람들이 하는 일에 대해 지난 시간에 말씀드렸는데요, 음(音)을 받아서 향(響)으로 만들어주는 일, 즉 향상(響像)을 수증(修證)하는 것이 '사람의 일'이었다고 했습니다. 여기에 쓰이는 어떤 도구 같은 게 나옵니다. 음(音)을 받아서 향(響)을 만들려면 먼저 음(音)을 (귀로) 들어야 되겠죠? 재미난 이야기가 나오는데요, 사람들의 귀에는 오금(烏金)을 달았다. 까마귀 오(烏) 자에 쇠 금(金), 검은 금이라는 뜻입니다. 검은 빛이 나는 금(金)을 귀에 달았다. '귀에 오금(烏金)을 달아서 천음(天音)을 듣고…' 굉장히 구체적이죠? 사람들이 일을 하려면 천음(天音)을 들어야 하는데 그 장치인 오금(烏金)이라는 것이 귀에 달려 있었습니다. 그러고 보니 여러분 재미난 이야기가 있습니다. 조선시대 임진왜란 당시까지만 하더라도 우리나라 남자들도 귀걸이를 했다는 것을 아셨습니까? 명백한 역사적인 사실입니다. 중국의 고구려, 백제, 신라, 사신(使臣)을 그린 그림을 봐도 다 귀걸이를 하고 있습니다. 남자들이 말이죠. 그리고 신라 유물이라든지 백제 유물을 봐도 귀걸이가 아주 발달돼 있는 걸 알 수 있습니다. 그러한 전통이 조선시대까지 이어져 남자들도 귀걸이를 하고 살았다는 거예요. 유교사상을 가진 지배층들은 중국 사신이 이런 풍습을 보고 오랑캐라고 흉보지 않겠냐? 이 풍습을 빨리 없애야 된다, 이런 대목이 나옵니다.

서기 1592년 임진왜란 당시 시신(屍身)을 놓고 조선 사람인지 왜군인지를 구분을 하는 방법 중 하나가 귀를 뚫은 자국, 즉 귀걸이를 한 흔적이 있으면 조선 사람이라고 했다는 것입니다. 선조가 이 풍습을 없애라고 명령한 내용도 기록에 있습니다. 그런데 없애려고 하는 이유가 위생상 안 좋으니 없애자, 이랬으면 이해를 할 수 있는데 '중국에서 볼 때 오랑캐 문화로 볼 수 있으니까 부끄럽다, 없애라'고 하였습니다. 이것은 이유가 빈약하지 않나 생각합니다.

그런데 마고성 사람들도 귀에 귀걸이를 달고 살았다는 부도지의 기록에서 귀걸이가 생긴 최초 유래를 알 수 있지 않을까 추정해 봅니다. 삼국시대부터 조선 중기까지, 특히 귀족 남자일수록 귀걸이를 더 많이 착용한 이유도 함께 말이지요.

　사람들이 향상(響像)을 수증(修證)하는 일, 다른 말로 임무(任務)라고 했는데요, 임무를 마치면… 그다음에 의미심장한 대목이 나옵니다.
　이 사람들도 죽음이 있겠죠. 임무를 마치면…, 즉 **임무를 종(終)하면 천화금진(遷化金塵)하였다**. 금진(金塵), 즉 금 먼지, 미세한 금가루로 변했다고 묘사하고 있습니다. 그런데 금 먼지로 변하였다고 해서 사라지는 것이 아니라 **육체는 없지만 성체(性体, 의식, 靈魂)는 있어서 소리 내지 않고 말하고, 백체(魄体, 육체를 구성하는 기운)가 있어서**… 우리가 영혼백(靈魂魄) 이렇게 얘기하지 않습니까? 백체(魄体)는 남아 있어서 **형상(육체)은 없지만 능히 다닐 수가 있었다**. 지기(地氣) 가운데 살면서, 즉 **땅(지구)의 기운과 완전히 하나 되어 그 수명이 한량이 없었다**고 묘사하고 있습니다.
　그다음에 이 사람들이 어디에 살았느냐, 그것이 이름에 나오는데요, 황궁씨, 청궁씨 할 때 궁(穹) 자가 있습니다. 구멍 혈(穴)에 활 궁(弓) 자를 쓰는데요, 사전을 찾아보면 '하늘 궁'이라고 나옵니다. 이름에 구멍(穴)이 있는 것으로 유추해 보면 활(弓)같이 생긴 구멍, 예를 들어서 비닐하우스 같은 걸 상상해 보면, 단면이 활같이 생겼는데 구멍이 있습니다. 이런 식의 형태를 짓고 사는 사람들이 있었고, 백소씨, 흑소씨는 '새집 소(巢)' 자를 씁니다. 글자의 형태를 보면 나무 위에 높은 곳에 집을 짓는 것을 유추해 볼 수 있겠죠? 꼭 새들이 둥지를 짓는 것처럼 말입니다. 부도지를 처음 주해한 김은수 선생은 피라미드, 지구라트 같은 세계 곳곳에 있는 고대 높은 건축물들이 아마 마고성에서의 습관이었다고 했습니다. 이렇게 마고성에서 사람들이 행복하게 잘 살다가 사건이 하나 벌어집니다.

에덴동산에서도 사건이 벌어지죠? 다른 거는 다 마음대로 해도 되는데 선악과(善惡果)는 절대 먹지 말라는 신(神)의 명령을 어기게 됩니다. 그런데 여러분 왜 하필 이름이 선악과(善惡果)일까요? 뒤에 설명을 하도록 하고요, 절대 먹지 말라고 했던 선악과를 이브가 먹고 신(神)이 노합니다. 그리고 쫓겨납니다. 바로 실낙원(失樂園)인데, 죄(罪)를 지은 거죠. 여기서 죄(罪)라는 개념이 나옵니다. 정확하게는 원죄(原罪)라고 하죠. 잘 알고 계시는 에덴동산의 이야기입니다.

마고성에서는 어떤 일이 있었을까요? 마고성의 인구가 3만 6천 명이라고 말씀드렸습니다. 그런데 인구가 계속 불어납니다. 자원은 한정되어 있는데 말이죠. 지금 우리 시대에도 문제가 되는 인구 문제가 마고성에서도 있었던 것 같습니다. 인구가 늘어나면 가장 먼저 식량이 모자랍니다.

마고성에 백소씨(白巢氏)족에 지소씨(支巢氏)라는 사람이 있었는데 그날도 여느 때와 마찬가지로 밥, 지유(地乳)를 먹으러 우물에 갔습니다. 그런데 벌써 사람들이 줄을 길게 서 있었다는 거예요. 지소씨도 줄을 서서 차례를 기다리다가 몇 번을 양보를 합니다. 아마 노약자한테 양보를 하지 않았을까 싶은데요, 문제는 그렇게 몇 번 양보를 하고 사기 차례가 되어서 먹으려니까 우불이 말랐다는 것입니다. 결국 지유를 먹지를 못하고 배가 고픈 채로 집으로 오게 됩니다. 지소씨는 나무 위의 집, 소(巢)에서 살았습니다. 집에 와서 힘없이 누웠는데 난간에 포도 넝쿨이 주렁주렁 매달려 있는 것이 보였습니다. 순간 너무 배가 고픈 나머지 자기도 모르게 따 먹었습니다. 인류 최초의 일이었겠죠? 포도의 맛을 보자 깜짝 놀라서 이렇게 말을 합니다.

크고도 넓구나 천지(天地)여.
그러나 내 기운이 (너를) 능가한다.
세상이 크고 넓고 호탕하지만(이 세상이 다인 줄 알았는데) 지금 포도를 먹은 나의 이 경험이 그 세계를 능히 뛰어넘는구나. 무슨 뜻일까요? 한마디로 내가 지금 이 포도를 먹고 새로운 세계, 새로운 세상을 알게 되었다는 뜻이겠죠. 기존의 세계를 능가하는 신세계를 접했다는 것입니다.

이것이 어찌 도(道)인가?
도(道)가 아니라는 거죠. 내가 새로운 세계를 알았는데 기존에 알던 세계도 아니고 바른길도 아니다.

포도의 힘이로다.
그것은 포도의 힘, 포도의 맛 때문이다.

지소씨가 알게 된 도(道, 원래 세상)가 아닌 새로운 세상이 무엇일까요? 바로 오미(五味)의 세상이었습니다. 오미(五味)는 다섯 가지 맛 즉, 단맛, 쓴맛, 짠맛, 신맛, 매운맛을 말합니다.

비로소 알아 버렸습니다. 알게 되었습니다. 이 사건을 부도지에서는 오미(五味)의 화(禍, 재앙) 또는 오미(五味)의 변(變, 변고)이라고 하여 인간 세상에서 일어난 두 번의 큰 변고(대사건) 중 첫 번째 사건이라고 말합니다.

에덴동산에서는 선악과를 먹었다고 했습니다. 다른 이름도 많을 텐데 왜 선악과(善惡果)라고 했을까요? 먹으면 선악(善惡)을 알게 된다는 겁니다. 이 말은 곧 먹기 이전에는 선악(善惡)을 몰랐다는 거죠. 다시 얘기해서 선악(善惡)이라고 하는 프레임, 선악(善惡)으로 나눠 보는 개념이 없었다는 것입니다. 삼일신고에 보면 **진성(眞性)은 무선악(無善惡)**이라는 내용이 있습니다. 참된 성품은 선(善)과 악(惡)이 없다는 거예요. 불교에도 원래 선악(善惡)이 없다고 합니다. 인간의 마음이 분별한 것이라고 하죠. 본래 선(善)도 없고 악(惡)도 없고, 천사(天使)도 없고 악마(惡魔)도 없는데, 선악과(善惡果)를 먹었다는 것은 그 순간 '안경'을 쓰게 되었다는 것입니다. 이것은 선이다, 이것은 악이나, 이렇게 구분해서 보는 안경, 즉 필터가 생겼다는 것입니다. 이것은 덫과 같은 것입니다. 함정입니다. 선악이라고 하는 프레임으로 이 세상을 보면 결국에는 어떻게 되겠습니까?

나는 선이고 너는 악이다.

내 종교는 선이고 다른 종교는 악이다.

내 나라는 선이고 다른 나라는 악이다.

내가 가진 이데올로기는 선이고 남이 가진 이데올로기는 악이다.

내 신(神)은 선이고 그 외의 신(神)은 악이다.

이렇게 될 수밖에 없는 거예요. 선과 악을 구분해서 나눠 본다는 것은 이분법(二分法)에 빠졌다는 것을 의미합니다. 나와 남을 정확하게 나눠 본다는 것입니다. 통찰력 있으신 분은 현재 우리가 사는 인간 세상이 선악과의 열매가 만든 세상이라는 것을 알 것입니다. 안타깝게도 세상은 선악과의 독(毒)을 해독하지 못했습니다. 인간 세상은 선악의 프레임으로 수없이 서로를 죽여 왔고 지금도 멈추지 못하고 있습니다.


많은 외국인들이 한국어를 배울 때 놀라고 생소해하는 것이 있습니다. 그러면서도 부러워하는 것이 있습니다. 무엇일까요? '우리'라고 하는 단어입니다. 내가 있습니다. '나'의 상대 개념으로 '너'가 있죠. '나'와 '너'만 있으면 나눠 볼 수밖에 없습니다. 그런데 '우리'라고 하는 것은 '너'와 '나'를 하나로 묶어 버리는 것입니다. 통합해 버립니다. 물론 외국어에도 '우리'라는 단어가 있지만 한국만큼, 한국처럼 쓰지는 않는다고 합니다. 우리 엄마, 우리 아빠, 우리 형, 우리 누나, 심지어는 '우리 마누라', 이런 단어에 외국인들은 생소함을 느끼면서도 참 좋다는 거예요. 따뜻해진다고 할까요?

드리고 싶은 말씀은 우리 한민족을 한번 연구해 보자는 것입니다. 우리 한민족의 정신세계를 한번 들여다보자는 것입니다. 우리 한민족에게 '선악(善惡)'이라는 개념이 있었을까요? 천당 지옥, 천국 지옥이라는 개념이 있었을까요?

젊은 분들은 잘 모르시겠지만 옛날에 〈전설의 고향〉이라는 프로그램이 있었습니다. 우리나라 민간에 구전되어 온 전설을 다룬 드라마인데요, 여기에 나오는 귀신같은 초자연적인 존재들을 보면 '악(惡)'이라고 정의할 수 있는 존재가 있을까요? 모호하다는 것입니다. 귀신이라는 존재가 '악(惡)'일까요? 아니죠. 해코지하는 귀신도 처음부터 그랬다기보다는 억울함을 당해 한(恨)이 맺혀서 잠시 '악(惡)'한 짓을 하는 것뿐입니다. 그런데 암행어사라든지 사또든지 누가 한(恨)을 풀어 주면 고맙다고 하고 갑니다. 또 도깨비는 악한 존재일까요? 아니죠. 옛날이야기 속 도깨비는 보통 해학적인 존재로 그려지곤 합니다. 꼬리 아홉 달린 여우, 구미호는 악한 존재일까요? 여러 전설에서 구미호의 소원은 무엇이었을까요? 네, 인간이 되는 거였습니다. 이무기는 왜 사람들에게 해코지합니까? 용(龍)이 되려고 했는데, 거의 될 뻔했는데 막판에 되지 못해서 한(恨)이 맺혀서 악행을 하기도 하지만 한(恨)을 풀어 주고 용(龍)이 될 수 있게 해 주면 악한 행동을 그치고 도움을 주기도 합니다. 바로 우리 민족의 옛날이야기 속에는 절대적으로 악한 존재가 없다는 거예요. 우리 한민족의 가치관 속에서는 천국(天國)도 없고 지옥(地獄)도 없습니다. 그냥 사람들이 살다가 '돌아가실' '하늘'이 있을 뿐이었습니다. 불교가 들어와서 극락(極樂)이라는 개념이 생겼고, 기독교가 들어와서 천국(天國)과 지옥(地獄), 천사(天使)와 악마(惡魔)라는 개념이 생겼지, 원래 우리 한민족의 정신세계에는 선(善)과 악(惡)이라는 개념이 칼로 무 자르듯이 극명하게 나눠 있지 않았다는 말씀을 드리고 싶습니다. 선악이라는 개념은 구분이 모호한 상태로 상대적, 일시적으로 존재했습니다.

내 엄마, 내 아빠라고 할 수 있는데, 우리 엄마, 우리 아빠, 하나로 통합해 버리는 거죠. 그와 같이 부도지를 관통하는 하나의 사상, 하나의 정신이 있다고 한다면 그것이 무엇일까요? 네, '하나'입니다. 한문으로는 '일(一)', '하나'를 한 글자로 하면 '한'입니다. 한문으로 번역하기 이전에 순우리말 '한'입니다. 천부경도 '하나', '한'입니다. 천부(天符)를 부도지는 이렇게 정의합니다.

천부(天符)란 진실로 모든 것(의 근본)이 하나(一)임을 알게 하는 것이다.

여러분 놀랍지 않습니까? 불교의 사상을 한 글자로 하면 뭐가 될까요? 학자마다 스님마다 다르겠지만 특히 대승불교 같은 경우에는 공(空)사상을 중요하게 여깁니다. 전국에 있는 모든 사찰에서 매일 아침저녁으로 읽는 반야심경에는 색즉시공 공즉시색(色卽是空 空卽是色), 색(色)이 곧 공(空)이요, 공(空)이 곧 색(色)이라고 말합니다. 공(空)이라는 글자는 한 번도 안 나오지만 금강경(金剛經)이 설명하고자 하는 것은 공(空)사상이라고 합니다. 그런데 이 공(空)사상은 잘못 이해를 하고 공부를 하면 허무주의에 빠질 수가 있습니다. 그래서 불교에서도 이것을 굉장히 경계합니다. 결국에는 공(空)인데 내가 왜 부처가 되려고 노력을 하냐, 결국에는 공(空)인데 사는 게 무슨 의미가 있냐, 결국에는 죽을 건데 왜 사냐, 이러는 거죠. 그러니까 비관주의로 가고 허무주의로 가고 그런데 그것은 이 공(空)사상을 완전히 잘못 이해한 거죠. 그래서 옛날에 스님들은 그 사람의 됨됨이와 자질을 검증하고 검증해서 비관주의나 허무주의 또는 나 혼자만 깨달음에 안주하면 된다는 무기력한 깨달음, 개인주의적인 깨달음으로 갈 수 있는 모든 가능성을 다 점검을 해서 바른 제자에게만 공(空)을 전수했다고 합니다. 그런데 지금 이 시대는 너무나 미디어가 발달을 해서 초보자 단계에서부터 공(空), 다 알죠. 그러다 보니 제대로 이해를 못 하고 허무주의, 비관주의로 가는 여러 함정들이 도사리고 있습니다. 왜 이 말씀을 드리냐면 불교의 사상을 한 글자로 하면 공(空), 그런데 우리 한민족의 경전 천부경이나 부도지에 있는 사상을 한 글자로 하면 '한', 한문으로는 '일(一)', '하나'입니다. 성인들이나 깨달으신 스님들에게는 '공(空)'이나 '하나(一)'나 같은 거예요. 전혀 헷갈리지를 않습니다. 그래서 함정에 빠질 일이 없습니다. 그런데 '공(空)'을 어설프게 공부하면 함정이 있기 때문에 위험하다는 것입니다. 그런데 조금 어설픈 사람도 '한', '하나(一)'로 방향을 잡고 가면 함정에 빠질 일이 거의 없습니다.

모든 종교가 결국에는 '하나'다.

모든 인종이 결국에는 '하나'다.

모든 인류가 결국에는 '하나'다.

남녀가 결국에는 '하나'다.

이쪽으로 갈 때만이 모든 것을 선과 악으로, 나와 너로 나누고 분별하고 편 가르고 갈등을 멈출 줄 모르는 인류의 '선악과의 독(毒)', '선악괴의 병(病)'을 치료할 수 있다고 말씀드리고 싶습니다. 그 치료제는 단언컨대 한(一)의 경전, 81개의 글자로 이루어진 천부경(天符經)이고, 인류의 창세기를 품고 있는 부도지입니다. **'천부(天符)란 모든 것의 근본이 진실로 하나임을 알게 하는 것'**이라는 대목을 보고 저는 전율을 느꼈습니다.

선악을 설명하다가 여기까지 왔는데요, 결국에는 선악은 분별을 말합니다. 나누어서 본다, 나와 남을 나누어서 본다, 이것을 고칠 수 있는 것은 '하나'입니다. 그래서 천부경이 중요한 것이고 부도지를 말씀드리고 있습니다.

에덴동산의 선악과 이야기는 정말이지 놀라운 상징입니다. 아니 너무나 직접적인 가르침입니다. 부도지에서는 오미(五味)의 변이라고 했습니다. 인간이 5가지 맛을 알아 버린 대사건. 달고 짜고 쓰고 맵고 신 5가지 맛을 알았다는 게 도대체 왜 큰 변고요 재앙이었을까요? 포도를 먹기 전에 마고성 사람들이 무엇을 먹었다고 그랬죠? 땅에서 나는 젖, 지유(地乳)를 먹었다고 했습니다. 모유는 기억이 잘 안 나실 것 같고, 우유를 한번 생각해 보시겠습니까? 우유를 먹으면 거기에는 오미가 없죠. 무슨 얘기냐면 우리가 아기였을 때 젖을 먹을 당시, 인류가 젖을 먹었을 때는 '맛'이 '있다'와 '없다'라는 분별 자체가 존재하지 않는 세상에 있었다는 것입니다. '선(善)이다', '악(惡)이다' 하는 구분이 없는 것과 같습니다. 아기가 모유를 먹을 때 '맛'이라는 것을 알까요? '맛'이라는 개념 자체가 없겠죠. 그런 아기가 조금 컸어요. 어느 날 엄마가 '사탕'을 입에다가 넣어 줬다고 가정을 해 봅시다. 그 순간 아기의 머릿

속에서는 어떤 일이 일어날까요? 지소씨가 포도를 먹었을 때와 같은 일이 일어나지 않았을까요?

'세상에나. 이게 무슨 맛이지?'

'이거 참 맛있구나.'

'놀라운 세상이구나.'

바로 '맛'에 대한 개념이 생김과 동시에 '맛있다'라는 새로운 경험이 생기는 것입니다. 새로운 세상이 열리는 것이죠. 옛날에는 산모들이 젖꼭지에 쓴 거를 발라서 아기가 쓴맛을 보게 해서 젖을 떼게 했다는 이야기를 들은 적이 있습니다. 그때 아기의 머릿속에는 이것은 '맛이 없구나.', '이것은 싫구나.', '안 먹어야지.' 하는 생각, 각성, 경험이 생기겠죠. 아기에게는 '맛'이 '있다'와 '맛'이 '없다'는 이분법적으로 나눠 보는 개념이 생긴 것입니다. 그것을 더 세분화하면 어떻게 될까요? 이것은 단맛이구나, 이것은 쓴맛이구나, 짠맛이구나, 신맛이구나, 매운맛이구나, 구분해서 나눠 보는 프레임, 분별심(分別心)이 생기는 것입니다. 분별심, 견해, 관념이 생겼다는 것입니다. 의식 속에, 정확히는 뇌속에 새로운 세상이 만들어지게 됩니다. 젖만 먹을 때는 알지 못했던 새로운 세상을 알게 됩니다. 그런데 새로 알게 된 세상은 도(道)의 세계, 진리(眞理)의 세계가 아닌 거죠. 바로 그 세계는 감각의 세계요, 에고의 세계요, 환상의 세계입니다. 그래서 오미(五味)는 오감(五感)을 의미합니다. 이제 인간은 감각의 세상으로 들어갑니다. 시각, 청각, 촉각, 미각, 후각이라는 다섯 가지 감각의 세계, 오감(五感)에 갇히게 되는 것입니다.

불교에도 똑같은 얘기가 나오죠. 불교에서 육근(六根), 6개의 뿌리 안이비설신의(眼耳鼻舌身意), 즉 눈, 귀, 코, 혀, 몸 그리고 의식. 이 뿌리에서 육경(六境), 6가지의 경지, 색성향미촉법(色聲香味觸法)이라고 하는 경지(六境)에 빠진다고 설명합니다. 경지라고 하는 것은 새로운 세상을 의미합니다. 그런데 이왕이면 진리의 세상으로 가면 좋은데 잘 못해서 거짓된 세상으로 빠지게 되면 그것을 불교에서는 '경계에 빠졌다.'고 표현합니다. 감각의 세계, 거짓된 감각의 세계로 빠진다는 의미를 가지고 있죠. 불교에서는 '의(意)', '법(法)'이 추가돼서 육근(六根), 육경(六境)이라고 하지만 결국은 '오감(五感)'과 오감이 만든 '의식세계(境界)'라는 말과 다를 바 없는 것입니다.

오감(五感).
인간이 비로소 오감(五感)을 알게 되었습니다.
분별(分別)하기 시작했습니다.
결국 부도지의 포도는 선악과와 다르지 않습니다. 진실은 '하나'인데, 인간이 '감각과 분별의 세계', '오감으로 나눠서 구분하여 보는 세계'에 빠졌다는 것을 의미합니다. 원래는 본래의 감각으로 '율려(律呂)', '본음(本音)'을 느끼고 인식하여 조화(造化)를 이루었는데, 이제는 느끼고 인식하는 것을 오감(五感)이 대체하기 시작했습니다. 인간은 오감(五感)에 빠져 본래 감각을 잃어버렸습니다.

그런데 여기서 중요한 것이 있습니다. 에덴동산하고 마고성의 이야기가 굉장히 흡사한데 자세히 들어가 보면 완전히 다르다는 말씀을 지난 시간에 드렸습니다. 에덴동산에서는 선악과를 먹고 마고성에서는 포도를 먹었는데 비슷하죠. 과일을 먹었다, 비슷합니다. 그런데 그 과정을 볼 필요가 있습니다.

에덴동산에서는 먹지 말라고 한 것을 먹은 것입니다. 그러니까 신의 명령, 율법을 어긴 게 되는 것이고, 이는 곧 죄(罪)가 됩니다. 그런데 마고성에서는 그런 개념 자체가 아예 없습니다. 마고성에서의 법(法)은 자재율(自在律)이기 때문입니다. 그래서 '죄'가 아니라는 것, 이것이 우리 한민족의 가치관입니다. 서양의 기독교, 이슬람 문화권에서 태어나신 분들은 원죄(原罪)를 안고 태어나요. 태어나자마자 죄인(罪人)이에요. 심리학적으로 죄의식이 있게 되면 사람은 잔인해진다고 합니다. 자신의 죄의식을 타인에게 투사(投射)하여 타인을 죄인으로 바라보고, 최악의 경우에는 자신이 타인의 죄를 처벌해야 한다고 착각하는 지경에 이르기도 합니다.

우리는 절대 죄의식에 빠져서는 안 됩니다. 부도지는 인간이 젖을 먹다가 이제 비로소 오감, 감각을 아는 단계로 접어들었다고 하는 것을 말하고 있습니다. 이것을 단순히 1차원적으로 죄(罪)요, 타락(墮落)이라고 볼 수도 있지만 다르게 보면 **성장의 과정**으로 볼 수 있다는 것입니다.

그러나 분명한 것은 그 세상이 진리의 세상은 아니기 때문에 잘못된 세상에 빠진 대가는 있습니다. '죄'라고 할 수는 없지만 **선택에 대한 대가**는 있다는 것입니다. 만약에 그 경험을 계기로 인류가 지구 전역으로 퍼져나가 '성장'하고 다시 '하나'임을 되찾고 근원으로 회귀(回歸)

한다면 그것은 매우 값진 '경험'이요, 아름다운 '결말'이라 할 수 있을 것입니다.

이번 시간에는 인류가 마고성이라는 이상향에서 맡은 일을 하며 행복하게 살다가 그 세계에 균열이 가게 되는 첫 번째 사건 오미의 변까지 알아보았습니다.

인간은 오미를 알게 됨으로 인해서 마고성이라고 하는 이상형에서 나올 수밖에 없는 상황이 만들어집니다. 에덴동산에서는 실락원이라고 하죠. 낙원을 잃어버렸다고 하는데 부도지에서는 출성(出城)이라고 표현합니다. 성(城)에서 나왔다는 뜻인데요, 다음 시간에는 인류가 성에서 나오는 과정을 알아보도록 하겠습니다.

감사합니다.

4강

# (6~9장) 인류, 마고성을 나오다
# - 신과 인간의 관계

반갑습니다.

이번 시간에는 오미의 변 이후 마고성에서의 변화, 그리고 인류가 마고성에서 나오는 출성(出城)의 과정과 의미를 알아보겠습니다.

그 전에 먼저 다시 한번 짚어 보겠습니다. 이 책의 제목은 부도지(符都誌)입니다. 첫 시간에 마고성(麻姑城)을 복원한 것이 부도(符都), 즉 단군조선이고 아사달이라고 말씀을 드렸습니다. 제목이 부도지라는 것은 이 책이 설명하고자 하는 것이 단군조선이라는 것을 알 수 있습니다. 그렇다면 본론은 훨씬 뒤에 나오는 거겠죠? 부도지의 구성을 다시 짚어 보면 마고성이라는 이상향에서 인류가 탄생하여 행복하게 살다가 첫 번째 변고인 오미의 변이라는 사건으로 마고성에서 나와서 지구 곳곳에 흩어져 살게 되었고, 그중에 한 갈래(겨레)가 오랜 세월에도 마고성에서의 맹세를 잊지 않고 인간의 잘못을 바로잡아 마고성과 완전히 부합하는 도시를 만들었는데(마고성의 복원, 즉 복본, 復本), 그것이 바로 부도(符都), 단군조선입니다. 그런데 인류 역사에서 두 번째의 변고가 일어났으니 그것을 오행의 변이라고 하였습니다. 이로부터 부도, 단군조선이 문을 닫게 되고 혼란 속에 인류가 다시 타락해 가는 모습, 그 와중에 마고성과 부도를 잊지 않고 인류의 잘못을 되돌려 복본의 맹세를 지키려는 세력이 신라를 건국하여 맥을 잇는 스토리입니다. 그래서 부도지에는 두 개의 이상향이 그려집니다. 마고성과 부도(符都, 단군조선). 이 책의 본론인 부도(符都)는 뒤에 등장합니다. 부도는 마고성을 복원한 것으로 부도를 이해하려면 반드시 마고성을 알아야 하기에 구성을 짚어 보았습니다.

이해를 돕기 위해 에덴동산 이야기와 함께 설명을 드리고 있는데요, 이브가 선악과(善惡果)를 먹었습니다. 어떤 일이 일어났을까요? 먹고 너무 좋다. 남편인 아담에게 권하여 함께 먹습니다. 선악과를 먹자 부끄러움을 알게 되었고, 그래서 무화과 잎으로 간단한 옷을 만들어 입었습니다. 그런데 하루도 안 돼서 여호와 신(神)에게 발각이 되어 벌을 받습니다. 에덴동산에서 선악과를 먹는 것은 신(神)의 명령을 어기는 것이므로 죄(罪)라고 했습니다. 죄를 지었으니 벌을 받게 됩니다. 아담과 이브에게 내려진 벌은 에덴동산이라는 낙원에서 쫓겨나는 것이었습니다. 쫓겨나는 것뿐만 아니라 여자는 출산(出産)의 고통을, 남자는 노동(勞動)의 고통이라는 벌을 받고 에덴동산에서 나오게 됩니다.

마고성에서는 어떤 일이 있었을까요? 백소씨족의 지소씨라는 인물이 포도를 먹고 오미(五味)를 알게 되었습니다. 지소씨가 주위 사람들한테 포도를 권합니다. 너무 좋다, 새로운 세계를 알게 되었다, 맛있다, 지유보다 좋다, 힘이 넘친다, 그 말에 주위 사람들이 반신반의하며 포도부터 다른 열매까지 섭취하게 되었습니다. 마고성 사람들은 점차 두 부류로 나눠집니다. '열매 먹는 사람'과 '지유 먹는 사람'으로 말이지요. 열매 먹은 사람들에게는 어떠한 변화가 생길까요? 부도지에서는 이렇게 이야기를 합니다.

**생명을 강제로 먹으니 침은 뱀의 독(毒)과 같이 독성이 생겼다.** 소화를 잘 시키려고 그랬는지는 모르겠습니다만 독(毒)이 생겼다는 거예요.

**눈이 밝아져서 올빼미 눈같이 되었다.** 그 이유는 공율(公律)을 훔쳐보았기 때문이라고 설명합니다. 인간이 육체적인 감각의 세상으로 들어가면서 거짓된 세상을 보았다는 것이 공율(公律)을 훔쳐보았다는 의미가 아닐까 합니다. 공공의 질서, 공공의 에너지, 공적인 세상을 사사(私事)로이 훔쳐보았다, 공(公)과 반대되는 개념이 사(私)라고 하는 개념이죠. 공사(公私)를 구분한다고 하잖습니까? 마고성에 있는 인간들은 철저히 공(公)적인 인간들이었습니다. 인류는 이 세상을 이치대로 조화롭게 돌아가게 하는 공적인 일을 하는 공공(公共)의 존재였는데 '나'라고 하는 존재, 쉽게 얘기하자면 개인주의, 이기주의적인 인식이 생졌다는 거겠죠. 그래시 인간이 인제부터 타락했느냐 묻는다면 이렇게 말씀을 드리겠습니다. '나'라고 하는 '인식'에서부터라고 말이지요.

불교에서는 '무아(無我)'라고 해서 사실은 '나'라고 주장할 만한 것이 없다고 합니다. 모든 것이 하나인데 하나와 분리된 개별적인 '나'가 존재한다는 환상에서부터 '타락'은 시작되었다는 것입니다. 공(公)적인 세계에 살다가 '나(私)'라고 하는 개별적인 자의식(自意識)이 생기고 또 육체적인, 물질적인 감각에 빠져서 잘못된 세상을 훔쳐보았기 때문에 올빼미 눈처럼 밝아졌다는 것이겠죠. 그래서 이 사람들은 공적인 임무, 수찰(守察)에서 배제됩니다.

피와 살은 탁해지고 마음은 독해져서 유순하고 맑은 천성(天性)을 잃게 되었다. 검은 금(烏金) 귀걸이는 모래로 변하여 더 이상 하늘의 소리를 듣지 못하게 되었다.

귀에는 오금(烏金)이 달려져 있어서 천음(天音)을 듣는 역할을 했다고 했는데요, 열매 먹은 사람들은 귀에 달린 이 오금(烏金)이 토사(兎沙)로 변하였습니다. 토사(兎沙)라고 하니까 흙(土), 모래(沙)라고 생각하기가 쉬운데 재미나게도 이 토(兎) 자는 토끼 할 때 토(兎) 자로 나옵니다. 좀 더 연구가 필요하지만 이렇게도 볼 수 있습니다. 오금(烏金)의 오 자는 까마귀 오(烏)입니다. 고대에 까마귀는 무엇을 상징했을까요? 부도지에 관심이 있으신 분들이라면 삼족오(三足烏)를 아시리라 봅니다. 바로 까마귀는 태양을 상징합니다. 이것이 고구려의 벽화 등 여러 유물에 있는데 비단 고구려에만 있었던 것이 아니라 최소한 5천~6천 년 이상으로 올라가서 홍산문명 유적에서도 볼 수 있다고 합니다. 재밌는 것은 일본 국가대표 팀의 상징이 세 발 달린 까마귀입니다. 지금도 이 상징이 쓰이고 있어요. 또 불교의 스님들이 입는 전통 가사에도 이 문양이 있습니다. 한국뿐만 아니라 한중일(韓中日)에 걸쳐 고대부터 있었던 개념이겠지요. 이렇게 까마귀는 태양을 상징하는 반면에 토끼는 오랫동안 달을 상징해 왔습니다. 달 토끼, 옥토끼처럼 말이죠. 까마귀[烏] 금(金)이 토끼[兎] 모래[沙]로 변했다, 태양이 달로 변했다…? 정확한 의미는 모르겠으나 태양 같은 밝음에서 달 정도의 어둠으로 바뀌었다고 해석을 해 봅니다. 어두워진 결과는 천음(天音)을 더 이상 듣지 못하게 되었습니다.

마고성에 있는 인간들의 일이 본음(本音), 천음(天音)을 받아서 향(響)을 만드는 것인데, 천음(天音)을 더 이상 못 듣는다는 것은 곧 마고성에서 더 이상 '(공적인) 일'을 할 수가 없는 잉여 인간이 되어 버렸다는 것을 의미합니다. 그래서 열매 먹은 사람들은 수찰(守察)을 금지하는 법(法)이 생깁니다. 수찰(守察)은 지키고(守, 직무, 일) 살핀다(察, 알다)는 뜻인데 두 가지 의미가 있을 것 같습니다. 무엇을 지킬까요? 인간의 시조는 4개의 성문(城門)을 지킨다고 했습니다. 수찰을 금지한다는 것은 첫째, 성문을 지키는 일을 못 하게 했다. 둘째, 본음(本音)을 받아서 향상(響像)을 수증(修證)하는 일을 못 하게 했다. 이 두 가지 의미로 봅니다.

이와 함께 중요한 사실은 마고성에 최초로 '금지(禁止)하는 법(法)'이 생겼다는 것입니다. 원래 마고성에서의 법은 금지하지 아니하되 스스로 금지하는 법 즉, '자새율(自在律)'이라고 했습니다. 그런데 강제로 금지(禁止)하는 법이 생김으로 인해서 마고성에 어떤 일이 일어났을까요? '자재율(自在律)'이 자동으로 폐기되어 버립니다. 마고성에 '강제성'이 생겨 버렸습니다.

**태정(胎精)이 불순(不純)해져서…** 태(胎)는 한마디로 임신(姙娠)을 뜻합니다. 예로부터 태기(胎氣)가 있다는 말을 썼습니다. 태기, 즉 아기가 만들어지는 기운에 뭔가 이상이 생기기 시작했고 그 결과 짐승같이 생긴 사람들이 태어나기 시작했다고 나옵니다. 정말로 큰 변고죠. 그뿐만이 아닙니다. **명기(命期)가 조숙(早熟)해져서…** 생명의 기운이 빨리 자란다는 거죠. 한마디로 사람들이 빨리 늙고 빨리 죽었다는 뜻입니다. 원래 마고성 사람들은 임무를 마치면 천화금진(遷化金塵), 미세한 금가루같이 변하는 것이 죽음의 형태였는데, 열매 먹은 사람들은 짐승 같아지고 육체가 빨리 늙을 뿐만 아니라 죽음도 **'육체가 썩는'** 죽음으로 바뀌었다는 것입니다. 여기까지가 열매 먹은 사람들한테서 일어난 변화이고, 이렇게 인간의 마음이 순수함을 잃어버리자 우주의 기운, 운행도 이상이 생기고 만물(萬物)들에게도 시기하는 마음이 생기게 되었다고 합니다. 인간이 병드니 만물이 병들었습니다.

세상이 이 지경이 되니 자연히 원망이 어디로 향하겠습니까? 처음에 포도가 맛있다고 먹어 보라고 권했던 지소씨에게 원망이 가게 되겠죠. 사람들이 당신 때문이라며 원망하고 타박을 하니까 지소씨가 자신의 일족을 데리고 몰래 성(城)을 빠져나갑니다. 이것이 최초의 출성

(出城), 1차 출성(出城)입니다. 비로소 사람들이 마고성 밖으로 나온 것입니다.

출성(出城)은 자세히 나누자면 세 차례에 걸쳐 이뤄집니다. 첫 번째 출성은 지소씨 일족이 부끄러워 몰래 성을 빠져나간 것이고, 두 번째 출성은 열매 먹은 사람과 수찰(守察)을 하지 못하게 된 사람들도 더 이상 성(城)에서 함께 살 수가 없을 지경이 되어 성(城)을 나가게 됩니다. 그런데 이 사람들이 나가기 전에 황궁씨가 불러 놓고 이렇게 당부합니다.

**"여러분의 미혹됨(迷惑, 어리석음)이 이런 결과를 만들게 되었지만 수증(修證)하고, 수증(修證)하시오."** 다시 말해서 수도(修道), 수행(修行)하시오, 본래 참 성품을 닦으시오, 이렇게 표현할 수 있겠습니다. 닦을 수(修), 증명할 증(證), 닦고 증명하십시오. 여기서 중요한 단어가 나옵니다.

**"그리하면 '복본(復本)'하게 될 것이오."** 복본(復本)은 근원을 회복한다, 근원으로 돌아간다, 인간성을 회복하여 다시 마고성으로 돌아온다는 뜻이 되겠죠. 수증하여 복본하라는 최고 어른 황궁씨의 당부를 듣고 마고성을 나가게 됩니다.

세 번째가 진정한 의미에서 출성(出城)이라고 할 수 있는데, 앞에 나간 사람들은 일부가 나간 거예요. 그런데 마고성의 사람들 모두 나갈 수밖에 없는 사건이 일어납니다. 먼저 성을 나간 사람들이 막상 밖에서 생활을 해 보니 몹시 힘들었습니다. 마고성이 너무나 그리웠습니다. 이에 지유를 먹으려고 무모한 시도를 합니다. 그러나 **복본(復本)에**

**도 자격이 있고 때[時]가 있는 것**인데 그것을 모르고 욕심으로 하려 하니 결과적으로 마고성을 파괴하게 되었습니다. 지유는 먹고 싶은데 성문으로는 들어올 수 없으니 땅을 팝니다. 성벽 아래 땅굴을 파서 들어오다가 드디어 지유 우물에 닿게 되었습니다. 땅 밑에서 말이지요. 그러자 땅 위로 솟아야 할 지유가 성 밖으로 흘러나가게 됩니다. 문제는 마고성 안에서 솟을 때는 지유였는데 마고성 바깥으로 흘러 나가자 흙으로 변해 버렸다는 것입니다. 어떤 일이 발생했을까요? 밖에서 굴을 판 사람들과 성안의 사람들 모두 지유를 먹지 못하게 되었습니다. 대혼란이 일어납니다. 결국, 마고성 사람들 모두가 굶주림을 이기지 못해 열매를 먹게 되었다고 합니다.

사람들 중에 제일 어른인 황궁씨가 백모(白茅) 즉, 흰풀을 머리에 묶고 마고에게 나아가서 고합니다. **"자손들이 어리석어서 마고성이 망가질 지경이 되었습니다. 저희들이 성을 지키고 보존하겠습니다."** 말씀드리고 와서 사천인 사천녀 대표회의 끝에 백소씨, 흑소씨, 청궁씨, 황궁씨 각 종족의 수장은 인류가 모두 성을 나가자고 결정을 내립니다.

그런데 여기서 인류가 마고성을 나가는 이유가 무엇일까요? **'마고성을 보존하기 위해서'**입니다. 마고성은 낙원이면서 우주와 지구를 조율하고 생명에게 에너지를 전달하는 센터인데 이렇게 소중한 마고성이 사라지면 안 된다는 것이었죠. 마고성만큼은 무슨 일이 있어도 지켜야 했습니다. 그러기 위해서는 인간이 마고성을 나가는 수밖에 없다는 결론을 내리고 출성(出城)을 결의한 것이었습니다.

나가기 전에 중요한 대목이 나오는데요, 마고성의 가운데에 뭐가 있었죠? 천부(天符)가 있었습니다. 우리 민족의 처음과 끝을 이어 주는 천부(天符)가 다시 등장합니다. 마고성을 떠나는 인류에게 황궁씨가 천부(天符)를 나눠 줍니다. 청궁씨한테도 하나, 백소씨, 흑소씨한테도 하나씩 주고 마지막 하나는 본인이 갖습니다. 인류에게는 모두 네 개의 천부(天符)가 있는 거죠. 부도지 외에도 환단고기와 삼국유사에는 천부인(天符印), 천부삼인(天符三印)이 등장합니다. 하느님(환인)이 홍익인간 이화세계의 사명으로 인간 세상에 내려가는 환웅에게 준 것입니다. 부도지에는 천부(天符)가 첫 시작부터 중요한 대목마다 등장하는데요, 황궁씨 이후 복본의 사명을 전할 때 대대로 등장합니다. 앞으로 나오겠지만 황궁씨가 유인씨에게 천부(天符)를 전하고, 유인씨가 환인씨에게 전하고 환웅, 단군왕검(임검씨)으로 내려와서 마지막에 부도(단군조선)의 문을 닫을 때 비로소 천부(天符)를 더 이상 전하지 않고 밝은 땅(明地)에 봉쇄(封鎖)하였다(숨겼다)고 나와 있습니다. 부도지의 천부(天符)와 환단고기, 삼국유사의 천부인(天符印, 天符三印)은 그 의미만 보자면 일치합니다. 다만 부도지에서는 마고성부터 전해진 단군 시대까지 천부(天符)가 전해지다가 마지막에 숨겼다고 나오는 거죠. 또한 부도지는 한민족뿐만 아니라 인류가 가진 천부(天符)가 모두 4개라고 말해 줍니다. 다만 나머지 3개의 행방은 알 수가 없고 황궁씨가 갖고 온 하나만 추적이 가능하다는 것입니다. 비록 사라지기 전까지이긴 하지만 말이죠.

천부(天符)는 무엇인가, 부도지는 이렇게 말합니다.

"천지본음(天地本音)의 상(像)으로 모든 것의 근본이 진실로 하나임을 알게 하는 것이다."

천부(天符)는 모든 것이 진실로 하나임을 알게 하는 것입니다. 그리고 모든 것이 하나임을 알게 하는 경전이 천부경(天符經)입니다. 천부(天符)는 수증(修證)의 핵심이고 인류가 마고성으로 돌아갈 수 있는 복본(復本)의 열쇠라고 할 수 있습니다.

천부(天符)를 네 종족이 나눠 갖고 복본(復本)할 것을 서로 약속한 후 비로소 모든 인류가 마고성을 나옵니다.

동쪽으로 청궁씨가 일족을 이끌고 나갑니다.

서쪽으로 백소씨가 일족을 이끌고 나갑니다.

남쪽으로 흑소씨가 일족을 이끌고 나갑니다.

황궁씨가 일족을 이끌고 북쪽의 천산주로 갑니다. 그 이유를 부도지는 이렇게 말합니다.

"가장 춥고 험한 땅으로 간 것은 복본(復本)의 고통을 이겨내고자 하는 황궁씨의 맹세였다."

눈치채신 분들도 계시겠지만 황궁씨 종족은 아마 황인종을 말하는 게 아닐까요? 남쪽으로 간 흑소씨 종족은 흑인 계열일 것 같고요, 서쪽으로 간 백소씨 종족은 백인종 같습니다. 그런데 청궁씨 종족은 어떤 사람들일까요? 지금의 인도 쪽 계열이 아니었을까 추측해 봅니다. 지금 지구상에 황인종, 백인종, 흑인종은 있는데 청인종은 없죠. 그런데 재밌는 것이 흰두교의 그림들을 보면 신들을 파랗게 그려 놓았거든요. 그런 것도 의미심장하다고 봅니다.

동서남북으로 흩어져 사람들이 나왔지만 앞에 1차로 먼저 출성한 사람들의 후손이 먼저 자리를 잡고 있어서 마고성에서 갓 나온 사람들을 죽이고 해를 가해서 많이 죽고 상했다고 나옵니다. 그렇게 힘든 과정을 거쳐서 정착을 하는 동안 마고성은 어떻게 되었을까요?

인류가 나가고 마고성에는 마고와 두 딸 궁희, 소희 세 분만 남게 되었습니다. 집을 수리할 때도 싹 비워야 수리를 할 수 있듯이 마고는 두 딸과 더불어 마고성을 수리합니다. 마고성이 많이 망가졌어요. 해 보신 분은 아시겠지만 집수리를 한다면 먼저 비우고, 고치고 그다음에 청소를 합니다. 빈 마고성을 수리하고 청소하는 대목이 나옵니다.

전 세계 신화(神話)를 보면 동서양을 막론하고 공통적으로 홍수신화(洪水神話)가 많이 있습니다. 부도지에는 마고가 하늘에 있는 물(天水)을 끌어들여서 마고성을 청소했는데 그 물이 넘쳐서 사람들이 많이 죽었다고 나옵니다. 마고성을 고친 마고는 성을 허달성(虛達城) 있는 곳으로 옮깁니다. 원래 마고성은 지상(地上)에서 가장 높은 성이라고 했습니다. 지상(地上)에 있었다는 거죠. 지상에서 가장 높은 곳은 세계의 지붕이라는 파미르고원입니다. 마고성이 있었다면 파미르고원이 가장 유력할 것입니다. 그런데 허달성이 있는 곳으로 옮겼다는 것은 보이지 않는 어떤 곳으로 이동했다고 볼 수 있습니다. 그래서 마고성은 이제 지구상에는 없겠죠. 하늘이라고 할 수도 있고 다른 차원으로 옮겼다고 볼 수 있을 것 같습니다.

  인류가 출성하고 마고성도 지상에서 다른 곳으로 옮겨지고 난 후 우주의 운행에도 변화가 생깁니다. 부도지에는 "지계(地界)가 변하고 **역수(曆數)의 차이가 생기니 삭(朔)과 판(眅)의 현상이 시작되었다.**"고 나오는데요, 실제로 현재 지구는 지축이 23.5도로 기울어져 있죠. 그 상태로 지구가 자전을 하면서 태양의 주위를 돌지 않습니까? 타원형으로 공전을 합니다. 달도 마찬가지로 자전하면서 지구를 돌고 있습니다. 이렇게 지축(地軸)이 기울고, 달도 차고 기울면서 조수 간만의 차가 생기고, 북반구와 남반구의 기후가 다르고, 사계절이 생기는 등의 변화가 있습니다. 탄허 스님 예언에 보면 앞으로 지축이 바로 선다는 예언이 있어요. 실제로 과학자들이 남극에 있는 얼음을 뚫어서 조사를 해 보니까 과거 몇만 년 전 어느 시기에는 지축(地軸)이 똑바로 서서 돌다가 어느 시대에는 기울어져 돌았다고 하죠. 마치 팽이를 돌리면 똑바로 돌다가 힘이 빠지면서 기울어져서 도는 것처럼 이 지구도 마찬가지라는 겁니다. 지계(地界)의 중심(中心)이 변했다는 것은 지축(地軸)이 기울어지면서, 그전에는 어땠는지 모르지만 지금은 일 년이 365일 하고 5시간 몇 분 몇 초이잖습니까? 이렇듯 지구의 역수(曆數)가 변했다, 즉 우주의 운행이 변했다고 해석을 해 봅니다. 그리고 **삭판(朔眅)이 시작이 되었다.** 삭망(朔望)이라는 말이 있는데 사전적으로는 초하루와 보름을 뜻합니다. 달이 있고 태양이 있는데 이것이 일직선에 놓일 때가 있습니다. 지금의 관점에서는 그것을 삭망이라고 하는데, 달과 지구의 인력에 변화가 생겼다는 의미가 아닐까 추측해 봅니다.

이번 시간에는 인류가 비로소 마고성을 나오게 된 과정, 출성에 대하여 알아보았습니다. 다음 시간에는 마고성 이야기가 우리에게 주는 메시지를 에덴동산 이야기와 함께 알아보겠습니다.

감사합니다.

5강

# 마고성 이야기의 메시지
## (에덴동산 이야기)

반갑습니다.

이번 시간에는 마고성과 에덴동산으로 보는 인류의식의 원형 탐구라는 주제로 말씀드리겠습니다. 지금까지 부도지 1장에서 9장까지 알아보았는데요, 여기까지만 알아도 부도지가 우리에게 말하고자 메시지라고 할까요? 부도지가 담고 있는 핵심을 90% 이상 알 수 있다고 말씀드리고 싶습니다.

중간 정리하는 시간이라고 보셔도 되겠습니다. 이해를 돕기 위해서 마고성과 에덴동산을 비교하며 말씀드리고 있습니다.

## 1. 창세의 주체

마고성은 태초에 율려(律呂)가 있었다고 나옵니다. 율(律)은 코스모스(Cosmos)적 에너지, 려(呂)는 카오스(Chaos)적인 에너지, 그래서 율려(律呂)는 음양(陰陽)이라 할 수도 있고, 음악(音樂)이라고 할 수도 있습니다. 율려(律呂)는 또한 소리, 파동(波動), 리듬(Rhythm)이라고 할 수도 있을 것 같습니다. 저는 에너지(Energy)라고도 말씀을 드렸지요.

에덴동산에서는 태초에 말씀이 있었다고 나옵니다. 원문에는 로고스(Logos)라고 나오는데 말씀이라는 의미 외에 법칙, 질서라는 뜻을 가지고 있습니다.

## 2. 인간창조

마고성에서는 인간을 출산(出産)합니다. 마고가 궁희와 소희를 낳고 궁희가 황궁씨와 청궁씨를, 소희가 백소씨와 흑소씨를 출산해서 인간이 탄생했다고 나와 있습니다. 에덴동산에서는 인간을 만들었다고 합니다. 흙을 빚어서 아담을 만들고 아담의 갈비뼈를 빼서 이브를 만든다고 나와 있지요. 마고성은 출산(出産)이고 에덴동산은 창조(創造)입니다. 신(神)과 인간(人間)의 관계를 볼 때 마고성 이야기에서는 부모 자식의 혈연관계가 형성되고, 에덴동산에서는 창조주와 피조물의 관계가 형성됩니다. 피가 섞이는지, 유전자가 전해지는지가 관건이라고 볼 수 있습니다. 여기서 파생되는 깃이 관계성입니다. 에덴동산에서는 주종(主從)관계, 소유주와 소유물의 관계가 형성됩니다. 그리고 주종, 소유의 개념에서 명령(지배)하고 복종(服從)하는 관계가 설정이 되는 것입니다.

마고성의 부모 자식 관계에서는 천손(天孫)의식이 생깁니다. 바로 인간은 하느님의 자손이다, 우리 민족은 하느님의 자손이라는 의식이 생기는 것입니다. 에덴동산에서는 선민(選民)의식이 생깁니다. 선택받은 백성이라는 뜻입니다. 신은 수많은 피조물을 만들었지만 그중에 유대민족을 선택했습니다. 그래서 유대민족만이 선택받은 특별한 민족이고 나머지는 그렇지 않다는 것으로 세계관이 확장됩니다.

결국 마고성 이야기는 '신과 인간이 하나'라는 의식으로 귀결됩니다. 하나에서 시작했고, 자녀이고, 그렇기 때문에 모든 것을 상속받은 존재라는 것입니다. 그래서 처음과 끝을 관통하는 세계관은 신인합일(神人合一), 신인일체(神人一體)라고 할 수 있습니다. 에덴동산 이야기에서는 신과 인간은 분명히 나눠져 있습니다. 각자의 위치가 있고 각자의 본분이 있는 것입니다. 절대 인간이 신(神)의 영역을 넘볼 수 없습니다.

### 3. 인간 존재 이유

마고성에서는 인간이 왜 출생(출현)했다고 했지요? 향상(響像)을 수증(修證)하는 존재, 창조주와 함께 이 세상을 창조하고 조화롭게 운영할 존재로서 인간이 탄생했다고 했습니다. 자식이 부모의 일을 도와 가업을 이어 나가듯 인간은 신과 동반자적인 관계였습니다. 에덴동산 이야기에서는 인간을 왜 만들었는가가 다소 모호하게 보여집니다. 명확한 이유를 찾기 어렵습니다. 신과 닮은 존재, 신을 알아보고 찬양할 존재가 필요했다는 주장도 있습니다.

## 4. 법(法)

마고성에서는 '금지하지 아니하되 스스로 금지하는' 자재율(自在律)이라는 법(法)이 있었다고 했습니다. 인간의 양심에 따르며 누구도 '강제하지 않는' 법(法)입니다. 강제하지 않기 때문에 '법(法) 아닌 법(法)'입니다.

에덴동산에서의 유일한 법(法)인 "선악과를 먹지 마라."는 금지사항입니다. 이것은 강제성이 있는 법(法)입니다.

## 5. 타락(墮落)

마고성과 에덴동산에서 모두 변고(變故)가 일어납니다. 그것을 타락(墮落)이라고 할 수도 있습니다. 마고성에서는 포도를 먹은 오미(五味)의 변(變)이라고 하는데, 오미(五味)는 다섯 가지 맛으로 곧 오감(五感)의 세계에 빠져 버렸다는 것을 의미한다고 말씀드렸습니다. 에덴동산에서는 선악과를 먹었고 그로 인해서 선악(善惡)을 알게 되었습니다. 선악(善惡)이라는 관념, 분별심이 생겼다고 말씀드렸습니다. 에덴동산에서 선악과를 먹었다는 것은 창조주인 신(神)의 명령을 어긴 죄(罪)가 되었고 벌(罰)을 받게 됩니다. 마고성에서 포도를 먹은 것은 '죄'라기보다는 '변고', '사건', '사고'의 의미가 강하다고 볼 수 있습니다.

## 6. 선택권과 결정권

두 이야기 모두 낙원(樂園)에서 인간이 나오게 되는데 마고성 이야기에서는 그것을 출성(出城)이라고 하고, 에덴동산 이야기에서는 실낙원(失樂園)이라고 합니다. 그런데 낙원에서 나오는 과정에서 선택권과 결정권은 누구에게 있을까요? 이것을 잘 생각해 보시면 지금까지 각각의 문화권에 속한 인류의 무의식에 남아 사고와 행동에 큰 영향을 주고 있다는 것을 알 수 있을 것입니다.

마고성 이야기에서는 결정권이 인간에게 있습니다. 인간이 나가는 것을 결정하고 신, 마고에게 통보합니다. "저희가 낙원을 나가기로 결정했습니다. 그리고 약속합니다. 훗날 다시 돌아오겠습니다." 복본의 맹세를 합니다. 특히 황궁씨는 출성 이후 고난(苦難)까지도 스스로 선택합니다.

에덴동산 이야기에서는 신이 '결정'합니다. 나가라고 명령하지요. 인간은 신의 결정과 명령에 복종할 뿐입니다.

## 7. 낙원을 나가는 이유

부도지에서 인간이 마고성을 나온 이유는 분명합니다. '마고성을 보존하기 위해서'였죠. 낙원을 지키기 위해서였습니다. 에덴동산에서는 신이 선악과를 먹지 말라고 '명령'했는데 이를 어겼기 때문에 신을 거역한 '죄'를 짓게 되었습니다. 에덴동산에서 쫓겨나는 이유는 바로 '신의 명령을 어긴 죄'에 대한 '형벌'이었습니다. 이후 이 세계관에서 사는 사람들은 대대로 '원죄(原罪)'라는 '죄의식'이 생기게 되었습니다. '인간은 태어나면서부터 죄를 가지고 태어난다.', 인간은 누구나 태초에 '신의 명령을 어긴 죄'가 있다는 것입니다. 2천 년 전에 하느님의 아들이 모든 인간의'원죄'를 대신 짊어지고 십자가에 못 박히는 속죄(贖罪)를 했지만 그 세계관에서 사는 사람들에게 '원죄'는 아직도 사라지지 않은 듯합니다.

## 8. 목표 : 복본(復本)과 구원(救援)

마고성이나 에덴동산이나 나온 사람들 모두 다시 낙원으로 돌아가길 희망합니다. 그것은 대대로 인류의 최종 목표가 되었습니다. 마고성에서는 그것을 복본(復本)이라고 했습니다. 근본을 회복한다, 근원을 회복한다, 바로 마고성으로 돌아간다는 뜻입니다. 에덴동산에서는 구원(救援)이라고 합니다.

인류의 고향, 낙원으로 돌아가기 위해서 무엇을 어떻게 해야 할까요? 마고성 이야기에서 출성(出城)을 앞둔 인류에게 황궁씨가 간곡히 당부합니다. "수증(修證)하고 수증(修證)하시오."라고 말이지요. '닦고 증명한다.' 요즘 쓰는 말로 하면 수행(修行), 수련(修鍊), 수도(修道)하라는 뜻이지요. 모든 미혹(迷惑)됨을 남김없이 씻으라고 합니다. 막연히 수행하라는 것이 아니라 복본의 열쇠이자 모든 것이 하나임을 알게 하는 천부(天符)를 나눠 주면서 훗날 낙원에서 다시 만나자고 약속합니다.

우리나라 천부경에는 인중천지일(人中天地一)이라는 구절이 있습니다. 사람 안에 하늘과 땅이 하나 되어 들어 있다는 뜻입니다. 천부(天符)와 천부경(天符經)의 관계는 좀 더 연구가 필요할 것 같습니다만 같은 연장선상에 있다는 것은 분명합니다. 마고성 이야기에서 낙원으로 돌아가는 '주체(主體)'는 인간입니다. 인간의 간절함에 '신(神)'이 도움을 줄 수는 있겠지만 복본(復本)은 분명 인간의 몫입니다.

에덴동산 이야기에서 낙원으로 돌아가기 위해서는 구원을 받아야 하고, 구원받기 위해서는 속죄(贖罪)를 해야 합니다. '죄사함'을 받아야 하는 것이지요. 여러 방법과 의식이 있는데 기독교의 세례(洗禮)도 그중 하나입니다. 성수(聖水)로 죄를 씻고 죄사함을 받았다는 것은 신에게 용서를 받고 다시 태어났다는 의미를 갖습니다. 에덴동산에서는 구원의 열쇠가 신앙(信仰)이고 믿음이고 순종(順從)입니다. 신의 명령을 어긴 죄를 갚으려면 그 이상의 믿음을 보여 줘야 합니다. 신앙, 믿음, 순종을 통해 속죄를 하면 신이 보낸 구원자, 신의 대리인, 신의 아들인 메시아(Messiah)의 선택을 받을 수 있고 메시아를 통해서만이 인간은 구원을 받을 수 있다고 말합니다. 에덴동산에서는 신(神)과 신이 보낸 메시아의 선택과 결정으로 인간은 구원을 받을 수 있습니다. 결정권이 신(神)에게 있습니다.

각각의 창세기는 동서양의 여러 문화권에 영향을 주었습니다. 지금까지도 그 의식은 인류의 생각과 행동을 결정짓곤 합니다. 마고성(마고) 이야기는 정도의 차이는 있지만 동양의 선도(仙道), 불교(佛敎), 유교(儒敎), 도교(道敎), 힌두교, 중앙아시아, 티베트 지방에 영향을 주었다고 유추해 볼 수 있습니다. 에덴 이야기는 중동 지방에서 시작해서 주로 서양에 큰 영향을 주었습니다. 유대교와 유대교에 뿌리를 둔 기독교, 그리고 이슬람교입니다. 유대교, 이슬람교, 기독교는 에덴의 창세기로 시작되는 구약을 공유합니다. 이들을 극명하게 나뉘게 한 기준은 메시아입니다. 유대교에서 볼 때 메시아는 아직 오지 않았습니다. 앞으로 언젠가는 메시아가 와서 선택받은 백성(選民)인 유대민족을 구원해 줄 것이고 그때까지 신의 가르침을 믿고 지키는 것을 가장 중요한 의무로 삼습니다. 기독교(천주교, 개신교)는 예수를 메시아로, 이슬람교는 마호멧(무함마드)을 메시아로 봅니다. 이들 종교가 구약을 공유하며 매우 비슷한 교리를 가지고 있으면서도 사이가 좋지를 못한 이유는 바로 '메시아' 때문이라고 해도 과언이 아닙니다. 왜냐하면 자기 종교의 메시아만이 유일한 메시아이고, 그래야만 구원이 가능하다고 믿기 때문입니다. 타 종교의 메시아를 인정하는 순간 수천 년 구원을 위한 노력이 수포로 돌아간다고 믿기 때문입니다. 유대교는 예수나 마호메트를 메시아로 인정할 수 없고, 기독교는 마호메트를 메시아로 인정할 수 없습니다. 이슬람교 또한 예수를 메시아로 인정할 수 없는 절박한 이유가 있습니다. 내 종교의 메시아를 증명하는 것만큼 타 종교의 메시아가 가짜임을 증명하는 것은 절박한 일이 되었습니다. 그것은 자신들이 구원 즉, 신의 부름을 받아 낙원(천국)으로 다시 돌아가는 문제가 달린 목숨보다 소중한 일이기 때문입니다.

다행히 '내 민족(종교)만이 선택(구원)받는다.'는 선민사상과 달리 마고성의 천손(天孫)사상은 전 인류로 확대가 가능합니다. 실제로 한 민족만이 아니라 모든 인류가 본래 천손임은 부정할 수 없는 사실입니다. 이것은 또한 한민족의 민족주의가 세계 인류주의로 확장이 가능한 이유이기도 합니다.

## 9. 이상적인 세계를 이루는 방식

마고성 이야기는 인간 중심입니다. 낙원은 누가 만드는가? 인간이 만듭니다. 널리 인간을 이롭게 하고 조화로운 세상을 만들라는 홍익인간 이화세계사상이 나올 수밖에 없는 구조입니다. 19세기 와서 동학(東學)이 출현하여 홍익인간사상을 다시 드러냈는데 바로 시천주(侍天主)요, 인시천(人是天)이었습니다. '사람 안에 하느님을 모시고 있다.' 즉, 사람이 곧 하늘(하느님)이니, 사인여천(事人如天), 사람을 하느님과 같이 섬기라는 사상입니다. 우리 각자가 하느님이 되어 이 세상을 하느님이 사는 세상으로 만들자는 동학사상이 마고성 이야기와 단군사화 홍익인간 이화세계와 어긋나는 지점이 하나라도 있을까요? 하나로 통하는 것입니다. 이상세계는 누가 어떻게 이루는가? '하느님'이 내재된 인간, 좀 더 정확히는 '하느님'이 발현된 인간이 이룬다는 것입니다.

에덴동산의 세계관에서는 말하는 이상세계는 신 중심, 메시아가 인도해 주는 세상이라고 할 수 있습니다. 인간은 수동적입니다. 할리우드에서 만든 히어로 영화를 보면 대부분의 인간들은 무기력한 존재로 그려집니다. 인간들이 고통받을 때 히어로 즉, 구원자요 메시아가 등장해서 평화를 찾아주는 것입니다. 히어로는 인간을 구하고 평화로워진 지구에 살게 합니다. 이런 발상의 깊은 곳에 에덴동산에서 유래한 관념이 있음은 어렵지 않게 유추할 수 있을 것입니다.

20세기부터 21세기까지 현재까지 우리 사회에는 인권(人權)이라는 개념이 크게 대두 되었습니다. 지금 우리나라에서도 인권에 대한 얘기를 많이 합니다. 그런데 인간에 대한 이해가 조금 다른 것 같습니다.

무엇이 인간일까요? 20세기, 21세기 세상에서 말하는 인권이라는 개념은 서양에서 나온 개념이죠. 그런데 서양의 인권, 사람에 대한 이해와 인식이 우리나라의 전통적인 사람에 대한 인식과 무엇이 다른지 차이를 짚어 볼 필요가 있습니다. 우리말에 '못됐다.'는 말이 있습니다. 바로 '인간'이 못 됐다는 것입니다. 인간이라고 하기에 함량이 조금 모자란다는 것입니다. 우리 조상들은 인간으로 태어났다고 해서 다 '인간'으로 인정하지 않았다는 것을 우리말을 보면 알 수 있습니다. 비록 육체적으로는 인간으로 태어났지만 진정한 '인간'이 되는 어떤 과정을 거쳐야 한다는 것입니다. 껍데기가 아니라 내면이, 영혼이, 알맹이가 수행적인(후천적인) 노력을 통해서 인격이 어느 수준으로 충족되었을 때 비로소 인간으로 인정해 주는 것입니다. 한 미국인 교수는 한국에 와서 '도덕' 과목이 있는 것을 보고 놀랐다고 합니다. "아니, '도덕'도 가르칠 수 있다고?" 영상이 유튜브에 있습니다.

그렇다면 우리 민족에게 인간이 되었다는 기준은 무엇이었을까요? 이 또한 우리말에서 답을 찾고 싶습니다. 우리말에 '법(法) 없이도 살 사람'이라는 말이 있습니다. 마고성 이야기를 알면 이 말을 더욱 깊이 이해할 수 있으리라 보는데요, 바로 '법 없이도 살 사람' 정도는 되어야 '인간'이라고 할 수 있고 '법이 있어도' 통제가 어려운 사람은 '(인간) 못 된 놈'이라고 불린 게 아닐까요? 그런데 현대사회의 인권(人權)은 '인 격(人格, 인간자격)'과 상관없이 외형적인 모습을 '인간'으로 보고 있습니다.

인간은 후천적 노력으로 사람의 자격을 얻고 이후에도 완성을 향해 간다는 한국의 고전적인 인간관과 현대사회의 인권개념이 상호 보완한다면 인류는 더 좋은 사회를 만들 수 있지 않을까요? 태어나는 것과는 별개로 인생의 수행적인 과정을 통해 인격을 성숙시킨다는 우리의 고전적인 개념은 인생의 목표를 자기 내면의 완성에 두게 만들었습니다. 반면 인격완성의 개념보다는 믿음을 통한 구원에 큰 비중을 둔다면 경쟁과 승리, 소유와 성공, 지배라는 가치를 강하게 추구할 수밖에 없다는 말씀을 드리고 싶습니다.

이는 결코 마고성 이야기가 에덴동산 이야기보다 우월하다고 말씀 드리는 것이 아닙니다. 지구라는 행성에서 인류가 만든 21세기 물질 과학문명은 서양에서 비롯된 문명이라고 해도 과언이 아닙니다. 이것은 누구도 부정할 수 없는 사실입니다. 그렇다면 현재 지구문명을 만든 서양의 정신세계의 깊은 곳에는 무엇이 있을까라고 했을 때 에덴동산이 있다는 것 또한 부정할 수 없다는 것이지요. 21세기 지구는 인류 역사상 가장 풍요로운 시대이지만 가장 위태로운 시대이기도 합니다. 구체적으로 열거하지 않아도 여러 문제점이 있다는 것을 아실 것입니다. 문제가 어떻게 시작됐는지를 안다면 분명 해답도 알 수 있을 것입니다. 만약에 지금 21세기 지구의 여러 위기에 대한 해법을 찾는다면 그것은 마고성 이야기 속에 있지 않겠는가라고 대안을 말씀드리는 것입니다. 인류의 역사는 앞으로도 천년만년 이어져야 합니다. 이왕이면 망하는 것보다는 더 발전하고, 더 조화롭고, 평화로운 게 좋겠죠. 인류가 당면한 문제를 해결하고 더 풍요롭고 더 조화로우며 더 평화로운 문명으로 가기 위한 정신, 철학의 원형이 어디에 있을까? **그 보물이 마고성에 있으니 인류가 다 같이 꺼내서 잘 쓰자는 말씀을 드리고 싶은 것입니다.**

이번 시간까지 부도지 중에 마고성 이야기를 말씀드렸습니다.
감사합니다.

| | 마고성 | 에덴동산 |
|---|---|---|
| 창세의 주체 | 율려(律呂) | 말씀(Logos) |
| 인간창조방식 | 출산(혈통) | 창조(흙) |
| 신과 인간의 관계 | 부모 - 자식(혈연) | 창조주 - 피조물(주종)<br>소유관계 |
| 사상<br>(의식) | 천손(天孫) | 선민(選民) |
| | 하느님의 자손 | 선택받은 백성 |
| | 신인합일(神人合一) | 신인분리(神人分離) |
| 인간 존재 이유 | 향상(響像)을<br>수증(修證)하기 위해 | ? |
| 법(法,<br>율법律法) | 자재율(自在律) | 선악과 금지 |
| 타락의 계기 | 포도 - 오미(五味) | 선악과 - 선악(善惡) |
| 출성/실낙원<br>결정 주체 | 인간 | 신 |
| 출성/실낙원<br>이유 | 마고성 보존 | 죄(원죄)에 대한 벌 |
| 지향점 | 복본(復本) | 구원(救援) |
| 복본/구원을<br>위해 해야 할 일 | 수증(修證) : 수행, 수도,<br>미혹(어리석음)됨을 씻고<br>본래 성품 회복 | 속죄 : 죄사함, 믿음을 증명<br>하여 속죄하고 (메시아에게)<br>죄사함을 받고 거듭남 |
| 복본/구원의<br>열쇠 | 천부(天符) : 모든 것의 근본이<br>하나임을 알게 하는 것 | 신앙, 믿음, 순종(복종)과<br>메시아의 선택 |
| 복본/구원의<br>주체 | 인간 | 신, 메시아 |

# 인류문명 위기의 해법이 담겨있는 부도지, 2가지 보물, 왜 부도지를 말하는가?

반갑습니다.

이번 시간에는 부도지의 전체적인 구조를 다시 한번 짚어 보면서 부도지가 담고 있는 인류문명의 모델을 말씀드리겠습니다.

부도지에는 두 개의 이상적인 세계가 나옵니다. 마고성이라는 이상적인 세계, 그리고 마고성을 재현한 부도(符都), 즉 단군조선이라고 말씀드렸습니다. 마고성의 오미의 변처럼 부도(符都)에서도 변고가 발생하게 되는데요, 이것을 오행(五行)의 변(變)이라고 합니다. 오행의 변을 일으킨 인물은 요(堯)입니다. 동양 고대 역사에 관심이 있으신 분들은 이 지점에서 혼란을 느끼기도 합니다. 요(堯)라는 인물이 태평성대로 유명한 중국의 고대 요순시대의 주인공과 동일 인물이기 때문입니다. 중국뿐만 아니라 유교가 성행한 우리나라 조선시대에도 요순시대는 이상적인 시대로, 요임금, 순임금은 성군(聖君)으로 인식했습니다. 그런데 전 세계에서 유일하게 부도지만이 이를 정면으로 부정합니다.

부도지에 의하면 요, 순은 패륜에 가까운 인물이고 그들이 만든 나라는 백성을 고통스럽게 만든 나라였습니다. 이상적인 세계는 부도(符都) 즉, 단군조선이었는데 그 이상적인 세계를 파괴한 인물이 요, 순, 우임금입니다. 마고성의 오미의 변이 인간이 오감(五感, 감각)에 빠져 버린 것을 상징한다면, 요가 일으킨 오행의 변은 인간의 의식 속에 잘못된 질서와 지배라는 관념을 불어넣었다고 말씀드릴 수 있습니다. 자세한 내용은 차츰 말씀드리도록 하고요.

부도지를 정말로 귀하게 여기고 유튜브를 통해서 말씀드리는 이유는 이 이야기에서 인류문명의 대안을 보았기 때문입니다. 인류문명의 대안이라니까 아주 거창한데요, 모든 것은 '한' 생각에서부터 시작합니다. 인간의 의식, 무의식, 또 인간의 집단의식 속에 무엇이 들었는가를 탐구했을 때 인간의 뇌 속에 있는 '잘못된 처음 한 생각'을 바로잡는 '약(藥)'을 이 마고성에서 찾았습니다. 그래서 **마고성 이야기에서는 위태로운 현대문명의 대안을 찾고, 부도(단군조선)에서는 우리 한민족이 앞으로 나아갈 방향을 봅니다.** 한민족이 평화롭게 번영하면서 지구촌과 인류를 위한 나라를 앞으로 이렇게 만들면 되겠구나 하는 아이디어라고 할까요? 힌트가 부도(단군조선)에 있습니다. 뒤에서 상세히 말씀드리겠습니다.

전 세계 사회학자나 정치가, 인류학자들이 부도지를 많이 아셨으면 하는 바람을 갖고 있습니다. 어쨌거나 우리는 지금 물질문명 시대에 살고 있죠. 21세기 문명, 우리는 흔히 물질문명이라고 얘기를 합니다. 물질문명은 서구권 사회가 주도를 해서 만든 것은 분명합니다. 유럽에서 백인들이 산업혁명으로 그리고 시민혁명으로 시작했고 제국주의와 식민주의 시대를 거치면서 20세기에 와서 아메리카 대륙으로 주도권이 넘어와서 지금은 미국을 중심으로 물질문명이 최전성기를 구가하고 있습니다. 지금의 물질문명을 만든 생각들을 쫓아가다 보니까 대표적인 서구문명의 종교사상이라고 할 수 있는 기독교 그리고 그 기독교의 사상 중에서도 구약으로 가고 그 구약 중에서도 최고 근원이 되는 에덴동산으로 가더라는 것입니다. 그래서 에덴동산에 대한 말씀을 많이 하는 이유가 물질문명, 현대문명을 만든 그 첫 번째 생각이 어디에서 시작됐냐면 바로 에덴동산에서 시작됐다고 보는 것입니다. 자본주의도 그렇고 공산주의도 마찬가지입니다. 신(神)이 있고 인간(人間)이 있습니다. 신과 인간의 관계는 복종의 관계입니다. 인간이 에덴동산에서 쫓겨난 것의 핵심은 복종을 안 해서 쫓겨난 것입니다. 그래서 인간은 신(神)에게 절대복종을 합니다. 이 관계는 인간과 동물의 관계에서도 그대로 적용됩니다. 여러 동식물을 창조하고 나서 신이 인간에게 권한을 줍니다. '너희가 다스려라.' 다른 말로 하면 뭐가 될까요? '너희가 소유해라.' 소유라는 개념이 나오고 '지배해라.' 정복이라는 개념이 나옵니다. 그래서 '너희도 복종을 받아라.' 바로 이러한 생각이 근원에 있다는 것입니다. 그 결과 인간은 자연을 소유의 대상으로 보고 지배의 대상으로 봅니다. 정복의 대상으로 보는 것입니다. 인간이 신에게 복종하는 한 지구상에 있는 모든 자연 동식물은 인간이 소유하고 지배할 수 있는 권리를 부여받았다는 생각이 형성된 것입니다.

그런데 복종을 안 했기 때문에 그것을 전부 다 박탈을 당하게 되는 거죠. 그래서 인간에게 원죄라는 관념이 생겼고, 죄의식이 생긴 것입니다. 이렇게 구약 시대가 이어지다가 신약 시대로 와서 예수라는 인물이 나타납니다. 예수는 인간들에게서 인간의 집단의식에 있는 원죄(原罪)를 없애 주었습니다. 모든 인간의 죄(原罪)를 대신 갚고자 십자가에 못 박힘으로써 말이지요. 내가 모든 인간의 죄를 다 가지고 가니까 이제 인간은 죄가 없다고 선언합니다. 신(神)의 아들이 직접 선언을 한 것입니다. 그러나 결과적으로는 그렇게 되지 않았습니다. 인간에게 원죄는 여전히 그대로 남아 있습니다. 지금도 예수는 십자가에 매달려 인간의 죄를 대속하고 있습니다. 언제쯤 십자가를 벗을까요? 안타까운 일이 아닐 수 없습니다.

복종, 소유, 지배라는 관념으로 대상을 바라봅니다. 같은 인간들끼리 서로 소유하고 정복하고 지배할 대상이 되었습니다. 자연도 소유, 지배, 정복의 대상입니다. 유럽 사람들이 개척(開拓)이라는 말을 썼지 않습니까? 신대륙을 개척하고 수많은 식민지를 개척했습니다. 정복하고 소유하고 지배했지요. 청교도인들을 중심으로 한 백인들이 아메리카 대륙에 와서 원주민을 약 6천만 명에서 1억 명 정도를 학살했다고 합니다. 저들은 신(神)을 믿지 않기 때문에 신(神)에게 복종을 하지 않기 때문에 성경을 믿지 않기 때문에 죽여도 된다는 명분으로 말이지요. 그 믿음 하나로 자신들을 따뜻하게 맞아 줬던 원주민을 학살하고 땅을 차지합니다.

어쨌든 인간이 자연을 소유와 지배와 정복의 대상으로 대한 결과 물질문명은 발전했습니다. 물질문명을 버리자는 것이 아닙니다. 이것을 버리고 다시 자연으로 돌아가자, 그것이 과연 옳은 태도일까요? 인류가 만들어 놓은 현대 물질문명이 사실은 엄청난 것임은 분명합니다. 그러나 결코 완전하지 않죠. 한 2% 정도의 오류가 있다는 것입니다. 컴퓨터 프로그램을 아주 잘 만들었어요. 완벽한 프로그램을 만들었는데 뭔가 2% 정도 버그가 있더라, 그 버그, 오류를 무엇으로 치료할 것인가? 무엇으로 바로잡을 것인가.

앞으로 과학 물질문명은 더 발전할 것입니다. 4차 산업혁명이란 말이 나오고 있습니다. 자동화와 AI, 로봇의 발달로 사람들이 노동을 안하게 될 것이라고 하고 기본소득에 대한 논의가 시작되었습니다. 노동에서 벗어난 4차, 5차 산업혁명 시대가 온다면 인간은 과연 무엇을 해야 할까요? 술 마시고 마약하고 쾌락을 위해서 그렇게 살까요? 또는 극소수의 지배층과 대다수의 가난한 피지배층으로 재구조화되어야 할까요? 그건 아니라는 거죠. 인간 문명을 정말로 낙원같이 만들 수 있는데 그 시대에 인간은 무엇으로 살 것인가? 결국에는 홍익(弘益)밖에는 없다는 것입니다. 다른 말로 하면 봉사(奉仕)입니다.

자연에 대해서 봉사를 하고 같은 인간들끼리 봉사를 하고 불교적으로 얘기를 하면은 보살도(菩薩道)를 행하는 것밖에는 할 일이 없습니다. 그렇게 하지 않으면 인간은 필연적으로 쾌락에 빠지거나 수천 년간 반복해 온 기득권 싸움으로 망할 수밖에 없을 것입니다. 오랜 세월 인류가 어렵게 이룩한 현대 물질문명은 정말이지 엄청난 문명임에는 분명합니다. 정말 잘 만든 문명인데 여기에 한 2% 정도 오류를 수정하면 완벽해질 수 있다. 결코 쉽지 않겠지만 2%의 오류를 수정하는 업그레이드 패치파일이 어디 있느냐? 바로 마고성 이야기에 있다고 말씀을 드리고 싶습니다. 물론 그것은 천부경(天符經)에도 있고 삼일신고(三一神誥)에도 있습니다. 그런데 너무 고차원적이고 난해하여 잘 이해를 못하죠. 마고성 이야기는 이야기로 풀어놨기 때문에 누구나 이해할 수 있다고 확신합니다.

부도지는 말합니다. 신과 인간의 관계는 주종관계, 복종의 관계가 아니라 부모와 자식의 관계라고 말이지요. 그래서 신이 인간이고 인간이 신이라고 알려 줍니다. 그래서 인간이 곧 하느님으로서 모든 결정권을 가지며 모든 것을 상속받은 주인이기 때문에 책임을 지는 존재라는 것입니다. 그리고 인간과 자연의 관계는 소유와 지배의 관계가 아니라 인간은 신(神)과 함께 자연(만물)을 돌보는 존재, 함께 상생하는 존재고 공존하는 존재라고 말합니다.

바로 '조화롭게 이 세상을 함께 돌보는 존재로서의 인간.' 이것이야말로 현대문명에 필요한 2%가 아닐까요. 그리고 앞으로 말씀드릴 단군왕검이 만든 부도(단군조선) 이야기에서는 정말로 현실적인 아이디어를 얻을 수 있다고 미리 말씀드립니다.

감사합니다.

7강

# (10~11장) 황궁, 유인, 환인, 환웅 시대, 인간과 우주를 바로잡다

반갑습니다.

이번 시간에는 부도지 10장에서 11장까지 알아보겠습니다.

인간이 비로소 마고성에서 나왔습니다. 출성(出城)을 했습니다. 우리는 네 종족 중에 황궁씨 계열이죠. 황궁씨 다음에 유인씨가 나옵니다. 그다음부터는 아는 분들이 나옵니다. 환인씨, 환웅씨가 나옵니다. 황궁씨부터 천부(天符)가 대대로 전해진다고 말씀드렸습니다. 모든 것이 하나임을 알게 하는 것, 마고성으로 돌아가는 증표, 천부를 황궁씨가 유인씨에게 전해 주고 유인씨가 환인씨에게 전해 주고 환인씨가 환웅씨에게 전해 주었다는 것입니다. 그런데 천부(天符)가 환인씨부터 업그레이드돼요. 부도지에도 천부삼인(天符三印)이라는 단어가 등장합니다. "천부삼인을 전해 주었다." 여기서 우리는 천부(天符)가 천부삼인(天符三印)과 같은 것, 또는 좀 더 발전시킨 것임을 알 수 있습니다. 이렇게 여러 시대를 거치면서도 이분들이 일관적으로 하는 일이 있습니다.

첫째, 인류복본을 위해 노력합니다. 부도지에서는 이것을 해혹복본(解惑復本)이라고 하는데 미혹(迷惑)됨(어리석음)을 풀고 씻어 내어 인류를 다시 근본으로 되돌리기 위한 노력, 그중 하나가 수증(修證)입니다. 사람들로 하여금 수행(수련)하게 하는 것입니다. 마음과 몸을 닦는 것이 복본을 위해 반드시 필요한 과정인 것입니다. 인류복본을 이루기 위한 또 하나가 순행(巡行)입니다. 우리는 황궁씨 계열이고 부도지는 황궁씨 종족을 따라 서술되는데 그 외 나머지 세 종족이 있지 않습니까? 백소씨 종족, 청궁씨 종족, 흑소씨 종족이 사는 지역을 다니면서 복본의 맹세를 상기시키고 수증(修證)하게 하는 것을 순행(巡行)이라고 합니다.

황궁씨, 유인씨, 환인씨, 환웅씨, 그리고 부도지의 주인공인 임검씨(단군왕검)가 전 세계를 두루 돌아다니면서 다른 종족을 만나 인류의 뿌리 마고성을 상기시키고 인류복본을 독려하는 일입니다. 순행(巡行)을 순방(巡訪)이라고도 했는데 인류의 장자 종족으로서 책임과 의무를 다한 것이었습니다.

그래서 먼저 인류복본을 위한 일을 하였습니다.

두 번째, 오미의 변으로 마고성이 망가지고 천지(天地)가 조화롭지 못하게 되었다고 했는데, 조화롭지 못하게 변해 버린 천지(天地)를 '바로잡는 일'을 합니다. 그 기간이 황궁씨가 천 년, 유인씨가 천 년, 환인씨가 천 년, 총 3천 년이라고 나오는데요, 3천 년이라는 세월은 상징적인 것이라고 봅니다. 어쨌든 황궁씨가 아주 오랜 세월을 '천지(天地)를 조화롭게 바로잡는 일'을 하다가 천부(天符)를 유인씨에게 넘겨주고 천산(天山)으로 들어가서 '길게(오래) 음을 조율하는 울리는(長鳴調音) 돌[石]'이 되었다고 합니다. 바로 천지자연(天地自然), 이 세상 만물(萬物)의 소리를 조율(調律, 바로잡는, 조화롭게)하는 울리는 돌이 되었다는 것입니다.

태초에 율려(律呂)와 본음(本音)으로부터 만물(萬物)이 생겼다고 했는데요, 인간의 마음이 탁해짐으로 인해서 세상의 음(音)도 또한 탁해졌습니다. 불협화음이 생긴 것이죠. 황궁씨 이후로 복본의 사명을 이어받은 지도자 큰 어른들은 육체를 가지고 살아 있는 동안에는 사람의 마음을 바로잡는 일, 전 세계를 다니면서 복본의 약속을 잊지 않게 순행(巡行)하였고, 육체가 다하면 다음 지도자에게 천부(天符)를 넘겨주고 쉬는 게 아니라, 천산(天山)으로 들어가 돌[石]이 되어 세상의 음(音)을 바로잡는 일을 했다는 것입니다.

'길게(오래) 음을 조율하는 울리는(長鳴調音) 돌[石]'이 무엇일까요? 비유를 해 보자면 소리굽쇠를 울리면 옆에 있는 소리굽쇠도 같이 공명하지 않습니까? 그처럼 천산(天山)의 깊은 곳에 들어가서 세세토록, 거의 영원토록 오래[長], 세상의 음(音)을 조율(調律)하는 존재(石)가 되었다는 것이지요. 그래서 부도지에 의하면 지금도 황궁씨는 천산

어디에선가 세상 만물이 조화롭게 존재할 수 있는 음(音), 소리, 주파수(波動)를 울려주고 있다는 것이겠죠.

황궁씨와 마찬가지로 유인씨도 같은 길을 걷습니다. 유인씨가 천부(天符)를 이어받고 순행을 다니며 인류에게 복본을 독려하고 수증하게 하고 남은 마지막 힘까지 세상을 위해 남김없이 쓰시려고 천산(天山)으로 들어가셨고, 환인씨가 천부(天符)를 이어받고 역시 같은 길을 걷습니다. 그래서 각각 1천 년씩 3천 년 동안 모든 공력을 다 써 버렸습니다. 인간과 세상 만물을 위해서 모든 힘을 다 썼다는 것이겠지요. 그것을 부도지는 인세증리(人世證理) 즉, '인간과 세상의 이치를 다 증명해 냈다.'고 하였습니다.

황궁씨, 유인씨, 환인씨 세 분이 3천 년의 공력을 다 쓰니 비로소 세상이 조화를 되찾았는데, 햇볕이 고르게 비추기 시작했고 기후가 온화하게 변하게 되었다고 합니다. 세상 만물이 안정을 찾게 되었다는 것이지요. 인간에게도 역시 긍정적인 변화가 생깁니다. 마고성에서 오미를 먹고 나서 짐승같이 생긴 사람들이 태어나기 시작했다고 했는데요, 황궁씨, 유인씨, 환인씨가 3천 년 동안 모든 힘을 쓴 결과 비로소 짐승처럼 괴이하게 태어나는 아이들이 '인간 같은 모습'을 찾게 되었다고 합니다. 만물도 인간도 비로소 안정을 찾게 된 것이지요. 사명을 다한 환인씨가 아들 환웅씨에게 천부삼인을 전해 줍니다.

비로소 환웅 시대가 됐습니다. 환웅씨가 천부삼인을 받아서 수계제불(修禊除祓)했습니다. 수계제불이라는 것은 수행의 의미와 함께 하나의 '신성한 의식'이 아닐까 합니다. 부도지를 처음 주해한 김은수 선생은 옛날에 소도(蘇塗)에서 행해지던 제천의식(祭天儀式)이었을 것이라고 풀이했습니다. 환웅씨는 수계제불을 하고 천웅지도(天雄之道)를 세우게 됩니다. 환웅 시대부터 우리 민족의 정체성이라고 할 수 있는 '홍익(弘益)'이라는 단어가 등장하는데요, 천웅지도(天雄之道)는 홍익인간 이화세계를 이루는 철학, 사상, 도(道)라고 이해하면 될 것 같습니다. 천웅지도(天雄之道)는 곧 환웅지도(桓雄之道), 환웅의 도(道)입니다.

천(天)이라는 글자는 하늘을 뜻하는 위에 있는 일(一)과 땅을 뜻하는 아래에 있는 일(一), 그리고 사람을 뜻하는 인(人)이 합쳐진 글자입니다(一 + 一 + 人). 하늘과 땅과 사람을 하나로 합친 글자지요. 환인, 환웅 할 때 환(桓) 자를 한번 볼까요? 환(桓) 글자를 보면 나무[木] 옆에 위에 있는 일(一)은 하늘이고 아래에 있는 일(一)은 땅을 의미합니다. 나무[木] 옆에 하늘(一)과 땅(一) 사이에 태양[日]같이 밝은 사람이라는 의미를 담고 있습니다(木 + 一 + 一 + 日).

태양 같은 존재가 환웅이고 환인이었던 것입니다. 환웅씨가 역시 순행(巡行), 순방(巡訪) 전 세계를 다니면서 인류를 만나고 근원을 잊지 말고 복본하자고 독려한 후 돌아와서 궁궐을 만들고 배, 마차 등 물질적인 것들을 만듭니다. 그리고 비로소 '학문(學文)'을 만들게 되는데 그 이유는 **"사람들이 점점 어리석어져 배워야만 비로소 깨우칠 수 있게 되었기 때문."**이라고 부도지는 전합니다. 이전에는 인간이 선천적으로 알게 되는 것들을 후천적으로 배워야 아는 시대가 됐다는 의미 같습니다.

환웅씨는 팔음(八音) 즉, 8개의 음(音, 음악)과 2문(二文) 즉, 천문(天文), 지리(地理)의 학문을 만들어서 백성에게 가르칩니다. 뿐만 아니라 사람들이 더 이상 어리석어지는 것을 방지하기 위해서 '강제하는 법(法)'을 만들게 되는데 무여율법(無餘律法)이라고 하는 4개의 법(法)이었습니다. 무여(無餘)라고 하는 것은 남김이 없다는 뜻입니다. 이 세상에 하나도 '남지 않게 하는 율법' **무여율법 4조**는 다음과 같습니다.

---

1조
사람의 행적은 시시때때로(항상) 맑게 하여 모르는 사이에 귀신이 맺혀 생기지 않게 하고, 번뇌에 빠져 마귀가 되지 않도록 하여 **인간 세상이 한 점 가림 없이 밝게 통하게 하라.**

2조
사람이 살아생전 쌓은 자취는 죽은 후에 그 공(功)을 제시하여 허물을 늘어놓아 귀신이 되지 않도록 하며, 함부로 손상하여 마귀가 되지 않도록 **인간 세상이 널리 윤택하게(화목하게) 하여 한 점 서운함(원통함, 恨)이 남지 않도록 하라.**

3조
고집스럽게 집착하고 삿되어 미혹한(어리석은) 자는 광야로 유배를 보내 그 행동을 씻게 하여 삿된 기운이 한 점 세상에 남지 않게 하라.

4조
크게 죄를 범한 자는 외딴섬에 유배시키고 그가 죽은 뒤에는 그 시체를 불태워 **죄의 기운이 지상에 한 점 남지 않도록 하라.**

---

무여율법 4조를 만들어서 환부(鰥父)로 하여금 시행하게 했는데, 환부(鰥父)는 직책이름이라고 추정합니다. 다시 얘기해서 관리(官吏)라고 볼 수 있겠지요. 환부라는 직책 이름은 훗날 부도(단군조선)시대에도 등장을 하는 것으로 보아 법(法)을 집행하고 지도자의 명령을 이행하는 공적인 일을 수행하는 사람이라고 보여집니다.

환웅시가 천웅지도(天雄之道)를 만들고 학문(學文)을 만들고 법(法)을 만들어 시행한 결과 홍익인세(弘益人世)가 이루어졌다. 인간세상이 홍익세상이 되었고 이로부터 세상에는 비로소 학문하는 풍조가 일어나게 되었다고 부도지는 전합니다.

다음 시간에 이어서 말씀드리겠습니다.

감사합니다.

# (12~13장) 단군왕검, 부도(단군조선)을 건설하다, 부도를 만든 이유는?

반갑습니다.

오늘은 12~13장, 단군왕검이 부도를 만든 이유라는 주제로 말씀을 드리겠습니다.

먼저 읽고 말씀드리겠습니다.

### 12장

**환웅씨(桓雄氏)가 임검씨(壬檢氏)를 낳았다.**

임검씨(壬檢氏)는 단군왕검(檀君王儉)입니다. 임(壬)은 왕(王)을 뜻합니다. 임검(壬檢)은 곧 '임금'이고 왕(王)인 것입니다. 임검(금)이라는 단어에서 '검(금, 굼, 곰)'은 '신(神)', 신령함을 뜻합니다. 같은 의미에서 신령한 곳을 표시하는 것을 '금줄'이라고 불러왔습니다. '님(임)'이라는 단어는 우리말에서 누군가를 높여 부르는 접미사로 주로 쓰이는데 원래 의미는 '하늘, 하느님'을 뜻합니다. 우리 몸에서 가장 위에 있는 것이 '이마(니마)'이고, 이는 '님'과 통합니다. '검'은 '금, 곰, 급'과 혼용되는데 '땅의 신(神)'을 의미합니다. '검'은 이두식으로 '웅(熊, 곰)'으로 표기했고, 백제계통의 지명에 지금도 흔적을 찾을 수 있습니다(공주 = 곰주 = 웅주, 熊州). 최근까지 전국 각지에서 산신제(山神祭)나 마을 당제(堂祭)를 지낼 때 축문(祝文)에 신(神)이라고 쓰고 '검'이라고 읽었습니다. 일본어 '가미' 또한 같은 연장선상에서 이해할 수 있습니다. 그래서 하늘의 신성한 존재를 '님(임)', 땅의 신성한 존재를 '검(금, 곰, 급)'이라고 했는데 이 두 단어를 합치면 **임검(임금)**이 되며, 이분이 곧 밝달임금, 이두식 표기로 단군(檀君) 왕검(王儉)이십니다. 원래 단군왕검을 뜻하던 고유명사 '임금'이라는 단어가 이후 왕을 의미하는 보통명사로 자리 잡게 된 것이라고 추정합니다.

또 우리가 오해하기 쉬운 게 있는데 환웅천왕(桓雄天王) 할 때 '천왕(天王)'이라는 호칭이 있습니다. 천왕(天王), 그리고 우리가 보통 광개토대왕이라고 부르는데 광개토대왕비에 보면 호태왕(好太王), '태왕(太王)'이라고 호칭이 되어 있는 것을 알 수 있습니다. 천왕(天王), 태왕(太王)이 중국식 호칭 황제(皇帝)보다 급이 낮다는 선입견을 가지고 있어요. 잘못된 선입견이라고 말씀드리고 싶습니다.

원래 왕(王)이라는 글자는 그 자체로 완벽한 글자입니다. 하늘(一)과 땅(一)과 사람(一)을 연결( | )하는 존재가 왕(王)이었습니다. 그런

데 부도지에도 나오지만 한민족(東夷族)의 영향권 안에 있었던 한족(漢族)들이 요, 순, 우를 중심으로 반란(變)을 일으키고 별도의 문화를 만들면서 왕(王)보다 높다는 의미로 새로운 글자를 만들어 쓰는데 그 것이 '황(皇)'입니다. 황(皇)이라는 단어를 처음 쓴 사람이 진시황(秦始皇)이라고 하죠. 진(秦)나라에 '황(皇)'이라는 칭호를 처음 쓰기 시작한 사람, 그래서 진시황(秦始皇)입니다. 황제(皇帝)라는 호칭은 진(秦)나라의 시황(始皇)부터 쓰기 시작한 것입니다. 그전에는 임금을 뜻하는 '제(帝)'라는 글자만 썼어요. 염제신농(炎帝神農)이나 누를 황(黃)을 쓴 황제헌원(黃帝軒轅)처럼 '제(帝)'라는 글자만 썼습니다. 임금을 뜻하는 '제(帝)' 글자도 앞으로 말씀드리겠지만 부도지에서는 좋은 의미로 나오지 않습니다. 요(堯)가 변란을 일으키고 만든 삿된 도(道)의 이름이 제왕지도(帝王之道)이기 때문입니다.

이처럼 부도지는 기존의 관념을 완전히 뒤엎는데요, 임금 왕(王)이 라는 글자가 원래는 완전한 글자인데 한족(漢族)들이 단군조선 영향 권에서 벗어난 후 삿된 도(道)를 만들고 왕(王)보다 더 높아지려고 왕(王) 글자 위에 태양(白)을 얹어 황(皇)이라고 칭하며 억지를 쓴 것입니다. 이후 자신들은 왕(王)보다 높은, 왕(王)을 거느리는 황제(皇帝, 皇帝國)라고 주장하기 시작했고, 우리 민족이 약해지고 거꾸로 한족(漢族)의 영향권에 놓이게 되면서 왕(王)보다 황제(皇帝)가 높은 것으로 고착된 것입니다.

환단고기라든지 규원사화 같은 고대 서적을 보면 황(皇)이 아니라 환웅 '천왕(天王)'으로 되어 있기 때문에 급이 낮은 것처럼 생각을 하기 쉽지만 절대 그렇지 않다고 말씀드립니다. 여기에 더해 불교가 전래되면서 천왕(天王)이라는 단어를 불교가 가져갔어요. 한자로 번역하는 과정에서 불교의 신(神)들에게 천왕(天王)이라는 이름을 붙여놓은 것입니다. 의도했는지는 모르겠으나 부처(佛), 보살(菩薩)보다 급이 낮은 천신(天神)들이 천왕(天王)이 되면서 결과적으로 천왕(天王)이라는 단어의 급을 낮추는 데 한몫합니다. 사실 이런 예는 많이 있습니다. '마누라'라는 단어가 원나라에서 온 단어로 고려시대만 하더라도 높은 귀부인을 뜻했다고 합니다. 그러나 지금은 '마누라'라고 하면 오히려 경시의 의미가 있는 지경이 되었습니다. 또 경상도 말에 '아줌마'를 '아지매'라고 하는데 이 단어도 신라시대에는 신분이 높은 귀부인을 가리켰다고 합니다. 지금도 일본의 왕이 신(神)에게 제사를 지낼 때 '아지매'를 부릅니다. 자신들이 부르는 노래가 신(神)을 부르는 것이라는 건 알지만 구체적인 의미는 모르는 채 말이지요. 우리나라 한 방송국에서 그 노래를 녹음해 경상도 노인들에게 들려주니까 다 알아듣더라는 것입니다. 일본 왕이 높은 신을 부르는 노래 가사는 "아지매 오게, 아지매 오게."입니다. '아주머니 오십시오.'라는 뜻이죠. 신라시대에는 귀부인을 뜻하고 일본에서는 신(神)을 뜻하던 '아지매', 즉 '아주머니'라는 단어가 지금은 잘못 부르면 기분이 상하는 단어로 격이 낮아진 것입니다. 이처럼 임금 왕(王)이라는 단어가 그런 변천 과정을 거쳐 온 것이라는 말씀을 드리고 싶습니다.

**환웅씨가 임검씨를 낳았다. 그때는 인류가 천부(天符)를 배우지**

않고 어리석음과 유혹에 빠져서 세상이 많이 고통스러웠다. 임검씨가 세상에 대한 깊은 우려를 가지고 천웅지도를 닦았다.

천부(天符)가 또 나오죠. 천웅지도(天雄之道)는 아버지 환웅이 만든 도(道)입니다. 임검씨가 천웅지도를 닦았다는 것은 수행을 해서 도(道)를 이루었다는 뜻입니다.

**하늘에 제사를 하고 천부삼인(天符三印)을 이어받았다.**

단군왕검이 복본의 열쇠, 천부삼인을 이어받았습니다. 점차 현실적인 것들이 등장하는데요, 아버지 환웅은 궁궐을 만들고 배를 만들고 차를 만드셨는데 단군왕검은

**논밭을 갈고 누에 치고 칡을 먹고 그릇을 만들고,**

도자기죠.

**서로 교역하고 결혼하고 족보 만드는 제도를 공표하였다.**
**임검씨는 뿌리를 먹고 이슬을 마시는데 수염이 아주 길었다.**

단군왕검 초상화를 천진(天眞)이라고 하는데 보통 검은 수염을 길게 기르신 모습으로 그려집니다.

단군왕검이 사해(四海)를 순방(巡訪)하였다.

순행을 한 거죠. 100년 동안을 해요. 그래서 **100년 동안 가지 않은 곳이 없었다**고 합니다.

지금은 5대양 6대주라고 표현하지만 부도지는 사해(四海) 즉, 4개의 큰 바다라고 했습니다. 세계를 의미합니다. 전 세계를 다니면서 인류를 만났는데 가지 않은 곳이 없었다고 합니다.

**모든 사람들과 함께 천부를 조증(照證)하고** 비춰서 증명하게 하고 **근본을 닦아 믿게 하고 해혹복본(解惑復本)** 어리석음을 풀고 근본으로 돌아올 것을 맹세하며 부도 건설을 약속하였다.

단군왕검이 인류에게 마고성을 복원한 부도를 만들겠다고 약속을 한 것입니다. 그 이유가 나옵니다.

**인류가 너무 멀리 떨어져 있어서 소식은 끊어지고 종족의 언어와 풍습이 서로 다르게 변하였기 때문에…** 언어와 풍속이 다 다르게 변했다는 거예요.
그렇기 때문에 부도(符都)를 만들어 **인류를 한 자리에 모이게 해서 화합하게 하고…** 이것이 부도를 만드는 첫 번째 이유입니다. 한 자리에 불러 모으겠다. 그래서 화합하게 하겠다.

부도를 건설하는 두 번째 이유는 **천부(天符)의 이치를 가르쳐 알게 하기 위함이었다.** 천부(天符)를 강(講), 강의, 가르치겠다는 뜻입니다. 마고성 이후 앞에 선조들, 황궁씨, 유인씨, 환인씨, 환웅씨까지는 직접 세계 곳곳을 다니며 만나셨습니다. 순행이라고 했지요. 임검씨도 선조들처럼 다니셨어요. 처음에 백 년 동안은 말이지요. 그런데 이제는 안 되겠다, 한자리에 불러 모아 가르쳐야겠다고 하신 겁니다. '내가 부도(符都)를 만들 테니 모여라. 그러면 천부(天符)를 알려 주리라. 부도에 모두 모여 천부를 배우고 화합하여 복본하자.' 이것이 부도를 만든 이유였습니다.

임검씨가 순행을 마치고 돌아오셔서 부도를 건설할 땅을 찾습니다. 수도(首都) 자리를 찾는 거죠. 환단고기나 삼국유사에는 아사달(阿斯達)이라고 나오는데, 고대 단어는 한자의 뜻도 중요하지만 발음을 통해 의미를 유추해 볼 수 있습니다. 일본어 아사(あさ, 朝)는 아침을 뜻합니다. 우리말의 아침도 아사와 어근을 함께합니다. 우리가 사는 대륙 이름은 아시아(ASIA)입니다. 몇 년 전 단군전이라는 기념주화를 발행하여 화제가 된 중앙아시아 카자흐스탄의 수도는 아스타나(ASTANA, 2019년 Nur-Sultan으로 변경)였습니다.

단군전 기념주화, 2016년 카자흐스탄 발행

'아사'는 해가 뜨는 곳, 광명이 비치는 곳, 밝은 땅이란 뜻이고 '달'은 양달, 응달, 배달국 할 때 '달'과 같이 '땅'을 의미합니다. 아사달은 '해가 뜨는 광명(光明)의 땅'이란 의미가 되겠지요. 임검씨(단군왕검)가 드디어 부도를 건설할 땅을 찾는데, 그곳은 바로 '동북(東北)의 자방(磁方)'이라고 합니다. 지금의 백두산 근방, 만주지역 또는 홍산문명 유적이 발굴되는 내몽골 자치주 근방이라고 추정을 해 봅니다. 동북의 자방, 자방(磁方)은 자력(磁力), 그러니까 강력한 에너지가 있는 땅을 뜻합니다.

똑같은 씨앗을 심어도 한반도의 것이 훨씬 맛이 있다는 말이 있습니다. 인삼도 한국에 심는 거하고 외국 것하고 성분이 다르다는 말도 있지 않습니까? 그래서 뭔가 기(氣)가 남다른 땅이라고 보여집니다. 계속해서 부도가 건설될 땅을 설명하는데 조금 어려운 개념들이 등장합니다.

2와 6이 교감하는 지역이고 4와 8이 상생하는 지역이고 밝은 산과 맑은 물이 만리에 뻗어 있고, 바다와 육지가 서로 통하니 9의 끝과 1의 시작이 다함이 없는 땅이었다.
신령한 풀과 상서로운 열매…

신령한 풀은 인삼, 산삼이고 상서로운 열매는 잣입니다.

7색 보옥(일곱 색의 보배로운 옥)이 금강(金剛)의 심장부에 뿌리를 내려 진 지역에 두루 가득하니 이는 1 3 5 7에 자삭(磁朔) 정(精)이 모여 만물(萬物)을 만들어 내는 길한 땅이었다.

동양에서는 기(氣)라고 하고 현대용어로는 에너지(Energy)라고 하는데 대표적으로 전자기력(電磁氣力)이라고 할 수 있습니다. 그래서 자삭(磁朔)의 정(精)이 모여 있는 땅은 에너지가 강하게 응집되어 있는 땅이란 뜻입니다.

2 6이 교감하고 4 8이 상생하고 9 1의 끝과 시작이 다함이 없고 1 3 5 7의 자삭(磁朔)의 정기(精氣)가 모이는 땅.

이 숫자가 의미하는 바를 정확히 말씀드리기는 어렵습니다. 분명한 것은 중심이 되는 땅이고 인류를 화합하게 하기에 적합한 땅이라는 것입니다. 또한 부도지의 수리(數理)와 천부경의 수리(數理)는 한민족의 독창적인 삼원성(三元性)을 갖고 있다는 것인데, 부도지에는 1부터 9까지 수(數)를 3으로 분류하여 성수(性數), 법수(法數), 체수(体數)로 분류하는 방식이 뒤에 나옵니다. 이것은 앞으로 한민족의 철학으로 함께 연구해야 할 공동과제라고 봅니다. 다만 천부경과 부도지를 연구할 때 오행사상으로만 접근하지는 마시라는 말씀을 미리 드리고 싶습니다. 부도지는 거의 유일하게 오행론(五行論)을 정면으로 부정하며 반박할 뿐만 아니라 세상을 어지럽힌 삿된 도(邪道)라고 평가합니다. 오행(五行) 이전에 우리 민족의 원래 철학체계를 복원할 수 있는 요소가 많은데 태초의 창세부터 이미 기화수토(氣火水土) 즉, 물, 불, 바람, 흙 4가지를 만물의 근원이 되는 본음(本音)으로 보았습니다. 그런데 부도 시대에 와서 '요(堯)'가 오행(五行)이라는 삿된 도(邪道)를 만들어 부도 에 반란을 일으키고 세상을 어지럽혔다고 전합니다. 이 같은 내용은 오직 부도지에만 나옵니다. 그래서 부도지와 결을 같이하는 천부경도 오행으로만 접근하지는 마시라는 당부드립니다.

**태백의 명지(太白明地).**

지금의 강원도에 있는 태백산은 아니고 백두산 근처가 아니었을까 추정합니다.

**태백의 명지(밝은 곳)의 정상에 천부단(天符壇)을 만들었다.**

천부(天符)가 또 등장합니다. 천부(天符)가 천부삼인(天符三印)으로 발전해서 전해지다가 천부단(天符壇)을 쌓았다는 대목이 등장합니다.

천부단(天符壇)은 천부(天符)를 모신 단(壇), 천단(天壇)이라고 하기도 하고 천제단(天祭壇)이라고 할 수 있는데 이렇게 천단(天壇)을 만드는 풍습은 이후에 요(堯)가 가져가서(훔쳐가서) 한족(漢族)한테도 전해지고, 지금 북경(北京)에 천단(天壇)공원이 있는 것처럼 동북아시 아 여러 동이계 민족들에게 대대로 이어진 풍습입니다. 천부단, 천단,

천제단 같은 말입니다.

**정상(頭)에는 천부단을 만들고.**

마고성하고 같은 개념으로 만드는 걸 알 수 있습니다. '마고성 한가운데 천부(天符)를 봉수(奉守)하였다.' 기억나시죠?

**사방에 보단(堡壇)을 만든다(쌓았다).**

천부단을 둘러싸고 사방에 보단을 만든다는 거죠. 보통 강둑 같은 것을 보(堡)라고 하는데, 군사적인 의미를 가진 성(城, 성벽)의 의미도 있습니다. 중앙에는 천부단, 사방에는 보단(4개). 역시 마고성과 같습니다. 그런데 이것이 좁은 지역에 있는 것이 아닙니다.

**천부단과 보단 사이에는 세 겹의 길을 두어 통하게 했는데 길과 길 사이에는 관문을 두어서 지키게 했다.**

군사적인 목적도 있었다고 보는 이유입니다.

**이것은 마고성을 본뜬 것이었다.**
**부도의 아래쪽에는 마을을 만들었다.**
**3개의 큰 바다 주변에 땅이 연못에 잠겼다.**

이것은 댐 또는 저수지를 만들었다는 의미로 보여집니다.

**4개의 나루터와 4개의 포구가 천리의 간격으로 연결되어 동서를 둘러쌌다.**

한반도를 포함한 한반도 북부로 보는 이유입니다. 서해 육지설이 있기는 하지만 3개의 바다라는 지리는 한반도 밖에서 생각하기 어렵습니다.

4개의 나루터(津)와 4개의 포구(浦)가 천 리 간격으로 연결되어 동서로 둘러쌌다. 나루터(津)와 포구(浦)는 항구를 말합니다. 보통 나루터(津)는 강(江), 포(浦)는 바다의 항구를 칭하는데 부도시대에도 같은 의미였는지는 알 수 없습니다.

**나루터와 포구 사이에는 육부(六部)를 설치하여 여러 종족이 살았다.**

여기서 흥미로운 개념이 나오는데요, 요즘 국제사회가 돼서 외국인이 한국에 많이 들어와 사는데 나루터, 포구, 육부는 지금의 국제도시 같은 개념이 아니었을까요? 인천 송도 신도시같이 말이죠. 실제로 부산 가덕도의 선사유적지 유골에서 유럽계 DNA가 검출되었다고 합니다.

**'여러 종족이 살았다.'**

정말 놀라운 대복입니다. 비로소 부도를 완성했습니다.

그 모습은 이러했습니다.

**웅장하고 화려하고 밝아서 온 인류가 화합하기 충분했다.**

**이것은 모든 종족을 연결하는 살아 있는 고리와 같았다.**

앞에서 부도지의 '마고성'에서는 인류의식의 원형(뿌리)을, '부도(符都)'에서는 앞으로 우리 민족과 인류가 나아가야 할 현실적인 대안을 봤다고 말씀드렸는데요, 바로 부도(符都)는 오늘날의 국제도시에 가까운 모습이라고 볼 수 있습니다. 단군왕검은 아사달을 건설하고 전 세계 인류를 불러 모읍니다. 한반도는 지리적으로 바다와 육지를 연결해 주는 세계의 통로, 연결고리 않습니까? 사통팔달(四通八達)로 통(通)하는 곳입니다. 지금은 비록 중간이 가로막혀 있지만 통일이 되고 휴전선이 뚫리면 21세기 부도(符都)를 우리가 건설할 수 있을 것입니다.

이번 시간에는 단군왕검이 세계를 다니면서 순방(巡訪)을 하시다가 다니는 것은 한계가 있다고 생각하여 인류를 한곳에 불러 모아 천부(天符)를 가르치기 위해 부도를 건설한 과정을 알아보았습니다.

세계 인류가 부도(符都)에 모여 무엇을 하는지 다음 시간에 알아보겠습니다.

감사합니다.

9강

# (14~16장) 단군왕검, 인류를 모아 화합하게 하다(홍익 경제, 홍익 자본주의)

반갑습니다. 오늘은 부도지 제14장에서 16장까지 말씀드리겠습니다. 앞에서 부도지에는 두 개의 보물이 있는데 첫 번째 보물은 인류의 이상향 바로 마고성이라고 하는 보물이 있고 두 번째 보물은 단군조선, 부도라고 말씀드렸습니다. 왜 보물이냐면 인류문명의 대안, 해법이 있기 때문이라고 말씀드렸습니다. 현대 인류문명은 인류가 오랜 세월 힘겹게 만든 내단한 문명이지만 오늘날 심각한 위기가 있는 게 사실입니다. 우리가 해결해야 할 어떠한 문제점이 있다는 거죠.

부도지의 마고성 이야기에는 현재 인류문명이 가지고 있는 모순과 문제점을 해결할 수 있는 그 대안이 담겨 있습니다. 보이지 않는 의식 세계에서 말씀을 드리는 것입니다. 철학이라고 할 수 있을 것 같습니다.

부도지의 난군조선, 부도 이야기에는 인류와 우리 한민족이 앞으로 21세기의 평화로운 지구촌, 평화로운 한반도를 만들기 위해서 어떻게 나아가야 할 것인가, 그 모델을 우리에게 보여 주고 있다고 말씀드리고 있습니다.

결론부터 말씀드리면 실질적인 경제시스템에 대해서 힌트를 주고 있습니다. 물론 부도지에 그런 용어는 없습니다만 **홍익경제**라고 표현하고 싶습니다. 다른 말로는 **홍익 자본주의**라고 할 수 있겠죠.

현재 지구촌에 있는 문명은 자본주의문명, 자본주의 경제 시스템입니다. 그런데 자본주의 경제시스템의 목적은 무엇일까요? 자본주의의 꽃이라고 하는 기업의 목적이 무엇인가를 알면 될 거 같습니다. 기업의 목적은 '이윤추구'라고 배웠습니다. 인류는 이 목적으로 열심히 달려왔고 21세기 자본주의의 최전성기를 맞이했습니다.

부도(단군조선)의 홍익경제 시스템, 홍익 자본주의의 목적은 '인류의 화합'이었습니다. 모든 인류가 함께 화합하면서 풍요를 누리는 경제시스템이었던 것입니다. 임검씨라는 인물이 이 시스템을 설계하고 실현시켰습니다.

인류 역사에 훌륭한 성인(聖人)들이 많이 계셨습니다. 부처님, 예수님, 공자님, 소크라테스를 흔히 4대 성인(聖人)이라고 합니다. 이분들의 가르침은 훌륭하고 위대합니다. 그러나 이분들은 이론을 말씀하신 분이셨습니다. 공자도 이상적인 정치시스템에 대해서 평생을 설파했지만 한 번도 실현시켜 본 적이 없습니다. 이론, 다시 얘기해서 설계도는 많은 성인들이 말씀하셨습니다. 그러나 자신의 이론, 설계도를 가지고 현실로 만든 인물은 단군왕검이 유일하다는 말씀드리고 싶습니다.

왜 단군을 이야기할까요? 한국인이라서 한민족의 국조인 단군을 조명하고 싶은 것도 있겠지만 단군의 위대함을 담기에는 한민족의 국조 (國祖)라는 틀은 너무나 작습니다. 홍익인간이라는 정신은 실제로 실현시켜 본 검증된 정신, 사상, 철학이라고 말씀을 드리는 것입니다. 홍익인간 이념을 현실화시켜서 경제와 정신, 경제와 문화가 일체화된 이상적인 시스템을 만들어서 그것이 무려 2천 년을 갔다면 지금의 우리가 충분히 연구할 가치가 있지 않을까요? 그래서 21세기에 홍익인간을 사상뿐만 아니라 경제 같은 현실적 측면에서 연구하고 재창조한다면 우리 민족은 선진국 중에 선진국, 정신문명 선진국으로 도약할 수 있을 것입니다. 한민족뿐만 아니라 인류 전체가 정신과 물질이 조화로운 문명을 만들 수 있을 것입니다. 결론부터 먼저 말씀을 드리고요.

삼국유사에는 환웅이 신시(神市)를 열었다고 나오는데, 신시(神市)가 무엇인지 학자들 의견이 다양합니다만 도시(都市)와 함께 시장(市場)이라는 의미가 있으리라 예상하는 건 어렵지 않습니다. 하늘에 부합하는 도시, 부도(符都)의 시스템은 홍익 자본주의라고 말씀드렸는데요, 부도지에는 명확하게 교역(交易)의 의미를 가진 3개의 시장(市場)이 등장합니다. 부도와 부도의 특정한 지역들이 시장(市場)의 기능을 한다고 설명하고 있는 것입니다. 3개의 시장에는 각 1개씩 특정한 행사(기능)가 있었습니다. 교역이라는 경제적 기능에 더하여 인류가 화합하게 하는 기능을 함께한 것인데 그것이 바로 천제(天祭) 같은 제례행사였습니다. 시장(市場)이 곧 다 함께 모여 하늘에 제사를 올리는 곳이었으므로 교역과 제천행사(축제)를 함께했다는 것입니다. 신시(神市)라는 단어가 절로 떠오르지 않습니까?

임검씨는 부도를 만들고 먼저 **황궁씨의 후예 6만 명을 부도로 이주시킵니다.** 황궁씨의 후예들은 마고성 이야기를 간직한 씨앗과 같은 순수한 종족이었던 것 같습니다.

이어서 세계 곳곳에 있는 인류를 불러들입니다.

**세계 곳곳의 인류를 초청하기 위해 뗏목 8만 개를 만들어서 거기에 천부(天符)의 신표(신부, 信符)를 새겨서 흘려보내 인류를 초청하였다.**

뗏목은 초청장이었습니다. 부도로 찾아오는 지도가 있지 않았을까 합니다. 이렇게 8만 개의 뗏목을 만들어 흘려보내자 세계 종족들이 신표를 보고 부도로 찾아오는데 여기서 첫 번째 시장(市場)이 나옵니다. 우리 고대사 여러 곳에 등장하는 신시(神市)입니다.

박달나무 숲에서 신시(神市)를 열었는데 세계 인류가 모이니까 계율로서 마음을 맑게 하고 마고 이후로 모든 종족들의 계보를 밝혀서 족보를 정리하고. 출성(出城) 이후 각 종족의 족보를 밝혀서 인류의 계보를 정리하였다는 거죠. 천부(天符)를 근거로 말과 글을 정리해서 서로 통(通)하게 했다.

하늘에 천제(天祭)를 올리면서 인류가 다시 모여 화합함을 하늘에 고합니다.

북두칠성과 하늘의 별의 위치를 정하여 하늘 앞에 제물을 올리고 노래하며 하늘의 웅장한(天雄) 음악을 연주하였다.

축제의 모습이 연상됩니다. 이렇게 10년마다 종족들이 모여 가장 중요한 모임인 신시(神市)를 열었다고 합니다. 가장 높은 차원의 시장이고요.

두 번째 시장(市場)으로 조시(朝市)와 해시(海市)가 나옵니다.

강, 바다와 밝은 땅이 만나는 곳에는 조시(朝市)를 열고, 큰 못(큰 바다)가 있는 곳에는 해시(海市)를 열어

여기서도 역시 제례행사를 함께합니다. 10년마다 열린 신시와 달리 조시와 해시는 매년 10월에 열었는데 각 종족들이 특산물을 가지고 옵니다. 바로 교역부터 하는 것이 아니라 특산물들의 첫 번째 용도는 바로 제물(祭物)이었다고 합니다. 이것에 주목할 필요가 있습니다. 특산품을 가지고 와서 이윤(만)을 남기려고 하는 것이 아니라 특산품을 제

물(祭物)로 올리고 그나음에 교역을 했나는 것입니다.

산악지역에 사는 종족들은 사슴과 양을 바치고 바닷가에 사는 종족은 물고기와 조개를 바쳐 기쁨의 노래를 불렀다.

여기서 또 깜짝 놀랄 이름이 등장하는데요,

이렇게 모든 종족이 모여 특산물을 하늘에 올리며 오미(五味)의 재앙이 씻기기를 기원하는 제사를 조선제(朝鮮祭)라고 하였는데 이 뜻은 조시(朝市)에 물고기[魚]와 양(羊)을 바쳐 다시 깨끗해지기를 염원하는 제사라는 뜻이다(朝鮮 = 魚 + 羊).

고조선, 단군조선 할 때 조선(朝鮮)이라는 이름이 바로 '조선제(朝鮮祭)를 지내는 신성한 땅'이란 의미라고 부도지는 말해 주고 있습니다.

시장의 제사에는 각각의 목적과 기능이 있었는데 신시(神市)에서 10년마다 행해지는 천제(天祭)의 목적은 모든 인류가 한 뿌리요, 하늘의 자손임을 밝히는 것이었습니다. 인류가 마고성에서 왔음을 상기하고, 화합하여 세상을 이롭게 살다가 복본(復本)할 것을 맹세하는 행사였던 것이지요.
매년 10월 열리는 조선제(朝鮮祭)는 오미의 재앙이 그치기를 바라는 제사였다고 합니다.

시장이 하나가 더 나오는데요, 요즘에는 혼용해서 쓰기도 하지만 옛날에는 강에 있는 나루를 진(津)이라고 하고, 바다에 있는 나루를 포(浦)라고 했다고 합니다. 부도에는 진(津)과 포(浦)가 많았는데 각 종족이 가져온 특산물이 많아 진포(津浦)에 시장을 크게 열었는데, 특산물 대부분이 양과 물고기 같은 동물들이었으므로 이들을 추모하는 제사인 **희생제(犧牲祭)를 올렸다고 합니다. 희생제(犧牲祭)를 지내 인간으로서 반성하고 생명의 은혜에 보답하게 하였다.** 오미의 화 이후 인간을 위해서 희생한 동물들에게 감사하는 제사였습니다.

즉, 신시(神市)의 천제(天祭)는 하늘 앞에 인류가 하나로 화합하여 살 것을 고하는 제사이고, 조선제(朝鮮祭)는 오미의 재앙의 그치기를 바라는 제사이며, 희생제(犧牲祭)는 인간을 위해서 희생한 이 동물들에게 감사하는 제사였습니다. 신시의 천제, 조시와 해시의 조선제, 진포에서 열리는 희생제를 통해 부도에 모인 인류는 뿌리를 기억하고 복본을 다짐하는 한편 교역을 통해 풍요를 누린 것을 알 수 있습니다.

**부도에는 3개의 특산물이 있어서 이 특산물을 반드시 얻어갔다.**

부도의 특산품 첫째는 칠색보옥(七色寶玉)입니다. 내몽골 자치주에 있는 홍산문명(요하문명) 유적을 보면 옥(玉) 유물이 굉장히 많이 나옵니다. 홍산문명은 선사시대의 뜨거운 감자입니다. 지금까지 중국은 황화유역의 황화문명을 자랑스럽게 여겨왔는데 그보다 최소 1천년 이상 앞선 홍산문명이 발견된 것입니다. 더구나 그 유적들이 한족

보나는 동이족에 훨씬 가깝다는 게 문제였습니다. 곰 토템이라든지 축성법, 천제단 같은 게 대표적입니다. 그래서인지는 모르겠으나 중국은 홍산문명에 대한 접근을 제한하고 있습니다. 홍산문명뿐만 아니라 신라 백제 등 삼국시대 유물에도 곡옥(曲玉) 등 옥(玉) 유물이 많은데, 부도지에도 **인류가 부도(符都)의 특산물 옥(玉)에 천부(天符)를 새겨서 가지고 갔다고** 기록하고 있는 것입니다. 또한 이것을 **방장해인(方丈海印)**이라고 했다고 하면서 방장해인을 가지고 가면 일곱(7) 가지 재앙을 그치게 했다고 전하고 있습니다.

두 번째 특산물은 봉래해송(蓬萊海松)입니다. 이것은 잣, 잣나무 열매를 말합니다. 이것을 가지고 가면 다섯(5) 가지 행운이 함께했다고 합니다. 세 번째 특산물은 영주해삼(瀛州海蔘)이 있었는데 인삼(人蔘) 또는 산삼(山蔘)이라고 할 수 있습니다. 이것을 **방삭초(方朔草)**라고 하는데 병을 낫게 하고 건강을 좋게 하고 늙지 않게 하는 불로초로, 부도에 온 사람들은 반드시 부도(符都)의 특산물을 가지고 갔다고 전합니다.


놀랍게도 현대식으로 표현하자면 국제도시, 자유무역도시와 같은 개념이 나오는데요, 환단고기에는 단군조선을 구성한 종족이 9환(桓, 夷) 64족(族)이라 하여 크게 나누면 9개의 큰 민족이 있고 자세히는 64개의 종족이 있었다고 했는데, 그 개념과 부도지가 일맥상통하는지도 모르겠습니다.

**바닷가에 성(城)을 쌓아 천부(天符)에 제물을 올리고, 천부단(천제**

단, 천단)에 제물을 올리고 여러 종족으로 하여금 정착하여 집을 지어 살게 하니 천 년 동안 성황(城隍)을 만드는 풍속이 널리 퍼졌다.

성황(城隍)은 글자 그대로 해석하면 성(城)과 해자(垓字)이니, 성황(城隍)은 두가지 의미로 유추해 볼 수 있을 것 같습니다. 첫째, 국제도시. 각 종족이 와서 터전을 만들고 사는 곳을 성황이라고 했다고 볼 수 있을 것 같고 둘째, 여러 종족들이 와서 '천부에 제물을 올리는 상징적인 장소'를 성황이라고 볼 수 있을 것 같습니다. 어쨌든 여러 종족이 모여 살면서 결과적으로 말과 글이 같아지고 모든 종족이 말과 글이 통했다고 합니다. 천하(天下)가 하나 되어 풍요롭고 평화로워졌다는 것입니다. 이상적인 사회가 이루어졌습니다.

실제로 우리 한반도는 대륙과 해양이 통하는 곳입니다. 대륙세력과 해양세력이 함께 모일 수 있는 교차점에 있어요. 부도지 13장에 2와 6이 교감하는 핵심 지역이고 4와 8이 상생하여 결과를 만들어 내는 땅이고 1 3 5 7의 기운의 정기가 모이는 땅이고 1의 시작과 9의 마침이 끝이 없는 땅이라는 기록이 이 땅의 이점을 수리철학으로 설명하고 있는 것입니다. 이것을 정확하게 해석할 수는 없지만 우리 한반도를 놓고 보면 대략 짐작이 가능합니다.

대륙세력과 해양세력이 만나 화합할 수 있는 지역이고 교감할 수 있는 지역이고 모이기 때문에 '끝'이 될 수도 있지만 여기가 '시작'이 되는 땅이라는 것입니다. 주역학자들은 우리나라를 간방(艮方)으로 보는데, 문명은 간(艮)에서 시작하고 간(艮)에서 마친다고 합니다(始於

民 終於民).

단군조선이 막을 내리고 해상제국 백제의 삼국시대와 국제무역을
했던 고려시대 이후로 우리는 500년간 문을 닫고 살았습니다. 그동안
한반도가 가지고 있는 지정학적 '사명'을 우리는 망각하게 되었습니다.
그러나 세계를 향해 지배의 야욕을 펼치던 대부분의 나라들은 한반도
를 손에 넣기 위해 닫힌 문을 계속 두드렸습니다. 흔히 1945년에 38도
분계선이 생긴 줄 알지만 사실 강대국에 의한 한반도 분할시도는 임
진왜란부터 시작해서 이후 청일전쟁, 러일전쟁까지 계속 있어 왔습니
다. 대륙세력과 해양세력 모두가 손에 넣고자 했던 땅, 누구도 선불리
차지하기 어렵다고 생각되어 분단시켜 놓은 땅, 한반도가 가진 가치를
우리는 과연 제대로 이해하고 있을까요? 놀랍게도 부도지는 이미 단군
조선시대에 한반도와 만주 지역을 인류화합을 이루는 땅으로 설계하
고 실현했다는 것입니다.

우리는 조상이 물려준 우리 땅 한반도를 어떻게 설계하면 좋을까
요? 지금 우리 민족 앞에는 여러 어려움이 여전히 남아 있습니다. 휴전
선이 가로막혀 있지만 언젠가는 고속도로를 연결하고 철도를 연결하
여 시베리아 알래스카를 거쳐서 유럽, 아메리카, 남미, 사실상 전 세계
로 연결이 가능하리라 봅니다. 이 땅 한반도는 세상의 모든 배가 모일
수 있는 곳이고 세상의 모든 열차가 모일 수 있는 땅입니다.

부도지에 의하면 단군조선시대에는 인류화합을 목적으로 교류가
이루어지는 땅이었는데 이것이 점점 길이 끊기다가 결국에는 조선시

대 마지막에는 쇄국정책을 한 거예요. 완전히 문을 닫아 막아 버린 것입니다. 부도지의 관점으로 우리 땅을 해석하자면 원래 이 땅은 열어야 되는 땅입니다. 모든 종족을 오게 하여 천부(天符)를 알려 줘야 하는 땅이라는 거죠. 그래서 모든 인류가 화합하는 땅이라는 것입니다. 그런데 문을 안 열어 주니까 강제로 부수고 들어왔습니다. 강화도, 인천, 거문도, 대동강으로 들어와서 청일전쟁, 러일전쟁, 일제강점기, 해방과 분단을 거쳐 6.25가 일어나 전 세계 만방(萬邦)의 군대, 종족들이 4천 년 만에 다시 모이게 되었습니다. 그러나 인류화합이 아니라 전쟁때문에 모인 것이었습니다.

부도지는 우리 한반도가 인류화합을 위한 땅이라고 말해 주고 있습니다. 이왕에 모여야 하는 땅이라면 우리가 주인이 되어 평화와 화합을 위한 잔치마당이 되는 게 가장 좋은 일 아닐까요? 그 일은 손님이 아닌 주인이 해야 합니다. 또한 욕심으로 해서도 안 되겠지요. 홍익인간 정신을 가지고 인류화합의 목적으로 했을 때만이 이 땅의 기운을 제대로 쓸 수 있을 것입니다. 이는 또한 부도의 재건이라고 할 수 있습니다.

한민족의 잃어버린 사명을 회복하고 휴전선을 걷어 버려야 합니다. 단군왕검께서 하셨듯이 인류를 평화롭게 하는 신시(神市) 건설의 큰 꿈을 갖자고 말씀드리고 싶습니다.

태백산 정상부근에 단종비각(端宗碑閣)이 있는데 단종을 기리는 비석입니다. 탄허 스님이 1965년에 지은 이 비석의 글에는 멀지 않은 장래에 우리나라의 영토가 동쪽으로 수천 리, 북쪽으로 수만 리가 넓어 질 거라는 예언이 새겨 있습니다. 저는 이것이 단순히 영토를 넓힌다 는 의미를 넘어 모든 종족을 다 모아서 교류할 수 있는 그러한 대국이 된다고 해석하고 싶습니다.

다음 시간에는 요(堯)가 등장해서 삿된 도를 만들고 결국 부도가 쇠 퇴하는 과정을 알아보겠습니다.
감사합니다.

# (17장-1) 단군조선에 반란을 일으킨 요, 순은 누구인가

반갑습니다.

요임금, 요순시대 많이 들어 보셨을 겁니다. 그 요(堯)라는 인물이 단군조선에 반란을 일으켜서 새로운 도(道)를 만듭니다. 부도지에는 이를 오행(五行)의 변(變, 禍)이라고 하여 인류 역사에 있어서 두 번째 큰 변고라고 합니다. 17장은 요가 만든 도의 잘못된 점, 이로 인해 세상이 혼란스러워지는 과정을 기록하여 전하고 있습니다. 이번 시간에는 본론으로 들어가기 전에 요임금이 누구인지, 그리고 17장에서 25장 내용을 대략 알아보도록 하겠습니다.

임검씨가 부도(단군조선)에 인류를 불러 모아 세상을 풍요롭고 평화롭게 만들었다고 했습니다. 그런데 부도에 반란을 일으키는 인물이 계속 등장합니다. 요(堯)라는 인물 나오고 이어서 순(舜), 그다음에 우

(禹)라는 인물이 나옵니다. 우(禹)는 하(夏)나라를 만든 인물입니다.

임검씨(단군왕검)가 순행(巡行)하느라 부도(符都)를 비운 새를 틈타 요(堯)가 부도를 공격하고 부도로 가는 길을 막으니 세상이 크게 어지러워집니다. 임검씨는 유호씨를 파견시켜 요의 잘못을 바로잡고자 합니다. 유호씨는 처음부터 무력으로 토벌하는 것이 아니라 요를 방문하여 가르침을 줍니다. 요는 받아들이는 척하면서 상황을 보는데, 유호씨의 아들 순(舜, 유순有舜, 훗날 순임금)이 눈에 들어옵니다. 순의 인물됨이 사심이 있어 포섭하기가 좋기에 요가 두 딸로 유혹하게 하여 자기편으로 만들어 버려요. 결국 순은 아버지 유호씨와 부도를 배신하고 요의 편으로 가게 됩니다. 그때 요의 영향력 아래서 우(禹)라는 인물이 등장하는데 우(禹)와 순(舜)은 원수가 됩니다. 우의 아버지를 순이 죽였기 때문이었습니다. 유호씨의 토벌로 막다른 길에 몰린 요는 순에게 자리를 물려주지만 우가 순을 죽이고 정권을 찬탈합니다. 순이 죽자 두 부인이자 요의 두 딸은 강에 뛰어들어 자결합니다. 정권을 잡은 우(禹)는 하(夏)나라를 만듭니다. 중국의 역사는 보통 상(商)나라라고도 하는 은(殷)나라부터 시작해서 주(周)나라, 진(秦)나라, 한(漢)나라로 이어지는데요, 상(商)나라 앞에 하(夏)나라가 있는데 현재 역사학계에서는 전설로 보는 게 일반적이지만 어쨌든 부도지에 등장합니다. 요순에 이어 우 또한 유호씨의 훈계를 듣지 않고 오히려 격렬하게 저항합니다. 결국 천하가 크게 어지러워지는 것을 막지 못한 유호씨가 일족을 이끌고 마지막에는 서남쪽으로 가게 됩니다. 세상의 혼란은 막지 못하지만 남은 힘을 다해 서남쪽에 있는 제족들에게 마고성과 천부의 이치를 알려 주기 위해서였습니다. 서남쪽은 백소씨와 흑소씨의 후예들이 사는 지역이라고 하는데 지금의 중동지방과 아프리카로 추정합니다. 유호씨는 앞으로 세상이 크게 어지러워질 것을 예견하고 마고와 천부를 전하여 복본의 씨앗을 심으려고 했던 것이었습니다. 여기까지가 17장에서 25장까지 대략 내용입니다.

이야기는 요가 삿된 도를 만든 것에서부터 시작됩니다. 동양에서 요를 부정적으로 그리고 있는 기록은 부도지가 유일하다고 해도 틀린 말이 아닐 것입니다. 대부분의 기록은 당연히도 중국 측 기록이고 칭찬일색입니다. 간혹 묘한 느낌이 숨어 있는 기록이 있긴 하지만 말이죠.

정확히는 한족(漢族), 다른 말로는 하화족(夏華族) 또는 지나족(支那族)이라고 부르는 중국 측 기록을 보겠습니다. 먼저 삼황오제(三皇五帝)가 있습니다. 삼황오제에 대해서도 조금씩 다른 의견이 있긴 하지만 수인씨(燧人氏), 태호복희씨(太皞伏羲氏), 그리고 약초와 농사법을 알려 줬다는 염제신농씨(炎帝神農氏)를 보통 삼황(三皇)이라고 하고, 오제(五帝)는 우리나라의 배달국 제14대(단군조선 이전) 자오지천왕(치우, 蚩尤)과 대립했던 인물 황제헌원씨(黃帝軒轅氏), 그다음 제곡고신씨(帝嚳高辛氏), 전욱고양씨(顓頊高陽氏), 그리고 요(堯), 순(舜)까지를 오제(五帝)라고 중국에서는 보고 있습니다. (삼황오제의 분류에는 다양한 설이 있음.)

중국 측 스토리를 잠시 보면 요(堯), 순(舜), 우(禹, 하나라 시조) 그다음에 탕(湯, 은나라 시조), 그다음에 문무주공(주나라 文, 武, 周公)으로 이어지는데요, 요(堯)는 임금 제(帝) 자를 써서 제요도당(帝堯陶唐)씨, 순(舜)은 제순유우(帝舜有虞)씨라고도 합니다.

우(禹)가 하(夏)나라를 만드는데요, 하나라는 역사로 볼 때 BC 2070년에서 BC 1600년까지로 보고 있습니다. 참고로 단군조선은 BC 2333년 건국으로 요(堯)하고 같은(비슷한) 시절이라고 했습니다.

우가 만든 하나라가 말년이 크게 부패하고 폭정이 심해짐에 따라 탕(湯王)이 상(은)나라를 만들고 역시 은나라 말기에 부패와 폭정이 심해져서 주나라의 문왕, 무왕이 은나라를 멸하고 주나라가 시작됩니다. 이 와중에 문왕이 주나라의 역(易), 주역(周易)을 만들어 중국철학의 토대를 만들고, 이후 유교의 전파와 함께 한중일 등 동아시아에 큰 영향을 줍니다. 중국철학이자 동양철학으로 자리 잡은 것입니다.

중국은 대대로 자신들의 뿌리가 되는 요순시대를 태평성대로 포장하고 요순을 최고의 성군으로 기록하여 지금까지 전합니다. 그래서 역사는 누가 쓰느냐가 중요합니다. 이러한 중국 측 입장과 완전히 반대되는 것이 부도지이고 우리나라에는 부도지 만큼은 아니지만 대략 비슷한 입장을 보여 주는 기록이 세 곳 정도 있습니다. 간단히 소개드리면 먼저 단기고사(檀奇古史)입니다.

단기고사(檀奇古史)는 발해(대진국)를 건국한 대조영의 동생 대야발(大野勃)이 고구려 멸망 후 역사를 복원하기 위해 지금의 튀르키예(터키) 지역까지 사료를 수집해서 발해 무왕(서기 719년) 시기에 정리한 것이라고 합니다. 단기고사의 요순 기록이 부도지와 가장 흡사하고, 태백일사의 번한세가 상편에 요순 기록이 있고요, 단군세기에도 요순 기록이 있습니다.

먼저 단기고사의 내용을 간단히 소개해 드리겠습니다.

**순(舜)은 단조(檀朝)에서 벼슬을 하지 않고….**

순임금이 원래는 단군조선 사람인데 단군조선에서 벼슬하지 않았다는 것입니다.

**당요조(陶堯朝), 요(堯)임금한테 가서 벼슬을 하니 부자의 의견이 서로 달라서 마침내 화목하지 못하게 되었고, 순이 아버지의 (그러한) 뜻을 알고도 효성으로 섬기고 끝까지 순복하니 요임금이 신임하고 왕의 자리를 물려주었다. (순이) 우(禹)의 아버지를 익산에서 목을 쳐 죽였다.**

맹자(孟子)에도 순임금은 동이족이라고 나오는데, 정확히는 단군조선 출신인 순이 지나족(한족)인 우의 아버지를 죽였기 때문에 우와 원수가 됩니다. 결국 우에게 지나족의 민심이 가게 되어, **순(舜)이 창호야에서 행차 하다가 지나족에게 해를 당해서 죽었다.** 순이 죽자 요의 딸들인 순의 두 아내가 원한에 사무쳐서 스스로 강에 빠져 죽었다.

환단고기 단군세기를 보겠습니다.

[1대 왕검] 정사 50년 BC 2284년 홍수가 크게 났다.

다행히 단군조선은 홍수를 잘 다스렸죠.

갑술 67년 BC 2267년에 단군께서 태자 부루(2대 부루단군)를 파견하여 도산에서 우사공과 만나게 하였다. 태자는 오행 치수의 방법을 전해 주었고 나라의 경계도 따져서 정했다. … 회대(淮岱) 지방의 제후들을 평정하여 분조(分朝)를 두고 이를 다스렸는데 우순(虞舜, 舜)에게 그 일을 감독하게 하였다.

…

[2세 부루단군] … 제순유우(帝舜有虞, 舜)가 유주 영주의 두 주를 남국(藍國)의 이웃에 두었기 때문에 단제께서 병사를 보내 이를 정벌하여 그 왕들을 모두 다 쫓아내시고…

순이 단군조선의 영역을 침범해서 정벌했다는 내용입니다.

환단고기 태백일사 번한세가 상편에는 이렇게 기록합니다.

단군왕검은 제요도당(요)과 나란히 군림했다. 요임금의 덕이 날로 쇠퇴하자 서로 땅을 다투는 일을 쉬지 않았다. 천왕(단군왕검)은 마침내 우순(虞舜, 舜)에게 명하여, 순이 단군조선 사람으로 나옵니다.

땅을 나누어 다스리도록 병력을 파견하여 주둔시키더니 함께 요의 당

**나라를 치도록 약속하니 요가 마침내 힘이 달려 순임금에 의지해 생명을 보전하고 나라를 양보하였다.**

부도지하고 비슷한 내용이 보입니다. 순이 단군조선의 신하였는데 요임금을 치러 갔다가 요가 순에게 의지해서 나라를 양보했다는 거죠. 이와 함께 홍수에 대한 기록이 나오는데요, 홍수에 대한 환단고기의 기록은 1대 단군왕검, 2대 부루단군 시대에 등장합니다. 그런데 중국 측의 사료를 봐도 요순 우임금 당시 홍수가 등장하는 것을 알 수 있습니다. 동시대에 모두 홍수기록이 있는데 환단고기에는 지나족이 홍수 때문에 고생하니까 단군조선이 치수(治水)하는 법을 알려 줘 우가 치수를 성공했다는 내용이 있습니다.

요임금, 순임금에 관하여 우리 측의 부도지와 환단고기 등 선가(仙家)사서의 기록과 지나족(漢族)의 기록을 간략히 비교해 보겠습니다. 부도지는 요임금이 성군(聖君)은커녕 반란을 일으킨 인물로 그리고 있습니다. 영토를 다투는 차원의 반란이 아니라 인류 역사에 있어서 두 번째의 대사건, 큰 사고를 일으킨 인물이고 인류화합을 방해한 인물이라고 평가하고 있습니다. 큰 사건은 오행(五行)이라는 삿된 도(邪道)를 창시한 것입니다. 그리고 오행의 연장선상에서 '하늘을 사칭'한 제왕지도(帝王之道)를 만든 것, 잘못된 역법(曆法)을 만든 3가지 잘못을 부도지는 전하고 있습니다. 자세한 것은 뒤에 설명드리겠습니다.

반면 중국 측 기록에는 요, 그리고 순을 최고의 성군(聖君)이며, 태평성대를 이룬 인물로 기록합니다. 정반대라고 할 수 있겠죠. 그런데 재밌는 것은 묘하게 비슷하게 그리고 있는 게 있습니다. 중국 측과 부도지의 기록에 공통으로 등장하는 두 인물이 있는데 소부(巢父)와 허유(許由)라는 인물입니다. 지혜와 덕이 있는 당대 현인(賢人)이라는 평가도 일치합니다. 그런데 중국 측과 부도지 모두 소부와 허유가 요를 꾸짖었다고 기록합니다. 중국 측 기록에는 이렇게 나옵니다. 요가 허유에게 선양(禪讓)하려는 대목이 나옵니다. 선양(禪讓)은 혈연관계가 없는 이에게 왕권을 평화롭게 전해 주는 것을 말합니다. 당시에 허유라는 인물이 덕이 있기에 요가 왕위를 물려받으라고 권합니다. 구주(九州)라고 하는데 지금의 중국의 서남 지방을 의미한다고 합니다. 왕권을 줄 테니 구주를 다스려 달라는 말을 듣고 허유가 혐오감을 느껴 도망을 갑니다. 옳지 못한 말을 들었다고 하면서 귀를 씻습니다. 그때 소부가 송아지에게 물 먹이려고 와서 그 광경을 보고 묻습니다. "자네, 왜 귀를 씻고 있나?" 허유가 자초지종을 설명합니다. "요가 나에게 왕이 되어 구주를 다스리라고 하지 않겠나. 그래서 더러움을 씻는 중이네." 그 말을 들은 소부가 말합니다. "그 더러운 물을 송아지한테 먹일 뻔했군." 그리고 송아지를 끌고 상류로 올라갑니다. 그리고 허유를 꾸짖어요. "평상시에 행실을 어떻게 했기에 요가 자네한테 그런 말을 했겠나. 반성하게." 중국 측 기록입니다. 부도지도, 중국 측 기록도 현자였던 소부와 허유가 요, 또는 요에게 선양받는 것을 좋지 않게 본다는 것을 알 수 있습니다. 바로 요가 물려주려고 하는 '제왕'이라는 자리를 긍정적으로 보지 않는다는 것을 짐작할 수 있는 것입니다. 정말로 요가 성군이고 당시가 태평성대였다면 소부와 허유가 그렇게까지 했을까라는 의문을 충분히 가질 만한 것입니다.

　순이라는 인물에 대해서도 간단히 비교해 보겠습니다. 부도지에서
는 순이 천하의 불효자입니다. 아버지를 배신하고 미인계에 빠져서 적
에게 넘어간 거죠. 아버지와 대척점에 선 인물입니다. 반면에 순의 아
버지 유호씨는 단군왕검에게 권한을 위임받은 당대의 현자이고 의인
이고 충신입니다. 지혜로운 학자이기도 합니다. 처음부터 무력으로 정
벌한 게 아니라 최고 지혜를 가진 학자 유호씨를 파견해서 어리석음을
깨우치게 했던 것이었습니다. 순은 불효자요 배신자였고, 아버지 유호
씨가 훌륭한 사람이라는 것입니다.

　그런데 중국 측 기록은 완전히 반대입니다. 순은 최고의 효자였다
는 거죠. 계모가 나오는데 아버지와 계모가 둘째 아들(부도지에는 유
호씨의 둘째 아들을 유상이라고 기록)만 편애하고 첫째 아들 순은 미
워해서 죽이려고까지 했는데, 그걸 알면서도 끝까지 효를 행한 최고의
효자가 순이었고, 아버지와 계모는 천하의 악인으로 묘사하고 있습니
다. 완전히 부도지의 기록과 상반되는 지점입니다.

　공통된 기록은 순이 요의 두 딸과 결혼한 것, 요에게 '제왕'을 선양
(禪讓)받은 것(죽서기년에는 강탈이라고 나옴), 그리고 순이 순수(巡
狩) 도중 사망했고, 두 아내가 따라 죽은 것입니다. 순수(巡狩)는 왕이
영토를 돌아보는 것을 말합니다. 부도지의 순행(巡行)은 천부를 물려
받은 유인씨 환인씨, 환웅씨, 임검씨가 세계를 다니며 인류를 만나는
것을 뜻하고 순수(巡狩)는 자국의 영토 내에서 다니는 것이 차이라고

할 수 있겠습니다. 순의 사망 후 우가 정권을 가집니다. 이런 내용은 부도지나 중국 측 기록이 대체로 같습니다.

또 일치하는 대목은 순이 동이족 사람, 단군조선 출신이라는 기록입니다. 오늘날 동이족이 곧 단군조선을 의미하는가에 대해서는 이견이 있긴 하지만 지나족(하화족, 한족)이 아닌 것은 분명하고 동쪽 출신인 것 또한 분명합니다. 환단고기에는 단군조선 사람이라고 정확하게 나오고요. 맹자 등 중국 측 기록에도 순이 동이족 사람이라고 나옵니다.

이해를 위해 17장부터 25장까지 골자를 말씀드리고 있는데요, 기존의 틀을 깨고 관점의 전환을 하셨으면 좋겠다는 말씀을 드리고 싶습니다.

첫 번째는 변고를 보는 관점인데요, 변고(變故), 요가 저지른 이 행위가 인류 역사에 있어서 대사건이라고 했는데, 사건, 변고를 보는 관점이 지금과는 다릅니다.

지금의 관점으로 '변고(變故)'는 영토를 침탈했다든지, 전쟁을 일으키는 정도의 '눈에 보이는' 사건일 것입니다. 하지만 부도지에서 말하는 '변(變)', '화(禍)'는 눈에 보이는 외형적인 사건이 아니었습니다. **인류의 집단의식 속에 해로운 관념을 심어 줬다는 것**이 부도지에서 말하는 '변고(變故)'의 의미이고, 요가 만든 오행(五行)이라는 관념이었습니다. 결론부터 말씀드리면 이것은 잘못된 인식을 바탕으로 '지배'라는 관념을 만들어 낸 것입니다. 인간이 인간을 소유하고 지배할 수 있다는 새로운 관념을 인류의 머릿속에, 집단무의식에 심어 주었다는 것입니다. 마고성에서 인간이 살아 있는 (동)식물을 먹을 수 있다는 관념이 생겨난 것처럼 이것이 부도지가 '변(變)', 재앙(禍)이라고 보는 관점입니다. 인류 역사 대대로 해가 되는 새로운 관념을 만들어 낸 것이야말로 '재앙이 되는 큰 사건'이라고 보았던 것입니다.

두 번째는 기존에 우리가 알고 있었던 상식과 다르다는 것을 염두에 두셨으면 좋겠다는 말씀을 드리고 싶습니다. 무엇이 발전일까요? 역사를 배우면서 우리는 이런 관념을 가지게 되었습니다. 옛날 구석기, 신석기 시대 부족이라는 집단을 이루고 이것이 발전해서 점차 국가라는 차원으로 발전했다고 우리는 배웠습니다. 인류가 미개한 상태부터 시작해서 점점 문명을 이루고 발전했다는 거죠. 그런데 부도지는 다른 관점으로 세상을 보는데요, 인류가 이전의 원시적인 상태에서 국가를 수립한 것을 발전이 아니라 '타락(墮落)'이라고 보는 것입니다.

그렇다면 단군조선은 국가가 아닌가? 이렇게 생각할 수 있습니다. 부도지를 읽으면서 우리는 관점을 뒤집고 상상력을 펼쳐 볼 필요가 있습니다. 앞으로 나올 소부도지에 보면 신라 초기에 나라를 만들 것인가, 말 것인가를 놓고 논쟁하는 대목이 나옵니다. 그럼 이미 있는 것은 뭔가, 그것은 나라가 아닌가? 이렇게 생각할 수 있겠죠? 부도지에서 말하는 나라는 나라 국(國) 자를 보면 영토를 둘러쌌죠(口). 땅에 금을 그어서 국경을 만들어서 말이죠. 그런데 원래 땅이라고 하는 것은 주인이 없는 거잖습니까? 임자 없는 땅, 또는 공동소유라고 할 수 있는 땅에 금을 긋고 주인이다, 내 소유라고 주장합니다. 소유(所有)라는 개념이 나오고 곧 이어서 지배(支配)라는 개념이 나옵니다. 내 것, 네 것이 생기는 거죠. 국경을 만들고 여기는 내 땅이고 내가 제왕이라고 선언합니다. 또 내가 왕이니까 니는 제후를 하라면서 땅을 나눠 줍니다. 이러한 짓을 요가 시작했다는 거예요. 그것을 부도지는 발전이 아니라 타락(후퇴)으로 봤다는 것입니다. 이것은 본래 하늘의 이치에 어긋나는 짓이었습니다.

하늘을 갈라서 내 거, 네 거라 할 수 없고, 우주 만물을 그렇게 할 수 없듯이, 땅을 갈라서 돈으로 사고팔고가 어떻게 가능하냐는 아메리카 원주민 추장의 일화도 있지 않습니까? 부도지를 이해하려면 우리가 지금까지 알고 있었던 상식과 관념에서 벗어날 필요가 있지 않겠는가 말씀드리면서 다음 시간에 뵙겠습니다.

감사합니다.

# (17장-2) 요임금이 저지른 오행의 변은 무엇인가, 한민족과 중국의 수리체계

반갑습니다.

이번 시간에는 17장 본론으로 들어가 보겠습니다.

요가 반란을 일으키고 삿된 도를 창시해서 세상을 크게 혼란스럽게 만들었다는 것이 골자인데요, 지난 시간에 말씀드린 것처럼 부도지는 인간의 의식, 철학 등 정신적인 관점에서 세상을 바라보고 있습니다. 상식적으로 변(變)이다, 화(禍)다, 재앙(災殃), '큰 사고'라고 하면 눈에 보이는 사건을 의미하지만 부도지에서는 보이지 않는 정신세계 즉 잘못된 철학체계가 만들어진 것을 이야기하고 있다는 것이지요.

요는 마고성에서 1차로 출성한 자들의 후예로 천산의 남쪽에서 일어났다.

미고성에서의 출성은 정확하게 3차에 걸쳐서 이뤄졌는데 제일 먼저 출성한 사람들의 후손이라는 것입니다.

**부도의 제시(祭市)에 왕래하고 서쪽의 보(堡)를 지키는 간(干)에게 수(數)를 배웠다.**

부도의 서쪽 변방에 살면서 부도의 제시(祭市), 즉 부도에는 3개의 시장과 3개의 제례행사가 있었다고 말씀을 드렸는데 바로 그 시장과 제례행사에 참여하면서 부도에 왕래했다는 것입니다. '서쪽의 보(堡)'는 성(城), 성문(城門)으로 이해하면 될 것 같습니다. 부도의 서쪽 경계를 지키는 간(干)에게 수(數)를 배웠다고 했는데 간(干)은 한(汗)이고 칸(Khan)으로 수장(首長)을 의미합니다. 신라 초기 왕의 호칭인 마립간 거서간 할 때도 간(干)이라는 호칭이 나오죠. 한글이 있어서 '한'과 '칸'을 별개로 구분하게 되었지만 북방아시아에 있는 사람들은 오랫동안 한, 칸을 혼용해서 쓰고 있습니다. 한(Han), ㅋ한(칸, Khan)이 같은 것이지요. 한국인은 징기스칸을 발음할 때 'ㅋ' 발음 위주로 정확하게 '칸'이라고 하지만 몽골 현지에서는 오히려 '한'에 가깝게 발음합니다.

고대 이후 중앙~북방아시아에서는 수장을 '한'이라고 칭해 왔습니다. '한'은 한자로 '간(干)', '한(汗, 韓)'이라고 표기했습니다. 부도의 서쪽을 지키는 수장에게 와서 수(數)를 배웠습니다. 수학(數學)을 배웠다는 것이죠. 여기서 말하는 수학(數學)은 철학(哲學)에 가깝다고 보면 될 것 같습니다. 예로부터 동양에서 수(數)는 철학을 뜻했기 때문입니다. 우리말에 좋은 수(數)가 있다는 말도 있지요. 사실 이 점은 서양도 마찬가지였습니다. 피타고라스는 우주가 수(數)로 이루어졌다고 했고, 우리 민족의 경전 천부경도 수(數)로 되어 있다고 볼 수 있습니다. 그리고 삼일신고(三一神誥)도 3과 1, 수(數)거든요. 그래서 고대에는 수학, 수리학을 우주의 원리, 우주를 이해하는 학문으로 여겼고, 지금도 많은 학자들이 우주의 비밀을 수학(數學)으로 증명해 내고자 애쓰고 있습니다.

요(堯)가 수(數)를 배웠는데 제대로 이해하지 못했다고 했습니다. 무엇을 이해하지 못했냐면 수(數)는 1부터 9까지, 9개의 수(數)가 있습니다. 그것을 구수(九數)라고 합니다.

**요는 구수오중(九數五中)의 이치를 잘못 이해했다.**

1부터 9까지 수(數) 중에 가운데에 있는 것이 5입니다. 이 5의 이치를 잘못 이해했다는 거예요.

5 외에 8이 곧 1이고 1이 곧 8이라고 잘못 이해해서 이내제외(以內制外 - 안으로써 바깥을 제어하는 이치)라고 주장하여 오행의 법을 만들었다.

이것을 이해하시려면 한민족의 수(數)와 한족(漢族, China, 하화족)의 수(數)를 아셔야 하는데 복잡하지 않고 딱 하나만 아시면 됩니다.

한국은 3이에요. 3을 기억하시면 됩니다. 삼일신고(三一神誥)가 있지 않습니까? 삼일신고는 삼(3)이 곧 하나(1)라는 신고(神誥), 하느님의 말씀이란 뜻입니다. 한민족의 철학, 수리체계는 3이고, 천부경이 중심입니다. 그러면 중국은 뭘까요? 중국은 2입니다. 이것만 아시면 핵심을 이해할 수 있습니다. 세계의 음악 연구가들이 우리 전통음악을 듣고 깜짝 놀란다고 하죠? 어떻게 3박자가 있냐고 말이지요. 3이 우리 문화 속에 깊이 자리 잡고 있는 것입니다. 우리 민족의 경전 천부경은 81자로 구성되어 있습니다. 81은 9 곱하기 9죠. 9는 3 곱하기 3입니다. 천부경의 수리체계입니다. 하나(1)가 3으로 가고 3은 3 × 3 = 9, 3의 제곱을 해서 9로 가고, 9는 9 × 9, 9의 제곱을 해서 81로 분화하는 것입니다. 그러면 일(1)이 뭐고 삼(3)이 뭘까요? 천부경은 일(1)이 '한', 즉 완전한 근원을 의미합니다. 한민족 할 때 '한'을 한자로 쓰기 이전에 우리말에 '한'이 있다는 거죠. 모든 것을 아우르고 전체이자 개체이며, 근원을 의미하는 '한'에서 '하늘', '하나'가 나왔고 이를 높여 '하느님', '하나님'이라고 불렀던 것입니다. 이것이야말로 우리 한민족 신학(神學)의 가장 기초입니다. 하늘님의 정확한 근원의 언어는 '한님'입니다. 이 '한'에서 셋이 나왔는데, 셋(3, 三)은 곧 하늘(一), 땅(二), 사람(三)을 의미합니다. 그래서 하늘(一), 땅(一), 사람(一)을 연결(丨)하는 존재가 임금(王)이고, 주관하는 존재가 하느님(主)입니다. 천부경에 의하면 '한', '한님'에서 하늘, 땅, 사람, 즉 천지인(3)이 나오고 3에서 조화(造化)가 시작됩니다. 3 × 2를 하면 6이죠. '6에서 생(生)을 하여 7, 8, 9를 낳는다.' 3 × 3을 하면 9가 되어 9에서 운(運)을 한다(六生七八九運).' 그리고 '3, 4가 고리 이뤄(成環) 5, 7, 1을 만든다(三四成環五七一, 또는 5, 7 이 하나 된다).' '3이 2하고 결합되고, 3하고 결합되고, 4하고 결합되면서 무수한 조화(造化)를 만들어 내지만 근본은 변하지 않는다(妙衍萬往萬來用變不動本).' '근본 즉 핵심은 천지인 3이다.' 3 × 3 = 9, 9 × 9 = 81. 이것이 우리 한민족의 숫자요, 한민족의 수리(數理)요, 한민족의 철학의 핵심이라고 이해하시면 됩니다. 참 쉽죠.

그럼 한족(漢族, 夏華族, China族)은 2라고 말씀드렸는데 2는 무엇을 의미할까요? 바로 2는 음양(陰陽), 또는 천지(天地)라고 할 수 있습니다. 음양(陰陽) 그리고 천지(天地). 여기서 중요한 것은 무엇일까요? 인(人)이 없습니다. 주역의 계사전에는 천존지비(天尊地卑)라고 나옵니다. 음양(陰陽)과 천지(天地)가 기울어져 있는 것입니다. 천존(天尊). 하늘은 존귀(尊貴)하고, 지비(地卑). 땅은 천(卑賤)하다. 여기서 파생된 게 뭘까요? 남존여비(男尊女卑)입니다. 천지음양(天地陰陽)이 기울어지니 남녀(男女)가 기울어집니다. 인간계가 기울어지는 것입니다. 이것은 제대로 된 도(道)가 아니겠지요. 우리나라도 과거 이것을 받아들여 500년을 보냈습니다. 남녀의 차별이 극과 극으로 갔던 시대였습니다. 주역에는 인(人)이 없습니다. 천지(天地)요, 음양(陰陽)에서 어떻게 갈라지느냐. 사상(四象, 4)으로 그다음에 팔괘(八卦, 8)로 갈라지고, 팔괘가 제곱하여 8 × 8 = 64, 64개의 괘(卦)가 만들어집니다. 이것이 한족(漢族, 夏華族, China族)의 철학체계입니다.

요가 수(數)를 배우기는 배웠는데 근면하지 못하고 제대로 이해를 못해서 이 구수오중(九數五中)의 이치를 오해했습니다. 어떻게 오해했냐면 8이 곧 1이고 1이 곧 8이라고 생각했다는 것입니다. 3수 9수 81로 가야 맞고, 따라서 9수가 곧 근본수 1인 것이 부도의 법인데 요는 8을 근본수 1로 잘못 보았다는 것입니다. 시작부터 틀어지니까 점점 어긋나기 시작합니다. 구수오중(九數五中), 9개의 수 가운데 있는 5를 **'안에서부터 밖을 제어(통제, 지배)하는 이치'**로 잘못 이해했다는 것입니다. 수(數)라고 하는 것은 누가 누구를 제어하고 통제하고 강제하는 개념이 아니거든요. 그런데 그렇게 오해를 해서 오행(五行)의 법(法)을 만들었다고 합니다.

오행(五行)은 들어 보셨을 겁니다. 만물의 근원을 목(木), 화(火), 토(土), 금(金), 수(水) 5개로 보는 개념입니다. 가운데 토(土)가 있는데, 토(土)의 숫자가 5입니다. 오행에 의하면 동쪽이 목(木) 3(8)이고, 북방이 수(水) 1(6)이고, 남방이 화(火) 2(7)고, 서쪽이 금(金) 4(9)이고, 5가 가운데 있어서 토(土) 5(10)라고 합니다. 그리고 이러한 위치는 불변(不變)한다고 주장합니다. 안으로써 밖을 제어한다는 것은 옛날에 중국 황제가 황색(黃色) 옷을 입고 있죠? 내가 중심이라고 하는 것입니다. 나는 토(土)요, 5요, 중심이고, 그러므로 동서남북(1, 2, 3, 4)을 지배하노라. 나는 황제요, 동서남북(1, 2, 3, 4)에 있는 너희들은 제후이니 마땅히 황제(5)의 명을 따라야 한다는 것입니다.

원래는 마고성에서 만물의 근본이 되는 원소를 기화수토(氣火水土), 공기, 불, 물, 흙의 4가지로 보았다고 했지요? 불교에서도 지수화풍(地水火風), 흙, 물, 불, 바람(공기)입니다. 서양에서 보는 관점도 물, 불, 바람, 흙으로 봅니다. 전 세계가 그렇게 보는데 중국만 목화토금수

(木火土金水), 오행(五行)으로 보는 거예요. 그런데 아무도 이의를 제기하지 않았죠. 우주의 근본 원소에 나무가 들어가 있다는 게 상식적으로 이상하지 않습니까? 그런데 너무나 오랫동안 신앙처럼, 성역처럼 오행이 동양철학의 절대불변의 대전제인 것으로 굳어졌습니다. 오행을 부정하면 이단(異端)으로 취급받는 거죠. 오행에서 토(土)와 금(金)의 차이가 뭘까요? 도대체 무슨 기준으로 토(土)와 금(金)을 갈라놓았을까요? 이 말은 나중에 요의 잘못을 꾸짖으면서 유호씨가 하신 말씀입니다.

요는 잘못된 철학인 오행(五行)을 바탕으로 제왕지도(帝王之道)를 만듭니다. 오행의 이치대로 '안으로써 밖을 제어하는 이치'라 하여 중심이 되는 제왕 5가 동서남북(1, 2, 3, 4)를 제어, 즉 지배한다고 주장합니다. 그래서 스스로 중심이 되는 제왕이라 칭합니다. 오랫동안 중국(한족)은 본인들이 가운데 중(中)이요 토(土)요, 황제임을 주장했습니다. 자신들을 중심으로 북쪽 오랑캐 북적(北狄), 남쪽 오랑캐 남만(南蠻), 서쪽 오랑캐 서융(西戎), 동쪽 오랑캐 동이(東夷, 물론 夷의 오랑캐 의미는 후대에 왜곡된 것)가 있어 자신들이 지배하는 것이 당연하다고 생각해 왔습니다. 이러한 제왕적 생각이 지금도 그들의 정신세계에서 굳건히 자리를 차지하고 있다는 것을 잘 아시리라 봅니다. 바로 이 생각의 출발점이 '요'라는 인물이요, 그가 만든 오행사상이라는 것을 부도지가 알려 주고 있습니다.

요는 부도(符都)를 본 따 부도(符都)에 반대(대립)되는 당도(唐都)를 만듭니다. 쉽게 이해하자면 당(唐)나라를 만든 것입니다. 재미있는 것은 당나라 할 때 당(唐) 글사를 사전에 찾아보면 '황당하다', '허풍', '위반하다', '저촉되다'는 의미를 갖고 있습니다. 요(堯)를 제요도당씨(帝堯陶唐氏)라고 하는데 부도지를 보니 비로소 그 뜻이 이해되는 듯합니다.

요는 우주의 운행에 어긋나는 역법(曆法)을 만들었습니다. 역법은 바로 달력체계죠. 그것을 잘못되게, 어긋나게 만들었다는 거예요. 그렇다면 부도의 역법, 달력체계가 있겠죠? 이 내용이 곧 등장하는데 아마 깜짝 놀라시리라 봅니다.

부도지에서는 이러한 요의 잘못을 "하늘을 사칭했다."고 표현합니다. 하늘을 사칭한 가짜 하늘(제왕)이라는 것입니다. 맞습니다. 역대 중국 황제들은 거짓으로 하늘을 사칭했던 것이지요.

요가 삿된 도(道)를 만드니 소부(巢父)와 허유(許由)가 이것을 심하게 꾸짖고 거절하였다.

중국 55개 소수민족 중에 아주 역사가 깊은 묘족(苗族)이 있습니다. 우리나라에도 다큐멘터리 등에 많이 소개되었습니다. 이 묘족을 보면 우리나라하고 생활 습관이나 여러 풍습이 비슷한 것이 많다고 학자들이 주장합니다. 그중에는 묘족을 고구려의 후예로 보는 분들도 있습니다. 놀랍게도 부도지는 묘족을 이렇게 설명합니다.

묘족은 황궁씨의 후예고 그들이 살던 땅은 유인씨가 살던 땅이었다.

바로 묘족은 부도에 속하는(가까운) 사람들이라는 것입니다. 그런데 요가 묘족을 쫓아 버리고 자신의 나라를 만들었다고 합니다.

임검씨가 순행을 하느라 부도를 비운 틈을 타서 요가 묘족을 공격하니 사방으로 흩어지게 되었다. 요가 곧 구주(九州, 서남지방)의 땅을 그어서 나라(唐)를 만들고 스스로 오중(五中)에 사는 제왕(帝王)이라고 칭했다.

많은 분들이 아시다시피 하도낙서(河圖洛書)라는 게 있어요. 보통 세상에 알려진 것은 복희씨가 황하(黃河)에 갔더니 용마(龍馬)가 나왔는데 등에 무늬가 있었다는 거예요. 그것을 보고 우주의 이치라고 해서 만든 게 하도(河圖)였다고 합니다. 낙서(洛書)는 요, 순 다음에 우임금이 있죠. 우가 낙수(洛水, 황하의 지류)에 갔을 때 거북이가 등에 지고 나온 글, 즉 낙수(洛水)에서 나온 글이라는 뜻입니다. 그래서 원래 우리가 알고 있는 것은 복희씨의 하도(河圖), 우임금의 낙서(洛書)인데, 부도지에는 하도낙서(河圖洛書)라고 직접 지칭하진 않지만 하도낙서가 아닐까 추정할 만한 것이 나옵니다.

거북이 등에 있는 무늬와 명협풀이 피고 지는 것을 보고 신(神)의 계시라 하여 새로운 달력체계(역曆, 역법曆法)를 만들고…

요가 거북이 등에 지고 나온 것(글 또는 무늬)과 명협(蓂莢)풀이라고 나오는데요, 명협풀은 보름딜이 될 때까지는 잎이 하나씩 피고 보름달이 지나면 또 하나씩 떨어진다는 풀이라고 하는데(김은수 주해), 그 풀을 보고서 이것을 신의 계시라고 해서 역법(曆法), 즉 달력체계를 만들었다는 것입니다. 거북이와 풀이 자신에게 하늘의 이치를 보여 주었다고 요가 사칭한 것입니다.

**천부의 이치를 버리고 부도(符都)를 배척하였다.**

진짜 하늘은 폐하고 가짜 하늘을 사칭했다는 것입니다.

**바로 이것은 인간 세상(人世)에 일어난 두 번째 변고였다. 이것을 오행의 변(五行의 變, 화禍)이라고 한다.**

다음 시간에는 임검씨가 순행을 다녀온 사이에 요가 잘못된 도를 만들어 세상을 어지럽힌 사실을 아시고 바로잡기 위해 유호씨를 파견한 대목을 살펴보겠습니다.

감사합니다.

## 12강

# (18~21장) 요, 순, 우임금의 잘못을 바로잡는 유호씨, 단군과 제왕의 차이는?

반갑습니다.

오늘은 18장에서 21장까지를 알아보도록 하겠습니다. 읽으면서 보겠습니다.

### 제18장

이에 임검씨가 크게 걱정하여 유인씨의 후손 유호씨 부자에게 환부(鰥夫) 권사(權士) 등 100여 명을 이끌고 가서 그를 깨우치게 하였다.

요와 무리들을 깨우치려 했다는 거죠. 환부, 권사라는 이름이 나오는데요, 환부(鰥夫)는 문관(文官), 권사(權士)는 무관(武官) 쪽에 가깝지 않나 추정해 봅니다.

유호씨는 부도에 있을 때부터 칡을 먹고 오미를 먹지 아니하니 키는 열자이고 눈에서는 불빛이 나왔다 임검씨보다 나이가 100여 살이나 더 많아 아버지와 할아버지의 일을 이어받아 임검 씨를 도와 도(道)를 행하고 사람들을 가르쳤다. 요가 유호씨 일행을 정중하게 맞이하여 복종하며 극진히 대접하면서 그곳에 살게 하였다. 유호씨가 요를 관찰하면서 거처를 옮겨 가며 사람들을 가르쳤다. 유호씨가 임검씨의 사자가 되어 어리석고 고집 센 세상을 구제하려니 어려운 일이 많았다. 유호씨의 아들은 순(舜)인데 요가 그의 사람됨을 눈치 채고 두 딸을 보내 유혹하게 하였다. 순이 요의 두 딸을 아내로 맞이하고 요에게 넘어가 협력하였다.

제19장

유호씨는 아들 순에게 수시로 경계하여 조심하게 하였으나 순은 아버지 앞에서 알겠다고 대답만 하고 고치지 않았다. 순은 요의 청탁을 받아들여 현명한 자들을 찾아 죽이고 묘족(苗族)을 정벌하였다. 유호씨가 참지 못하고 크게 꾸짖으며 토벌하니 순은 하늘을 향해 통곡하고 요는 몸을 둘 데가 없어져 순에게 제왕을 물려주었다.

유호씨가 말하였다.

「오미(五味)의 재앙이 아직 다 끝나지도 않았는데 또다시 오행

(五行)의 화(禍, 재앙)를 만들어 내니 죄가 땅에 가득하다. 하늘은 어둡고 어지러운 일이 많아져 인간 세상이 고통스러워졌으니 바로 잡지 않을 수가 없다. 모르고 죄를 짓는 자는 혹여 용서하여 가르칠 수 있으나 알고도 죄를 짓는 자는 가까운 혈육이라도 용서할 수가 없다.」 둘째 아들 유상(有象)에게 명하여 무리를 모아 죄를 알리고 수년 동안 싸워 마침내 당도(唐都)를 모두 혁파하였다.

요는 도중에 죽고 순은 창오(蒼梧)의 들로 도망하니 그의 무리들이 사방에 흩어졌다. 요의 무리 중에 우(禹)가 순을 추격하여 죽여 버렸다. 순이 우의 아버지를 죽였기에 원수를 갚은 것이었다. 요의 딸이자 순의 두 아내도 남편을 따라 강물에 몸을 던져 자결하였다.

이 내용은 태백일사 번한세가 상의 내용과 흡사하다고 말씀드렸습니다.

우(禹)가 (유호씨의) 명을 따르겠다고 말하고 군사를 모아 돌아갔다. 유호씨가 물러나 우가 하는 짓을 관찰하니, 우는 도읍을 옮기고 무리를 모아 방패와 창을 고치고 유호씨에게 항거하며 스스로 하왕(夏王)이라 칭하였다.

우가 하나라를 만들어서 스스로 제왕을 칭하고 우임금이 되었다는 내용입니다. 중국의 기록에 순을 성군이고 당시를 태평성대라고 하기는 하지만 우임금부터를 중요하게 여기는 것을 느낄 수 있습니다. 예를 들어서 우가 낙수(洛水)에서 낙서(洛書)를 얻었다고 한다든지, 치수(治水)를 성공한 인물이 우(禹)라고 기록하는 것이 그렇습니다.

환단고기에는 단군조선 제2대 부루단군이 태자 시절 우에게 치수법을 가르쳐 그가 치수를 성공하게 했다고 기록하고 있습니다. 중국 기록에는 우가 치수를 성공했기 때문에 민심을 얻고 하나라를 세워 우왕이 되었다고 하지요.

### 제20장
**우가 마침내 부도를 배반하고 도산(塗山)에 단(壇)을 만들었다.**

단(壇)이라는 것은 제단(祭壇, 天祭壇)을 말합니다. 우리 민족은 마고성 이래로 천제와 천제단의 문화가 있었는데 우가 이것을 본 따 만든 것이라고 볼 수 있겠습니다. 단(壇)을 만들었다는 것은 곧 부도와 별개의 세상(하나라)을 만들었다는 뜻입니다.

우가 서남쪽에 사는 종족을 정벌하고 제후(諸侯)로 삼고 도산에 모이게 하여 조공(朝貢, 공물)을 받았다. 이는 부도에서 열리는 시장과 교역을 본 딴 것이었으나 폭력과 강제로 한 당돌한 짓이었다.

부도의 제시(祭市)는 여러 종족이 특산물을 가지고 자발적으로 모여 교역하였는데, 우는 무력으로 정벌하여 제후를 임명하고 강제로 불러 모아 조공(특산물)을 받았다는 것입니다.

이에 세상이 크게 어지러워져 부도로 도망하여 오는 사람들이 많아지니 우가 부도와 통하는 물길과 육로의 길을 모두 막아 연락과 왕래를 하지 못하게 하였다. 하지만 감히 부도를 공격하지는 못하였다.

여기에서 우리는 무엇을 알 수 있을까요? 부도가 쇠퇴하게 되는 원인을 알 수 있습니다. 사해제족(四海諸族), 세계 인류가 부도에 모여서 하늘에 천제를 지내고 교역하고 함께 어울려야 천부를 가르쳐 인류를 화합하게 할 수 있는데, 우가 부도로 가는 육로의 길과 강과 바다의 물길을 차단해 부도에 모이지 못하게 했다는 것입니다. 이후로 차츰 사람들이 부도와 연락도 왕래도 하지 못하게 되었고, 부도에서 열리는 제시(祭市)도 쇠퇴할 수밖에 없는 상황이 만들어졌다는 것입니다. 교역만 놓고 보자면 국제무역을 하던 고려시대와 쇄국으로 일관한 조선시대가 연상되기도 합니다. 어쨌든 우의 이러한 방해는 부도만 쇠퇴하게 한 게 아니라 인류의 화합을 방해하여 향후 인류가 분열하고 강제로 서로를 침탈하고 지배하는 악습을 가속화시켰다고 볼 수 있습니다. 그러나 감히 부도를 공격하지는 못하였다고 전합니다.

이에 유호씨는 서쪽에 살면서 묘족을 수습하여 소부(巢父)와 허유(許由)와 연락하고 서남쪽에 있는 종족과 연락하니 그 세력이 강성해져서 큰 고을을 이루었다. 유호씨가 우에게 사신을 보내 명하였다.

유호씨가 우에게 무엇이 잘못인지를 가르쳐 주는 내용이 나옵니다.

「첫째, 요는 하늘의 수리(數理, 천수天數)를 몰랐다. 땅을 제멋대로 나누고 천지(天地)를 제 마음대로 하려고 하였다.

요(堯)라는 이름을 풀어보면 땅을 나누어서(土, 土, 土) 위태롭게(兀) 한 사람이라는 의미를 가지고 있습니다.

기회를 틈타 홀로 제단을 쌓고 사사로이 개와 양을 기르기 위하여 사람을 내쫓고 스스로 제왕(帝王)이라 칭하며 혼자만의 고립된 세계의 독단(獨斷)에 빠져 버렸다. 이에 세상은 흙 나무 풀처럼 말이 없고 하늘의 이치는 거꾸로 흘러서 허망함에 빠져 버렸다. 이것은 하늘의 권위를 거짓으로 훔친 것이며, 사사로운 욕심에 강제로 행한 것이다.

요임금부터 시작된 제왕의 도는 이후 한민족의 세상에도 들어옵니다. 여러 왕조가 흥망성쇠(興亡盛衰)를 반복하면서 모두 제왕을 칭하고 천명(天命), 하늘의 명을 받았다고 사칭해서 그럴듯한 명분을 대곤 하지만 그것은 모두 하늘의 권위를 훔친 것이고 사사로운 욕심에 의한 것임을 부도지는 명확하게 지적하고 있습니다.

제왕이라는 것이 만약에 하늘의 권위를 대신하는 것이라면 능히 해와 달을 움직일 수 있어야 하고 만물을 마음대로 지을 수 있어야 하는 것이 아니겠느냐. 제왕은 수의 이치를 바로 아는 것이며 사람이 거짓으로 사칭할 수 있는 것이 아니다. 거짓으로 제왕을 칭하게 되면 허망함과 악함에 빠질 뿐이다. 사람의 일은 이치를 증명하는 것이고 세상의 일은 이치를 증명한 사람의 일을 밝혀 주는 것이다. 이 외에 또 무엇이 있겠는가?

이 대목에서 우리는 다시 한번 부도지의 일관된 인간관, 세계관을 볼 수 있습니다. 사람이라는 존재는 무엇인가? 사람의 존재 이유는 무엇인가? '하늘의 이치(理致)를 증명하는 것'입니다.

이 세상(우주)의 일은 무엇인가? '이치를 증명한 사람을 밝게 비춰 주는 것'입니다. 이것이 완전하게 맞아떨어질 때 천지가 조화롭다는 것이 부도지의 인간관이요, 세계관인 것입니다. 너무나 명료하고 일관됩니다.

그러므로 부도의 법은 하늘의 이치를 밝게 증명하여 사람으로 하여금 각자가 맡은 바 일을 하게 하여 그 복을 받게 할 뿐이다.

마고성을 재현한 부도이기에 역시 마고성과 똑같은 일관성을 보여 줍니다. 마고성에서도 각자 사람들의 임무가 있습니다. 음을 맡아 보는 사람, 향을 수증하는 사람, 성문을 지키는 사람… 각자의 임무를 하면서 세상을 조화롭게 만드는 것인데 부도도 똑같은 얘기를 하고 있습니다.

이치를 말하는 자와 듣는 자는 비록 먼저와 나중이 있으나 높고 낮음이 있지는 않은 것이고, 주는 자와 받는 자는 친하고 생소한 것은 있겠으나, 끌어들이고(오게 하고) 몰아내기(가게 함)를 강제로 할 수 없는 것이다.

인간은 높낮이가 없이 평등하고 강제가 없고 자율적입니다.

그렇기 때문에 사회가 평등하고 모든 종족이 스스로 행하는 것이다.

마고성의 자재율, 스스로 금지하되 금지하지 아니하는 법을 계승했다고 볼 수 있겠습니다.

오미의 책임을 속죄하는 것과 마고성을 회복하는 것은 언제나 한 사람의 희생으로 주관하는 것이지, 여러 사람의 능력으로 되는 것이 아니다.

리더, 단군, 복본의 사명인 천부삼인을 이어받은 자리가 어떤 위치인지 설명해 주고 있습니다. 그 자리는 '오미의 책임을 속죄하는 자리'요, '마고성을 회복하는 자리'요, '자신을 희생하여 주관하는 자리'라고 말합니다. 결코 소유하고 지배하는 자리, 권력과 지위를 누리는 자리가 아니라는 것입니다. 때문에 욕망으로 탐해서는 안 된다는 것입니다.

지금을 민주주의 사회라고 하고 옛날에는 제왕시대라고 합니다. 봉건주의, 전제군주의 시대에서 시민사회, 민주주의 사회가 됐는데 오늘날 민주주의 사회의 리더가 지향해야 할 지점이 바로 이런 것 아닐까요? 욕망으로 권력을 탐하고, 주어진 권력으로 강제를 행하는 독재가 아니라 부도지에서 말하는 것처럼 인간을 화합하게 하고 본래 모습을 되찾는 일을 주관하고 희생하는 리더, 지도자 말입니다.

그렇기 때문에 이 일은 예로부터 인간 세상의 일과 함께 섞을 수 없었던 것이다. 황궁씨와 유인씨의 예가 그러한 것이다.」

21장은 오행(五行)의 잘못을 지적합니다. 유호씨가 사신을 보내 우에게 가르침을 줍니다.

제21장
「요가 만든 오행(五行)이라는 것은 본래 천지의 수의 이치(天數之理)에 존재하지 않는 법이다.

바른 이치가 아닙니다.

5가 사리한 중앙이라는 방위는 서로 만나는(교차, 交叉)것을 의미하는 것이지 변(變)하여 가는 것이 아니다. 변한다는 것은 1에서부터 9에 이르는 것으로 5라는 것은 항상 중앙이라는 자리에 있는 것이 아니고 9가 돌고 돌아 율려(律呂)가 서로 어울리고 나서야 만물이 생기나니 이것은 그 수(數)를 말하는 것이다.

우리 민족 고유의 수리철학 1, 3, 9, 81의 이치에서 만물의 창조가 이루어지는 것이지 5가 항상 중앙의 자리에서 통제하는 것이 아니라는 말씀입니다.

5와 7이 크게 퍼져나가 고리를 이루면 5라는 자리는 범위와 한계가 없을 뿐만 아니라 4와 7이 있게 되는 것이다.

이 부분이 난해해요. 그런데 놀랍게도 천부경에 같은 대목이 나옵니다. 삼사성환오칠일(三四成環五七一)이 그것이죠. 천부경을 해석하시는 분들을 보면 주역(周易)으로 해석하시는 분, 오행으로 해석하시는 분, 하도낙서로 하시는 분들이 계시는데 나름대로 의미는 있을 수 있겠습니다만 부도지는 그것은 아니라고 말하고 있습니다.

그 순종하고 거스르며, 나고 사라지며 덮는 것은 5가 아니라 4다.

목화토금수(木火土金水) 5가 아니고 4라는 것입니다. 4는 앞서 말

쓴드렸듯이 기화수토(氣火水土)를 의미합니다.

서로 만나 만물의 짝이 된다고 하는 금목수화토(金木水火土) 5가지 가운데 금(金)과 토(土)를 어찌 나눠놨단 말인가.

그 작은 차이가 더 큰 차이를 만든다. 그런 식으로 한다면 어찌하여 공기(氣)와 바람(風), (나무와) 풀(草), (흙과) 돌(石)은 나눠놓지 않은 것인가? 모두를 그런 식으로 나누자면 끝이 없는 것이다. 엄격히 나누자면 금목화수(金木火水) 또는 토목화수(土木火水)의 4개로 나누어야 옳다. 더욱이 그 물질(物質)의 성질(木火土金水)을 어떻게 수(數)의 성질과 짝을 짓는단 말인가?

오행이 되는 목화토금수(木火土金水)는 각각 짝이 되는 수(數)가 있습니다.

1과 6은 수(水), 2와 7은 화(火), 3과 8은 목(木), 4와 9는 금(金), 5와 10은 토(土)를 의미합니다. 그런데 부도지는 기본수가 5(오행)가 아닐뿐더러 물성(物性)과 수(數)를 짝을 지을 수도 없다고 말하고 있습니다.

숫자의 성질은 원래 5가 아니라 9다.

3, 9, 81은 천부경의 수(數)이며, 우리 한민족 철학의 바탕임을 거듭 말씀드립니다.

그러므로 오행이라는 주장은 황당무계한 말이다. 이렇게 세상에서 이치를 증명하는 것을 속이고 미혹되게 하여 천하에 큰 죄를 지으니 어찌 두려운 일이 아니겠는가?」

앞에서 대부분 말씀드린 내용이라 간략히 알아보았습니다.

다음 22, 23장은 역법(曆法)에 대한 가르침입니다. 흔히 달력이라 부르는 역법체계 또한 하늘의 도수(道數), 하늘의 수리(數理)에 맞게 만들어져야 인간 세상이 어긋나지 않는다는 것인데요, 지금의 상식으로는 잘 이해가 안 되는 면도 있겠으나 시간을 기록하고 시간을 인지하는 역법이 정말로 중요하고 이것이 틀어지면 인간 세상이 틀어진다는 말씀입니다. 놀라운 사실 하나를 미리 말씀드리면 부도(단군조선)시대의 우리 달력은 1년이 13달로 이루어져 있다는 내용이 등장합니다.

다음 시간에 뵙겠습니다.

감사합니다.

## 13강

# (22~23장) 단군조선은 1년이 13달,
# 우리의 역법을 찾아서

반갑습니다.

오늘은 부도지에서 가장 난해하다고 할 수 있는 22, 23장을 말씀드리겠습니다. 유호씨가 우에게 사신을 보내 세 가지 잘못을 꾸짖으면서 근본으로 돌아올 것을 호소하는 대목을 말씀드리고 있습니다.

첫째, 제왕의 도는 허황되고 잘못된 것으로 강제적이고 폭력적이며 하늘을 거짓으로 사칭한 것임을 깨우쳐 주었고 둘째, 그 바탕이 되는 오행(五行)의 잘못을 깨우쳐 주었습니다.

이번 시간은 요의 세 번째 잘못이죠. 잘못된 역법(曆法)을 만든 것을 깨우쳐 주는 대목입니다. 22장은 역법의 의미와 역법의 중요성에 대해서 설명하고, 23장은 이치에 맞는 바른 역법이죠. 부도(단군조선)의 역법을 설명합니다.

역법의 중요성을 설명한 22장은 어느 정도 이해가 되는데, 23상은 난해하고 이해하기가 어려워서 저도 부도지 공부를 하면서 벽에 부딪힌 느낌이었습니다. 그러던 중 몇 년 전 통일운동과 단군정신을 알리는 한 분을 알게 되어 책을 한권 선물 받게 되었습니다. 《마고력》(이정희 저)이라는 책인데요, 간단히 소개하면 23장에 있는 부도의 역법(曆法)을 연구하여 우리 고유의 역법을 재현해 냈다고 하더라고요. 깜짝 놀라서 찬찬히 보니까 그동안 막막했던 부분에 도움이 많이 되었습니다. 23장은 《마고력》을 참고하여 말씀드리겠습니다.

우주는 시간과 공간으로 인식할 수 있습니다. 우리가 살고 있는 3차원 세상은 시간과 공간의 지배를 받는데 옛날 황제나 왕이 나라를 세우거나 황제가 바뀌는 등 중요한 전환점이 되면 스스로 시간과 공간의 중심(기준)임을 선포하였습니다. 정확하게 말하면 제왕지도에서는 하늘을 대신한 자, 하늘의 명을 받은 천자(天子)라고 했는데요, 그래서 황제들이 역법(曆法)을 고치고 연호(年號)를 반포한 것입니다. 황제 자신이 시간의 중심, 기준이라는 뜻이었죠. 연호(年號)에 대해 알 필요가 있습니다. 우리는 오랫동안 자체 연호를 쓰지 못하고 중국의 연호를 쓰다가 해방 후에 비로소 독자적인 단기연호를 썼습니다. 그러나 1961년부터 다시 서기(西紀)를 쓰고 있습니다. 그런데 일본의 경우에는 일왕(日王)마다 연호(年號)가 있고, 북한도 주체(主體)라는 독자 연호를 쓰고 있습니다. 서기와 병행해서 말이죠. 대만도 그렇고 아직까지 지구상에는 이렇게 자체 연호를 쓰는 나라들이 많이 있습니다. 자신들의 시간, 기준이 있는 것입니다.

시간뿐만 아니라 황제는 공간의 주인이라고 생각했기 때문에 공간의 기준을 세우는데요, 바로 도량형을 통일하는 것입니다. 지금은 대부분이 센티미터(cm, 길이), 제곱미터(㎡, 넓이), 킬로그램(kg, 질량)으로 통일하여 쓰지만 옛날 우리나라에서는 치, 자, 되, 말, 근 같은 단위를 썼지 않습니까? 이것이 시간적인 개념과 공간적인 개념이라고 말씀드릴 수 있습니다. 이 중에서 시간의 기준을 정확하게 정하는 것은 연호(年號)에 앞서 역법(曆法)이었습니다. 그러니까 역법(曆法) 다음에 연호(年號)가 있을 수 있는 것이지요.

그렇다면 우리는 어떤 역법(曆法)을 써 왔을까요? 고구려, 백제, 신라, 고려시대까지 중국의 것을 본따서 썼을 거라고 학자들은 봅니다. 조선시대 초기 위에서 말씀드린 것들을 정리하신 분이 등장합니다. 세종대왕은 일식을 예측하는 데 15분 틀렸다고 곤장을 치신 분입니다. 천문을 관측하는 관리들이 몇 월, 며칠, 몇 시에 일식이 일어난다고 보고를 올렸는데 15분이 틀린 거예요. 그러니까 세종대왕이 징계를 하시고, 오차가 왜 생기는지 봤더니 역법체계, 즉 시간이 중국을 기준으로 되어 있었다는 거죠. 그래서 한 관리가 위도와 경도가 북경과 서울이 다르다는 것을 밝혀냈어요. 이에 세종대왕이 우리한테 맞는 우리 역법을 만들라고 해서 칠정산(七政算)이 만들어집니다. 역법(曆法)에 있어서 독립을 한 거죠. 우리의 시간을 갖게 된 것입니다. (물론 당시 명나라에서는 이것을 매우 괘씸한 것으로 봤습니다.)

지금 우리는 동경(東京, 도쿄) 표준시(標準時)를 쓰고 있다는 것을 아시리라 봅니다. 서울 표준시를 쓰는 것이 아니라 일본의 농경(도쿄)을 기준으로 한 시간을 쓰고 있어 30분 오차가 나는데, 예를 들면 서울 시간으로 11시 30분이지만 일본 시간인 12시로 살고 있습니다. 지금 우리는 우리의 시간에서 온전히 살지 못하고 있는 것입니다. 사주(四柱) 공부를 해 보신 분들은 아실 거예요. 자시(子時)는 원래 밤 11시부터 새벽 1시지만 우리나라가 동경(東京) 표준시를 쓰고 있기 때문에 밤 11시 30분부터 1시 30분까지를 자시(子時)로 계산해야 합니다.

명나라가 망하고 청나라가 서면서 예수교 선교사들이 들어오게 되었는데 이 중에 천문학자들이 많이 있었다고 합니다. 그 사람들과 함께 만든 역법이 시헌력(時憲曆)으로 우리나라는 조선 효종(1653년) 시대부터 시헌력을 쓰기 시작했습니다. 1894년 갑오년에 동학 농민운동이 일어나고 1895년 을미년에 을미개혁이 일어나면서 1896년부터 공식적으로 양력(서양력, 西洋曆)이 채택됩니다.

우리가 쓰고 있는 양력은 그레고리력이라고 하는데 1582년 교황 그레고리 13세부터 썼다고 합니다. 공식적으로는 지금까지 인류가 만든 역법(曆法) 중에 가장 오차가 적다고 하는 것입니다. 그레고리력 이전에는 율리우스력을 썼다고 하는데 율리우스력을 보면 부도지에서 지적하는 것처럼 너무나도 역(曆)을 가볍게 여기고 분탕질한 흔적이 있습니다. 지금 달력을 보면 7월과 8월이 똑같이 31일까지 있는 것을 알수 있습니다. 왜 그런가 이유를 알아보니 당시 율리우스라는 황제가 7월에 자기 이름을 붙여 July라고 합니다. 율리우스 황제 다음에 아우구스투스가 황제가 되어 8월에 자기 이름을 붙입니다. August죠. 그런데 아우구스투스 황제가 생각하기에 7월은 31일까지 있는데 8월은 30일까지 있으니까 기분이 좋지 않았다고 해요. 그래서 원래는 29일까지 있었던 2월에서 하루를 가져와서 본인의 달 8월에 붙여서 31일로 늘렸다고 합니다. 부도지의 관점에서 이것을 보면 율리우스 역법은 우주의 운행을 바르게 옮겨 놓은 것이 아니라 사사로운 욕심이 들어간 잘못된 역법(曆法)이라고 할 수 있는 것입니다. 율리우스력은 1년을 365.25일로 해서 오차가 발생하였는데, 1년을 365.2425일로 해서 오차를 바로잡고, 400으로 나눠서 떨어지면 윤달을 안 넣고, 나머지 수가 남는 해에는 윤달을 넣어서 4년에 한 번씩 2월을 29일로 만든 것이 그레고리력입니다. 인간이 만든 역법 중에서 가장 정확하다는 평가를 받습니다. 이 그레고리력도 오차가 있는데 약 3,300년에 하루(1일) 오차가 생긴다고 합니다.

부도의 역법을 이해하기 위해 몇 가지 의문점을 갖고 알아보겠습니다. 지금도 음력을 병행해서 쓰고 있습니다. 특히 불교 사찰의 경우에는 아직도 음력의 비중이 높고 설날이나 추석도 음력으로 하고 있습니다. 그런데 음력체계를 잘 보면 명나라 때 역법 대통력(大統曆)에서 세종대왕의 칠정산(七政算)을 거쳐 시헌역(時憲曆)으로 오다 보니까 표현이 그렇습니다만 누더기 같은 느낌이 있습니다. 누더기가 뭡니까? 원래 옷에다가 천을 하나 덧붙이고 또 붙이고 한 거죠. 그러다 보니까 나중에는 원래 옷이 뭔지 모르게 됩니다. 뭔가 석연치 않은 부분들이 있다는 거예요. 그 몇 가지를 말씀드리겠습니다.

첫째, 도대체 설날은 언제인가? 당연히 음력 1월 1일이라고 말씀하실 거예요. 그런데 여러분 동지(冬至)를 검색해 보시면 '작은 설'이라고 설명합니다. 주나라에서는 실제로 동지를 설날로 했다고 합니다. 옛날 어느 시대에는 동지를 '설날'로 정했다는 거겠지요? 또 현재 음력 1월 1일, 우리가 '설날'이라고 하는 날이 있는데요, 이날은 음력으로 새해가 시작되는 날이죠. 그런데 사주(四柱)를 공부해 보신 분들은 아실 텐데요, 사주학에서 해가 바뀌는 기점은 입춘(立春)으로 봅니다. 음력 1월 1일 이후에 태어났더라도 입춘(立春, 양력으로 보통 2월 4일경) 전에는 전년도 출생으로 봅니다. 입춘이 지나야 해가 바뀐다는 거죠. 그렇다면 동지(冬至), 음력 1월 1일, 입춘(立春) 중에 어느 날이 '설날'인 걸까요? 혼동 되는 지점이 분명히 있다고 보는 것이고요.

둘째, 우리가 지금은 1월 2월 3월 이렇게 부르지만 옛날에는 12지(支)에 맞춰서 자월(子月) 축월(丑月) 인월(寅月), 이런 식으로 부르지 않았습니까? 그렇다면 상식적으로 우리가 음력 1월, 시작되는 달이 자월(子月)이어야 맞지 않을까요? 그런데 현실은 11월을 자월(子月)이라고 하고 1월은 인월(寅月)이라고 합니다. 그러니까 12지로 보면 자월(子月)인 11월부터 시작이 되는 거죠. 이게 아주 중요한 단서가 될 수가 있으니 기억해 주시면 좋을 거 같습니다. 11월부터를 자월(子月)로 불렀다는 것은 뭔가 지금의 역법체계와 다른 과거의 흔적이 아닐까 충분히 의심할 만한 것입니다.

셋째, 옛날 우리 조상들은 아기가 엄마 배 속에서 10달을 있다가 나온다고 했습니다. 그런데 이게 음력하고도 안 맞고 양력은 더 안 맞습니다. 현대 의학적으로 사람이 엄마 배 속에 있는 시간을 280일이라고 하는데, 이것을 기억해 주시면 좋을 것 같아요. 280일. 우리는 옛날부터 엄마 배 속에서 10달을 있었다고 했는데 지금 양력으로 치면 9달이 됩니다. 실제로 서양 사람들은 9달 만에 태어난다고 합니다. 부도지를 알기 전까지는 조상들이 날짜계산을 잘못하신 줄 알았습니다. 그런데 부도지를 알면 조상들이 정확하게 10달을 계산하셨다는 걸 알게 돼요. 지금 말씀드리는 것은 다 힌트입니다. 염두에 두시면 이해하시기 좋습니다.

넷째, 24절기가 있습니다. 그중에 동양이나 서양이나 굉장히 중요하게 여기는 날이 있어요. 바로 동짓날입니다. 동짓날은 예로부터 팥죽을 끓여 먹고 축제를 하는 등 중요하게 여긴 날입니다. 서양에서 중요하게 여기는 날 크리스마스가 결국에는 동짓날이거든요. 낮이 가장 짧고 밤이 가장 긴 정점이 동지(冬至)인데, 이 말은 즉 동지(冬至)를 기점으로 낮이 길어지기 시작하고 밤은 짧아진다는 것입니다. 그래서 고대부터 동지(冬至)를 태양이 부활하는 날이라고 해서 동서양 모두 중요하게 여겨왔던 것이죠. 그럼 동지(冬至)하고 반대되는 개념이 뭘까요? 하지(夏至)입니다. 서양에서는 하지(夏至)에 축제 전통이 있다고 하는데, 동양(韓中日)에서는 하지를 동지만큼 중요하게 여기지는 않습니다. 오히려 백중(百中)을 더 중요하게 여기죠. 지금도 사찰에서는 겨울에는 동지(冬至), 여름에는 백중(百中)을 아주 중요한 날로 여겨 함께 모여 기도합니다. 왜 하지(夏至)가 아니라 왜 백중(百中)일까요? 이 네 가지 의문점을 토대로 보면 고대에는 지금의 음력체계와 다른 역법체계가 있었다는 주론이 가능합니다.

　22장은 역법의 중요성을 강조하는 것이기 때문에 읽으면서 말씀드리겠습니다. 유호씨가 우에게 사신을 보내 가르치는 대목이 이어집니다.

### 제22장
「또한 역법(曆法) 제도를 사사로이 만든 것은 천지의 수(數)의 근본(天數之根本)을 살피지 못하고 거북이와 명협풀 같은 미물(微物)에서 근본을 취하니 요는 도대체 무슨 생각을 한 것인가? 천지만물이 모두 수(數)에서 나와 제각기 수(數)를 상징하고 있는데 거북이와 명협풀만 특별하단 말인가? 만물과 모든 일에는 각기 역(曆, 시간)이 있으니 역(曆)이라는 것은 곧 역사(歷史)이다.
　그러한데 요가 사사로이 만든 역법(曆法)의 제도는 거북이와 명협풀의 역법이지 그것은 사람의 역법이 아니니 당연히 사람 세상과는 맞지 않다. 세 가지 바른 것을 바꿔서 그릇되게 하여….

　첫째, 오행을 만든 것. 둘째, 제왕을 칭한 것. 셋째, 역법을 어긋나게 만든 것을 말합니다.

　억지로 이치에 끼워 맞추려 하나 맞지 않고, 하늘 앞에 죄를 지어 세상에 큰 화(禍)를 불러일으켰다. 원래가 역(曆), 역법(曆法)이라는 것은 인간 세상에서 이치를 증명하는 것이 기본으로, 그 수(數)는 없는 곳이 없다. 그러므로 역법이 바르면 하늘의 이치를 인간 세상에 증명하고 합하여 복(福)이 되고, 역법이 잘못되면 하늘의 수(數)와 (사람이) 어긋나서 화(禍, 재앙)가 된다.

복(福)은 이치가 존재하는 곳에 있고, 이치는 바르게 증명(正證)하는 곳에 존재한다. 그러므로 역(曆)이 바르고 바르지 않고는 사람 세상이 복(福)을 받느냐, 화(禍)를 입느냐의 처음 시작(원인)이 되니 어찌 신중히 하지 않겠는가?

율리우스나 아우구스투스 황제처럼 '특정 월(月)은 내 이름으로 불러라. 내 달(月)이 하루가 적으니 2월에서 갖고 와서 31일을 만들어라.' 이런 건 너무나도 잘못된 일이라는 거죠.

그 옛날 한 사람의 어리석음에서 오미의 재앙이 시작되어 만 대(萬代)가 지나도록 모든 생명과 살아 있는 모든 존재에게 미치는데, 지금 또다시 역법을 어긋나게 만든 재앙은 장차 천대(千代)를 지나도록 진리에 그 화(禍)가 미칠 것이니 두려운 일이다.」

23장 이어서 읽어 보겠습니다.

제23장
「하늘의 도(天道)는 돌고 돌아 끝과 시작(終始)이 있고, 끝과 시작은 돌고 돌아 4단계로 중첩되어 시작과 끝을 이룬다.

마칠 종(終), 시작할 시(始), 마침이면서 시작인 시간이 있습니다.

'하나의 끝과 시작 사이(일종시지간, 一終始之間)를 소력(小曆)이라고 한다.'

'끝나고 시작하는 하나의 사이클'이 있는데 소력(小曆)은 '1년'을 말합니다.

'끝과 시작의 끝과 시작'을 중력(中曆)이라 하고, '4개의 중첩된 끝과 시작'을 대력(大曆)이라고 한다.

가장 작은 단위인 소력(小曆)의 한 바퀴(1사이클)를 사(祀)라고 하니 사(祀)는 13개의 기(期)로 이루어졌고,

사(祀)는 보통 '제사'를 의미하지만 여기서는 해 년(年)의 의미로 '1년'이라는 뜻입니다. 기(期)는 '1달(月)'을 의미합니다. 1사(祀)는 13개의 기(期)로 이루어졌다는 것은 **1년은 13달로 이루어졌다**는 뜻이 되겠습니다. 부도시대의 역법체계를 밝혀 주고 있는 대목입니다.

1기(期 = 1달)는 28일로 이루어졌고,

한 달(月)은 28일이란 뜻이죠.

28일은 4개의 요(曜)로 이루어져 있다. 1요(曜)는 7일이고, 요 (曜)가 끝나는 것을 복(服)이라고 한다.

요(曜)는 7일(1주일)을 의미하고, 1기(期, 1달, 28일)는 4개의 요 (曜), 즉 4주(4週)로 이루어졌다는 뜻입니다. 요(曜)와 복(服)을 붙인 요복(曜服)은 곧 1주일(7일 사이클)을 의미합니다.

그러므로 1사(祀)는 52개의 요복(曜服)이니 곧 364일이다.

1년은 13달(1달 = 28일)이요, 13달(1년) × 4주(1달)이니 52주(1년) 이고, 52주(1년) × 7일(1요복, 1주) = 364일(1년)이란 뜻입니다. 어? 1 년은 365일인데? 맞습니다. 하루가 모자라죠? 궁금증을 가지고 계속 가 보겠습니다.

이것은 1 4 7의 본성이 되는 숫자, 성수(性數)이다.

천부경과 마찬가지로 3수(數), 9수(數)로 우주의 이치를 설명하는 부도지는 숫자의 성질을 3으로 분류하여
    1 4 7을 성수(性數)
    2 5 8을 법수(法數)

369을 체수(体數)로 설명히였습니다.

이는 근본수 '9'를 3으로 나누어 수리철학을 설명하는 동시에 이 이치대로 부도의 역법이 만들어졌음을 설명하고 있습니다. 이러한 관점은 천부경, 삼일신고와도 일치하는 한민족의 사유체계를 보여 준 것으로 '5'와 '8'을 기본수로 보는 지나족(China)과 확연히 구분됩니다. 다만 성수, 법수, 체수가 의미하는 바는 연구가 필요합니다.

**매사(每祀)를 시작할 때 단(旦)이 있는데, 단(旦)은 1일과 같으니, 1일을 합하여 365일이고,**

매사, 즉 매년, 새해를 시작할 때 제일 앞에 단(旦)이라는 하루를 붙입니다. 그래서 365일이 된다는 뜻입니다. 그러니까 첫 시작이 되는 하루가 있는데, 이날은 몇 월, 며칠이 아닌 단(旦)이라는 별도의 독립된 날(日)이 있다는 것입니다. 단(旦)이라는 글자도 해가 딱 떠오르는 글자이지 않습니까? 이날이 진짜 설날이라고 《마고력》은 주장합니다. 여기까지는 이해되시죠?

**3사(祀)의 반(半)에 대삭(大朔)의 판(昄)이 있으니 판(昄)은 곧 사(祀)의 2분절(分節, 1/2)이다.**

여기서부터는 다 이해하지 못한다고 좌절하실 필요는 없습니다. 저도 이것을 100% 이해하고 말씀드리는 게 아닙니다. 연구가 더 필요하지만 먼저 간단히 설명드리겠습니다.

대삭(大朔), 삭(朔) 자는 초하루 삭(朔) 자입니다. 지금 양력은 31일
인 달과 30일인 달이 교대로 나갑니다. 2월만 28일인데 4년에 한 번 29
일이 되죠. 음력은 29일인 달과 30일인 달이 있어요. 그러니까 음력은
한 달이 29.5일인 것이지요. 그러면 29일인 달하고 30일인 달은 어떤
차이가 있을까요? 삭(朔)은 초하루가 조금 더 길어서 30일이 된 날을
대삭(大朔)이라고 한다는 가설을 세워 보겠습니다.

이것은 2 5 8의 법칙이 되는 숫자(法數)이니 판(販)이 긴 것은 1
일과 같아서 4년마다 366일이 된다.

1년을 초승달이 긴 달과 아닌 달(초하루가 긴 달과 아닌 달) 2로 나
누고, 앞에서 364일에 더해서 매년의 앞에 단(旦)일이라는 하루를 두
니 365일이 된다고 했죠. 그래서 5가 만들어집니다.

1년을 음력으로 했을 때 30일과 29일인 달, 즉 초하루가 더 긴 달과
그렇지 않은 달, 2라는 숫자가 만들어지고, 2로 나눈 판(販)이 길어져
서 4년에 한 번씩 하루를 더한다고 했으니 2 × 4 = 8, 8이 만들어지게
됩니다. 그래서 4년에 한 번씩 366일이 되니 이것을 법수(法數), 법칙
이 되는 숫자라고 한다는 뜻입니다.

10사(十祀)의 반(半)에 대회(大晦)의 구(晷)가 있으니 구(晷)는
시간의 근본(時之根)이다.

10사(祀)는 10년이죠. 대회(人晦)는 큰 그믐닐, 음력으로 한 달의 마지막 날(그믐날)이라고도 합니다. 구(晷)는 달그림자를 뜻합니다. 10년의 반, 큰 그믐날에 달그림자가 있는데 그 그림자가 시간체계의 근본이 된다는 것입니다. 구(晷)라고 하는 것이 가장 작은 단위가 된다는 뜻입니다. 미리 말씀드리면 부도지의 시간체계는 시(時)와 분(分), 각(刻)이 있고 그다음에 묘(眇)와 구(晷)가 있습니다. 구(晷)가 시간의 뿌리가 되는 것으로 거꾸로 말하면 구(晷), 묘(眇), 각(刻), 분(分), 시(時) 이렇게 만들어지는 거예요.

300의 구(晷)가 모이면 1묘(眇)가 되니 묘(眇)는 구(晷)가 눈에 느껴지는 것이다.

1묘(眇)는 300구(晷).
묘(眇)는 구(晷)가 눈에 느껴지는 것.
그러니까 300개의 구(晷)가 모여야 비로소 눈으로 감지할 수 있는데 이것이 묘(眇)라는 것이죠.

이와 같이 9633의 묘(眇)를 지나서 각(刻)이 되고 분(分), 시(時)가 1일(日)을 이루니 이는 3 6 9의 몸통의 숫자, 체수(体數)이다.

300구(晷)는 1묘(眇)라고 했고,
9633묘(眇)는 1각(刻)입니다. 묘(眇)가 9633개가 모여야 1각(刻)이 된다는 거죠.

3, 6, 9를 몸통의 숫자, 몸을 이루는 숫자, 체수(体數)라고 했습니다.

끝과 시작이 이와 같아서 계속 이어져 중력(中曆), 대력(大曆)으로 이치의 수(數)가 만들어진다.

300구(晷) = 1묘(眇).

9633묘(眇) = 1각(刻). 여기까지 나왔어요.

《마고력》의 저자는 유호씨 말씀을 토대로 달력을 만들어 봤더니 놀라운 결과가 나왔다고 합니다. 1년이 13달이라고 했으니 1월부터 12월까지 있고, 끝나고 시작하는 사이에 '시작이면서 끝(종시, 終始)'이 있다고 그랬죠. 그러니까 한 달이 더 있는 거예요. '12월과 1월 사이에 1달이 더 있더라.' 그래서 28일씩 13달이 되고요. 매사(매해)의 시작에 단일(旦日)이 있다고 했죠? 그래서 단일(旦日, 1일)을 배치했습니다. 이 단일(旦日)이 옛날부터 우리가 말하는 '설날'이고, 13월에 해당되는 달, 끝이자 시작인 이 달을 별도로 정월(正月)이라고 하기로 했습니다. 자, 그러면 어떤 날을 설날로 할 거냐는 문제에 봉착하게 되겠죠. 앞에서 설날이 도대체 언제냐. 동지도 설날이고 1월 1일도 설날이고 입춘도 해가 바뀌는 날인데… 이렇게 말씀드렸는데요, 《마고력》 저자는 연구를 하면서 옛날 우리 조상님들이 24절기에 이름을 함부로 붙이지 않으셨을 테니 거기에 힌트가 있으리라 생각하고 추리를 해 보았다고 합니다. 음력으로 자월(子月)이 11월부터 시작합니다. 그러면 음력 11월에 뭐가 있지 않을까? 그래서 찾아봤더니 소설(小雪)이 있더라는 것입니다. 이 소설을 이두식으로 해석해서 '작은 설'이라는 의미가 아닐까? 소설을 단일(旦日), 즉 '설날'이라고 가설을 세우고 그다음에 이 법칙에 따라서 배열을 해 보니 놀라운 것들이 맞아떨어지기 시작했다고 합니다.

13월에 해당하는 정월(正月), 정월의 단일(旦日)인 설날을 소설(小雪)로 배치했더니 1월 1일이 되는 날이 정확하게 동지(冬至)에 오더라는 것입니다. 그리고 놀랍게도 의문이 하나 풀리게 되었는데요, 앞에서 동지(冬至)에 비해 하지(夏至)는 잘 기념하지 않고 오히려 백중(百中)을 더 중요하게 여긴다고 말씀드렸는데요, 현재 음력으로 7월 15일이 백중(百中)입니다. 그런데 부도지의 역법대로 재배치하니까 놀랍게도 음력 7월 15일이 정확하게 하지(夏至)에 오더라는 것입니다. 백중(百中)이라는 한자의 의미도 해(白)가 가운데(中) 오는 날인 것이니, 우리 옛 역법으로 했을 때 백중(百中)이 곧 하지(夏至)였다는 놀라운 사실이 밝혀지게 되었다는 것입니다. 언제인지는 모르지만 12달 역법으로 바뀌면서 백중(百中)과 하지(夏至)가 분리된 것이었습니다.

뿐만 아니라 우리 조상들이 아기가 어머니 배 속에서 280일을 있다 나온다고 한 말의 의미 또한 더할 나위 없이 정확하다는 것이 밝혀졌습니다. 1달(28일) × 10달 = 280일.

어떤 분은 이렇게 말씀을 하실 수도 있습니다. 소설(小雪)도 날짜가 바뀔 수 있지 않냐, 동지(冬至)도 바뀔 수 있다. 맞습니다. 동짓날이 양력으로 12월 22일~24일 이렇게 해마다 약간씩 바뀌고, 입춘도 2월 3~4일 왔다 갔다 합니다. 그래서 만세력을 가지고 검증해 봤더니 정확하게 맞아떨어지더라는 거예요. 《마고력》의 저자는 이렇게 말합니다. 우리가 쓰고 있는 그레고리력이 삼천 년에 하루 정도의 오차가 생기는데 《마고력》이라 이름붙인 부도의 역(曆)은 3천 년에 하루도 오차가 생기지 않는다고요. 이 외에도 연구를 계속하다 보니 옛날부터 내려오던 세시풍속이 잘 맞아떨어졌다고 합니다. 그래서 저도 정말로 대단한 일을 하셨다고 말씀드렸습니다.

이 시점에서 여러분께 말씀드리고 싶은 것이 있습니다. 세간에 환단고기는 위서이고, 부도지도 누가 '소설'로 쓴 거라고 폄하하는 사람들도 있습니다.

그런데 여러분. 이런 내용을 소설로 쓰는 게 가능할까요? 만약에 이런 내용을 누가 생각해 냈다면 학계에 논문으로 내는 게 낫지 굳이 소설로 써서 시비에 휘말릴 필요가 있을까요? 부도지는 원래 징심록에 속한 거였다고 말씀드렸습니다. 징심록은 상교, 중교, 하교 15개의 지(誌)가 있었다고 말씀드렸는데 15개의 지(誌) 중에 박금 씨가 6.25전란 중에 부도지만 겨우 챙긴 거거든요. 그런데 징심록의 목록 중에 뭐가 있냐면 역시지(曆時誌)가 있어요. 이 역시지(曆時誌)가 바로 부도지의 역법체계를 자세하게 설명한 것이라 추정합니다. 제목도 역법과 시간이잖습니까? 역시지(曆時誌)가 있었으면 더 정확하게 연구할 수 있었겠지만 부도지 23장에 있는 불과 몇 십자의 글자로 이렇게 연구하여 원래 우리 달력을 복원해 냈다는 것. 얼마나 대단합니까.

우리나라에 천재가 많습니다. 컴퓨터도 발달했고요. 더 많은 분들이 관심 가져 주시고 연구해 주시기를 바랍니다. 그런데 연구도 하지 않고 위서라고 하는 것은 학문을 하는 태도가 아니지 않느냐고 말씀드리고 싶습니다. 안동에 가면 한국학연구원이라고 있습니다. 유교만 하지는 않겠지만 대부분 유교를 중심으로 연구한다고 알고 있습니다. 그런데 여러분. 언제부터 유교가 한국학의 중심이 됐습니까? 언제부터 오행이 우리나라뿐만 아니라 동양을 대표하는 철학이 됐습니까? 부도지와 천부경에 대한 연구가 활성화되기를 고대합니다.

부도지에서 고대 우리 단군조선의 달력을 복원해 냈다는 데 높은 평가를 드리고 싶고, 개인적으로도 감사를 드리고 싶습니다. 유호씨의 말씀으로 마무리하겠습니다.


요가 이치를 크게 거스르며 세 가지 잘못을 한 것은 헛된 욕심을 부린 것이니 어찌 부도의 진실된 도(道)를 말하지 않았단 말인가? 허황됨은 곧 안에서부터 이치가 부실해져 결국에는 멸망에 이르고, 참됨은 곧 이치가 항상 내 안에서 만족하게 있어 나와 짝이 되어 스스로 존재하는 것이다.」


오행, 제왕지도와 함께 잘못된 역법(曆法)을 만들어 천수(天數)와 인간 세상을 어긋나게 만든 요의 잘못, 이러한 거짓된 도는 결국 멸망할 수밖에 없으니 부도로 돌아올 것을 호소하였습니다.

감사합니다.

## 14강
# (24~26장) 단군조선이 스스로 문을 닫은 이유, 천부를 더 이상 전하지 않다

반갑습니다.

오늘은 조금 무거운 주제가 될 수가 있는데요, 부도(단군조선)의 최후를 알아보겠습니다. 부도(단군조선)의 최후를 그린 24장부터 26장까지를 읽으면서 알아볼 텐데요, 함께 생각을 해보시면 좋겠다는 내용이 있습니다. 오늘의 핵심이라고 할 수 있습니다.

첫째, 단군조선은 어떻게 막을 내리는가?입니다. 단군조선의 최후의 모습은 어떤 모습이고 어떤 의미를 가지고 있는지에 대해서 한번 생각을 해 보셨으면 좋겠습니다.

둘째, 임검씨, 부루씨 다음에 읍루씨라는 분이 나옵니다. 읍루씨를 과연 누구로 볼 것인가? 함께 생각해 보셨으면 좋겠습니다.

셋째, 천부(天符)란 무엇인가?입니다. 부도지는 천부(天符)에서 시작해서 천부(天符)로 끝이 납니다. 처음 마고성의 한가운데에 천부(天符)를 봉수(奉守), 받들어서 모셨다고 나오는 것처럼 마고성에서도 중요한 것이었고, 마고성에서 출성할 때 황궁씨가 각 종족에게 천부(天符)를 나눠 주면서 복본(復本)을 맹세하였습니다. 이후 인류가 동서남북으로 흩어져 나머지 3개 천부의 행방은 알 수 없으나 황궁씨가 간직한 천부는 임검씨, 부루씨까지 전해집니다. 그런데 부도, 단군조선이 막을 내리면서 비로소 천부(天符)를 더 이상 전하지 않습니다. 부도지를 보는 여러 관점이 있을 수 있겠습니다마는 바로 천부의 전해짐부터 천부를 더 이상 전하지 않는 것까지를 부도지라고 해도 틀린 말이 아닐 정도로 천부(天符)는 중요한 위치를 차지하고 있습니다. 이렇게 중요한 천부(天符)가 읍루씨 이후로 더 이상 전하지 않고 자취를 감추게 됩니다. 천부(天符)가 무엇인지 알아내는 것, 그리고 천부(天符)의 행방을 밝혀내는 것은 우리 민족, 더 나아가 인류의 숙제라고 한다면 과한 말일까요? 천부(天符)는 우리 한민족의 정체성을 밝히는 핵심이기 때문입니다.

넷째, 연장선상에서 천부(天符)를 더 이상 전하지 않았다는 것은 어떤 의미를 가지고 있는가에 대해 생각을 해 보셨으면 좋겠습니다. 천부(天符)가 한민족의 정체성이라고 한다면 더 이상 전하지 않았다는 것은 정체성을 잃어버렸다는 의미가 되기 때문입니다.

유호씨가 하나라를 세운 우를 교화하려 했으나 결국 포기하고 서남쪽으로 가서 마고의 일과 법(法)을 전수하는 장면과 하나라와 뒤를 이은 은나라로 인해 세상이 어지러워지고, 단군조선, 부도는 쇠퇴하는 과정이 이어집니다.

제24장

유호씨가 이와 같이 단단히 타일러 모든 잡다한 법을 폐하고 부도(符都)로 돌아올 것을 권하였으나 우(禹)가 말을 듣지 않았을 뿐만 아니라 위협하고 모욕하는 것이라 여겨 무리를 이끌고 유호씨를 공격하였다. 그러나 이기지 못하고 싸움터에서 죽었다.

우(禹)가 유호씨 세력에게 패해서 목숨을 잃었다는 것입니다.

이에 하나라 무리들(夏衆)이 분통해하며 죽기를 원하는 자가 수만 명이었다. 이들은 우(禹)와 함께 치수(治水)하던 자들이었다. 우의 아들 계(啓)가 무리를 이끌고 유호씨의 고을로 공격하여 왔다.

계(啓)라는 인물이 나오는데요, 사마천의 《사기》에도 우의 아들 계가 나옵니다. 계가 아버지의 원수를 갚겠다고 유호씨를 쳐들어왔다는 것이죠.

유호씨의 군사는 비록 수천 명에 불과했으나 하나라 군사는 한 번도 이기지 못하였다. 계(啓)가 마침내 두려워 후퇴하고 다시는 공격하지 못하였으나 그 무리가 분통해하였다.

이에 유호씨가 하나라 무리들이 어리석어 눈이 먼 것을 보고 고치기가 어렵다고 생각하여 장차 서남쪽의 여러 종족들을 가르치기 위하여 그 무리를 이끌고 가니 고을이 자연히 없어졌다.

### 제25장

이로부터 천산의 남쪽 태원지역(太原地域)이 어지러워져 주인이 없는 것 같아서 왕(王)이란 자는 눈이 멀고, 백성은 장님이 되어 어둠이 겹겹이 쌓이게 되었다. 강한 자는 위에 있고 약한 자는 아래에 있어, 왕(王)과 제후(諸侯)를 임명하는 풍습과 백성을 지배하고 괴롭히는 폐해가 만연하여 마침내 이로부터 서로 침략하게 되니 무리지어 살아 있는 생명을 죽이고 한 가지도 세상에 이로운 것이 없었다. 하(夏)나라, 은(殷)나라가 모두 그 법(제왕지도)으로 망하고서도 그 이유를 알지 못하니 이것은 스스로 부도(符都)와 단절하여 진리의 도(眞理之道)를 들을 수가 없기 때문이었다.

원래 단군조선에 속해 있던 지나족이 독립하여 바르지 못한 도(道)를 만들어 부도와 다른 길을 걷기 시작한 것이 요부터 시작하여 우가 하나라를 만들면서 본격화되었다고 볼 수 있겠습니다.

한편 유호씨는 무리를 이끌고 월식주, 성생주의 땅에 들어가니 이곳은 백소씨와 흑소씨가 살던 땅이었다. 백소씨와 흑소씨의 후예들은 마고성에서 높은 집(소巢, 새집 소)을 짓던 풍습을 잊지 않고 높은 탑(塔)과 높은 집(피라미드, 지구라트)을 많이 만들었다. 그러나 천부의 본래 소리(天符之本音)를 잃어버리고 탑(塔)을 만드는 유래가 마고성에서 온 것을 깨닫지 못하여 본래의 도(道)가 그릇되게 바뀌어 다른 도(道)가 되어 서로 시기하고 의심하며, 싸우고 정벌하는 것을 일로 삼았다.

마고성에서의 일은 기괴하게 바뀌고 허망하게 잊혀져 유호씨가 각 지역을 다니면서 마고의 도(麻姑之道)와 천부의 이치(天符之理)를 말하였으나 무리가 이상하게 여기며 받아들이지 않았다. 그러나 옛일을 맡아 보는 사람(典古者)이 황송하게 일어나 맞이하므로 이에 유호씨가 본래 이치(本理)를 설명하여 전하였다.

옛날에는 종이 등 기록매체가 발달되어 있지 않았기 때문에 역사를 구전(口傳)으로 전했습니다. 조선왕조실록에 보면 조선초기만 해도 〈세년가(世年歌)〉라는 노래가 민간에 불러졌는데 단군부터 이어진 우리 민족의 역사가 노래 가사였다고 합니다. 지금의 중동, 인도, 아프리카로 추정되는 서남쪽 월식주, 성생주에도 대대로 마고성의 일과 복본의 맹세를 잊지 않기 위해 옛일을 맡아 보는 사람, 전고자(典古者)가 그런 역할을 했었는데 잘 안되었던지 유호씨가 와서 보니 이미 심하게 왜곡되고 잊힌 내용이 많았습니다. 이에 유호씨가 바르게 알려 주지만 사람들이 이상하게 여기며 받아들이지 않았는데 옛일을 맡아 보는 사람, 전고자(典古者)가 귀하게 맞이함으로 유호씨가 바르게 전해 주었다는 내용입니다. 이 대목에서 우리는 마고성의 이야기와 에덴동산의 이야기가 흡사한 이유를 유추할 수 있을 것 같습니다. 유호씨가 옛일을 맡아 전하는 사람(典古者)에게 마고의 일과 천부의 이치를 전했기 때문이겠죠. 부도지에 의하면 말입니다.

### 제26장

임검씨가 유호씨의 행적을 듣고 그의 일을 장하게 여겨 유호씨족에게 가르치는 일을 하며 살도록 하였다. 이때 임검씨가 하(夏)나라의 형세를 심히 걱정하고 어리석음을 풀고 근본으로 돌아가는 도(解惑復本之道)를 전수한 후 산으로 들어갔다.

임검씨의 아들 부루씨가 천부삼인(天符三印)을 이어받아 천지가 하나의 이치로 돌아가는 것을 증명(證天地之爲一理)하여 사람들이 모두 한 가족(人生之爲一族)이 되어 크게 조상의 도를 일으키고(大興父祖之道) 널리 천웅의 법(天雄之法)을 행하여 인간 세상의 이치를 증명하는 일에 전념하였다.

일찍이 운해주에 사는 운해족과 긴밀하게 연락하여 하(夏)나라가 하나(一, 符都)로 돌아오게 하였으나 다른 도(異道)가 날로 강성해져 마침내 뜻을 이루지 못하였다.

부루씨(夫婁氏)가 천부(天符)를 아들 읍루씨(浥婁氏)에게 전하고 산으로 들어갔다. 읍루씨(浥婁氏)는 태어날 때부터 세상에 대한 큰 사랑과 애통함(大悲之願)을 가지고 있었다. 천부삼인(天符三印)을 이어받고 하나라 종족(夏族, 지나족, China)이 고통에 빠진 것을 불쌍하게 여기고, 진리가 거짓된 지역에 떨어진 것을 슬프게 생각하였다(悲痛眞理之墜於詐端之域).

마침내 밝은 땅의 제단(明地之壇)에 천부(天符)를 봉쇄(封鎖)하고 복본의 큰 원력(復本之大願)을 세상에 전하고 산으로 들어갔다. 백 년 동안 나오지 않으니 남겨진 백성들이 통곡하며 슬퍼하였다.


단군조선의 문이 닫혔음을 의미합니다.


임검씨가 후천의 말기, 초에 태어나 세상의 일을 미리 살피고 부도(符都) 건설을 시범(示範)하니 천 년 사이에 그 공과 일(功業)이 크게 이루어졌다. 마침내 천부(天符)의 전해짐이 끊어졌다. 마고성에서 나온 이래로 황궁씨, 유인씨, 환인씨, 환웅씨, 임검씨, 부루씨, 읍루씨 7세에 천부(天符)가 전해지니 7천 년이었다.


앞서 말씀드린 주제로 넘어가서, 그렇다면 단군조선의 최후는 어떤 모습이었을까요? 환단고기나 부도지의 공통으로 나오는 내용이 있는데요, 단군조선은 '스스로 문(門)을 닫았다'는 것입니다. 외세의 침략이나 내부에서 다른 정권이 일어나서 멸망한게 아니라는 것입니다.

'스스로 문을 닫았다.'는 의미를 우리는 생각해 볼 필요가 있습니다. 나라라는 것은 큰 공동체인데 제왕지도(帝王之道)는 지배욕(권력욕)을 근간으로 하고 있기 때문에 나라를 세운 목적 자체가 욕망인 것입니다. 그럴듯한 명분을 대고 하늘을 사칭할 뿐인 것이죠. 그런데 부도(단군조선)는 임검씨(단군왕검)가 세계 인류를 하나로 화합하기 위하여 만들었다고 했습니다. 환단고기에는 홍익인간을 이루기 위해서 단군조선을 세웠다고 했습니다. 그래서 건국이라는 단어 대신 개천(開天)이라는 단어를 쓰고 있지요. 환단고기에 의하면 이러한 전통은 환웅 시대 배달국부터 단군조선까지 이어집니다. 고조선 건국(고대 한민족 성립)뿐만 아니라 나라의 문이 닫히는 과정에서 환단고기와 부도지는 같은 맥락을 보여 주고 있습니다.

단군조선은 나라를 세운 목적이 분명했습니다. 위부터 아래까지 구성원들 또한 이러한 목적을 역사, 철학, 정서적으로 공유하고 있었다고 볼 수 있습니다. 환단고기의 홍익인간, 부도지의 복본, 홍익인세는 모든 인류를 하나로 화합하기 위한 천손(天孫) 공동체 고조선의 존립 이유였습니다.

부도지에 의하면 요가 부도에 대항하는 당도를 만들고 욕망에 근거한 오행과 제왕지도를 만들고 이치에 맞지 않는 잘못된 역법을 쓰기 시작하면서 그 세력이 서쪽에서부터 점차 강성해졌습니다. 그뿐 아니라 세계인들이 부도로 왕래하는 육로와 강과 바다의 길을 모두 다 끊어 버려 더 이상 종족들이 부도와 왕래할 수 없게 되었습니다. 인류가 모여야 존재의미가 있는 부도인데 모든 길이 차단되면서 천제와 시장을 열지 못하고 천부(天符)와 마고의 일을 가르치지도 못하게 되었습니다. 이후 부도는 점점 쇠퇴하게 되었다고 전합니다.

환단고기는 부도지와 완전히 별개의 서적입니다. 따지자면 환단고기는 고구려 계통입니다. 북부여, 고구려, 발해, 고려로 계통이 이어집니다. 부도지는 신라 계통입니다. 이렇게 기록 주체가 다르지만 단군조선의 최후를 그린 대목은 놀랍게도 흡사합니다.

부도지에는 마지막 천부(天符)의 계승자로 읍루씨(浥婁氏)가 등장합니다. 환단고기 단군세기에는 단군조선은 총 47대 단군이 제위하여 약 2천 년간 존립했다고 나옵니다. 1대 단군인 왕검(王儉)과 부도지의 임검씨(壬儉氏)가 동일 인물임은 의심의 여지가 없습니다. 이어 환단고기의 2대 단군 부루(夫婁)도 부도지의 부루씨(夫婁氏)와 일치합니다. 그런데 환단고기는 3대 가륵단군부터 47대 고열가단군까지 계보를 전하고 있는데 부도지는 바로 3대 읍루씨가 등장하여 부도(단군조선)을 마지막을 전함으로 혼선이 생기게 되었습니다. 때문에 부도지 연구자들 중에는 읍루씨를 3대 가륵단군으로 보는 경우가 많습니다. 그러나 그렇게 되면 이후 신라시대 등장까지 약 2천 년의 공백이 생기게 됩니다. 무엇보다 환단고기에 보면 3대 가륵단군은 훈민정음과 매우 흡사한 (그래서 훈민정음의 원형으로 추정하기도 하는) 가림토 문자를 발명하여 백성들에게 쓰게 하는 등 단군조선의 태평성대를 보여주므로 부도지의 마지막 천부계승자 읍루씨와 동일 인물로 보기에는 무리가 있다고 보입니다. 고대 우리 민족을 부르던 호칭인 숙신, 동이, 구이와 함께 읍루(挹婁)라는 호칭이 있었는데, 이와 동일한 읍루씨(浥婁氏, 한자는 조금 다름)라는 명칭으로 전해진 인물은 (환단고기의 3대 가륵단군부터 46대 단군을 생략하고) 마지막 47대 고열가단군으로 보는 게 합리적일 것입니다. 왜냐하면 부도지는 창세신화와 역사를 넘나들며 1만 년의 긴 시간을 압축해서 기록하고 있기 때문에 생략을 많이 하고 있습니다. 환단고기에는 배달국이 제1대 거발환 환웅부터 18대를 이어지는데 부도지에서는 환웅씨 한 분으로 기술합니다. 즉 부도지의 환웅씨는 1대 거발한 환웅, 또는 18대 환웅 모두를 뜻한다고 볼 수 있는 것이지요. 단군조선 역대 47대 단군 중에서 앞에 1, 2대 단군과 마지막에 통한(痛恨)으로 천부(天符)의 문(門)을 닫은 47대 고열가단군 세 분으로 압축했다고 볼 수밖에 없습니다. 읍루씨를 47대 고열가단군으로 보면 단군조선이 막을 내린 BC 238년부터 삼국사기 기준 신라 건국 BC 57년으로 이어지기까지 약 200년 혼란기(북부여부터 삼국형성 전까지)가 대략 맞아떨어져 공백이 사라지게 됩니다. 무엇보다 이렇게 보는 가장 큰 이유는 **부도지의 읍루씨 기록과 환단고기 마지막 고열가단군의 기록이 놀랍게 일치하기 때문입니다.**

단군세기의 제47대 고열가단군에 대한 기사를 살펴보겠습니다.

계해 58년(BC 238년) 단제(檀帝)께서는 어질고 순하기만 하시어 결단력이 없어서 명령을 내려도 시행되지 않은 일이 많았고 여러 장수들은 용맹만 믿고 쉽사리 난리를 피우기 때문에 나라의 살림은 시행되지 않고 백성의 사기는 날로 떨어졌다.

3월, 하늘에 제사하던 날 저녁에 마침내 오가(五加)들과 의논하여 가로되, 「옛 우리 선조 여러 성인(聖人)들께서는 나라를 여시고 대통(大統)을 이어가실 때 그 덕이 넓고 멀리까지 미쳤으며 오랜 세월 동안 잘 다스려졌거늘 이제 왕도는 쇄미하고 여러 왕들이 힘을 다투고 있도다. 짐은 덕이 없고 겁이 많아 능히 다스리지 못하니 어진 이를 물러 부마시킬 방책도 없고 백성들도 흩어지니 생각건대 그대들 오가(五加)는 어질고 좋은 사람을 찾아 추대하도록 하라.」 하시고 이튿날 마침내 왕위를 버리시고 입산 수도하시어 신선이 되시니 이에 오가(五加)가 나라 일을 함께 다스리기를 6년이나 계속하였다.

여러분 어떻습니까? 부도지에서 나오는 읍루씨의 기록과 놀랍도록 흡사하지 않습니까? 더 이상 천부를 전하지 않고(봉쇄하고) 산으로 들어갔다고 한 부도지와 스스로 제위를 내려놓으시고 산으로 들어가 신선이 되셨다는 환단고기의 기록. 무엇보다 고열가단군 시기인 말기에 단군조선의 목적인 홍익인간은 거의 다 망각한 모습이 적나라하게 그려집니다. 널리 세상을 이롭게 하고 인류를 하나 되게 만드는 목적을 더 이상 이루기 불가능한 상태까지 왔다는 거예요. 보통 역사를 보면 외세나 내부의 신흥 세력이 갈아엎고 새로운 왕조를 만드는 게 대부분입니다. 그러나 단군조선이 그렇게 추한 모습을 보일 것이냐. 그건 아니라는 거죠. 홍익인간하고 인류를 하나로 화합하기 위해서 만들어졌는데 이 목적을 이루지 못할 지경이 되었으므로 권한을 가지고 있는 인물이 공동체의 해산(解散)을 결정하였고, 사명의 상징인 천부(天符), 천부인(天符印), 천부삼인(天符三印)을 더 이상 전하지 않은 것입니다.

천부(天符)에 대해 다시 한번 짚어 보겠습니다.

부도지에서는 마고성의 중앙에 받들어 지킨(奉守) 천부(天符)를 인류가 출성할 때 황궁씨가 골고루 나눠 주고 대대로 복본의 맹세를 전하게 하였습니다. 황궁씨, 유인씨를 거쳐 환인씨 대에 와서 비로소 천부가 업그레이드라고 표현을 해도 될까요? 천부(天符)에 삼인(三印), 세 개의 도장이라는 글자가 붙게 됩니다. 그래서 '천부(天符)를 전했다.'와 '천부삼인(天符三印)을 전했다.'가 함께 등장하게 됩니다. 아시다시피 천부, 천부삼인은 삼국유사와 환단고기에도 등장합니다. 삼국유사에는 하느님의 아들 환웅이 널리 세상을 이롭게 하기 위해 인간세상에 내려가려 하니까 아버지 환인이 천부삼인을 주고 3천의 무리를 같이 내려보냈다고 나옵니다. 삼국유사는 이 기록을 '고기운(古記云)', 즉 '옛 기록에 이르기를.'이라고 인용하여 전하고 있는데요, 삼국유사의 고기(古記)라고 추정할 수 있는 서적들은 조선왕조실록 중 세조실록의 수서령(收書令) 목록과 환단고기에서 찾아볼 수 있습니다. 환단고기의 기록으로 천부(天符)와 천부경(天符經)의 연관을 추측할 수 있으며, 첫 시작부터 천부(天符)가 등장하는 부도지로 인해 우리는 드디어 천부(天符)의 의미만큼은 명확히 알게 되었습니다.

천부(天符)를 세 가지로 요약해 볼 수 있을 것 같습니다. 쓰임새에 따라서 첫째는 복본의 사명, 홍익인간의 사명을 가진 사람, 우리 민족은 이분을 단군이라고 불러왔죠. 단군에게 대대로 전해지는 것으로 마고성 이래 황궁씨부터 내려오는 전통이었습니다.

그런데 임검씨가 부도를 건설 하고 세계 인류를 모아 제시(祭市)를 열었다고 했는데요, 14장을 보면 모든 종족이 7가시 보물인 옥(玉)을 캐어 천부(天符)를 새기고 방장해인(方丈海印)이라 하여 7가지 재앙을 없애고 돌아갔다는 대목이 나옵니다. 이것은 무엇을 뜻할까요?

천부삼인(天符三印)은 홍익의 사명을 받은 자, 복본의 사명을 받은 단군에게 일 대 일로 전해지는 천부삼인(天符三印)이 있고, 이와 별도로 '보급형 천부(天符)'가 있었다는 거겠죠. 인류를 깨우치기 위한 대중적인 천부(天符)입니다. 홍산문명에서 출토되는 유물을 보면 옥(玉)이 아주 많이 나오는데 연관성은 앞으로 우리 민족이 풀어야 할 과제라고 봅니다. 애초에 임검씨가 부도(符都)를 만든 이유 중에 하나가 인류에게 천부(天符)를 가르치기 위해서라고 했습니다. 그리고 인류가 부도에 왔다가 돌아갈 때는 옥(玉)에 천부(天符)를 새겨서 가지고 갔다는 것을 정리해 보면 임검씨는 황궁씨가 출성할 때 천부(天符)를 나눠 준 이래로 다시 한번 인류에게 천부(天符)를 전한 것입니다. 천부가 세계 곳곳에 민간에도 많이 보급되었다는 것이지요.

부도지에서 천부(天符)는 천지본음(天地本音)의 상(象)으로 모든 것의 근본이 진실로 하나임을 알게 하는 것(使知其眞一根本者)이라고 했는데요, 이와 완전히 부합하는 경전이 있습니다.

**모든 것이 하나(一)에서 나와서 하나(一)로 돌아간다.**

하늘(天)과 땅(地)과 사람(人)이 하나(一)에서 나왔고(始) 결국에는 하나(一)로 돌아간다(終)는 경전이 바로 천부경(天符經)입니다.

부도지로 인해 천부삼인(天符三印), 천부(天符)라는 개념 안에 천부경(天符經)이 있으리라는 추론은 더욱 선명해집니다.


두 번째, 청동기 유적을 파보면 공통적으로 나오는 것들이 있습니다. 청동검(劍), 청동거울, 청동방울. 많은 학자들은 이것이 천부삼인이(天符三印)라고 보는데 충분히 설득력이 있다고 봅니다. 검(劍), 거울, 방울 3개의 신성한 물건이라는 개념이 지금도 남아 있어요. 우리나라 무속(巫俗)에 보면 이 셋을 아주 중요하게 여깁니다. 또 이런 문화가 일본 왕실에 가면 잘 보존되어 있습니다. 원래 우리 민족은 단군조선시대까지는 천부(天符)를 전하는 문화였습니다. 단순하게 보면 왕의 상징이 곧 천부(天符)인데 천부가 사라진 후에는 중국식인 옥새(玉璽)로 대체됩니다. 조선시대 말까지 옥새(玉璽)는 왕의 상징이었죠. 천부삼인(天符三印)과 옥새(玉璽)의 공통점은 무엇일까요? 모두 '도장(印)'이라는 의미가 있습니다.

한국이나 중국 등 동아시아에서는 대부분 옥새가 왕권을 상징하는 역할을 했는데 오직 일본만 왕이 바뀔 때, 왕의 지위를 물려줄 때 천황의 상징을 전합니다. 이것을 일본에서는 3개의 신성한 물건이라는 뜻으로 삼종신기(三種の神器)라고 합니다. 그런데 이 구성이 천부삼인(天符三印)을 상징하는 검, 거울, 방울과 놀랍게 일치하는 것을 알 수 있습니다. 검과 거울은 같고 방울 대신에 곡옥(曲玉)이 들어갑니다. 즉, 청동검, 청동거울, 곡옥(曲玉)이 일본 천황의 상징인 것입니다. 부도의 득산물로 천부(天符)를 새겨 가져갔다는 옥(土)이 등장하는 것도 묘한 느낌을 줍니다.

천부삼인을 상징하는 검, 거울, 방울이 의미하는 바는 무엇일까요? 검(劍)은 복본(復本), 홍익의 사명을 가진 자, 단군의 권위와 힘을 뜻하고, 거울은 광명(光明), 태양(太陽)을 상징합니다. 실제로 청동거울에는 아주 정밀한 문양이 있는데 햇빛을 받으면 사방으로 퍼져 나가겠죠. 밝음을 상징을 하는 것입니다. 방울은 법(法)을 알린다, 전한다는 의미로 추정하고 있습니다.

세 번째는 대종교 계열의 환인, 환웅, 초상화를 보면 원방각(○□△)이 나옵니다. 원(○)은 하늘을 뜻하고 방(□)은 땅을 뜻하고 각(△)은 사람을 뜻하는데 이를 하나로 합쳐 **하늘과 땅과 사람이 하나임을 의미**합니다. 환웅 또는 환인께서 원방각을 들고 계신 의미입니다. 하늘과 땅과 사람이라는 한민족의 삼원사상, 그리고 하늘과 땅과 사람이 곧 하나라는 천부경사상, 부도지의 천부(天符)와 복본(復本)의 의미까지 담고 있다고 보여 집니다.

그래서 천부(天符)라는 개념 속에 천부경, 검 거울 방울, 원방각이라는 3가지 의미와 이것이 상징하는 복본과 홍익의 의미가 있지 않을까 합니다. 놀랍게도 천부경(天符經)이 잊혀졌다가 다시 세상에 나온 지 대략 100년이 됩니다. 그러니까 천부경(天符經)이 세상에 약 2천 년 만에 출현한 것이죠.

읍루씨, 제47대 고열가단군이 단군조선이라는 홍익복본의 공동체를 스스로 해산하면서 천부를 더 이상 전하지 않고 비밀스럽게 감춰놨다는 것의 의미는 무엇일까요? 만약에 천부(天符)를 가지고 가 버리셨거나 없애 버렸으면 후손인 우리는 홍익과 복본의 사명을 회복할 수 있는 기회가 영영 없는 거겠죠? 복본의 문 앞에 갔다고 하더라도 열쇠가 없는데 어떻게 마고성의 문을 열 수 있겠습니까? 천부가 없다면 말이지요. 그래서 천부(天符)를 묻어 놓고 가셨다는 것을 이렇게 해석해 보고자 합니다.

언젠가 때가 되었을 때, 땅을 파서 발굴한다기보다는 복본의 정신, 홍익의 정신, 공동체를 세운 목적을 다시 회복하는 날이 반드시 올 것인데 그때를 위해서 잠시 감춰 놓는다, 전(傳)함을 보류한다. 이렇게 말이지요.

부도지는 천부(天符)에서 시작해서 천부(天符)로 끝이 납니다. 부도지는 복본(復本)에서 시작해서 복본(復本)으로 끝이 납니다.

처음 마고성에서 나올 때 인류는 복본의 맹세를 하고 그 증표로 천부를 받아 나왔습니다. 천부는 복본의 열쇠입니다. 그래서 황궁씨가 천부를 가지고 수증(修證)하라고 당부했지요. 천부를 중심으로 닦고(修) 증명한다(證). 해혹(解惑), 어리석음을 푼다. 증명한다는 것은, 이 세상을 이치로써 증명한다(人世證理), 바로 홍익인간 재세이화를 의미합니다. 천부를 열쇠로 삼아 어리석음을 닦고, 세상을 널리 이롭게 하여 이 세상에 이치를 증명했을 때 복본(復本)할 수 있다는 것입니다.

약 백 년 전에 진무성이 이 세상에 다시 출현했다는 것은 천부(天符)가 비로소 세상에 다시 모습을 드러냈다고 표현하고 싶습니다. 천부(天符)가 부활한 시대에 우리는 살고 있습니다.

감사합니다.

# 기자(箕子), 위만은 누구인가?
# 삼한(三韓)은 무엇인가?
## (소부도지 27장 사전강의)

반갑습니다.

27장부터 33장까지는 소부도지(小符都誌)라고 합니다. 소부도(小符都)는 신라(新羅)를 의미합니다. 단군조선의 유민들이 혼란기를 거쳐 박혁거세를 중심으로 신라를 건국하고 부도의 정신을 이으려는 신라 초기 모습이 그려져 있습니다. 혼란기는 단군조선이 막을 내린 이후부터 신라 건국까지를 말하는데 우리 역사학계에서도 이 시대에 대한 여러 학설이 있습니다. 기자(箕子)와 위만(衛滿), 한사군(漢四郡) 때문이지요.

기자(箕子)라는 인물은 누구인가, 또 위만(衛滿)은 누구인가. 기자조선, 위만조선은 우리 역사학계에서도 민감하고 해석이 많이 나뉘는데 이것을 어떻게 하면 최대한 객관적으로 말씀드릴 수 있을까 고민을 했습니다. 소부도지로 들어가기 선에 이 시기를 한번 정리하는 게 필요하다고 생각되어 이번 강의를 준비했습니다.

　먼저 기자조선을 어떻게 볼 것인가? 한번 정리해 보겠습니다. 단군조선이 공식적으로 BC 2333년에 건국되었고 환단고기 기준으로 계해년 BC 238년 막을 내립니다. 고열가단군까지 47대 2천 년을 이어 왔습니다. 단군조선시대에 서쪽에는 요(堯)가 있었고 순(舜)을 거쳐 우(禹)가 하(夏)나라를 만들고, 다음에 상(商, 殷)나라가 등장하고 이어서 주(周), 진(秦), 한(漢)으로 이어집니다. 한나라 이전 단군조선은 연나라와 인접해 있었다고 나옵니다. 공식적으로는 하(夏)나라도 전설시대로 보는 측면이 강하고 은(殷)나라는 대략 BC 1600년경부터 BC 1040년으로 보고요, 환단고기 기준으로는 BC 1766년부터 BC 1122년, 연도는 대략으로 봐주시면 좋겠습니다.

　사마천은 사기(史記)에서 '기자(箕子)는 은(殷)나라 사람인데 은나라가 망하고 동쪽으로 와서 기자조선(箕子朝鮮)을 세우니 주(周)나라가 기자조선을 제후국(諸侯國)으로 삼았다. 그런데 기자가 나는 주나라 신하가 아니라고 했다.'고 했습니다. 사마천은 미끼를 던졌고 우리나라 역대 사대주의자들이 미끼를 덥석 물면서 꼴불견이 됩니다. 사대주의는 섬길 사(事) 큰 대(大), 큰 나라를 섬긴다는 뜻입니다. 큰 나라는 중국이죠. 우리나라에서 사대주의가 태동한 것은 대략 12세기 고려시대입니다. 묘청은 물론 문제가 많이 있는 인물인 것 같아요. 그러나 민족적, 자주적인 인물이고 반대로 사대주의적 인물이 김부식인데 삼국사기를 쓴 인물입니다. 바로 묘청의 난을 진압한 김부식을 필두로 사대주의 세력이 부상하여 고려 말에 가서는 유교와 함께 사대주의가 국가 지배계층이 됩니다. 고려 때 중국에는 송나라가 있었습니다. 송나라에서 사신이 옵니다. 미끼를 던지지요. 사마천의 사기에 보니까 기자가 당신네 나라로 가서 교화를 시켜 줬다고 하는데 기자묘(箕子墓)는 어디 있냐고 묻습니다. 그러니까 당시 사대주의자들이 평양에 기자묘를 만듭니다. 참 황당한 일이죠. 사대주의 풍조가 일어나면서 고려 말에 기자조선설에 힘을 실어 주는 서적들이 나오게 됩니다. 삼국유사, 그다음에 제왕운기가 나오는데 삼국유사에는 고조선 다음에 뜬금없이 위만조선(衛滿朝鮮)이 등장하고 이후 삼한(三韓)을 거쳐 삼국시대로 연결됩니다.

이승휴는 강원도 삼척의 한 사찰에서 제왕운기를 집필했는데 우리나라는 중국과 별개의 문명이고 요임금 때 우리나라는 단군왕검이 나라를 만들었다고 시작합니다. 제왕운기는 고조선을 전조선과 후조선으로 나눠서 전조선이 약 1백 년 정도 가고요, 후조선시대에 연나라에서 위만(衛滿)이라는 인물이 와서 위만조선을 만들었고 이후에 한나라가 위만조선을 멸망시키고 그 자리에 한사군(漢四郡)을 만들었다고 기술합니다. 논란이 많은 한사군은 사마천의 사기에 나오지만 구체적인 지명은 나오지 않습니다. 이승휴가 사기를 봤는지 모르겠지만 제왕운기에 뜬금없이 한사군을 집어넣어 위만조선 다음에 한사군을 거쳐 열국시대로, 그다음 삼국시대로 간다고 기술하였습니다. 삼국유사와 제왕운기가 위만조선과 한사군을 우리 역사에 넣으면서 역사가 꼬이게 되었습니다.

유교 사대주의자들에게 있어 기자(箕子)는 자신들의 모화사상(慕華思想)과 잘 들어맞는 인물이었습니다. '우리나라는 중국에서 기자(箕子)가 와서 교화시켰으니, 중국은 대중화(大中華)요 우리는 소중화(小中華)다.' 사실은 대중화, 소중화라는 단어는 없거든요. 그냥 중화(中華)지. 굳이 나눠가지고 중국은 대중화고 우리는 소중화라는 개념을 만들었는데, 그 빌미가 바로 기자라는 인물이었습니다.

'우리는 중화(中華)에게 교화를 당한 소중화다.' 그러니 여타 오랑캐와는 다르다는 자발적인 사대(事大)는 중국이 볼 때 얼마나 좋았을까요? 기자조선은 이후 중국이 우리 역사에 개입하는 빌미가 됩니다. 고려를 멸망시킨 이성계가 왕조를 만들고 나서 국명(國名)을 짓는 과정이었습니다. 조선(朝鮮)이라는 이름이 옛날에 고조선(古朝鮮), 단군조선이 있었으니까 민족의 정통을 잇는다는 의미로 조선이라고 했다고 알고 계신 분들이 많으실 겁니다. 그러나 조선왕조실록을 보면 조선이라는 국명을 이성계 정권이 스스로 짓지 못했습니다. 명나라의 승인을 받아야 했습니다. 사신이 국명에 대한 두 개의 안(案)을 가지고 가는데 하나가 이성계의 고향인 화령(和寧), 하나가 조선(朝鮮)이었습니다. 이 안을 냈던 사람들의 생각은 고조선의 맥을 잇는다고 스스로 생각했는지는 모르겠지만 명나라에서 조선이라는 이름에 방점을 찍어 줬을 때는 기자조선이 좋은 명분이 됩니다. 옛날에 기자가 동쪽으로 가서 기자조선을 세우고 주나라가 제후국으로 임명했으니, 지금 너희도 국명을 조선이라고 하고 명나라는 조선을 제후국으로 삼겠다는 뜻이었고 이를 조선의 성리학자들은 황송하게 여긴 것입니다.

사대주의는 12세기부터 19세기까지 700년이 넘도록 우리나라의 주류 세력으로 군림해 왔습니다. 그리고 지금까지도 사대주의적인 사고방식은 여실히 남아 있습니다. 극소수의 학자들이 반론을 제기했는데 대표적으로 조선 초기 변계량(卞季良, 1369~1430)은 기자가 와서 우리를 교화시켰다고 하는데 절대 그렇지 않습니다. 우리는 국조단군이 요임금과 같은 시대에 별도로 나라를 만들었습니다. '기자가 와서 우리를 교화시킨 것이 아니라 기자가 오기 전에 이미 우리는 단군에 의해서 문명화되어 있었습니다.'라고 강력히 주장합니다. 이는 조선왕조실록에 기록되어 있는데, 조선후기에 정조(正祖)가 같은 주장을 합니다. '우리나라는 요임금과 같은 시대에 단군이라는 시조가 나라를 만들었으니 제천행사(天祭)를 해야 마땅하다. 원구단을 다시 복원을 하라 명령했다.'는 내용이 실록에 있습니다. 그러나 유학자들 중에서 이렇게 주체적인 인물은 소수에 불과하고 대부분은 중국 중심의 사고에서 벗어나지 못한 것으로 보입니다.

일제강점기 조선총독부에서 조선사편수회를 만들어 조선의 역사를 다시 정리하였는데, 마침내 고조선을 신화(神話)로 박제하는 데 성공합니다. 이뿐 아니라 한사군과 임나일본부를 부각시켜 우리 역사의 시작을 외세에 의해 지배당한 역사로 부각시킵니다. 당시 회의록을 보면 최남선이 이의를 제기하는 대목이 나옵니다. 고조선은 명백한 역사라는 발언은 묵살당합니다. 이렇게 일제에 의해 목적이 분명한 식민사학, 우리 민족에게 피해의식과 열등감을 주입하여 식민지 백성으로 만들기 위한 역사학이 실증사학이라는 이름으로 만들어지면서 고조선은 신화로, 기자조선과 위만조선, 한사군, 그리고 임나일본부는 중요한 위치를 차지하게 되었습니다.

몇 년 전 우리나라의 공식적인 역사가 궁금해서 한국사능력검정시험을 본 적이 있습니다. 학창 시절 이후 우리나라의 공인된 역사를 다시 공부하면서 우리나라 역사학계는 큰 프레임, 큰 틀에 갇혀 있다는 것을 느꼈습니다. 그 틀은 다음과 같습니다.

첫째, 반도사관입니다. '한민족의 역사는 한반도를 못 벗어난다.' 기껏 해야 고구려 때 조금, 많이 가봐야 요동근처이지 대부분 한반도 안에서 일어난 것으로 설정해 놓았습니다. 삼국사기, 삼국유사에 나오는 모든 지명을 한반도 안에 구겨 넣고 있다는 것입니다. 중국의 역사서에는 백제가 대륙에 영토를 가진 기록이 있고 청나라의 공식 역사서에도 자신들의 뿌리가 신라라고 나오는데 그런 것에는 일제히 침묵하고 우리 역사의 무대를 한반도 밖으로 나가지 못하게 만들었습니다. 살수대첩의 살수(薩水)를 아무런 근거도 없이 청천강이라고 해 놓은 것이 대표적인 예입니다. 우리나라의 역사는 한반도 안에서(만) 펼쳐졌다는 틀을 주입하고 있습니다.

둘째, 한민족은 독자적으로 문명, 국가, 역사가 시작된 것이 아니라 외래(外來), 외국에서 뭐(누)가 오든지 영향을 받아서 문명이 형성되었다는 틀입니다. 여기서 말하는 외국은 대부분 중국입니다. 독자적인 것은 (거의)없고 외세의 영향을 받아 국가와 문화가 만들어졌다는 외래사관이 매우 견고하다는 것을 느꼈습니다. 예를 들면 고인돌이 만들어진 시대가 청동기 시대이고 전 세계 고인돌의 70% 이상이 우리 한반도와 가까운 주변에 있습니다. 이것을 두 가지로 해석을 할 수가 있겠죠. 고대 한국이 고인돌의 종주국이라고 충분히 주장할 수 있는 것입니다. 반대로 전 세계에 고인돌의 문화를 흡수해서 우리 한반도에 많이 만들어 놨다고 해석을 할 수도 있습니다. 대한민국 학자 대부분은 너무나 당연하다는 듯 후자로만 해석을 한다는 것입니다. 최소한 반반도 되지를 않는 거죠. 고인돌을 영어로 Dolmen, '돌멩'이라고 하는데도 말이지요. 오히려 외국 학자들이 고인돌 문화의 종주국이 한국이라고 주장하는 경우가 더 많은 것 같습니다. 예를 들어 '영국에 있는 고인돌이 한국에는 있는데 한국에 있는 고인돌 중에 영국에 없는 것들이 있다. 그렇다면 한국을 종주국으로 봐야 되지 않느냐.' 이렇게 주장하는 학자들이 있는데도 우리나라의 많은 사학자들은 입을 닫고 있습니다. 우리 민족의 문화는 당연히 외국에서 들어왔을 것이라는 틀에 갇혀 있으면서 벗어날 생각조차 하지 않고 있습니다. 이런 상태에서 고대 유적이 나오면 적극적으로 발굴하고 연구할까요? 아닙니다. 춘천 중도 유적을 유튜브 영상으로 소개해 드렸습니다만 독자적인 고대 유적은 매우, 대놓고 묻어 버리고 외면하는 게 현실입니다.

셋째, 우리 역사는 삼국시대부터 시작됐다는 틀입니다. 고조선을 어떻게 보고 있습니까? 마지못해 다루는 정도로 고조선을 기술하는 게 고작입니다. 2007년 이전까지 우리나라 고등학교 역사 교과서에는 "BC 2333년 단군왕검이 고조선을 건국하였다고 한다."로 기술되어 있었습니다. 이 문장은 건국했다는 말일까요, 안 했다는 말일까요? 남의

나라 역사 기술하듯 말이지요. 드디어 2007년 이 문장은 "BC 2333년 단군왕검이 고조선을 건국하였다."로 수정되었습니다. 이렇게 바뀌는 데 수십 년이 걸렸습니다. 그러니까 대한민국 고등학교 역사교과서 기준으로 보면 2007년도에서야 비로소 고조선을 역사로 온전히 인정한 것이 되는 것입니다. 지금은 교과서가 다양해져 어떤지 모르겠는데요, 저의 학창 시절에만 해도 고조선은 어떻게 다뤘냐면 국가의 형성은 청동기 시대와 일치한다는 기준을 제시했습니다. 그런데 우리나라의 청동기는 최초 BC 10세기경 나왔으니 고조선이 BC 2333년이라고 기록되어 있기는 하지만 실제로는 최초의 청동기 유물이 출현한 BC 10세기경에 고조선이 부족국가로 형성되었을 것이라고 했습니다. 이것이 오랫동안 대한민국 역사학계의 인식이었습니다. 시간이 흐르면서 BC 20세기 이전의 청동기 유물이 발굴되었지만 고조선의 성립연대는 오랫동안 고쳐지지 않았습니다. 아직도 역사학자들 중에는 고조선을 신화라고 보는 사람들이 많고 애써 역사로 인정해도 BC 10세기 정도 형성된 부족국가 정도라고 하는 경우가 많습니다. 연장선상에서 고조선 멸망 후 기자조선, 위만조선, 한사군을 거쳐 토착 세력들이 한사군을 몰아내면서 고구려, 백제, 신라 삼국시대가 형성되었다고 보는 인식이 팽배합니다. 드라마 주몽도 이런 배경으로 만들어졌죠. 뿐만 아니라 북쪽에 한사군이 있었다면 남쪽에는 일제강점기 일본이 날조한 임나일본부가 있었다고 신봉하는 학자들도 많다고 합니다. 지금 대한민국 역사학계는 조선총독부 산하 조선사편수회 사관이 이어지고 있는 것입니다.

12세기 김부식의 삼국사기 이후 700년, 뿌리 깊은 사대주의 역사관과 일제 35년 동안에 만들어진 탄탄한 일제식민사학의 주역들이 해방 후에도 여전히 대한민국의 역사학계를 이끌면서 현재까지 역사학계의 기득권을 형성한 결과입니다.

단재 신채호 선생은 조선상고사(朝鮮上古史)라는 책을 쓰면서 우리 역사가 무엇이 문제인지 비판하였습니다. 잠시 소개해 드리겠습니다.

**우리 사학계가 이와 같이 소경이 되고 귀머거리가 되고 절뚝발이가 되고 앉은뱅이가 돼서 이렇게 병든 이유는 무엇인가? 이조 중엽 이전에는 동국통감, 고려사 등 몇 종의 관에서 발행한 사서(史書) 이외에는 개인의 역사 저술이나 소장을 금지하였다.**

지금으로 말하면 국정교과서 외에는 일반인들이 역사를 읽는 것, 쓰는 것을 금지하고 역사서를 가지고 있는 것도 금지했다는 것입니다.

**이수광은 내각에 들어가고 나서야 비로소 고려 이전의 비사를 많이 볼 수 있었고 이언적은 사벌국전을 썼으나 친구에게 보이기를 꺼려했다.**

역사서를 타인에게 보여 주지도 못하는 분위기였다는 거죠. 성리학이 얼마나 견고하냐면 주자를 비판하는 것조차 금지돼 있었습니다.

현 왕조의 득실을 기록하시 못하게 한 것은 다른 나라에서도 간혹 있는 일이지만 지나간 고대 역사를 개인이 쓰지 못하게 하거나 개인이 보는 것까지 금지한 것은 우리나라에만 있었던 일이다. 그리하여 역사를 읽는 이가 없게 된 것이다.

조선시대는 공부를 많이 한 선비라 하더라도 우리 역사를 거의 공부하지 못했다는 거죠. 오히려 중국의 역사를 보는 것이 우리나라 역사는 보는 것보다 쉬웠다는 것입니다. 선비들이 요순우탕문무주공은 줄줄이 외워도 우리나라 역대 단군은 들어 보지도 못했다는 것입니다.

**그리하여 역사에 쓰일 재료가 빈약하게 되었다.**

개인적으로 역사공부를 하면서 느낀 점이 많은데요, 그중 하나가 역사 공부는 말살사, 왜곡사부터 시작해야 한다는 것입니다. 내가 배우는 이 역사를 누가, 어떤 목적으로 썼느냐가 중요하지 않겠습니까? 그런데 그보다 더 중요한 것은 역사를 누가 어떻게 말살하고 왜곡했는지를 먼저 파악했을 때 역사를 이해하는데 도움이 된다는 것입니다. 단재 신채호 선생님도 지적하시다시피 우리 역사가 왜 이렇게 다 망가져 버렸느냐, 원인이 무엇이냐, 역사 자료가 없다고 결론을 내린 거거든요. 보지도 못하게 하고 말살을 해버렸으니까요. 실제로 환단고기를 공부를 하면 '환빠'니 이런 말을 하면서 조롱하는 사람들이 있는데, 분명한 사실은 조선(朝鮮)은 '기자가 와서 우리를 교화시켰다.'고 자랑하는 세력이 건국했다는 것입니다. 그런데 여기에 반론을 제기하는 역사(서)가 있다면 달갑지 않았겠지요. 그것은 정권과 정통성에 대한 도전이었으니까요. 그래서인지는 모르겠습니다만 조선왕조실록을 보면 조선이 건국하고 나서 태종 이방원, 그다음에 세조가 아주 많이 했고 중종 때까지 약 100년간 지속적으로 이어 행한 국가사업이 있습니다. 수서령(收書令)이라는 것입니다. 수서령은 책을 수거하라는 국가의 명령입니다. '이런 책은 절대 민간에서 가지고 있으면 안 되니 다 거둬들여라.' 그런데 이것이 아주 상벌이 셉니다. 만약에 민간에서 이 책들을 가지고 있으면 참형(참수형)에 처한다고 할 정도로 처벌이 강하고, 반대로 이 책을 갖다 바친 자는 2품계를 높여 주거나 면천을 시켜 주거나 면포로 보상을 준다는 거예요. 도대체 그 책들이 무엇이기에 상벌(賞罰)이 이 정도였을까요? 이 서적들의 목록이 조선왕조실록에 있는데 놀라운 것은 그중 몇몇이 환단고기에 내용까지 등장한다는 것입니다. 삼성기(三聖記), 표훈삼성밀기(表訓三聖密記), 조대기(朝代記) 같은 책들입니다.

조선왕조가 건국 직후부터 100년에 걸쳐 지속적으로 수거한 그 책은 무엇이었을까요? 두 가지로 보는데 하나는 역사서입니다. 한단고기에 실려 있는 대로 고대(古代) 역사서입니다. 그것을 국가에서 다 거둬들인 것입니다. 또 하나는 통치이념인 유교 사대주의에 도움이 안 되는 책들, 도가계통, 선가계통의 서적과 도참서가 함께 포함되어 있는 것 같습니다. 그런데 이렇게 수거한 이런 서적들을 국가에서 없애버린 것 같지는 않습니다. 일단 국가의 통제하에 보관한 것으로 추정이 됩니다. 그 단서가 여러 곳에 있는데요, 단재 신재호 선생이 "이수광이 내각에 들어가고 나서야 비로소 고려 이전의 비사(秘史)를 많이 볼 수 있었다."고 한 것처럼 말이지요. 환단고기는 삼성기, 북부여기, 태백일사, 단군세기라는 4권의 책을 모아 놓은 것인데, 이 중에 태백일사(太白逸史)를 지은 이맥(李陌, 1455~1528) 선생은 연산군, 중종 당시 인물인데 고려 말 단군세기(檀君世記)를 지은 행촌 이암(杏村 李嵒, 1297~1364, 고성이씨)의 후손이기도 합니다. 선생이 태백일사를 짓게 된 과정을 서문에 다음과 같이 써 놓았습니다. 선생은 연산군 때 괴산으로 유배를 갔다가 중종 때 복권이 되어 1520년에 찬수관(纂修官)에 임명됩니다. 찬수관이라는 직책은 실록편찬 등 역사 관련 업무로 추정되는데 국가에서 모아 놓은 고대의 이런 비서들, 비장 서적을 접할 수 있었다고 합니다. 이맥은 가문에 대대로 내려온 책과 괴산에 유배 가서 본 책, 그리고 찬수관이 되어 국가에서 비밀스럽게 모아 놓은 책들을 보고, 비교 분석하고 정리하여 태백일사를 저술합니다.

**(1520년) 찬수관이 됨으로써 내각의 많은 비장 서적을 접할 수 있었다. 차례로 엮어서 태백일사(太白逸史)라고 이름 하였으나 감히 세상에 내놓지는 못하였다.**

세상에 내놨다가는 목이 달아난다는 거예요. 그래서 자신의 가문에서 후손들에게만 전하다가 역설적이게도 조선왕조가 망하니까 비로소 세상에 공개됩니다. 그러나 조선시대에 겨우 살아남은 고대 역사서적은 일제강점기 일제에 의해 한 번 더 말살을 당합니다. 일제는 민간과 국가 등 이 땅에 있는 역사서적 약 20만 권을 수거합니다. 두 가지 설이 있는데 일설에는 불태워 버렸을 것이다, 그런데 개인적인 생각은 그럴 것 같지는 않고 일본으로 갖고 가지 않았을까 생각합니다. 그래서 지금 남은 마지막 희망은 일본의 왕실 도서관입니다. 우리 고대 역사가 일본의 왕실 도서관에 있을 가능성이 굉장히 높습니다. 만약에 우리나라의 정치권이나 학계에서 뜻있는 여론이 모이게 되면 협상을 잘해서 찾아오면 좋겠다는 희망을 품어 봅니다. 물론 일본이 스스로 공개하고 돌려주면 가장 좋을 것입니다.

실제로 일제강점기 일본의 왕실도서관에서 근무하다가 해방 후 귀국한 박창화(朴昌和, 1889~1962, 1930~1940년대 일본 궁내성 왕실도서관 근무)라는 분이 증언을 했습니다. "일본의 왕실 도서관에 우리 고대 서적이 많이 있다. 내가 그것을 봤다."고 말이지요. 선생은 그곳에서 몰래 필사한 화랑세기를 세상에 내놓기도 했습니다. 그래서 마지막 희망은 일본의 왕실 도서관을 지목하고 싶습니다.

기자조선을 과연 어떻게 볼 것인가, 그 연장선상에서 위만조선을 어떻게 볼 것인가, 이걸 말씀드리고 가야 하는지 고민을 했는데요, 《한국상고사입문》이라는 책을 중심으로 소개해 드리겠습니다. 지금은 절판돼서 보기가 힘든 책인데 이병도(李丙燾, 1896~1989) 박사와 최태영(崔泰永, 1900~2005) 박사가 공저자입니다. 이병도 박사는 역사에 관심 있는 분들은 대부분 알 것입니다. 신석호와 함께 대표적인 식민사학자로 평가되는 인물입니다. 일제강점기 조선사편수회에서도 일한 이병도 박사의 친구가 최태영 박사라는 분입니다. 최태영 박사는 원래 역사를 하신 분은 아니고 법학자였는데 70이 넘으셔가지고 어느 날 우리나라의 역사책을 보다가 깜짝 놀랐다는 거예요. 아니 해방을 한 지가 지금 몇 년인데 일제강점기하고 역사가 같은가? 도대체 무슨 일이 있었던 거냐 해서 노학자가 역사 공부를 합니다. 《인간 단군을 찾아서》라는 이분의 회고록에 그 과정을 술회해 놓았는데 기회가 되면 읽어 보시길 추천드립니다. 최태영 박사가 역사 연구 끝에 이병도 박사를 설득합니다. '단군조선이 역사라는 것 알지 않냐? 죽기 전에 학자의 양심으로 바로잡고 가자.' 그래서 이 책을 1989년도에 같이 쓴 거예요. 이병도 박사는 마지막에 단군조선의 역사를 다 인정을 했습니다. 100% 인정하고 돌아가셨어요.

《한국상고사입문》의 내용이 강단사학계나 민족사학계에서도 충분히 인정할 정도로 잘 정리한 것 같아서 소개해 드립니다. 읽으면서 말씀드리겠습니다.


고조선 변방의 한구석에 있었던 망명 집단인 정치세력에 불과한 기자나 위만조선(은) … 고조선 영내의 변방의 한구석에 위치했고 … 그런데 소위 기자조선과 위만조선이 고조선을 계승하여 한동안 고조선의 주류(主流)의 지위에 있었던 것처럼 오전(誤傳)되어 온 것은 사대주의사관과 일본의 제국주의·식민주의사관에 의하여 왜곡·조작된 것을 그대로 답습한 잘못인 것이다.

...

고조선 역사를 ··· 전·후기로 구별하는 자 중에는 중국에 대한 사대(事大) 관계로 인하여 중국계의 기자(箕子)와 위만(衛滿)조선을 끌어들여 접목하는 자가 있어서 문제를 복잡하게 만들었던 것이다.

바로 제왕운기 같은 경우입니다.

중국에 대한 사대(事大)관계를 벗어난 한말(韓末)부터는 비합리적인 소위 기자동래설(箕子東來設)을 버리고 지나인(支那人) 기자 왕조의 존재를 전적으로 부인하는 것이 통설이 되었다.

··· 근래 사료(史料)에 의하면 ··· 기자는 중국에 그대로 살면서 주(周)의 왕과 왕래하다가 중국이 통일되어 그대로 살기 어렵게 되자 그 후손 기비(箕丕)는 고조선 말기에 조선으로 피난해 와서 제후(지방관)이 되었다. 그 아들 기준(箕準)이 역시 탈출하여 조선으로 들어온 위만을 신임하여 변방을 수비하는 박사(博士)라는 관직에 두었다가, 위만의 속임수에 빠져서 제후의 위(자리)를 빼앗기고 ···

위만조선은 ··· 한무제(漢武帝)의 군대에게 패하여 80여 년 만에 멸망하고 ··· 위만조선의 영토 일부분(제후 기준의 지역의 일부분, 중국 북경과 근접한 고조선의 서쪽 변방의 한 귀퉁이의 작은 지역)에 한사군(漢四郡)이 설치되었으나, 부여를 위시하여 삼한 등 조선의 열국이 고조선 영역의 대부분을 그대로 차지하고 있었고,

...

기자는 은말(殷末) 주초(周初)의 실존 인물이라는 것과 그때 은의 유민(遺民)과 동이(東夷)의 일부가 동으로 이동한 것은 당연하다고 인정해야한다. 그러나 그렇다고 해서 기자가 반드시 조선에 정치적 망명을 했다는 결론이 나오는 것은 아니다.

…

상시대(은나라)에 지금의 하남성 상구현(商邱縣) 지역에 봉해졌던 기자가 주족(周族, 주나라)에 의하여 상왕국(은나라)이 멸망하자 … 이동하여 연국(연나라)의 반방인 지금의 난하 서부 연안에 자리하게 되었다. … BC 300년경에 … 기자국은 … 고조선의 영역인 난하의 동부 연안으로 이주하게 되었다. … 난하의 동부 연안은 고조선의 변경이 되는데 … 이곳은 후에 서한(西漢)이 위만조선을 멸망시키고 한사군(漢四郡)을 설치하게 되자 낙랑군의 조선현이 되었다.

한사군이 있었어도 요동을 넘어오지는 못했다는 거죠. 정리해 보면 기자세력이 은나라시대에는 하남지방에 있었는데, 은이 망하고 주나라가 들어서자 그 후손이 북경의 동쪽, 고조선의 영역 난하의 서쪽지방 갑니다. 이후 주나라가 망하고 춘추전국시대(진~한)가 되자 난하의 동쪽지역으로 이동하였는데 그곳이 기자세력이 마지막까지 있었던 장소였습니다. 마지막 기준왕 때 연나라에서 온 위만에게 정권을 빼앗겨 위만조선이 되었다가, 한나라에 의해 멸망 후 한사군이 세워졌으니, 기자국의 마지막 거점이자 위만조선이자 한사군이 모두 이곳 북경근처에 난하 유역라고 설명하고 있는 것입니다.

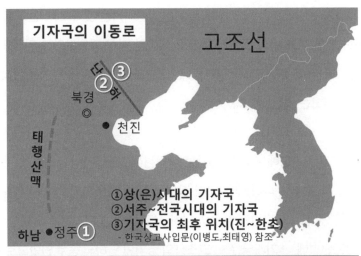

이상이 이병도 박사와 최태영 박사의 공통된 기자조선, 위만조선에 대한 연구결과입니다.

이번에는 환단고기를 살펴보겠습니다. 기자와 위만에 대한 기록을 간단히 소개해 드리겠습니다. 환난고기에는 기자라고 한 기록은 한 군데가 나오고, 서여(胥餘), 수유(須臾)라고 했는데 서여(胥餘)가 기자이고, 수유(須臾)가 기자국입니다. 은나라가 망하고 주나라가 일어나는 전환기가 단군조선시대에는 25세 솔라 단군 시기였습니다.

단군세기 25세 단군 솔라, 정해 37년(BC 1114년) 기자(箕子)가 서화(書華)에 옮겨가 있으면서 인사를 받는 일도 사절하였다.

《대청일통지》에 의하면 서화(書華)는 중국 하남성에 있습니다. 중국의 기록에도 이곳에 기자의 무덤이 있었다고 했는데 우리나라 사대주의자들이 평양에 기자묘를 만들어 놓았으니 한심한 일이 아닐 수 없습니다.

태백일사 마한세가 하, 기묘년에 은나라가 망했다. 3년 뒤 신사년 아들 서여(胥餘)가…

서여가 기자입니다.

거처를 태행산맥(太行山脈)의 서쪽 서북의 땅으로 피하여 가니 막조선은 이를 듣고 모든 주와 군을 샅샅이 조사하더니 열병을 하고 돌아왔다.

은나라가 망해서 기자가 단군조선의 영역에 들어오니까 막조선이 이를 듣고 샅샅이 조사하고 돌아왔다는 내용입니다. 태행산맥의 서북은 지금의 북경 서쪽 근방입니다. 기자가 원래 하남성 서화 지방에 있다가 은나라가 망하자 이동했다는 내용입니다. 그런데 그곳이 단군조선(막조선)의 영역이었으므로 군사를 보내 조사했다는 것이지요.

세월이 흘러서 기자의 후손들이 기록에 등장하는데요, 몇 군데 소개해 드리겠습니다.

번한세가 하, 임오년(BC 279년)에 연나라 사람 배도가 쳐들어와 노략질하니 수유(須臾, 기자국)의 사람 기후(箕詡)가 자식과 제자들 5,000인을 데려와 싸움을 도왔다.

번조선과 기자국이 동맹관계 비슷했다는 걸 알 수 있습니다.

무술년(BC 263년) (번조선의 왕) 수환이 죽었는데 후사가 없으매, 이에 기후가 명을 받아 군령을 대행하였다. 연나라가 쳐들어오려고 하였으니, 기후도 역시 명을 받아 번조선 왕이라 칭하고…

기자의 후손, 기후가 번조선에 들어와 군권(軍權)을 잡고, 드디어 번조선의 왕이 됩니다. 그런데 명을 받았다 했으니 번조선의 왕으로 임명받았다는 것을 알 수 있습니다.

정리하자면 기자가 하남에 있다가 은나라가 망하고 태행산맥 서북,

지금의 북경 근처로 와서 후손 기씨세력이 단군조선의 변방 소국으로 있다가, 세월이 흘러 전국(연나라)시대에 기후라는 자가 번조선에 들어와 왕이 되었다는 것입니다.

환단고기에는 이어 번조선의 왕이 된 기씨들의 계보가 상세히 등장합니다. 기후(箕詡) 다음에 기욱(箕煜) - 기석(箕釋) - 기윤(箕潤) - 기비(箕丕) - 기준(箕準, 마지막)입니다. 기비는 해모수를 도운 인물로 나오고, 마지막 기준 때 위만(衛滿)에게 나라(번조선)를 빼앗깁니다.

**정미년(BC 194년) 기준이 떠돌이 도적 위만의 꼬임에 빠져 패하고 마침내 바다로 들어가 돌아오지 않았다.**

BC 238년 단군조선 마지막 47대 고열가단군이 나라의 문을 닫고 6년 뒤 해모수라는 인물이 나타나 스스로 단군을 칭하고 북부여를 세웁니다. 해모수가 기씨 정권과 손을 잡고(찬탈하여) 나라(북부여)를 세웠다는 기록이 있습니다.

**단군세기 47대 고열가단군, (나라의 문을 닫은 후) 해모수(解慕漱)는 몰래 수유(須臾)와 약속하고 서울 백악산을 습격하여 점령하고 천왕랑(天王郎, 檀君)이라 칭했다. 수유후(須臾侯) 기비(箕丕)를 번조선의 왕으로 삼았다.**

해모수가 북부여를 세우고 기씨 왕 기비를 번조선의 왕으로 임명했다는 것이죠.

이어 북부여기에는 위만이 들어와 번조선(기씨왕조)을 찬탈하는 기록이 나옵니다.

**북부여기 1세 해모수 시대, 병오 45년(BC 195년). 연나라의 위만이 우리에게 망명을 요구했으나 단제(해모수)는 허락지 않으셨다.**

연나라에서 온 위만이 망명을 요청했지만 해모수는 허락하지 않습니다. 그런데 기비의 아들 기준이 위만을 받아 줍니다.

**번조선 왕 기준이 크게 실수하여 마침내 위만을 박사로 모시고 상하 운장을 떼어서 위만에게 봉해 주었다. …**
**북부여 2세 단군 모수리, 정미 원년(BC 194년), 번조선 왕(기준)은 떠돌이 도적 떼(위만)에게 패하여 망한 뒤 바다로 들어가 돌아오지 않았다.**

번조선(기씨왕조)이 위만에게 나라를 빼앗겨, 위만조선이 되었다는 내용입니다.

정리해 보겠습니다.
25대 솔라 단군 시대(BC 1114년경), 지금의 중국의 하남성 서화라고 하는 지방에 있었던 기자 세력이 은나라가 망하고 단군조선의 영역으로 이동해 옵니다. 지금의 북경 근처였습니다. 이곳에 기씨국, 기씨 정권을 세우고 세월이 흘러 후손 기후가 번조선의 왕이 됩니다(BC 263년경). 이후 북부여를 세운 해모수가 기후의 후손 기비를 번조선의 왕으로 임명합니다(BC 233년경). 기비의 아들 기준이 연나라에서 망명 온 위만을 받아 주고 나라를 빼앗깁니다(BC 194년). 이병도 박사와 최태영 박사가 정리한 기자 세력의 이동 경로가 비슷하게 나오게 되는 것입니다.

부도지를 이해하실 때 역사로만 이해하려고 하면 엄청나게 어긋나 버립니다. 예를 들자면 임검씨 다음에 부루씨, 그다음에 읍루씨 각각 천 년씩, 3천 년이라고 나오는데 이를 그대로 해석하면 역사(환단고기)와 크게 어긋나게 됩니다. 부도지에서 말하는 '1천 년'이 흘렀다, 또 '1백 년' 동안 나오지 아니하니… 같은 연도는 그만큼 긴 세월이었다는 상징으로 이해하는 것이 옳다고 봅니다. 그래서 부도지는 역사성을 지닌 사상서로 이해하는 것이 맞지 않나 하는 말씀을 드리고 싶습니다.

27장에 은나라에서 기자가 패잔병과 난민을 이끌고 부도의 서쪽으로 도망하여 왔다고 나오는데요, 이것은 기자라는 인물이 처음에 와서 제왕지도(帝王之道)를 퍼뜨리기 시작했다는 것을 의미합니다. 삿된 도(道)가 부도(단군조선)를 잠식해 들어와 결국 고열가단군(= 읍루씨)이 문을 닫았다고 이해하는 것이 옳을 것입니다.

부도지를 저술한 박씨들은 천웅지도냐, 제왕지도냐 하는 기준이 명확했던 것 같습니다. 환단고기의 고열가단군이 나라의 문을 닫은 이후 해모수가 북부여를 세우고, 스스로 단군을 칭하고 번조선의 왕을 임명하는 등의 일련의 과정들을 부도지를 저술한 박씨 가문은 정통으로 인정하지 않은 것을 짐작할 수 있습니다. 천부(天符)의 맥은 끝났고, 오히려 기자와 함께 들어온 제왕지도의 잘못된 문화가 부도(단군조선)을 물들여 버렸다고 보는 것입니다.

기자라는 인물이 등장하기에 27장을 말씀드리기 전에 배경 설명을 드렸습니다. 이와 함께 간략히 또 하나의 배경을 설명드리면, 삼한(三韓)이라는 개념이 나옵니다. 삼한(三韓)이 있고 삼조선(三朝鮮)이 있습니다. 단군왕검이 단군조선을 만들고 나라를 다스릴 때 삼한(三韓) 제도로 만듭니다. 진한(辰韓), 변한(弁韓), 마한(馬韓)이 있습니다. 진한(辰韓)은 신한(宸韓)이라고도 하고, 번한(弁韓)은 변(卞韓)이라고도 하고, 마한(馬韓)은 막(莫韓)이라고도 합니다. 진한은 단군왕검이 직접 통치하고, 번한, 마한은 각각의 단군을 둬서 통치를 합니다. 그래서 번한과 마한의 단군에 각각 계보가 있습니다. 단군조선이 세워지고 약 천 년 후 제22대 색불루단군이 삼한제도를 진조선, 번조선, 막조선의 삼조선(三朝鮮)제로 재편합니다. 이와 별도로 44세 구물단군이 국호를 대부여로 고치고 삼조선(三朝鮮) 제도를 시행했다는 기록도 있습니다.

일각에서 단군조선을 전조선과 후조선, 각 1천여 년씩 나누기도 하는데 이러한 기준으로 했나고 보여십니다. 한(韓)은 또한 수장(首長)을 의미합니다. 나라 이름과 수장이 혼용되었던 것입니다. 지역적으로 삼한(三韓)은 진한, 변한, 마한으로 진한은 지금의 요동 위쪽을 변한은 중국의 동북 그리고 마한은 지금의 한반도로 보기도 합니다. 그런데 단군조선의 후기, 번조선에는 기씨왕조가 들어오고, 단군조선이 해체하고 해모수가 북부여를 만드는 혼란기에 대륙 삼한의 유민들이 삼한(三韓)이라는 이름을 가지고 한반도로 대거 이동을 합니다. 민족의 대이동이 이루어지는 거죠.

민족은 이동할 때 이름을 가지고 갑니다. 영국의 저지(Jersey) 지방에 있던 사람들이 아메리카 대륙 와서 뉴저지(New Jersey)가 되고 영국의 요크 지방에 있던 사람들이 아메리카 대륙으로 와서 뉴욕(New York)을 만든 것과 같은 것입니다.

이렇게 유민들이 한반도와 멀리는 일본까지 이동하여 한반도의 삼한(三韓)이 형성됩니다. 진한의 유민들이 신라를 건국했다는 삼국사기의 기록이 바로 그런 것입니다. 이것을 단재 신채호 선생은 남삼한(南三韓)이라고 별도로 구분하기도 했습니다. 이후 부도지에 등장하는 삼한(三韓)은 단재 신채호 선생의 남삼한(南三韓)으로 이해하는 게 거의 맞지 않을까 합니다.

소부도지 27장을 이해하기 위한 사전 설명을 드렸습니다. 다음 시간부터 소부도지를 알아보도록 하겠습니다.

감사합니다.

# (27~29장) 박혁거세, 부도를 복원하다, 금척은 무엇인가

반갑습니다.

이번 시간부터 소부도지(小符都誌)를 말씀드리겠습니다. 소부도지는 27장부터 33장까지 이루어져 있습니다. 그중에 오늘은 27장부터 29장까지 단군조선이 막을 내리고 혼란기에 박혁거세를 중심으로 신라가 만들어지는 이야기입니다. 신라가 어떤 목적으로 건국되었는지 알 수 있으실 겁니다.

반복해서 말씀드리지만 우리는 지금 부도지라는 책을 공부하고 있습니다. 책 제목이 곧 정체성이고 핵심이지요. 부도지의 정체성은 두말할 것도 없이 부도(符都)입니다. 그래서 부도지의 '주인공'은 부도를 만든 임검씨(단군왕검)입니다. 임검씨가 하늘과 부합되는 도시, 하늘과 부합되는 나라, 부도(符都)를 만드니, 그 목적은 세계 인류를 불러 모아 하나로 화합하게 하고, 천부(天符)를 가르치고, 하늘에 제사하며, 인간 세상이 널리 이롭고, 하늘의 이치를 증명하게 하였다는 것이 부도지의 핵심입니다. 그러나 안타깝게 오행의 변이라는 사건으로 인간 세상이 어지러워지고 결국 천부의 전해짐이 끊어져 부도가 막을 내리게 되었습니다. 그런데 여기서 끝이 아니라 박혁거세와 부도의 유민들이 옛 부도의 법을 회복하여 소부도를 건설하는 이야기로 이어집니다. 그렇다면 소부도지의 '주인공'은 누구일까요? 네. 박혁거세입니다. 박혁거세를 중심으로 부도의 재현인 소부도를 만드는 과정, 그리고 석씨와 김씨가 소부도에 합류하고 결국 김씨에게 정권이 넘어가는 과정 등 저자인 박제상 선생 생존 시까지 신라 역사와 평론이 소부도지의 내용입니다.

27장부터 29장까지 내용을 함께 보시죠.


### 제27장

은(殷)나라(BC 1600~BC 1046)에서 기자(箕子)가 패잔병과 난민을 이끌고 부도(符都)의 서쪽으로 도망쳐 왔다. 당우(唐虞, 요순) 의 법(帝王之道)을 행하고 오행(五行)과 삼정(三正, 君臣, 父子, 夫婦 사이의 도리)을 쓰고, 점치고 복을 비는 일(홍범무함, 洪範巫咸)을 시행했다. 천웅의 도(天雄之道)와는 용납할 수 없는 일이었다.

은나라의 패잔병과 난민이 무력으로 부도(符都)의 남겨진 백성들(遺衆)을 억압하므로 부도(符都)의 백성들이 천부(天符)가 묻혀 있는 밝은 땅의 제단(明地之壇)을 금지하여 접근하지 못하게 하고 (봉금, 封禁) 동해 바닷가에 피난하여 살았다. 그곳은 옛날 서라벌

(사례벌, 斯禮筏)의 빈 땅이었다. 서라벌은 긴 깃발을 뜻하는데, 원래 광야에 유배된 죄인이 긴 깃발을 아침에 내걸고 저녁에 거둬들여 먼 곳에서 지키는 관리로 하여금 자신이 도망가지 않았음을 알게 했던 것이다.

부도(符都)의 유민들은 육촌(六村, 여섯 마을)을 만들고 제족과 접하여 이웃이 되어 일을 분담하여 함께 지켜 내니 이것을 한(韓)이라 했다. 한은 지키고 방비(保衛)한다는 뜻이다. 북쪽에는 마한(馬韓), 남쪽에는 변한(弁韓), 동쪽에는 진한(辰韓)이 있어 삼한(三韓)이라 했다. 각각 부족이 스스로 다스리고, 선조로부터 내려온 도를 굳게 지켜 이후 천 년 동안 은나라 기자의 법을 받아들이지 않고 지키고 방비하는 일에 전념하였다.

이때 하나라의 땅(夏土, 지나支那, China)에 전쟁과 약탈의 바람이 점차 격심해지니 동요와 혼란이 삼한(三韓)에까지 미쳤다. 이에 육촌 사람들이 서로 대책을 논의하여 서쪽의 화가 점차 다가오는데 지키고 방비하기가 위태로우니 어쩔 수 없이 서로 통합하여 방비하지 않을 수 없다고 결론을 내리고 경계선을 정하고 요새를 세우고 혁거세(赫居世)를 추대하여 통솔하고 다스리는 일을 위임하였다. 다른 부족도 역시 수령을 추대하여 방비하였는데, 남쪽은 백제(百濟)요, 북쪽은 고구려(高句麗)였다. 고구려가 곧 북쪽에 있는 부도(符都)의 보(堡, 성, 성벽)가 있던 땅을 회복하여 서쪽에서 침략하는 사람들을 쫓아 버리고 그 지역을 완전히 지켜 냈다.

## 제28장

이보다 앞서 육촌(六村)의 촌장들이 약초 캐는 날 함께 모였는데, 선도산(仙桃山) 사당(壇廟)의 성스러운 여인(성모, 聖母)이 알을 낳았다는 말을 듣고 가서 보았다. 동쪽에 있는 우물에 데려가 장막을 가리고 물로 씻어 껍질을 벗겨 내니 남자 아이였다. 몸에서는 빛이 나고 귀가 부채만큼 컸다. 박(朴)으로 성씨를 삼고 이름을 혁거세(赫居世)라 하였다. 박(朴)은 박달나무를 뜻하는 단(壇, 檀)에서 따온 것으로 성(姓)을 삼은 것이며, 혁(赫)은 빛을 의미하니, 광명(光明)으로써 암흑 세상에 사는 사람들을 구원한다는 뜻이다. 육촌(六村)의 사람들이 함께 기르니 점차 자라면서 신령한 기운이 밝게 솟고 큰사람이 되었다.

13살에 여러 사람이 추대하여 거서간(居西干)이 되니, 거(居)는 거(据, 일하다)라는 뜻이요, 간(干)은 방(防, 방어하다)을 뜻하고 수장(首長)을 뜻하니, 이것은 서방(西方)을 방어하여 지키고 경계하는 수장, 즉 방어장(防禦長)이라는 뜻이다. 서방(西方)은 서쪽에서 침략하여 삿된 도를 행하는 자들이다.


## 제29장

혁거세(赫居世) 씨는 타고난 성품이 신(神)과 같고, 지혜는 성인(聖人)과 같았다. 또한 현명한 왕비, 알영(閼英)을 맞이하니 사람들은 그들을 가리켜 두 명의 성인(二聖)이라 하였다. 능히 여러 부족들을 통솔하여 선조로부터 내려온 도(道)를 행하며, 하늘에 제사하고 시장을 여는 법(祭市之法)을 부흥시키고, 남쪽에 있는 태백산(太白山, 강원도 태백산)에 천부소도(天符小都)를 건설하였다.

중앙에는 천부단(天符壇)을 세우고 동서남북의 네 곳에는 작은 단(堡壇)을 설치하여 하늘에 제사 지내고 몸과 마음을 깨끗이 하는 의식을 행하고 대인(大人)으로 하여금 금척(金尺, 금으로 된 자, 신령한 물건)을 기준으로 삼아(準金尺之理) 천지의 뿌리와 근본 이치를 증명하고, 옥피리(만파식적, 萬波息笛) 소리로 만물을 고르게 조율하며(調玉管之音), 율려로써 만물을 살리고 화합하는 법(율려화생법, 律呂化生法)을 닦고 증명하였다.

매년 10월에는 백의제(白衣祭)를 지냈는데 이는 마고성에서 황궁씨가 지구어머니 마고 앞에서 흰 띠를 묶고 오미의 화를 속죄하며 다시 돌아올 것을 맹세한 일을 따른 것이다. 달구(達丘, 달구벌, 지금의 대구로 추정)에 아침 시장(조시, 朝市)을 열고, 율포(聿浦, 지금의 울산으로 추정)에는 어시장(해시, 海市)을 열어 육지와 바다가 서로 교역하는 제도를 만들었다. 항상 순행(巡行, 두루 다님)하며 농사짓고, 누에치고, 실을 뽑고 베 짜는 일을 권장하니 들에는 곡식 가마가 쌓이고 집에는 베가 많았다.

이처럼 선한 일을 크게 부흥시켜 고통과 기쁨을 함께 나누고 밖으로는 창과 방패를 쓰지 않으며 이웃과 더불어 평화롭게 하였다.

일심으로 협력하여 옛일을 회복하고, 다시 재건하는 일에 전념하니 도가 살아 있어 옛 부도와 흡사하였다. 이에 변한과 진한의 모든 백성들이 하나로 힘을 모으니 비록 경계선을 두고 방비하나 나라를 칭하지 아니하고, 스스로 왕이라 칭하지 않았다. 안을 다스리는 일은 선조들의 법을 지켜서 하고, 부족들의 모임에서 의결되지 않으면 한 가지 일도 사사로이 행하지 않았기 때문에 우두머리를 계승하는 법이 혈족(血族, 아들딸)에 한정할 필요가 없었으며, 현명한 사람을 택하여 우두머리로 삼았다.

BC 238년, 47대 고열가단군 시대 단군조선의 문을 스스로 닫습니다. 이로부터 6년 뒤 해모수(解慕漱)라는 인물이 등장하여 해모수가 스스로 단군과 같은 천왕(天王), 천왕랑(天王郞)을 칭하면서 나라 이름을 북부여(北夫餘)라고 합니다. 환단고기에는 44대 구물단군이 나라 이름을 대부여로 바꿨다고 했는데 이를 통해 보면, 단군조선의 국명은 조선(朝鮮)에서 대부여(大夫餘)로 바뀌었고, 이후 해모수가 북부여를 세워 맥이 이어졌다고 보면 될 것 같습니다.

그러나 해모수가 스스로 칭한 '단군'과 이전 시대의 '단군'은 큰 차이가 있습니다. 고열가단군(부도지의 읍루씨로 추정)까지는 천부삼인(天符三印)을 이어받은 단군입니다. 해모수는 천부삼인(天符三印) 없이 스스로 단군을 칭합니다. 천부삼인이 매우 중대한 차이를 만든다는 것을 아시겠지요?

대부여(大夫餘), 북부여(北夫餘), 동부여(東夫餘) 등 부여(夫餘)라는 국명이 등장하는데 북부여에서 고구려와 백제가 나오게 됩니다. 북부여의 고주몽(高朱蒙, 추모鄒牟)이 소서노라는 여성(세력)과 결합하여 고구려를 세웠는데, 고주몽(추모)의 자손 즉, 고(高)씨들한테 전해지면서, 왕권에서 소외된 소서노의 아들 비류와 온조가 남쪽으로 내려가 백제를 건국하는데 공식적인 국명은 백제지만 역사적으로 보면 나라 이름이 하나인 경우는 거의 없지요. 예를 들면 요즘 시대에도 공식적으로는 미얀마이지만 버마라는 이름을 아직도 혼용을 해서 쓰고, 얼마 전에(2022) 터키(Turkey)가 튀르키예(Turkiye)로 국명을 공식 변경했지만 아마 오랫동안 터키라고 혼용해서 불리지 않겠습니까? 우리나라도 대한민국이지만 북한은 아직도 조선이라고 하고 연변에는 조선족이 있고 중앙아시아에 가면 고려인이 있습니다. 코리아는 말할 것도 없고요. 이처럼 백제의 다른 이름이 남부여(南夫餘)였고, 백제의 왕성(王姓) 또한 부여씨(夫餘氏)로 그들이 어디에서 왔는지 뿌리를 보여주고 있습니다. 그래서 계보를 보면 고조선(대부여)에서 북부여로 이어지고 다시 고구려와 백제(남부여)로 이어지는 것을 알 수 있습니다.

부여(夫餘)라는 이름이 어디서 나왔을까 봤을 때, 단정적이라고 할 수는 없지만 하나의 참고할 만한 단서는 있습니다. 1대 단군왕검의 세 아들(또는 넷이라고도 함)이 있었습니다. 첫째가 2대 단군인 부루(扶婁), 둘째가 부여(扶餘), 셋째가 부소(扶蘇)(부소를 둘째로 부여를 셋째로 보기도 함)입니다. 강화도의 삼랑성(三郎城)이 부루, 부여, 부소 세 왕자(三郎)가 와서 쌓았다는 전설이 있습니다. 강원도 태백산에는 세 왕자 중 부소(扶蘇) 왕자가 와서 단(壇)을 쌓고 하늘에 제사를 지냈다는 부소단(扶蘇壇)이 있고, 그 봉우리를 부소봉, 또는 부쇠봉이라고 부릅니다. 남해 금산에도 역시 세 왕자와 관련된 전설이 있는데, 우리 역사의 '부여'라는 국명이 단군왕검의 세 왕자와 연관 있는 것은 아닐까 소심스럽게 추측해 봅니다.

환단고기에 의하면 단군조선(대부여)은 삼조선(삼한) 체제로 진조선(진한), 번조선(번한), 막조선(마한)이 있었는데, 단군조선 후기 은나라에서 온 기자의 후손 기씨들이 번조선을 차지했고, 나중에 연나라에서 온 위만에게 넘어갔다가 다시 한나라의 한사군이 설치되었다고 했으니, 단군조선의 입장에서 보면 요동 서쪽, 지금의 북경근처 땅이 침탈을 당하게 된 것입니다. 이후 고구려가 북부여를 흡수하면서 결국 모든 영토를 다 회복을 하였는데, 1대 고주몽의 연호 '다물(多勿)'이 고조선의 잃어버린 영토를 회복하겠다는 뜻이었다고 합니다(麗語謂復古舊土爲多勿, 삼국사기).

그렇다면 신라는 어디에서 왔을까요? 부도지나 삼국사기에는 박혁거세가 어디에서 왔는지 명확하게 나오지 않습니다. 삼국사기에는 진한(辰韓, 朝鮮)의 유민들이 6촌을 이루고 살았다고 나옵니다.

**先是 朝鮮遺民 分居山谷之間爲六村**
(박혁거세 이전) 이에 앞서 조선의 유민들이 산골짜기 사이에 나뉘어 살며 6촌을 이루고 있었다.

신라의 뿌리 역시 진한(진조선)으로 보는 것입니다. 그렇다면 과연 박혁거세는 어디서 왔을까요? 부도지에는 박혁거세의 어머니가 성모(聖母)다. 선도산(仙逃山)의 단묘(壇廟), 단묘는 사당, 성모(聖母)는 조상을 모시는 사당의 최고 어른 정도로 표현 할 수 있을 것 같습니다. 다만 부도지에는 성모(聖母)가 어디서 왔는지는 나오지 않고, 삼국사 기도 마찬가지입니다. 다행히 환단고기에는 성모(聖母)가 북부여에서 왔다고 기록하고 있습니다. 소개해 드리겠습니다.

**태백일사 고구려국 본기, 사로(斯盧)의 시왕(始王)은,**

사로는 신라를, 시왕은 박혁거세를 말합니다.

**선도산(仙逃山)의 성모(聖母)의 아들이다. 옛날 부여 제실(帝室, 왕실) 의 딸 파소(婆蘇)가 있었는데,**

부여 왕족의 공주이며, 이름은 파소라는 것입니다.

**남편 없이 아이를 뱄으므로 사람들의 의심을 받아 눈수(嫩水)로부터 도 망쳐 동옥저(東沃沮)에 이르렀다. 또 배를 타고 남하(南下)하여 지난해 나 을촌(奈乙村)에 와 닿았다. 때에 소벌도리라는 자가 있었는데 이 소식을 듣 고 가서 집에 데려다가 거두어 (박혁거세를) 길렀다. 나이 13세에 이르자 지혜는 빼어나고 숙성하며 성덕(聖德)이 있는지라 진한 6부의 사람들이…**

부도지와 삼국사기에는 육촌이라고 나오는데 여기는 진한 6부라고 나옵니다.

**모두 존경하여 거세간(居世干)이 되니,**

부도지에는 거서간(居西干), 한단고기에는 거세간(居世干)이라고
했습니다.

**도읍을 서라벌에 세우고 나라를 진한으로 하고 또한 사로라고도 하였다.**

진한이 곧 신라라는 뜻입니다.

정리해 보면 박혁거세의 어머니는 북부여의 왕족(공주) 파소라는
분이고, 아버지는 모르는데 임신을 해서, 흡사 도망치듯이 동옥저로
갔다가 거기서 더 남하를 해서 진한에 가서 박혁거세를 낳았는데, 박
혁거세가 성인의 덕이 있고 인물이 출중하여 6촌(부) 사람들이 13세에
거서간(거세간)에 추대하여 신라를 건국했다는 것입니다. 결국 단군
조선(대부여)에서 북부여가 나오고 북부여에서 고구려, 백제(남부여),
그리고 신라가 나와서 삼국이 명백한 형제 관계로 건국이 되었다는 사
실을 알 수 있고 모두 단군의 자손이라는 것을 알 수 있습니다.

알에서 태어났다는 것은 어떻게 해석을 하는 게 좋을까요? 여러 가
지 해석이 있는데, 아버지가 없다고 했으니까 더 신비성을 주기 위해
서 그렇게 했을 것이다, 또 하늘에서 왔을 것이다, 또 어떤 사람은 알에
서 태어났다는 것은 UFO를 타고 왔다는 뜻이라고 말하기도 합니다.

무엇이 진실인지는 모르죠. 그런데 현대의학이 발달하다 보니까 또 하나 추정할 수 있는 단서가 있는데요, 아기가 태어나기 전에 먼저 자궁 안에서 양수가 터집니다. 아기를 양수가 있는 양막이 감싸고 있습니다. 그런데 드문 확률로 양수가 터지지 않고 양막이 있는 채로 태어나는 아이들이 있다고 합니다. 의학이 발달되고 정보가 오픈되는 지금은 관련 영상을 인터넷으로 볼 수 있습니다. 박혁거세가 알에서 태어났다는 것이 혹시 그런 의미는 아니었을까 합니다.

한(韓)은 지킨다, 보위(保衛)한다는 뜻이라고 합니다. 박혁거세(朴赫居世)가 알에서 태어나서 박(朴)을 성씨로 삼았다고 해석하는 경우도 있는데, 부도지는 박(朴)을 박달나무 단(檀), 단군왕검 할 때 단(檀)이라고 설명하고 있습니다. 단(檀)을 이두식으로 표현하면 밝, 밝음, 밝달이니, 박(朴)은 곧 밝다는 뜻이고 혁거세(赫居世)는 광명(光明)으로 암흑 세상에 사는 사람들을 구원한다는 뜻이라고 부도지는 설명합니다.

신라는 '왕(王)'이라는 호칭을 쓰기 이전까지 왕을 뜻하는 호칭이 따로 있었습니다. 이사금(니사금, 尼師今)을 썼던 때도 있었고, 마립간(麻立干)을 썼던 때도 있었습니다. 박혁거세는 거서간(居西干)이라는 호칭을 썼습니다. 거(居)는 일한다(据)는 뜻이고, 서西는 서방(西方), 간(干)은 수장(首長)으로, 거서간(居西干)은 서방(西方)을 방어防禦하는 수장(首長), 즉 방어장(防禦長)이란 뜻이라고 부도지는 설명합니다. 여기서 서방(西方)은 기자, 위만, 한나라 등 지나족의 물리적인 힘을 뜻하기도 하지만 부도지의 문맥상 제왕지도로 보는 것이 맞는 듯합니다. 삿된 도를 방어한다는 의미가 포함되어 있다는 것이지요.

단재 신채호 선생의 《조선상고사》(비봉출판사 편)에 보면 의미 있는 내용이 있어서 소개해 드리고 싶습니다. 옮긴이 박기봉 선생의 경험담을 소개하는 대목이 나옵니다. 우리나라 고대사 전공자들에게 참고가 되기를 바란다고 하면서 써놓으셨어요.

개인적으로 알고 지내는 몽고족 출신의 한 인사가 (있었는데 그는) … 고대 몽고어를 전공한 학자이다. 하루는 그의 집에 초대를 받아 갔는데, 그 자리에는 북경대학에서 현대 몽고어를 가르치는 교수 한 분도 동석하였다.

… 돌아가면서 노래를 불렀는데, 북경대학의 몽고어과 교수가 부르는 몽고어 노래가사에서 "할라"라는 단어가 자주 나왔다.

제주도에 가면 한라산이 있잖아요. 한라산의 이름에 평상시에 의문이 있었는데 혹시나 해서 한번 물어봤다고 합니다.

노래 가사에 나오는 '한라'가 무슨 뜻이냐고 물어보았다. 그의 대답인즉, '저 멀리 구름 위로 우뚝 솟아 있는 검푸른 산'이라는 것이었다.

느낌이 있어서 우리나라 고대사에 등장하는 명칭의 뜻에 대해 실마리를 얻을 수 있지 않을까 해서 몇 개 단어를 물어봅니다. 먼저 박혁거세의 거서간을 우리나라 발음과 중국 발음 '쥐시간'을 반복해서 말하니까, 몽고 고대어에 이와 비슷한 발음이 있다고 하면서 다음과 같이 말하더라는 거예요. 놀라지 마십시오.

**그가 말하길 '대여섯 명의 사람들이 둘러앉아서 그중에 한 사람을 대표로 뽑을 때, 그 대표로 뽑힌 사람을 쥐시간(居西干)이라고 하였다.'**

소름 돋지 않습니까? 삼국사기 주석에는 거서간을 '귀인을 부르는 호칭'이라고 했는데, 더 명쾌한 답변이었다고 합니다.
그다음 궁금한 게 마립간(麻立干)이었어요.

**우리 발음과 중국 발음 '마리간'을 되풀이하자 잠깐 멈추라고 하더니 고대 몽고어에 우리말 마립간과 비슷한 음을 가진 단어가 있다. 그 단어의 뜻은 '강력한 힘을 가진 왕', '명실상부한 권력자로서의 왕'이라는 뜻이다.**

신라의 왕 호칭이 거서간에서 이사금으로 마립간으로 그다음에 '왕'이 되잖습니까? 이사금을 거쳐서 마립간은 강력한 힘을 가진 왕권이 확립된 시기라고 이해할 수가 있었다고 합니다. 마립간을 말뚝이라고 설명한 삼국사기 주석보다 훨씬 설득력이 있었다고 합니다.
이어서 고구려로 가 봤어요. 고구려의 연개소문이 맡았던 직책 막리지(莫離支)의 우리 발음과 중국 발음 '모리즈'를 되풀이하니까 그가

말하길,

고대 몽고어에는 '모글리지'라는 음의 단어가 있는데, 무슨 뜻이냐면 '왕 밑에서 실질적으로 모든 권력을 행사하는 수석대신(首席大臣)'이다.

그러니까 지금으로 말하면 국무총리 같은 직책이 되겠지요.

이러한 경험을 소개하며 저자는 우리나라 이두 문자를 통한 해석과 더불어 몽고 고대어를 같이 연구해 보면 고대사를 연구하는 데 도움이 되리라고 당부하였습니다.

29장, 혁거세가 부도의 법을 복원하는 과정에서 두 가지 중요한 게 등장하는데요, 첫 번째가 금척(金尺), 많이 들어 보셨죠? 금(金)으로 만든 자(尺)라는 것이고, 그다음에 옥관(玉管), 옥피리(玉笛)로 볼 수 있는데요, 금척(金尺)과 옥관(玉管)은 무엇일까요?

신라의 3대 보물이 있다고 합니다. 학자마다 조금씩 다른데 첫째가 금척(金尺)입니다. 둘째가 옥관(玉管), 즉 옥피리를 뜻하는데 신라에는 신비한 피리, 만파식적(萬波息笛)이 있었다고 합니다. 만 가지 파도, 안 좋은 전쟁, 재앙 같은 것들도 이 피리를 불면 다 잠재워 편안하게 만들 수 있는 신물(神物)이었다고 합니다. 만파식적(萬波息笛)이라는 이름의 의미이기도 하지요.

그다음 세 번째가 학자마다 다른데, 성덕대왕신종(聖德大王神鍾), 에밀레종 또는 진평왕의 옥대(玉帶)라고 합니다. 성덕대왕 신종(神鍾)

이나 진평왕의 옥대(玉帶)는 부도지에서 다룰 내용은 아니니 제쳐두기로 하고, 금척과 옥관(옥피리)은 무엇일까요? 또 어떤 의미가 있을까요?

만파식적(萬波息笛)과 부도지의 옥관(玉管), 즉 옥피리(玉笛)는 동일한 것이라고 추정할 수 있을 것입니다. 세상의 여러 어지러운 파장들을 편안하게 만드는 소리, 세상을 평화롭게 하는 소리, 음파(音波), 파장(波長, wavelength)을 만드는 피리라는 뜻인데, 우리가 눈여겨봐야 할 것은 **'세상을 평화롭게 만드는 소리, 음파, 파장을 만든다'**는 개념이 아닐까 합니다. 부도지에서는 옥관(玉管), 관악기 할 때 '관(管)'이라고 표현하여 처음 마고성에서 사람들이 '관(管)'을 만들어 기화수토 본음(本音)과 향상(響像)을 수증(修證)했다고 기록했는데, 그러한 개념이 신라까지 이어졌음을 알 수 있습니다.

금척(金尺)은 부도지 외에도 여러 곳에 등장하는데, 박혁거세가 신인(神人)으로부터 받았다고도 하였고, 천 오백 년 후 이성계의 조선 건국 설화에도 금척(金尺)이 등장합니다. 이로 미루어 금척(金尺)은 나라의 권력을 의미하는 신성한 물건임을 짐작할 수 있는데요, 단편적으로 등장하는 금척(金尺)의 이러한 개념을 부도지는 더욱 명확하게 설명합니다.

금척(金尺)으로 세상의 기준을 삼았다.

무슨 뜻일까요? 바로 금척(金尺), 또는 금척을 가진 자가 세상의 '기준(基準)', '법(法)'이라는 것입니다. 그 세상은 어떤 세상일까요? 평화로운 세상, 홍익인세, 이화세계일 것입니다. 금척은 부도(符都)처럼 세상을 평화롭게 만들기 위한 '기준', 법(法)이라는 것이지요.

금척(金尺)을 기준으로 삼아(準金尺之理) 천지의 뿌리와 근본 이치를 증명하고, 옥피리 소리로 만물을 고르게 조율하며(調玉管之音), 율려로써 만물을 살리고 화합하는 법(율려화생법, 律呂化生法)을 닦고 증명하였다.

율려화생법을 글자 그대로 풀이하면 '율려로써 생명을 교화하는 법', 원리, 진리, 즉 '하늘로부터 내려온 생명을 살리는 이치'라고 말씀드릴 수 있겠습니다. 금척, 옥관, 율려화생법 이렇게 세 가지로 부도를 계승한 소부도(小符都)를 건설했다는 것입니다.

금척(金尺)은 도대체 어떻게 생겼을까? 추정하기가 너무 어렵습니다. 진안 마이산 아래 한 사찰에는 이성계가 꿈에서 금척을 받는, 몽금척(夢金尺) 그림이 그려져 있는데 마치 검(劍)처럼 그려 놓은 것을 볼 수 있습니다. 상상력을 발휘한 것이겠지요. 금척에 대한 단서를 부도지 주변에서 찾았을 때, 원래 징심록(澄心錄) 15지(誌)가 있었고 백결 선생이 금척지(金尺誌)를 지어서 16지(誌)가 됐다고 앞에서 말씀드렸는데요, 이 금척지를 읽은 사람이 있습니다. 조선시대 세종, 문종, 단종, 세조 때까지 생존한 김시습(金時習, 1435~1493)이라는 인물입니다. 선생은 영해박씨 문중과 친밀하게 지내면서 징심록(澄心錄)을 보고 〈징심록 추기〉라는 글을 남겼는데, 금척에 대해 다음과 같이 설명합니다.

〈징심록 추기〉 제8장
 내가 일찍이 금척지(金尺誌)를 읽으니 그 수사(數辭, 數理)가 매우 어려워서 알 수가 없었다. 그러나 그 근본은 천부의 법이다.

 선생은 금척의 뿌리가 천부라고 증언합니다. 그러나 천부가 곧 금척이라는 뜻은 아니겠죠. 천부의 이치를 가지고 금척을 만들었든지, 금척이 생겼든지 한 것입니다.

 금으로 만든 것은 변하지 않게 하기 위한 것이요, 자로 제작한 것은 다 같이 오류가 없게 하기 위한 것이었다. 변하지 않고 오류가 없으면 천지의 이치가 다하는 것이다.

 모든 만물의 이치가 들어 있다는 뜻입니다.

 금척의 형태를 설명을 합니다.

제9장
 그 형상은 삼태성(三台星)이 늘어선 것 같으니

북두칠성 근처에 있는 세 개(정확히는 6개)의 별인데, 2개씩 짝을 이뤄 일렬로 늘어선 모양입니다.

머리에는 불구슬을 물고 네 마디(節)로 된 다섯 치(寸)이다. 그 허실(虛實)의 수(數)가 9가 되어 10을 이루니 이는 천부(天符)의 수다. 그러므로 능히 천지조화의 근본을 재고, 능히 이세소장(理世消長, 성하기도 하고 쇠하기도 하는 자연의 이치)의 근본을 알고, 인간 만사에 이르기까지 재지 못하는 것이 없으며, 기문(氣門), 심규(心竅), 명근(命根)을 재면 기사회생한다고 하니, 진실로 신비한 물건이라고 할 것이다.

죽어 가는 사람도 금척으로 재면 살아난다는 것입니다.

제10장
사록에 의하면 신인(神人)이 혁거세왕이 미천할 때 …

아직 거서간이 되기 전에 **금척을 주면서 나라를 바로잡으라** 했고, 금척(金尺)과 옥적(玉笛)이 부도지에는 옥관(玉管)으로 나오는데 김시습 선생은 옥적(玉笛)이라고 했습니다. 옥관과 옥적이 같은 것임을 알 수 있습니다.

칠보산(七寶山)에서 나와서 혁거세 왕에게 전하였다고 하니 칠보산은 영해의 명산이요, 백두산 아래 또 칠보산이 있으니 어느 산인지는 알 수가 없다.

신라 창시의 근본이 이미 부도에 있었으니 …

신라의 뿌리가 단군조선이니, **금척의 법이 또한 단군의 세상에 있었음을 알 수 있는 것이다.** 혁거세 왕이 선도산(仙桃山) 단묘(壇廟)의 성모 파사소(婆娑蘇, 파소)에게서 출생하여 13살의 어린 나이로 능히 여러 사람의 추대를 받은 것은, 그 혈통의 계열이 반드시 유서가 있었기 때문이며, 단군조선에서 이어진 북부여의 왕족이라는 뜻인 것 같습니다.

**또한 금척이 오래된 전래물임을 알 수 있는 것이다.**

금척이 단군조선에서 북부여를 거쳐 (어머니 파사소를 통해) 박혁거세까지 전해진 신물(神物)이었을 가능성을 보여 줍니다.

**그러나 이 법(금척, 또는 금척의 법)이 세상에 전해지지 않고 제상공(박제상)의 가문에만 홀로 전한 것은, 이는 반드시 파사왕가(부여왕가)가 전하였기 때문이요, 또 공(박제상)의 가문의 후예가 엄중하게 비밀에 부쳐, 그것을 감춰 두었기 때문이다.**

시간이 흘러 신라의 왕권은 박(朴)씨에서 석(昔)씨로 넘어가고 몇 번 왔다 갔다 하다가 결국 김(金)씨로 넘어가게 됩니다. 어느 대에서 끊겼는지는 모르지만 금척은 전해지지 않습니다. 경주 금척리(金尺

里)에는 왕릉저림 봉분(封墳)이 많은데 선설에 의하면 수십 개 봉분 중 하나에 금척(金尺)을 묻었다고 합니다. 어떤 문헌에는 박혁거세 당시라고 하고 어떤 문헌에는 진평왕 시대라고도 하는데, 신라의 국력이 약할 때 당나라가 신라의 보물, 금척을 탐내므로 보여 주자니 빼앗기겠고, 차라리 묻어 버리자 해서 수십 개 봉분을 만들어서 그중 하나에 몰래 감춰 버렸다는 전설이 있습니다. 분명한 것은 어느 순간 금척이 세상에서 사라졌다는 것이지요. 전설의 배경이 되는 경주의 금척리 봉분은 일제강점기에만 하더라도 50기가 넘었다고 하는데 지금은 30여 기밖에는 남지 않았다고 합니다. 일제강점기에 일본인들이 금척을 찾고자 발굴을 시도하였는데 갑자기 엄청난 폭우가 일주일 넘게 내려 일대가 다 물에 잠겨서 포기했다는 이야기가 전해옵니다.

이렇게 세상에서 사라진 금척이 다시 등장합니다. 바로 조선왕조가 세워지기 전 이성계가 꿈에서 신인(神人)에게 금척(金尺)을 받았다는 몽금척(夢金尺) 전설입니다. 두 가지 설이 있는데 경상남도 남해군 금산(錦山)에서 받았다는 설도 있고, 대중적으로 많이 알려진 것은 전라북도 진안 마이산에서 금척을 받았다는 전설입니다. 역성혁명이었던 조선 건국이 신진사대부를 제외한 고려충신(귀족)이나 민중들에게 환영받지 못했던 것으로 본다면 어쨌든 이성계가 금척을 받았다는 소문은 조선 건국의 정당성을 부여하는 데 일조했을 것입니다. 당시 백성들은 이렇게 얘기하지 않았을까요? "이성계가 금척을 받았대." "하늘이 이성계한테 대권을 주셨구만." "그렇다면 나라 세울 만하지."

당시 금척이 차지하는 위치를 짐작할 수 있습니다.

금척으로 우리는 무엇을 유추할 수 있을까요?

처음 마고성에는 천부(天符)가 있었습니다. 마고로부터 이어진 천
부(天符), 천부인(天符印), 천부삼인(天符三印)이 단군왕검을 거쳐 읍
루씨까지 전해지는데, 더 이상 전하지 않고 봉쇄하였죠. 이렇게 천부
삼인이 사라지고 나서 등장한 게 금척입니다. 금척을 받은 인물이 박
혁거세인데, 신라시대 금척도 역시 땅에 묻어 봉쇄합니다. 후대에 이
성계가 금척을 받았다는 이야기가 전해지지만 꿈에서 받은 것이지 실
체는 없습니다. 다시 말해 천부삼인(天符三印)이 사라진 자리를 금척
(金尺)이 대신하다가 결국 중국식의 옥새(玉璽)가 왕의 상징이 된 것
이지요. 결국 하늘(天符), 하늘을 대신한 것(金尺), 하늘을 사칭한(玉
璽) 시대로 역사는 흘러온 것입니다.

김시습의 징심록 추기에 의하면 금척(金尺)의 근본이 천부(天符)에
서 나왔다고 하였고, 실제로 천부금척(天符金尺)이라고 붙여서 쓰기
도 했습니다. 천부삼인(天符三印)하고 금척(金尺)은 어떤 차이가 있을
까요?

천부삼인(天符三印)은 복본(復本)의 증표(證票)입니다. 이것을 전
해 받은 자는 인류복본의 사명이 있는 것이지요. 복본의 사명은 곧 홍
익인간의 사명입니다. 이 사명을 가진 자, 그리고 능히 이룰 자, 그리
고 이을 자에게 천부삼인은 전해지는 것입니다.

박혁거세가 신인에게 금척을 받았을 때는 복본의 사명을 주기보다

는, 엄밀하게 말하면 **나라를 바로잡으라는 사명**을 준 것입니다. 같은 것으로 해석할 수도 있겠지만 정확히 구분한다면, 금척은 복본의 사명이 사라진 시대, 천부삼인이 사라진 시대에 불씨를 이어라, 즉 천손 한민족이 지구상에서 사라지지 않도록 씨앗을 보존케 하라는 의미가 아니겠는가 해석해 보고자 합니다. 금척조차 사라지고 옥새가 제왕지도를 상징하게 된 이후 시대는 하늘을 사칭을 할 뿐 인위적인 권력 쟁탈의 시대로 전락해 버렸습니다. 때문에 금척과 함께 천부삼인을 다시 부활시켜야 하지 않을까 합니다.

금척과 옥관(옥적, 만파식적)을 통해서 우리 민족, 좁게는 신라의 건국 세력이 가지고 있었던 통치철학, 세계관, 인간관을 우리는 엿볼 수 있습니다. 세상에 어느 나라, 어느 민족, 어느 종교의 보물이 죽은 사람을 살리는 게 있을까요? 죽은 사람을 살린다는 것은 생명을 다시 불어넣는다는 의미입니다. 생명존중사상이고, 또 하늘만이 할 수 있는 일로 인위적인 것을 초월한 하늘의 권능을 상징합니다. 또 세상에 어느 나라, 어느 민족, 어느 종교의 보물이 세상을 평화롭게 한다는 것이 있을까요? 기독교에는 성배(聖杯)가 있고 영국의 아더 왕에게는 엑스칼리버가 있고 불교에는 부처님의 진신사리가 있습니다. 그러나 그 보물로 죽(은)을 사람이 살아난다는 얘기는 없습니다. 성배를 가지고 있다고 해서 모든 어지러운 파장이 사라지고 세상이 평화로워진다는 전설은 없습니다. 죽어가는 사람도 살리고, 세상의 전쟁이라든지 재앙, 혼란을 평화롭게 만드는 것이 신라의 보물이고, 우리 민족의 보물이었다는 것은 신라의 건국세력 더 나아가서 우리 민족이 저 마음속 깊은 곳에 태초부터 간직한 이 세상을 광명(光明)으로 변화시키겠다는 의지, 열망, 지향점이 무엇인지를 보여 준다고 할 수 있습니다. 두 글자로 표현한다면 '홍익'이겠지요.

신라의 보물은 세상을 '홍익인간'하는 것이었습니다. 세상을 살리는 것이었습니다. 신라의 건국세력은 단군조선이 멸망할 때 복본을 다짐한 사람들의 후손이었습니다. '우리가 다시 부도를 재건하리라. 부활시키리라.' 그 원대한 꿈을 가진 사람들. 그 중심인물이 박혁거세였습니다. 영해박씨뿐만 아니라 박씨 성을 가진 모든 분들은 자부심을 가지셔도 될 것 같습니다.

다음 시간에 이어서 말씀드리겠습니다.

감사합니다.

## 17강

# (30~33장, 소부도지) 복본을 위한 신라인들의 선택, 석탈해, 김알지는 누구인가?

반갑습니다.

이번 시간에는 30장에서 33장까지, 부도지의 마지막 단원입니다. 부도복원과 복본을 위한 신라인들의 선택이라는 주제로 말씀드리겠습니다. 먼저 부도지 30장에서 32장까지를 한번 읽어 보도록 하겠습니다.

### 제30장

아름답고 말 잘하는 20살 남자를 뽑아 마랑(馬郎 = 화랑花郞)이라는 직책을 주고, 먼 곳까지 순행(巡行)하게 하였다. 이것을 원행(遠行, 멀리 다님)이라고 했다. 혹여나 성생주, 월식주의 옛 땅에 나아가기도 하고, 운해주, 천산주의 여러 지역에도 가니 이렇게 다니는 것은 수행(修行)하며 도(道)를 전하던 옛 부도(符都)의 제도를 이은 것이었다.

동해 바닷가에 피해 산 지 천 년 정도가 지났다. 부도(符都)에 모여 제사 지내고 시장을 열어 교역하지 못하니 왕래가 오랫동안 끊어졌다. 나라를 세워 서로 전쟁하고 쟁탈하는 풍조가 세상에 만연해져 모든 종족들이 각자 나라를 칭하고 오랜 세월동안 싸우는 일이 반복되니 겨레가 서로 찢어지고 나누어져 말이 잡다하게 변하였다.

천부(天符)는 잊혀지고, 설사 아는 이가 있다 하더라도 이미 형태가 변하여 소리가 다르니 마랑(馬郎)들의 이러한 원행(遠行)이 매우 어려워 목숨을 잃는(순절殉節, 순교殉教) 사람들이 많았다. 그러나 마랑(馬郎)들은 머나먼 원행(遠行)에서도 뜻을 굳건히 지켜 내어 모든 고난 속에서도 사명을 완수하였다. 그 기풍이 진실로 호탕하고 고매하였다. 장하게도 귀환을 하면 반드시 직책을 주어 임명하고, 천문(天文), 지리(地理), 역법(曆法), 수학(數學), 박물학(博物學)을 익히게 하였다. 이것은 곧 선조의 시대에 세상이 평화롭게 서로 통한 것을 본받아 하나의 법으로 사람 세상을 평화롭게 하고자 하는 것이었다.

제31장

서라벌에 도읍을 세운 지 3세대가 지나고 백 년 정도 되었다. 세상의 흐름이 크게 변하여 바깥의 여러 어려움으로부터 지키고 보전하기가 어려울 지경이었다. 이때에 왕국을 세우고 권력을 행사하게 하자는 논란이 일어나 서로 의견이 분분하였다.

그것을 반대하는 사람들은,

반대하는 사람들은 박씨 세력입니다.

『선대(先代)로부터 내려온 법이 천부(天符)를 밝게 하니, 비록 지금이 어렵다고는 하나 잘 지키고 방비하여 보전하고 때를 기다리는 것이 옳다. 어찌 거짓된 도(詐道)에 굴욕을 당하는 것을 참아내어 스스로 소인배가 되고 이치가 어그러지는 지경에 빠질 것인가? 이와 같다면 의롭게 자결하여 후세에 참된 도를 뚜렷하게 전해 주는 것이 고통이 없고 편안할 것이다.』

이에 찬성하는 사람들은
『외세(外勢)가 긴박하여 파동이 격심하니 어찌 굳건히 지켜 낼 수 있을 것인가. 담장 안에서도 의견이 다르고 서로 반대하여 시끄러움이 그치지 않는데 어찌 지켜 내고 보전한단 말인가. 일이 이미 이렇게까지 되어 버렸으니 그들과 함께 뛰어, 쫓아가 부강해진 연후에 선조의 유업을 회복하는 것이 불가능하지 않다.
지금 세상의 모든 종족이 거짓된 도를 따라 미쳐 날뛰어 장님이 된 지 이미 오래다. 우리가 지금 자멸하면 참된 도를 누가 밝게 비출 것이며, 후세에 누가 있어 이것을 알 것인가. 만약에 튼튼히 지켜서 보전하더라도 오래 고립되면 천 마리 새 중에 한 마리 백로가 되어 오히려 우리가 다른 도가 되어 세상에 존재하지 못하게 될 것이다.

장차 이것을 어찌할 것인가. 이렇게 된다면 다 옳지 못하다. 오직 우리가 선택할 수 있는 것은 나라를 세우고 왕을 존귀하게 여겨 그로 하여금 대권(大權)을 행사하게 하고, 군마(軍馬)를 호령하게 하며, 파죽지세로 전진하여 옛 부도의 땅을 모두 회복하는 것이다. 부도를 다시 세우고 그 뿌리를 명시하면 세상 모든 종족이 비록 완고하나 반드시 각성하여 깨어나 근본으로 돌아오게 될 것이다.』

제32장

마침내 대중의 여론(중론, 衆論)이 결정되었다. 여론이 나라를 세우고 국왕에게 권력을 위임하자고 주장하는 석(昔)씨에게로 갔다. 석씨는 동쪽에 있는 부도의 작은 성에 유배된 자들의 후예로 대대로 바닷가에 살던 사람이었다. 체격이 크고 지략이 있어서 남해씨(南解氏)가 딸을 주어 아내로 삼았다. 이때에 이르러 사람들의 지지에 힘입어 자리를 이어받아 탈해왕(脫解王)이라고 칭했다. 탈해(脫解)라는 것은 지키고 보전하는 속박에서 풀고 벗어나는 것을 의미하는 것이었다. 또 나라 이름을 서라국(徐羅國, 신라)이라 하고 창과 방패를 사용하여 관내를 평정하였다. 병력(兵力, 무력)을 과도하게 사용하여 나중에는 배척당하였다.

내중의 뜻이 지키고 보전하자는 박씨에게 다시 돌아가니 박씨가 계승하고 왕국이라 칭함을 폐지하였다. 4세대가 지나 대중의 뜻이 다시 석씨에게 돌아갔으나 무력으로 정벌하는 것은 원하지 않으니 석씨가 무력으로 정벌하지 않겠다고 대중에게 약속하고 계승하니 그가 벌휴씨(伐休氏)였다. 벌휴(伐休)는 정벌을 하지 않는다는 뜻이다. 석씨가 4세대를 이어 오는 동안 또 무력으로 정벌을 하니 대중의 뜻이 중간 입장의 김씨에게로 돌아갔다.

김씨는 원래 부도에서 동쪽으로 이주한 사람들로 따뜻하고 겸손하며 덕이 두터워 지마씨(祗摩氏)가 손녀딸을 주어 아내로 맞이했다. 이때에 자리를 계승하니 그가 미추씨(味雛氏)이다. 이때에 서북쪽에서 환란이 계속 일어났으나 한 가지도 처리되지 못했다. 대중의 뜻이 다시 석씨에게 가니 석씨가 다시 자리를 이어받고 3세대를 지나면서 정벌하는 일이 많아서 민생을 탕진했다. 이에 석씨가 크게 배척받았다. 중론이 다시 김씨에게 돌아가니 김씨가 이어받아 지금까지 내려왔다.


30장까지는 박혁거세가 부도(符都)의 제도를 이어받아서 제시(祭市)를 복원하고 달구(達丘)에, 달구는 지금의 대구를 달구벌(達句伐)이라고 하는데 연관이 있지 않을까 싶습니다. 달구에 조시(朝市)를 열고 율포(聿浦), 율포는 지금 울산으로 추측하는데요, 율포에 해시(海市)를 열어서 교역하게 하고 그다음에 마랑(馬郎)이라는 제도가 있었다고 하지요? 말 마(馬), 사내 랑(郎). 화랑(花郎)이 연상되지요? 현재 우리나라 역사학계는 신라의 화랑제도가 6세기 진흥왕 시대에 시작되었고, 화랑의 전신격인 원화(源花)라는 제도가 있었다고 합니다. 부도지에 의하면 이미 박혁거세 당시에 마랑(馬郞)이라는 이름으로 화랑(花郞) 또는 화랑의 원형으로 볼 수 있는 제도가 있었음을 알 수 있습니다.

화랑(花郞)과 관련하여 환단고기 단군세기 제13대 흘달 단군 시대에 이런 기록이 있습니다.

**무술 20년(BC 1763년) 소도(蘇塗)를 많이 설치하고 천지화(天指花)를 심었다.**

보통 천지화는 무궁화로 보기도 하고 진달래로 보기도 합니다. 현대에 와서 대한민국의 국화(國花)는 무궁화이고 북한의 국화는 (개량한) 진달래라고 하는데, 관련이 있지 않을까 합니다. 또한 소도(蘇塗)가 전국에 많이 있었음을 알 수 있고, 소도가 하늘에 제사하는 기능에 더하여 나라의 인재를 양성하는 교육기관이었다는 사실을 알 수 있습니다.

**미혼의 자재로 하여금 글 읽고 활 쏘는 것을 익히게 하며 이들을 국자랑(國子郞)이라고 부르게 하였다. 국자랑들은 돌아다닐 때 머리에 천지화를 꽂았으므로 사람들은 이들을 천지화랑이라고 불렀다.**

화랑제도가 단군조선시대 때부터 있었다는 기록으로 보아 이를 이어서 박혁거세가 마랑이라는 제도를 시행을 했다고 추정할 수 있습니다.

성생주, 월식주의 옛 땅에 나아가기도 하고, 운해주, 천산주의 여러 지역에도 가니 이렇게 다니는 것은 수행(修行)하며 도(道)를 전하던 옛 부도(符都)의 제도를 이은 것이었다.

지금의 중동에서 유럽, 인도, 아프리카 지역 등이 아닐까 추정해 봅니다. 부도지에서는 이렇게 다니는 것을 순행이라고 했는데, 마고성에서 출성 이후 황궁씨, 유인씨, 환인씨, 환웅씨, 임검씨가 인류복본을 위해 세계를 다니며 인류를 깨우치던 전통을 역시 박혁거세 시대에도 마랑들이 이어받았다는 것입니다. 그러나 부도가 이미 문을 닫아 함께 모이지 못한 세월이 오래되었으니, 인류가 서로 나라를 세우고 전쟁하고 침략하는 풍조가 이미 세상에 만연해졌습니다. 그리하여 마랑들이 옛 부도의 진리를 전해도 잘 먹히지가 않았다는 거죠. 목숨을 잃는 경우가 많았고. 그럼에도 불구하고 마랑들은 끝까지 임무를 완수하고 돌아오면 마랑들에게 천문, 지리, 역법, 수학, 박물학 등을 익히게 해서 나라의 귀한 인재로 썼다는 내용입니다. 신라 초기 마랑이라는 집단이 부도의 순행제도를 이어서 인류 화합과 복본의 사명을 목숨 걸고 수행했음을 30장까지 설명하고 있습니다. 부도 복원과 복본을 향한 박혁거세와 신라인들의 간절한 마음이 느껴지는 것 같습니다.

신라는 세 성씨(姓氏) 연합으로 이루어졌습니다. 박혁거세 박(朴)씨가 먼저 나라 아닌 나라를 열어서 내려오다가 석(昔)씨가 합류를 하고, 이어서 김(金)씨가 합류하게 됩니다. 석씨나 김씨 모두 박혁거세 후손 즉, 박씨들이 딸을 줘서 사위 가문이 됩니다. 그러니까 석씨, 김씨 모두 박혁거세의 외손(外孫)이 되는 거죠. 31, 32장은 그 내력을 설명하고 있습니다.

부도지의 신라왕족계보가 삼국사기하고 일치할 뿐만 아니라 오히려 더 자세하기까지 합니다. 부도지에 의하면 세 성씨가 신라의 기틀을 만드는 과정에서 천부를 보전하자는 뜻은 같은데 방법에 대해서는 이견을 보입니다.

먼저 석씨와 김씨가 신라에 합류하여 지배계층으로 자리매김하는 과정을 살펴보겠습니다. 석씨는 동쪽 변방에 부도의 유배된 자들의 후예라고 나와 있습니다. 1대 박혁거세는 거서간(居西干)이라는 칭호를 썼습니다. '거서간(居西干)' 칭호는 유일하게 박혁거세만 썼고, 부도지에는 남해씨(南解氏)라고 나오는데 2대 남해 차차웅(南解次次雄, 재위 AD 4~24)입니다. '차차웅(次次雄)'이라는 칭호 또한 남해씨만 썼는데 차차웅의 의미를 우리나라 사학계는 대체로 무당(巫堂) 비슷하게 해석합니다. 3대 유리부터는 이사금(儒理尼師今, 재위 AD 24~57)이라는 호칭을 씁니다. '이사금(尼師今)'이라는 호칭은 16대 흘해왕까지 비교적 오래 사용되다가 17대 내물왕(奈勿麻立干, 재위 AD 356~402)부터 21대 소지왕(炤知麻立干, 재위 AD 479~500)까지 '마립간(麻立干)'이라는 호칭을 썼고, 22대 지증왕(AD 500~514)부터 '왕(王)'이라는 호칭을 썼습니다.

석탈해(昔脫解)는 4대 이사금(尼師今, 재위 AD 57~80)인데 부도지에는 석탈해가 체격이 크고 지략이 있어서 남해씨, 즉 2대 남해 차차웅이 딸을 주었다고 나옵니다. 그러니까 4대 석탈해 이사금은 2대 남해 차차웅의 사위인 것입니다. 이렇게 석씨가 신라의 지배계층으로 편입되었습니다.

특이하게도 부도지는 탈해, 벌휴라는 이름을 갖게 된 이유를 신라의 정책과 연계하여 설명해 주고 있습니다. 1대 박혁거세 거서간, 2대 남해 차차웅, 3대 유리 이사금까지 박씨 세력은 천부를 보존하는 데 있어서 잘 지키고 방어하자는 정책, 그러니까 서방의 잘못된 도(道)가 들어오지 않도록 방어하고 천부와 복본의 사명을 잘 지키자는 정책을 썼습니다. 굳이 표현하자면 쇄국정책(鎖國政策)이라 할 수 있는 입장이었습니다.

탈해(脫解)는 벗어날 탈(脫), 풀 해(解), 풀고 벗어난다는 뜻으로 박씨의 쇄국정책을 4대 탈해 이사금이 풀었다는 의미라고 합니다. 석씨(석탈해)는 세상이 다 제왕지도를 하여 나라를 세우고 권력을 한 사람에게 집중시켜서 경쟁을 하고 있는데 우리만 이렇게 전통을 고수하고 있다가는 뒤떨어진다고 주장합니다. 결국 대중이 탈해 이사금에게 권력을 위임하여 박씨들의 보수(保守, 지키고 보전함)정책을 풀었으니, 이것이 곧 탈해(脫解)라는 호칭의 의미라고 부도지는 설명하고 있습니다. 석씨 정권은 빗장을 풀고 세상에 발맞추어 나라를 세우고 같이 뛰어들어서 경쟁하자는 정책을 폈습니다. 그런데 이게 너무 과했는지 부도지에는 창과 방패를 많이 사용해서 관내를 평정했다고 되어 있습니다. 아마 내부적으로 반대 세력을 많이 숙청하고 죽인 것 같아요. 무력으로 평정을 많이 하니까 민심을 잃었다고 합니다. 그래서 민심이 다시 박씨에게 돌아갔다고 당시 상황을 설명해 줍니다.

이 시기에 김(金) 씨(세력)가 등장하는데, 삼국사기, 삼국유사에도 탈해 이사금 때 김씨가 신라에 들어와 합류한다고 나옵니다. 김알지(金閼智)라는 인물에 대해서는 흉노에서 왔을 거라는 주장도 있고 흉노인인데 한나라에 있다가 망명해서 왔다는 주장도 있습니다. 또 소호금천씨(少昊金天氏, 황제黃帝의 맏아들, 삼황오제의 한 사람으로 분류하기도 함.)의 후손이라는 주장도 있습니다. 설화에는 박혁거세는 알에서 나왔는데 김알지는 금궤(金櫃), 금으로 된 상자에서 나왔다고 하여 금(金, 김)을 성씨(姓氏)로 삼았다고 합니다.

신라 이후 동아시아의 역사에 보면 이 금(金), 즉 김(金)씨의 나라가 많이 등장합니다. 우리나라의 역사학계에서 이런 것들을 잘 언급하지 않고 오히려 외면에 가까운데요, 교과서에 실려도 될 유의미한 기록들이 있습니다. 발음으로 구분하지 말고 금(金)과 김(金)을 같은 선상에 놓고 보면 안 보이던 것들이 보입니다. 간략히 소개해 드리면 고려 시대 북쪽에는 김(金)나라가 있었습니다. 바로 우리가 아는 금(金)나라죠. 거란이 세운 요나라(遼, 916~1125)를 멸망시키고 일어난 나라가 금(金)나라(1115~1234)입니다. 송나라를 남송으로 밀어내고 여러 유목민족을 복속하여 동아시아의 지배자 역할을 하다가 몽골(元)에 의

해 멸망했습니다. 그런데 세월이 흘러 조선시대 광해군, 인조 시대 동아시아에 금(金)나라가 다시 나타납니다. 누르하치가 세운 후금(後金, 大金國, 1616~1636)입니다. 후금은 청나라(淸, 1636~1912)로 이름을 바꾸고 명나라를 멸망시킵니다. 바로 후금(청나라)의 황성(皇姓, 황족의 성씨)이 애신각라(愛新覺羅) 4글자인데, 이는 곧 애각신라(愛覺新羅), 신라를 사랑하고 신라를 깨닫자는 뜻이라고 합니다. 실제로 청나라의 역사서에도 자신들의 뿌리가 신라라고 기술해 놓았습니다.

**신라왕실의 김씨가 수십 세를 이어 왔고, 금이 신라로부터 온 것은 의심할 수 없다. 금나라 국호 또한 김씨 성에서 취한 것이다. - 흠정만주원류고(청나라 역사서) -**

신라 마지막 왕인 경순왕은 왕건에게 정벌 당한 것이 아니라 스스로 나라를 갖다 바쳤다고 해도 틀리지 않습니다. 천년을 내려온 신라가 멸망했습니다. 그런데 상식적으로 왕건에게 항복하는 것을 반대하는 세력이 없었을까요? 일설에 의하면 허무하게 고려에 복속되는 것을 반대한 신라 자주세력(김씨)이 만주로 가서 금(金)나라, 김(金) 씨의 나라를 세웠다는 것입니다. 청나라 역사서도 기록하고 있는 이런 사실을 알려준다면 얼마나 학생들의 눈이 밝아지겠습니까? 중국의 역사왜곡 프로젝트 동북공정을 타파하는데도 도움이 될 것입니다. 하지만 우리나라 사학계가 이런 내용들을 외면하는 현실이 안타깝습니다. 삼국사기와 한반도라는 지리적 틀에서 벗어나 역사를 탐구하면 놀라운 사실들을 만나리라 생각합니다.

김알지는 석탈해 때 신라에 합류합니다. 부도지에는 지마씨(祇摩氏)가 손녀딸을 주어 아내로 맞이하게 했다, 즉 손녀사위로 삼았다고 나오는데 지마씨(祇摩氏)는 6대 지마 이사금(祇摩 泥師今, 朴氏, 재위 AD 112~134)입니다. 자연히 김씨도 신라의 지배계층으로 합류하게 되었습니다. 이런 과정을 거쳐 박(朴), 석(昔), 김(金) 세 성(姓) 씨의 구도가 만들어졌습니다. 세 성씨의 국가운영 철학, 정치적 입장이 어떻게 다른지 부도지는 설명하는데요, 부도(符都)를 복원하고 천부(天符)를 보전하는 것은 동의한다는 거예요. 다만 그것을 어떤 방법으로 할 것이냐에 대해서는 의견이 조금씩 다릅니다. 박 씨는 처음부터 부도를 복원하겠다는 강력한 의지를 갖고 있는 세력이었습니다. 그렇기 때문에 군이 설명하자면 보수(保守), 원리주의(原理主義)에 가깝다고 할 수 있을 것 같습니다. **"지금 당장 어렵지만 우리가 튼튼하게 방비하여 삿된 도가 들어오지 못하도록 막자. 잘 보존하고 때를 기다리다 보면 언젠가 부도를 온전히 복원하고 인류복본을 이룰 수 있을 것이다. 만약에 이것이 어렵다면 차라리 자결하는 게 낫다."**는 원리원칙의 강경한 입장입니다. 부도지를 저술한 가문 또한 박씨잖습니까? 박씨가 부도의 정통을 이어서 소부도를 재현했다는 자부심이 있는 것 같습니다.

박씨와는 달리 비교적 뒤에 합류한 석씨나 김씨는 열려 있는 입장입니다. 석씨들이 주장하는 바는 이렇습니다.

"다 눈이 하나인데 나만 눈이 두 개가 있으면 오히려 내가 별종이 된다. 우리가 바른 도(道)를 갖고 있지만 고립되면 오히려 바른 도가 이상한 도(道)가 되어 버린다. 그러니까 우리가 왕국을 세우고 왕에게 대권(大權, 큰 권력)을 행사하게 하고 군마(軍馬)를 호령하게 하여 군사 강국이 되어 파죽지세로 옛 부도의 땅을 되찾자. 그다음 부도를 복원하고 뿌리를 제대로 알려 주면 그때 다른 종족들이 따르지 않겠느냐."

먼저 힘으로 되찾고 그다음에 정신을 회복하자는 주장이었습니다. 정신도 좋지만 현실적인 힘을 기르자는 것이었습니다. 이에 왕권을 줄 테니 빗장을 풀고 뜻을 펼쳐 보라는 민심(民心)이 석씨에게 향하여 석탈해가 권력을 가졌는데 너무 많은 무력(武力)을 쓰다가 결국에는 배척(탄핵)당했다고 보면 되겠습니다. 이후 박씨가 다시 정권을 잡아 왕국을 폐지하고 다시 쇄국정책으로 회귀하여 파사(5대), 지마(6대), 일성(7대), 아달리 이사금(8대)까지 박씨 4대가 지났습니다.

이 후로 민심이 다시 석씨에게로 가서 9대 벌휴 이사금(伐休泥師今, 재위 AD 184~196)이 정권을 잡는데 벌휴(伐休)라는 이름은 '정벌(征伐)을 쉰다.'는 의미가 있다고 부도지는 설명합니다. 아마도 쇄국으로 일관한 박씨는 변화가 없으니 민심이 석씨에게 다시 기회를 주지만 과거 과도한 무력을 쓴 전력이 있으니 같은 짓을 하지 말라는 의미였을 것입니다. 이렇게 정권이 이양되는 과정은 신라의 화백제도와 무관하지 않은 것 같습니다. 민심에 따라 나라를 운영했다는 것을 알 수 있고 탈해(脫解), 벌휴(伐休)의 의미를 당시 상황과 함께 알려 주는 유일한 서적, 부도지에 새삼 놀라게 됩니다.

9대 벌휴(伐休) 이사금부터 석씨가 다시 정권을 잡았는데 약속을
어기고 어느새 무력(武力)을 과도하게 써서 민심을 완전히 잃게 되었
습니다. 민심이 중간 입장인 김씨에게 갑니다. 바로 김알지의 7대손
인 13대 미추 이사금(味鄒 泥師今, 재위 AD 261~284)이 김씨로는 처
음 왕권을 갖게 된 것입니다. 그런데 미추씨(味雛氏)가 무능했나 봅
니다.

**서북쪽에서 환란이 계속 일어났으나 한 가지도 제대로 처리되지
못했다.**

일을 제대로 못한 거예요. 이에 김씨가 배척받고 정권이 다시 무력
을 쓰는 석씨에게 갑니다. 석씨들이 3대(14~16대)를 지나면서 또 정벌
을 과도하게 하니, 결국 완전히 배척받아 17대 내물 마립간(奈勿 麻立
干, 재위 AD 356~402)부터 김씨가 정권을 잡아 내려오게 되었습니다.

부도지를 정리하신 박제상 선생은 17대 내물 마립간부터 눌지 마립
간 시대 인물로, 가문에 내려오던 책과 국가에서 보관하던 문서를 보
고 징심록(澄心錄)을 저술하여 삼국사기, 삼국유사에도 찾아볼 수 없
는 신라 초기의 역사를 기록하여 전해 주었습니다.

33장 박제상 선생의 평론 읽어 보겠습니다.

## 제33상 박제상의 평본

오직 근본을 지켜 온 나의 민족은 동해바다에 피난하여 살면서 지키고 방어하며 보전한지 삼백여 년 동안 중론(衆論)을 번복(飜覆)하면서 바깥세상의 어지러운 바람을 살폈으며 거짓으로 떨어진 세상에서도 천부의 진리로 의연하게 지켜 왔음을 알 수 있다.

그러므로 세세토록 이어 온 대중의 여론(중론, 衆論)은 반드시 그 도가 무너지지 않게 하는 것에 근거하였으며, 역대 우두머리들은 자신이 중론(衆論)에 따르지 못하는 것을 두려워하여 능히 과격하지도 약하지도 않게 조절하면서 지키고 보전하여 크게 전하였다.

그리하여 지금 사람들로 하여금 천부의 존재를 들을 수 있게 하였으며, 또 장차 후세 사람들로 하여금 때가 왔을 때 부도를 회복하여 다시 세우는(符都建設) 것을 가능하게 하였다. 앞으로 세상 사람들이 두루 평화롭게 통하며(通和四海) 인류가 복본(人世復本)하여 진리를 밝게 증명(明證眞理)하면 그 당시에 석씨의 주장이 불행 중 다행을 성취하는 게 아니겠는가.

선생은 방법론에서 차이가 있을 뿐 박(朴), 석(昔), 김(金)씨가 모두 부도(符都) 복원과 천부(天符) 보전(保全)을 근본으로 삼았음을 밝히며 언젠가 후손들이 부도(符都)를 복원한다면 그 당시에 석씨의 주장이 틀린 말은 아니었다고 하리라 말씀하십니다. 한마디로 힘을 가져야 한다는 말씀 같습니다. 힘이 없으면 진리를 지키지 못하고 전하지도 못한다는 거죠. 왜 이런 말씀을 하셨을지 추측해 본다면 선생이 생존해 계시던 시대, 4세기 후반부터 5세기 초반의 신라는 아주 혼란스러웠습니다.

고구려를 설득하여 인질로 잡혀 있는 왕자를 구출하였고 이어 일본에 인질로 잡혀있는 왕자를 구출하러 가서 순절을 하였으니 나라의 힘없고 위태로운 상황과 설움을 선생은 온몸으로 느꼈을 것입니다.

당시 상황이 광개토대왕비에 새겨져 있는데, 비문에 의하면 당시 왜(倭)가 신라에 자주 쳐들어왔다고 합니다. 노략질로 신라를 괴롭혔는데 한번은 경주까지 쳐들어와 급히 사신을 고구려에 보내 도움을 요청하였고, 이에 고구려가 군사를 몰고 와서 왜구를 퇴치해 줬다는 기록도 있습니다. 그때인지는 모르겠으나 신라 왕자가 고구려에 볼모로 가게 됩니다. 왜구의 침략과 볼모가 된 왕족을 보며 선생은 무슨 생각을 했을까요?

**"아, 석씨의 주장이 틀리다고 할 수 없구나. 힘이 있어야 하는구나."**

선생은 인류복본의 염원을 전하며 부도지를 마무리합니다.

박제상 선생의 절절한 마음 깊이 공감하며 저 역시 지금 이 시대에 우리가 복본을 완수하면 좋지 않을까 하는 바람을 말씀드리고 싶습니다.

다음 시간에는 정치제도와 관련하여 왕국을 세우는 것과 세우지 말자는 논쟁이 나오는데, 이 부분 간략히 말씀드리겠습니다.

감사합니다.

## 18강

# (보강) 천웅지도 vs 제왕지도,
# 국가란 무엇인가, 권력은 무엇인가,
# 인간은 무엇인가

반갑습니다.

오늘은 보충 말씀을 드리고자 합니다. 부도(符都) 시대 요(堯)는 오행(五行)을 만들어 부도와 대립하고 스스로 제왕(帝王)을 칭했습니다. 신라 초기 박(朴), 석(昔), 김(金) 세 성씨들은 나라(왕국)를 세우는 문제로 논쟁하였습니다.

천웅지도와 제왕지도의 연장선상에서 나라(왕국)을 세우는 것과 세우지 않는 것은 과연 어떤 의미가 있을까요? 드리는 말씀이 정답이라기보다는 이런 의미가 아니겠는가 하는 하나의 견해로 참고해 주시면 좋을 것 같습니다.

먼저 국가란 무엇인가? 권력이란 무엇인가? 더 나아가서 인간이란 무엇인가?라는 근본적인 질문을 바탕에 두고, 여러분에게 질문을 드리겠습니다. 여러분은 권력이 집중되어야 한다고 보십니까? 아니면 분산되어야 한다고 보십니까? 또 세상의 법, 법률은 강제성을 가지는데요, 법을 강하게 해서 규제해야 한다고 보십니까, 아니면 될 수 있으면 법은 최소화 하고 대신 도덕, 양심 등 자율성에 맡겨야 한다고 보십니까?

부도지의 이상향 마고성에서는 권력(權力), 정부(政府, Government)의 형태가 없다고 봐야겠지요? 물론 마고성에 지도자, 어른에 해당하는 존재는 있습니다. 그러나 권력자는 없습니다. 마고성에는 스스로 금지하되 금지하지 아니하는 법(法), 자재율(自在律)이 있었다고 했습니다. 이것은 법(法)이 있다고도 할 수 있고 없다고도 할 수 있습니다. 분명한 것은 강제성이 없다는 것입니다. 도덕과 양심에 의해서 스스로 규제하되 강제하지 않는 이상적인 세계입니다. 마고성이 상상력의 산물이라 해도 어떻게 이런 상상을 할 수 있었는지 그 이면의 철학에 절로 고개가 숙여집니다.

마고성 출성 이후 환웅씨 시대에는 무여율법(無餘律法)이라는 4개 조항의 법(法)이 생깁니다. 고조선시대에는 8개의 법(法)이 있었다고 합니다. 시대가 흐르면서 강제성은 점점 강해지고 강제성을 행사하는 권력도 한곳으로 집중되어 왔습니다.

마고성에서 인간(사회)을 강제로 통제하지 않고 오로지 도덕과 양심(자율성)에 맡긴 것은, 인간이라는 존재를 어떻게 인식했다는 것일까요?

인간이 곧 하느님이다.

인간이 곧 신(神)이다.

인간이 곧 부처(Buddha)이다.

인간은 완전한 존재이다.

이러한 인식일 것입니다.

반대로 자율에 맡겨서는 안 되고, 법(法)을 구체적이고 강력하게 만들어 인간을 통제해야만 사회가 유지된다는 인식은 인간을 어떤 존재로 보는 것일까요?

인간은 지성(만)이 발달한 (고등)동물이다.

인간은 불완전한 존재이다.

마고성 이야기는 인간을 창조주적 존재로, 원래 완전한 존재, 정확하게는 하느님으로 봅니다. 불교식으로는 부처와 같은 존재로 보는 것인데, 우리 민족의 집단무의식에는 이러한 인간관이 기초(基礎)처럼 튼튼히 자리하고 있었습니다. 이를 바탕으로 권력 아닌 권력과 법 아닌 법으로, 나라 아닌 나라라는 공동체를 구성하여 지도자와 구성원이 복본이라는 공통의 목표를 가지고 함께 운영하는 것을 천웅지도(天雄之道)라고 했습니다. 이것이 곧 나라(왕국)를 만들지 않는다는 의미이며, 핵심은 자발성입니다.

전웅지도(天雄之道)에 반대하여 요(堯)가 제왕지도(帝王之道)를 만들었다고 했습니다. 어떤 차이가 있을까요? 공동체라는 형태는 둘 다 가지고 있습니다. 천웅지도도 공동체고 제왕지도도 공동체입니다. 천웅지도를 바탕으로 한 부도(符都)도 나라라고 할 수 있고 제왕지도를 바탕으로 한 당도(唐都)도 나라라고 할 수 있습니다. 부도지는 요(堯)의 당도(唐都)를 설명하면서 이렇게 말합니다.

**땅을 그어서(劃地) 나라를 칭(稱國)하고…**

무슨 뜻일까요? 경계선이 명확하게 있습니다. 내 것과 네 것이 분명합니다. 그 안에 강제적인 권력을 가진 제왕(帝王)이 있습니다.

**핵심은 강제성입니다.**

지금의 관점에서 보면 우리는 이것을 당연하게 '나라'라고 부릅니다. 인간은 어느 순간부터 국가 권력의 강제성을 당연한 것으로 받아들이게 된 것입니다.

임검씨(壬儉氏)가 천웅지도(天雄之道)를 닦아 부도(符都)를 만들었습니다. 요(堯)가 만든 제왕지도(帝王之道)로 우(禹)가 하(夏)나라를 만들었습니다. 부도지 17장과 25장에 있는 제왕지도에 대한 설명을 보겠습니다.

제17장

요가 땅을 그어 나라를 만들고 스스로 중심에 사는 제왕(帝王)이라고 칭하며 부도(符都)에 대립하는 당도(唐都)를 세웠다.

제25장

왕(王)이란 자는 눈이 멀고, 백성은 장님이 되어 어둠이 겹겹이 쌓이게 되었다. 강한 자는 위에 있고 약한 자는 아래에 있어, 왕(王)과 제후(諸侯)를 임명하는 풍습과 백성을 지배하고 괴롭히는 폐해(弊害)가 만연하여 서로 침략하게 되니 살아 있는 생명을 죽게 하며, 한 가지도 세상에 이로운 것이 없었다.

20장, 유호씨가 제왕지도를 꾸짖는 내용을 보겠습니다.

제왕(帝王)이라는 것이 만약 하늘의 권위를 대신하는 것이라면 능히 해와 달을 움직일 수 있어야 할 것이고, 만물을 마음대로 지을 수 있어야 하는 것이 아니겠느냐. 제왕(帝王)은 수(數, 숫자)의 이치를 바로 아는 것이며, 사람이 거짓으로 사칭할 수 있는 게 아니다. 거짓으로 제왕을 칭하게 되면 허망함과 악함에 빠지게 될 뿐이다.

사람의 일은 이치를 증명(증리, 證理)하는 것이고, 세상의 일은 이치를 증명한 사람의 일을 밝혀 주는 것(明其證理之人事也)이니, 그 외에 다른 무엇이 있겠는가?

유호씨가 전웅시도를 설명합니다.

부도(符都)의 법은 하늘의 이치를 밝게 증명하여, 사람으로 하여금 각자가 맡은 바 일을 하게 하여 그 복을 받게 할 뿐이다. 그러므로 이치를 말하는 자와 듣는 자는 비록 먼저와 나중이 있으나(선후는 있으나) 높고 낮음이 있지는 않은 것이다.

중요한 대목이 나옵니다.

주는 자와 받는 자는 비록 친하고 생소한 것은 있겠으나, 끌어들이고 몰아내기를… 들어와라 나가라 하는 것을… 강제로 할 수는 없는 것으로 인간 세상이 평등하며 모든 종족이 스스로 행하는 것이다.

여기서 중요한 것은 무엇일까요? 그렇습니다. 바로 자발성입니다. 그 자발성은 높은 도덕성과 양심을 바탕으로 하며, 개인과 전체의 완전한 조화를 이루는 자유의지를 의미합니다.

강제로 하지 않는다.
선후(先後)는 있지만 위아래가 없다.
모든 종족이 스스로 행한다.

하지만 제왕지도(帝王之道)는 강제적이고 인위적입니다. 이것이 핵심입니다. 천웅지도(天雄之道) 공동체, 부도(符都)는 자발성에 의해서 움직이는 공동체이고, 제왕지도(帝王之道) 공동체, 당도(唐都)는 강제와 폭력으로 움직이는 공동체입니다.

**자발성은 내면의 하느님(양심)을, 강제성은 두려움을 에너지의 원천으로 삼습니다.**

천웅(天雄)과 제왕(帝王), 각각의 지도자에 대해서 설명합니다. 천웅지도(天雄之道)의 지도자 단군(檀君)은 오미(五味)의 책임을 속죄하는 것과 마고성의 회복을 목표로 삼아 공동체와 일을 주관하는 리더입니다. 그리고 의미심장한 대목이 나오죠. 이 자리는 **희생하는 자리라는 것**입니다. 권력을 누리는 자리가 아니라는 것이죠.

오미의 책임을 속죄하는 것과 마고성을 회복하는 것은 언제나 한 사람의 희생으로 주관하는 것이지, 여러 사람의 능력으로 되는 것이 아니다. 그렇기 때문에 이 일은 예로부터 인간 세상의 일(물질적인 일)과 함께할 수가 없었던 것이다. 황궁씨와 유인씨의 예가 그러한 것이다.

인간 세상의 일과 함께할 수 없다(섞일 수 없다, 구분된다)는 것은 인위적이지 않다, 작위적이지 않다는 뜻입니다. (인간 세상에 속하지 않고) 하늘에 속해 있다는 것은 모든 인간의 내면에 계시는 하느님이 만들어 낸 자율성에 기반한다고 해석하고 싶습니다.

천웅지도 공동체의 구심은 단군이고 제왕지도의 구심은 제왕(황제)입니다. 단군은 무엇을 가지고 있을까요? 천부삼인(天符三印)을 가지고 있습니다. 제왕은 옥새(玉璽)를 가지고 있습니다. 하늘(마고성)로부터 받지 못하니 인위적으로 만든 것입니다.

천웅지도의 지도자 단군은 어떻게 그 자리에 갔을까요? 공동체 구성원들에게 추대받습니다. 환단고기의 단군왕검이 그러합니다. 제왕지도의 제왕은 힘으로 쟁취하는 자리입니다. 그러니까 권위에 복종할 것을 강요합니다.

소부도지의 내용입니다.

박혁거세가 비록 경계선을 두고 방비하나 나라를 칭하지 아니하고, 스스로 왕이라 칭하지 않았다. 안을 다스리는 일은 선조들의 법을 지켜서 하고, 부족들의 모임에서 의결되지 않으면 한 가지 일도 사사로이 행하지 않았기 때문에 우두머리를 계승하는 법이 혈족(血族, 아들딸)에 한정할 필요가 없었으며, 현명한 사람을 택하여 우두머리로 삼았다.

천웅지도는 혈통에 국한되지 않았습니다. 그렇기에 석씨에게도 김씨에게도 대권(大權)을 줄 수 있었습니다.

천웅지도야말로 인간이 지향해야 할 이상적인 민주주의 형태 아닐까요? 인류의 극소수가 누리고 살고 있는 지금의 민주주의는 역사가 짧은 만큼 불완전하고 불안정한 상태입니다. 서기 2022년 현재 세계는 오히려 독재와 폭력, 강제가 확산되고 있습니다. 민주주의가 위기라는 말도 나옵니다. 무엇보다 두려운 것은 평등, 자유, 민주보다 독재와 강제력을 지지하는 어리석음이 확산되는 것입니다. 제도적으로는 민주주의 형태를 하고 있으나 탐욕적인 세력이 언론과 제도의 허점을 이용, 국민을 속이고 권력을 탈취하는 교묘한 독재도 있습니다. 그럼에도 불구하고 민주주의라는 정치제도는 인류가 수없는 시행착오 끝에 도달한 역사상 가장 합리적이고 평화로운 시스템임은 분명합니다. 인류는 민주주의를 보완하고 완성시켜야 합니다. 부디 민주주의를 연구하는 학자들은 부도지를 연구하기 바랍니다. 21세기 평화로운 세상을 그리는 사람들도 부도지를 연구하기 바랍니다.

천웅지도에서 지도자와 백성의 관계는 협력 관계입니다. 당장에는 두려움을 기반으로 한 강제적 힘이 강할 수 있지만, 자발성이 만들어 내는 에너지를 능가하기는 불가능합니다. 무엇보다 구성원이 함께 공유하는 공통의 목표는 공동체 발전의 가장 큰 원동력입니다. 그 공통의 목표가 바로 복본(復本)이고 홍익인간 이화세계입니다. 추상적인 이념이 아니라 수천 년 내려온 구체적인 목표였습니다. 이러한 목표와 자발성은 지도자와 백성이 위아래가 아니라 평등한 협력 관계를 만들어 강제성 없이도 공동체가 건강해질 수 있게 된 것입니다. 이것은 오늘날 모든 크고 작은 모든 소식에 적용될 수 있습니다. 작은 모임부터 국가, 국제적 조직까지 공통의 목표가 있어야만 건강하게 유지될 수가 있습니다. 현대용어로는 비전(VISION)이라고 합니다. 20세기 대한민국의 비약적 발전도 이것으로 설명 가능합니다.

전 세계의 많은 학자들은 20세기 대한민국을 두 개의 기적을 이룬 나라로 평가합니다. 그 하나는 한강의 기적이라는 경제발전입니다. 1945년 해방 이후 분단과 6.25로 전 국토가 파괴되어 버린 세계 최하위 극빈국 대한민국에서 희망을 찾는 것은 불가능에 가까웠다고 합니다. 정치적 평가와 별개로 당시 정부가 국민에게 목표를 제시한 것만은 분명합니다. 비록 군대식이었지만 말이죠. 당시 목표는 '잘살아 보자.'는 것이었습니다. 매일 아침 〈잘살아 보세〉 노래가 온 나라에 울려 퍼졌습니다. 경제발전은 리더와 국민의 공통 목표가 되었습니다. 그리고 한국은 세계가 기적이라고 부르는 경제발전을 이뤄 냈습니다. 한국은 세계 여러 개발도상국의 모델이 되었습니다.

또 하나는 민주화의 기적입니다. 헌법에 있는 대로 '국민이 주권을 가진 나라'를 만들기 위해 많은 국민이 희생했습니다. 억울하게 죽은 수많은 희생자들, 그리고 지식인과 학생들이 말 그대로 목숨 걸고 싸웠기 때문에 가능한 일이었습니다. 2021년 미얀마에서는 군부 쿠데타가 일어났습니다. 코로나19 팬데믹 상황에서도 군부에 대한 국민의 저항은 거셌습니다. 민주주의를 위해 목숨 걸고 싸우는 미얀마 국민들은 '국민이 이기면 남한, 군부가 이기면 북한이 된다.'고 말한다고 합니다.

2021년 지구촌 팬데믹도 K-한류의 세계화를 막지 못했습니다. 같은 한민족이라도 북한이 아닌 대한민국이 기적을 이룬 이유는 공통의 목표와 무엇보다 자율성을 보장하는 민주주의가 기초에 있었기 때문임은 명백합니다.

부도지의 천웅지도, 홍익인간이라는 기준에 비추어 볼 때 여전히 우리는 어리석고 탐욕적이며, 이기적인 게 사실입니다. 그러나 지난 100년간 한국이 이룬 성과는 앞으로 21세기에 국조단군의 홍익인간 이화세계, 더 나아가 부도지의 인류복본까지도 가능하리라는 희망을 주기에 충분합니다. 쉽지 않겠지만 그럼에도 희망을 갖는 또 하나의 이유는 21세기 지구촌이 그것을 간절히 원하고 있기 때문입니다. 인류가 자율성에 기초한 평화와 화합의 길로 가지 않는다면 정말이지 공멸의 길밖에는 없기 때문입니다.

지금 대한민국뿐만 아니라 세계를 선도하던 선진국들은 경제발전(자본주의)과 민주화라는 업적 앞에 멈춰 있습니다. 세 번째 길을 찾지 못하고 있습니다. 세계 최강대국 미국도 많은 문제에 봉착해 있고, 자본주의와 민주적 시스템을 일찌감치 완성한 유럽 선진국들은 복지(福祉)라는 사회적 시스템을 적용했지만 이 또한 완전한 인류모델이라 하기에는 부족합니다. 과거 자유-공산 진영 간 냉전종식은 다극화로 재구성되었고, 최근 러-우크라이나 전쟁의 여파는 지구촌 평화와 생존까지 위협하고 있으며, 제왕지도에 기반한 21세기 중국의 패권주의는 지구촌을 불편하게 만들고 있습니다. 이념갈등과 전쟁이 극소수의 누군가에게는 막대한 권력과 이익을 보장하기 때문이겠지요. 인류는 여전이 갈피를 못 잡고 위태롭습니다.

다행한 것은 우리에겐 산업화와 민주화 이후에도 명확한 목표가 있다는 것입니다. 바로 통일입니다. 통일을 한반도의 전쟁 등 위협요소 제거는 물론이고 경제발전뿐만 아니라, 한민족이 홍익인간의 비전을 회복하여 세계 평화를 선도하는 공동체로 재도약하는 과정으로 만들어야 합니다. 그렇게 하기 위해선 지극히 당연하게도 피를 동반한 통일이 아니라 평화통일이어야 합니다. 힘이 없어서 대화를 하는 것과 힘이 있기에 대화하는 것은 완전히 다른 차원입니다. 다행히 우리는 힘이 있습니다. 대한민국이 나아가야 될 세 번째의 공통의 목표는 평화통일이고, 연장선상에서 동북아 평화, 지구촌 평화라는 네 번째, 다섯 번째 목표를 이어 설정해야 합니다. 지구상의 모든 국가와 인류가 물질적 풍요와 민주적 절차 위에서 각자의 도덕과 양심이 살아나 평화로운 지구촌문명을 향하게 한다면 그것이야말로 복본(復本)이 아닐까요?

민주주의가 중요한 이유 중 하나는 인간이 주인(하늘)이 되는 세상과 가장 부합하기 때문입니다. 천웅지도의 자발성과 가장 흡사하기 때문입니다.

개인도 꿈이 있을 때 인생이 희망차고 행복할 수 있습니다. 꿈은 어떤 어려움도 극복을 할 수 있는 원동력이 되는 것을 우리는 잘 알고 있습니다. 기업도 목표가 있어야 되고 국가와 민족이라는 공동체도 목표가 있어야 건강한 모습으로 지속 발전이 가능합니다. 인간이라는 존재는 건전한 꿈과 이상이 없다면 육체의 쾌락 등 감각적인 것에 잠식당하기 쉽습니다. 열등감과 우월감 사이에서 남과 비교하며 인정받기 위해 발버둥 치다 인생을 낭비하기 쉽습니다. 타인과 경쟁하는 꿈도 좋지만 이왕이면 타인의 행복이 목표가 되는 꿈이면 더욱 좋지 않을까요? 이것이야말로 모든 성인(聖人)의 꿈이었습니다.

기독교는 원수도 사랑하라 가르칩니다. 불교는 중생구원이라는 최고의 목표를 설정합니다. 수많은 종교와 성인(聖人)이 출현하기 수천 년 전에 이미 우리 국조께서는 '홍익'이라는 이름으로 이 모두를 포용하는 가르침을 주셨습니다. 단언컨대 이러한 이상(理想)이 없었다면 인류는 진작에 자멸했을 것입니다. 누군가는 이 꿈을 품고 있기에 인류라는 종은 존속하고 있습니다.

홍익인간, 복본이라는 꿈과 이상, 목표, 비전. 이것이야말로 단군조선이 2천 년간 자발적으로 유지된 원동력이었습니다. 목표가 없으면 잠시도 유지되기 어렵기 때문에 제왕지도에도 목표가 있습니다. 정복을 한다든지, 지배를 한다든지, 권력을 나눠 주든지, 타인 위에 내가 있다는 우월감에 도취된 욕망이 제왕지도를 관통합니다. 왕은 귀족에게 우월감을 느끼고 귀족은 평민에게 우월감을 느끼고 평민은 천민에게 우월감을 느낍니다. 우월감과 열등감은 동전의 양면 같습니다. 자기 자신을 찾지 못한 채 타인과의 비교하는 삶은 동전을 손에 쥔 채 울고 웃고 분노하고 탐욕할 뿐입니다. 요가 부도에 반대하고 제왕지도의 당도를 만든 것은 단군왕검에 대한 열등감이 아니었을까요? 우월감을 느끼고 싶었기 때문 아니었을까요?

지금 인류가 극복해야 할 것 중 하나는 우월감입니다. 가진 자는 우월감을 해결해야 하고 가지지 못한 자는 열등감을 해결해야 합니다. 타인과의 비교로 행복을 얻으려는 알고리즘을 뇌 속에서 삭제할 때 오랜 감옥에서 해방되어 진정한 자유를 얻을 수 있을 것입니다.

인류는 이념의 노예가 되어서는 안 됩니다. 좌익, 우익이라는 프레임에 아직도 많이 갇혀 살고 있습니다. 우리는 좌익도 아니고 우익도 아니고 홍익이 되어야 합니다.

홍암 나철 선생께서 말씀하셨습니다.

### 식음적청 홍익이화(食飮赤靑 弘益理化)

앞으로 우리 민족의 홍익정신이 크게 부활하여 좌익과 우익사상을 다 먹고 마셔서(초월하여) 홍익인간 이화세계를 이루게 될 것이라는 말씀입니다. 엄밀히 보자면 지금 세상에는 좌익과 우익보다는 독재와 민주가 있을 뿐입니다. 세상에는 권력이 집중이 돼 있는 형태가 있고 분산이 돼 있는 형태가 있을 뿐입니다. 인류는 오랫동안 권력이 집중된 세상에서 살아왔습니다. 시민혁명이 일어나고 의회가 출현하면서 권력이 분산되기 시작했습니다. 그러나 민주주의가 완성되려면 우리 각자, 개인의 의식이 높아져야 됩니다. 이기적이고 욕망에 빠져 있는 의식에서는 절대 민주주의를 할 수가 없습니다. 우리 각자가 홍익인간이 되어야 합니다. 백범 김구 선생도 우리나라 남녀가 모두 성인(聖人)

이 되어야 한다고 하셨습니다. 우리 개개인이 성인(聖人)의 수준에 이르지 않으면 진정한 민주주의는 불가능합니다.

우리 민족에게는 인간이 곧 하느님이라고 하는 정신이 있었습니다. 인간이 곧 하느님이고, 인간이 곧 부처님이고, 인간이 곧 신(神)인 상황에서 인간은 비로소 민주주의를 완성시킬 수가 있을 것입니다.

여러분 양심과 도덕이 완전히 회복된 성인(聖人)이 되시기 바랍니다.

감사합니다.

19강

# (보강) 우리 역사, 어떻게 볼 것인가, 부도지관점 - 홍익사관, 복본사관(史觀)

반갑습니다.

이번 시간은 부도지 19번째, 보충 시간입니다. 오늘의 주제는 사관 (史觀)입니다. 역사를 보는 관점, 역사를 보는 눈, 역사를 보는 방식, 기준이라고 할 수 있겠습니다.

우리는 역사를 과연 어떻게 봐야 될까요? 세상에는 역사를 보는 여러 가지 다양한 관점이 있습니다. 단재 신채호 선생, 백암 박은식 선생 같은 분들처럼 민족의 관점에서 역사를 보는 것이 민족주의사관입니다. 또 식민사관이 있다고 합니다. 일제가 한국을 식민지로 지배하기 위해 일본을 높이고 한국인에게 열등감과 패배의식을 심어 주기 위한 사관입니다. 실증사관도 있고요, 공산주의 유물론적사관, 프로레탈리아 계급의 관점에서 역사를 보는 사관이 있습니다. 세상에는 이처럼 역사를 보는 다양한 관점이 존재합니다.

그렇다면 우리 한민족은 어떻게 역사를 보는 것이 옳을까요? 저도 개인적으로는 민족주의자라고 자처하지만 민족주의와 국수주의를 구분하지 못하고 오히려 동일시하는 사람들이 많은 게 현실입니다. 그래서 오히려 민족주의라는 단어가 심각하게 오염되어 정화가 거의 불가능한 지경이지요. 오염되지 않은 진정한 의미의 민족주의사관을 가져야 합니다. 이것을 홍익사관(弘益史觀) 또는 복본사관(復本史觀)이라고 부르고 싶습니다. 홍익사관은 말 그대로 홍익의 관점에서 역사를 보는 것입니다. 단군의 눈으로, 단군의 관점에서 역사를 봐야 합니다. 우리 민족의 첫 시작을 홍익으로부터 보는 것입니다. 우리 민족의 첫 시작을 복본의 염원에서부터 보는 것입니다. 한민족 연합, 단군민족 공동체는 홍익인간 이화세계, 복본이라는 목적을 위해서 만들어졌다는 것을 기준으로 세우고 우리 역사를 보는 것입니다. 부도지에는 복본(復本), 홍익인세(弘益人世)라고 했고, 환단고기나 삼국유사는 우리 민족의 첫 시작을 홍익인간(弘益人間)으로 기술하고 있습니다. 환단고기에 의하면 배달국 제1대 거발환 환웅이 3천의 무리와 삼위태백으로 떠날 때 환인에게 천부삼인과 '널리 인간을 이롭게 하고 만대에 크게 모범을 세우라.'는 사명을 받는 장면이 있습니다. 우리 민족을 배달의 민족이라고 하는데 배달국 환웅 시대부터 홍익인간이라는 목표를 가지고 찬란한 역사가 시작되었던 것입니다. 이러한 홍익사관으로 우리 역사를 보면 어떻게 해석이 될까요?

처음 홍익인간, 복본의 정신이 태동되어 단군조선 제47대 고열가단군////시 홍익이라는 위대한 복표, 인류복본이라는 원대한 목표가 살아 있던 시대가 있었습니다. 그런데 어떠한 이유로 위대한 사명과 원대한 목표를 잃어버리게 되었습니다. 홍익공동체연합, 고조선은 외세침략으로 멸망을 한 것이 아니라 스스로 문을 닫습니다. 공동체를 세운 목표를 잃어버렸기 때문이었습니다.

이후 북부여를 거쳐서 고구려, 백제, 신라 삼국시대로 접어듭니다. 고구려를 세운 고주몽(추모)의 연호가 환단고기에는 다물(多勿)이라고 나오는데, 되물린다, 되찾는다는 의미를 가지고 있다고 합니다. 많은 분들이 다물을 잃어버린 옛 영토를 되찾는다고 해석하는데 틀린 말씀은 아니겠지만, 되찾는다는 것에 홍익인간, 복본의 사명도 포함되어 있으리라 해석하고 싶습니다. 백제는 스스로 남부여라 했고 지금도 충청도에 가게 되면 부여라는 지명이 남아 있습니다. 고조선의 맥을 이은 것입니다. 결과적으로 영토는 고구려가, 정신은 신라가(불교 수용이후 논란이 있지만), 해상은 백제가 거의 회복한 것 같습니다.


단군조선이 문을 닫은 이후 첫 번째로 일어난 역사의 흐름은 홍익정신을 되찾고자 하는 의지가 강한 세력이 주도합니다. 본능에 의한 것인지 교육을 받아서 그랬는지는 모르겠지만 우리의 DNA 속 집단무의식에 되찾겠다는 의지가 본능적으로 살아 있었던 것입니다. 이를 **복본(復本) 세력**이라고 하겠습니다.

그러나 점차 시간이 흐르면서 우리 민족의 내부에 반대 세력이 나타납니다. **사대주의(事大主義) 세력**이었습니다. 힘들게 잃어버린 것을 되찾기보다는 중국이든 일본이든 강대국에 복종하면서 기득권을 가지려는 세력이었습니다. 사대주의는 반드시 백성을 핍박합니다. 명나라든 청나라든 강한 나라에 사대할 때, 지배계층은 과연 백성을 위해서 사대했을까요? 아니겠죠. 자신들의 기득권을 위해서 사대했던 것입니다. 일제에 나라를 팔아넘긴 세력은 지배계층이었습니다. 그 대가로 기득권을 쥔 자들은 일제강점기 내내 특권을 누리며 동족을 팔았습니다. 본인 자식은 빼고 힘없는 학생들에게는 위안부와 학도병에 자원하라고 선동하였습니다. 부자는 전투기를 헌납하고 지식인과 예술가는 일왕과 일제를 찬양하는 글과 그림을 쓰고 그렸으며, 노래를 불렀습니다. 사대주의 지배계층은 복종하는 마음의 반대편에서 자라난 열등감과 굴욕감을 동포를 핍박하고 착취할 때 느끼는 우월감으로 보상받았습니다. 사대주의는 반드시 이 패턴이 있기 때문에 반드시 청산해야 합니다.

단군조선이 막을 내린 후, 처음에는 복본(復本) 세력이 역사를 주도하는 주류(主流)였으나, 오랜 세월 힘을 키우고 기회를 보던 사대 세력은 어느 순간 복본 세력을 누르고 역사의 전면에 주류 세력으로 등장하였습니다. 대략 네 번에 걸쳐 복본 세력과 사대 세력은 주도권 싸움을 하였는데, 사대 세력이 앞에 세 번을 승리하여 역사의 주도권을 쥐게 되었고, 복본 세력은 겨우 명맥만 유지하게 되었습니다. 마지막 네 번째 복본 세력이 기적처럼 되살린 불씨가 오늘 우리 시대까지 오게 되었습니다.

사대 세력이 주류로 부상한 첫 번째 사건은 신라가 당나라를 끌어들여서 고구려, 백제를 멸망시키고 삼국통일이라 부르는 역사를 만든 것이었습니다. 외세를 끌어들여서 동족을 멸망시킨 배신의 결과로 당나라 군대가 비로소 이 땅에 들어오게 되었고 사대주의는 비로소 싹을 틔우게 되었습니다. 외세에 의존하여 이익을 취하는 선례가 만들어졌습니다.

두 번째 사건은 단재 신채호 선생이 《조선사연구초》에서 '우리 역사 1천 년 내 대사건'이라고 지목한 고려시대 묘청(妙淸 ?~1135)의 난(亂)이었습니다. 금(金)나라는 고려에게 형제 관계를 맺자면서 형을 자처했습니다. 묘청은 서경 천도와 금을 정벌할 것, 칭제건원(稱帝建元, 황제국을 칭하고 연호를 쓸 것)을 주장한 반면 김부식 등 개경 귀족들은 칭제건원을 반대하고 금나라에 대한 굴욕(사대)도 감수할 것을 주장했습니다. 서경파인 묘청은 민족주의 세력을, 개경파인 김부식(1075~1151)은 사대주의 세력을 대표하였습니다. 결국 유교 사대주의 세력인 김부식 일파에게 묘청세력이 무너지면서 사대주의 세력은 비로소 우리 역사의 주류로 등장했습니다. 일제가 식민지를 공고히 하기 위해 조선사편수회를 만들어 역사를 재단했듯이 김부식 역시 삼국사기를 저술해 사대주의사관으로 역사를 재단하였습니다. 단재 신채호 선생이 묘청의 난을 우리 역사 1천 년 내에 가장 애통한 사건이라고 한 이유는 무엇이었을까요? 이 사건으로 민족주의 세력은 괴멸되었고 이후 역사에서 비주류로 전락했기 때문이었습니다.

세 번째 사건은 고려 말 이성계의 위화도 회군이었습니다. 고려는 철령 이북의 땅을 두고 명나라와 영토분쟁 중이었습니다. 명나라를 치기 위해 출병한 이성계 군부는 말머리를 돌려 창칼이 고려를 향하게 합니다. 이성계를 중심으로 신진사대부들이 조선을 건국하면서 유교와 명나라에 대한 사대주의를 국시(國是, 국가 정책)로 선포합니다. 조선을 건국한 사대주의 세력 역시 역사를 재단하였는데, 이 땅에 복본 세력이 자라나지 못하도록 조선 건국 이후 100여 년에 걸쳐 고대 역사서를 말살합니다. 이후 명맥만 겨우 잇던 민족주의 복본 세력은 나라의 위기 때마다 의병이 되었습니다.

명나라에서 청나라로 사대의 대상을 바꾸며 500년을 이어 온 조선후기 주변 정세에 큰 변화가 생겼습니다. 이전에는 중국에만 사대를 하면 되었는데 명치유신으로 급성장한 일본과 러시아, 미국, 프랑스, 영국이 군함을 몰고 와 문을 두드립니다. 조선을 가운데 놓고 미, 일, 중, 러 4대 강국이 다투는 형국이 되었습니다. 조선은 이제 어디에 사대를 해야 할까요? 지배계층은 혼란에 빠집니다. 자주독립을 주장하는 목소리도 있었지만 힘이 없었습니다. 흥선대원군의 쇄국정책이 무너지자 지배계층 내부에서는 하던 대로 청나라에 사대를 하자는 친청파(민씨 세력)를 중심으로 친러파, 친일파가 생겨났습니다. 한편 사대주의 지배계층이 분열하고 외세의 침입으로 혼란한 와중에 소외됐던 백성들 사이에서 민족주의 세력이 일어납니다. 동학(東學)이었습니다. 임오군란(1882) 당시 청나라를 끌어들여 구식군대를 제압하고 기득권을 지키는 데 성공했던 민씨 정권은 동학혁명(1894)이 일어나자 또다시 청나라에 군대를 요청합니다. 외세를 끌어들여 백성을 죽이는 배신의 역사가 또 한

번 새현된 것입니다. 그러나 이번에는 이전과 달랐습니다. 청국군(淸國軍)이 한반도에 들어오자 텐진조약(1885)을 빌미로 일본군이 따라 들어온 것입니다. 한반도에서 만난 두 나라 군대는 전쟁을 하고(청일전쟁, 1894~1895), 승리한 일본군은 미국에서 수입한 최신 기관총으로 동학농민군을 무자비하게 학살한 뒤, 왕궁을 점령하고 왕비를 살해합니다(을미사변, 1895). 일본의 조선 점령이 거침없이 진행되던 어느 날, 고종은 러시아 공사관으로 야반도주(아관파천, 1896)합니다. 조선은 오랜 사대의 대상이었던 청나라를 버리고 러시아에 의지하여 재기할 기회를 엿봅니다. 일본과 러시아가 힘의 균형을 이루는 사이, 대한제국(1897)의 재기는 성공하는 듯했습니다. 그러나 러일전쟁(1905)에서 승리한 일본이라는 태풍에 대한제국은 8년 만에 무너져 내립니다. 더구나 미국과 영국이 노골적으로 일본을 지지하자 조선은 더 이상 기댈 데가 사라져 버렸습니다. 사대의 대상이 일본밖에 남지 않게 되자 이완용 등 친일파는 기득권을 얻는 대가로 나라를 팔아 넘겼습니다.

네 번째 사건은 복본 세력의 반격이라고 볼 수 있습니다. 이들은 사대 세력이 일본에 나라를 넘기기 직전, 기적처럼 일어난 동학, 그리고 대종교였습니다. 결과적으로 동학은 실패하였고 나라는 망했지만 곧이어 단군과 홍익인간을 전면에 내세운 복본 세력이 일어나 기적처럼 복본의 불씨를 살려 냈습니다. 홍암 나철의 단군교(이후 대종교)가 단군 중심으로 민족의식을 복원하여 독립운동의 기틀을 마련합니다. 단군정신은 신흥무관학교, 북로군정서 등 항일무장투쟁뿐만 아니라 신채호, 박은식의 국사(國史), 주시경의 국어(國語) 등 국학운동으로 한 민족의 정체성을 잃지 않게 하였고, 임시정부로 이어져 향후 대한민국의 기초를 놓습니다.

임시정부 주석 백범 김구 선생은 10대 시절 동학인이었고 한 때 불교 승려였으며 기독교인이기도 했습니다. 그러나 백범은 다른 나라, 종교의 성인(聖人)이 만든 나라가 아무리 좋아도 우리 민족이 만든 나라가 아니면 가지 않겠다고 하면서 단군과 홍익인간 정신으로 아름다운 나라, 문화강국을 만들 것을 당부하였습니다. 상해 임시정부(백범)가 주도한 윤봉길 의거(1932)는 광복의 실질적인 전환점을 만들어 냈습니다. 윤봉길 의사에게 감명을 받은 국민당 장개석 정부는 임시정부 활동과 한국광복을 전폭 지원해 주었고, 카이로회담과 포츠담회담에서 2차 대전 후 한국이 광복할 수 있도록 역할을 해 주었습니다. 물론 장개석 국민당정부의 지원이 100% 순수한 의도는 아니라고 보는 관점도 있지만 당시 임시정부로서는 마다할 이유도 다른 선택지도 없었다는 건 분명합니다. 이유야 어쨌든 그가 미국, 소련, 영국 등 2차 대전 승전국들 사이에서 한국 독립을 요구한 것은 분명한 사실입니다. 실제로 일본은 항복협상에서 식민지 한국을 끝까지 포기하지 않으려 했습니다.

1945년 8월 15일, 기적처럼 광복을 맞이했지만 사대 세력(친일파)은 미군정을 향해 재빨리 태세를 전환하여 기득권에 방해되는 독립운동 세력을 좌익으로 몰아 숙청합니다. 극심한 혼란과 이념갈등 속에 남북은 분단되었고 이어진 6.25로 이 땅과 사람들은 폐허가 되었습니다. 그러나 이 모든 상처를 딛고 일어난 대한민국은 2021년, 국제사회에서 공식적인 선진국으로 인정받기에 이릅니다. 역설적이게도 남북의 대치는 긴장만 조성한 것은 아니었습니다. 분단은 서로에 대한 경쟁심을 일으켜 독재 권력도 경제발전에 매진하게 했습니다. 많은 지식인이 사회적 의무를 외면하지 않고 희생한 덕분에 민주화도 이뤄 냈습니다.

그러나 여전히 민족 세력은 역사의 흐름 속에 당당히 주도권을 갖지 못하고 구석에 고여 있습니다. 단군은 신화(神話)로, 홍익인간(弘益人間)은 추상적이라는 이유로 교육법에서조차 내쳐질 위기에 처해 있습니다. 종교, 사상계뿐만 아니라 정치 경제 문화 모든 분야에서 설 자리를 찾지 못하고 있습니다. 세계평화를 지향하는 홍익인간 민족주의와 20세기 초 서구열강의 국수주의도 구분하지 못하는 어설픈 지식인들은 단군과 홍익인간 정신을 고루하고 구시대적이며 세계화에 방해되는 것으로 폄하하고 있습니다. 특히 역사학계에서는 식민사학 세력에 밀려 목소리를 내지 못하고 있습니다.

복본(復本)의 세력은 여전히 비주류이지만 천손의 DNA와 한민족의 집단무의식 안에 잠들어 있는 복본의 염원, 홍익의 사명은 반드시 깨어날 날이 있을 것입니다. 아니, 어쩌면 이미 깨어났을지도 모릅니다.

자신이 누구인지 기억해 내는 데 부도지가 도움이 되셨기를 바랍니다.

감사합니다.

20강

# (마무리 말씀) 세계의 종교사상이 한국에 온 이유는? 모든 종교사상이 꽃피는 나라

반갑습니다.

이번 시간 말씀드리면서 부도지 강의를 마무리하고자 합니다. 주관적인 견해라는 점 또한 미리 말씀드립니다.

말씀드릴 주제는 '세상의 모든 종교와 사상이 한국에 들어온 이유'입니다. 거창하지요? 우리나라, 한반도, 그리고 우리 민족은 독특한 문화적 양상을 가진다고 합니다. 대륙 세력과 해양 세력의 한가운데에 위치해 있는 지리적 영향도 분명히 있겠지만 지구상의 어떤 나라도 한국보다 세계 모든 종교가 다 들어온 나라는 없습니다. 그리고 세계 모든 사상이 다 들어온 나라도 없습니다. 우리나라, 우리 한반도는 세계 모든 종교와 사상이 다 들어왔고 꽃을 활짝 피웠습니다. 그 이유는 과연 무엇일까요?

잘 아시다시피 불교가 들어온 지 1,700여 년이 되었습니다. 유교도 비슷하게 들어와서 오랜 전성기를 보냈습니다. 200여 년 전에는 기독교가 들어왔습니다. 가톨릭에 이어서 개신교가 들어왔습니다. 이후 자본주의가 들어왔고 또 한편에서는 공산주의가 들어왔습니다.

불교는 한국에 들어와서 정말로 꽃을 활짝 피웠습니다. 고구려, 백제, 신라, 발해, 고려까지 불교의 전성기를 보냈습니다. 원효 대사나 의상 대사처럼 중국 불교에 큰 영향을 준 고승들도 많았습니다. 신라의 김교각 스님은 중국에서 지장보살로 지금도 신앙되고 있습니다.

유교는 삼국시대 이후 고려시대 성리학이라는 이름으로 신진 세력을 형성하였고 조선왕조 500년 동안 전 세계에서 최고, 최장의 유교국가를 이루었습니다. 공자를 모신 대성전과 성균관, 서원을 비롯해 지금도 지리산 주변에는 사서삼경을 가르치는 서당이 많이 있습니다.

경제발전으로 자신감을 얻은 중국은 국가 정책으로 세계 곳곳에 공자학원을 만들었습니다. 그런데 만약 한국 성균관이 없었다면 공자학원은 만들지 못했거나 내용이 부실해졌을 것이라는 말이 있습니다. 중국은 과거 문화대혁명(1966~1976)이란 이름으로 자신들의 문화유산을 파괴하고 지식인을 죽였습니다. 그 결과 유학과 유학자들이 전멸 상태에 이르렀다고 합니다. 시간이 흘러 유교를 다시 살리기 위해 중국 정부는 한국 성균관에 학자를 파견합니다. 우리나라에서 유교를 배워 간 것입니다. 우리나라는 세계 어느 나라보다 유교를 활짝 꽃피웠던 것입니다. 또 기독교는 아시다시피 가톨릭이나 개신교 할 것 없이 한국에 와서 크게 흥하게 되었습니다. 가톨릭은 서학(西學)이라는 이름으로 들어와서 처음에는 박해도 받았습니다. 그러나 지금 한국 가톨릭은 세계적 수준으로 성장했습니다. 고(故) 정진석 추기경 말씀처럼 아시아에서 로마 송금액이 제일 많은 나라가 한국(가톨릭)이라고 할 정도로 크게 꽃피우고 있습니다. 개신교는 말할 것도 없습니다. 유럽의 교회는 문을 닫고 있는데 세계에서 가장 큰 교회는 한국에 있다는 말이 있을 정도로 한국 교회는 세계적인 연구 대상이 되었습니다. 구한말 미국과 유럽의 선교사들이 한국에 기독교를 전해 준 이래 오히려 종주국을 능가하는 놀라운 확장세를 보이고 있습니다. 선교사들도 깜짝 놀란 1907년 평양대부흥회를 시작으로 열광적인 한국교회의 기도 문화와 해방 후 정부의 친화정책은 기독교가 꽃을 피우는 데 일조했습니다.

자본주의는 말할 것도 없습니다. 대한민국은 자본주의를 받아들인 이래 어느 나라보다 급성장하여 자본강국, 경제강국이 되었습니다. 남들이 다 내린 공산주의 깃발을 아직도 펄럭이며 고수하는 나라도 한반도에 있습니다. 과연 공산주의가 맞는가? 하고 깊이 들어가면 논란이 있지만 말이죠. 불교, 유교, 기독교 등 세상의 대표적인 종교와 이념사상이 이 땅에 와서 꽃을 피우고 전성기를 구가하면서 나름의 족적을 남겼습니다.

그렇다면 전 세계에 있는 모든 종교와 모든 사상이 한반도에 와서 꽃피운 원동력은 무엇일까요? 무엇이 그것을 가능하게 했을까요? 그것이 민족성이라면 그것은 도대체 어떤 것일까요?

불교, 유교, 기독교, 자본주의, 공산주의 등 모든 종교, 사상을 꽃과 나무에 비유한다면 우리 민족의 토양은 무엇을 심어도 잘 자라는 비옥한 땅이라고 말씀드리고 싶습니다. 어떤 것을 심어도 꽃을 활짝 피울 수 있는 토양을 가진 민족이라는 것입니다. 그 토양은 무엇이기에 그토록 비옥한 것일까요? 이 강의 처음부터 끝까지 말씀드리고 있는 '홍익(弘益)' 말고는 답이 없을 것입니다. 홍익(弘益)이라는 민족성의 토양에서 불교, 기독교, 유교, 공산주의, 자본주의가 각자의 꽃을 크게 피울 수 있었던 것입니다.

이와 관련하여 신라시대 대학자 최치원(崔致遠, 857~908?) 선생이 남긴 글을 함께 보겠습니다.

**국유 현묘지도 왈풍류(國有 玄妙之道 曰風流)**

'나라에 현묘한 도가 있으니 풍류라 한다.'

**설교지원 비상선사(設教之源 備詳仙史)**

'이 가르침의 근원은 선사(仙史)에 자세히 나와 있다.' 여기서 말하는 선사(仙史)는 선가(仙家)의 역사서입니다. 유가(儒家)의 역사서가 있고, 불가(佛家)의 역사서가 있고, 선가(仙家)의 역사서가 있는데, 선가(仙家)의 역사서는 무엇일까요? 삼국사기에도 보면 단군왕검(檀君王儉)을 선인왕검(仙人王儉)이라고 써놨죠. 환단고기, 규원사화, 부도지 등을 선가사서(仙家史書)라고 볼 수 있겠습니다.

## 실내 포함삼교 접화군생(實乃 包含三教 接化群生)

이 구절이 핵심입니다. '삼교(三教), 즉 유교, 불교, 도교 3가지 가르침을 포함하는 가르침이 이미 우리나라에 있어서 뭇 백성들을 교화하였다.' 유불도(儒佛道) 세 가지 가르침을 모두 포함하는 우리나라의 가르침이 무엇일까요? 단군의 홍익사상밖에는 생각할 수 없습니다. 홍익사상의 핵심은 천부경입니다. 고대 문자 녹도문으로 된 천부경을 한자(漢字)로 번역하여 전한 이가 최치원 선생입니다. 선생은 유교뿐만 아니라 불교와 도교가 이 땅에 들어오기 전에 있었던 천부경 등 우리 민족의 전통사상에도 정통한 인물이었음을 알 수 있습니다.

뒤에는 보충 설명을 하고 있습니다.

## 차여입칙효어가 출칙충어국 노사구지지야(且如入則孝於家 出則忠於國 魯司寇之旨也)

'효도하고 충성하는 것은 공자의 도, 유교와 같고,'

## 처무위지사 행불언지교 주주사지종야(處無爲之事 行不言之教 周柱史之宗也)

'무위로써 행하고 말없이 가르치는 것은 노자, 도교의 가르침과 같고,'

**제악막작 제선봉행 축건태자지화야(諸惡莫作 諸善奉行 竺乾太子之化也)**

'악(惡)을 막고 선(善)을 행함은 석가모니의 가르침, 불교와 같다.'

불교는 자비(慈悲)를 말합니다. 유교는 인(仁)을 말합니다. 기독교는 사랑을 말합니다. 노자는 무위자연(無爲自然)를 말합니다. 자본주의는 자유(自由)를 말합니다. 공산주의는 평등(平等)을 말합니다. 그런데 이 모두를 포함한 사상이 한민족에게 이미 있었다는 것이 중요합니다. 이것은 결코 우월감을 가지자고 하는 말씀이 아닙니다. 원래 있는 것을 알 때 이 땅에 들어온 모든 종교사상을 하나로 연결할 수 있고, 하나로 연결했을 때, 한반도 문제뿐만 아니라 전 세계 종교, 사상, 이념 등 인류의 분쟁과 갈등을 해결할 수 있기 때문입니다.

한 단계 나가서 질문을 해 보겠습니다.
그렇다면 전 세계에 있는 모든 종교와 사상이 우리 한민족에 온 이유는 무엇일까요? 한국이 미개해서 교화시키려고? 한국인에게 진리를 가르쳐 주기 위해서? 종교나 사상을 전하는 입장에서는 이렇게 생각했을지도 모릅니다. 종교나 사상을 받아들인 사람들도 비슷한 생각이었을지 모릅니다. 조선시대 유학자들 사이에서도 비슷한 논쟁이 있었습니다. 우리나라는 기자(箕子)가 와서 교화(敎化)시켰다는 사대주의적

입장과 기자(箕子)가 오기 이전에 이미 단군(檀君)에 의해 교화(教化, 문명화)되어 있었다는 자주적 입장이 있었습니다. 그러나 그것이 우리에게 이미 있었음을 안다면 우리에게 들어온 종교와 사상이 본래 우리 것을 깨우기 위한 촉매 역할은 했을지언정 미개한 한민족을 교화시키기 위해서라고 해서는 안 될 것입니다.

저는 오늘 새로운 관점의 전환을 시도해 보고자 합니다. 세상의 모든 종교와 사상이 우리 한반도 우리 한민족에게 온 이유는 바로 천부(天符)를 만나서 완성(完成)되기 위해서라고 말이지요. 이 말씀은 논란의 여지가 있을 수 있습니다. 그렇다면 우리나라에 온 종교사상은 완전하지 않다는 말인가? 기분이 좋지 않을 수도 있을 것 같습니다. 상당히 민감한 말씀이 될 수 있기에 자세한 말씀보다는 몇 가지 예로 말씀드리겠습니다. 유교는 효(孝)와 충(忠)을 중요하게 여깁니다. 인간이라면 당연히 부모에게 효도하고 나라에 충성을 해야 한다는 것이 공자의 유교사상입니다. 그런데 여기에 빠져 있는 것이 있습니다. 충(忠)만 놓고 봅시다. 백성이 충성(忠誠)하는 나라는 어떤 나라여야 할까요? 다른 나라를 침략하고 세상에 해악을 끼치는 나라여도 충성해야 할까요? 유교는 충성받을 자격에 대해서는 말하지 않습니다. 바로 이것이 유교가 놓친 몇 %의 불완전성입니다. 물론 유교에서는 임금과 신하가 어짊[仁]으로 백성을 교화하라는 사상이 있습니다만 사실상 그런 역사는 찾아보기 어렵습니다. 백성에게 충성(忠誠)받을 자격 있는 나라는 홍익인간(弘益人間)의 나라여야 합니다. 유교는 홍익인간 이화세계사상을 만날 때 비로소 완성될 수 있습니다.

기독교가 아시아에 전해질 때 바이블(Bible)을 성경(聖經)이라고 번역했고, 여호와 신(神)을 중국이나 일본 모두 신(神)으로 번역했습니다. 그런데 한국에서만 '하나님', '하느님'으로 번역해서 쓰고 있습니다. 개신교는 '하나님'을, 가톨릭은 천주교(天主敎)라는 교명답게 천주(天主)와 하느님을 혼용해서 쓰다가 지금은 거의 '하느님'으로 호칭합니다. 전 세계에서 유일하게 '한국에서만' 신(神)의 이름을 그렇게 부르고 있는 것입니다. 기독교 사상가 함석헌(咸錫憲, 1901~1989) 선생의 말씀을 소개합니다.

**우주를 지으신 어느 분, 보통 우리말로 '하느님'이라고 하는데, 기독교 도래(渡來) 전부터 (이미 한국에 계신) '하느님'이에요. 기독교 사람이 만들어 낸 줄 알지 마시오.**

여러분. 굳이 국적을 따진다면 하느님, 하나님은 어느 나라 분일까요? 정말로 기독교는 '하느님'을 전도하려고 한국에 왔을까요? '하느님'은 기독교가 전래되기 수천 년 전부터 한민족과 함께 이 땅에서 살아오셨습니다. 물론 현실은 '하느님'을 서쪽 어딘가에서 오신 분으로 아는 사람이 더 많지만 말이죠. 어쨌든 기독교는 세계 어느 곳에서도 만나지 못한 '하느님'을 한국에 와서 '비로소' 만났습니다.

우리의 DNA 속에 홍익(弘益)이 있고 복본(復本)의 염원이 잠들어 있습니다. 그리고 이 땅에 천부(天符)가 있(었)습니다. 천부(天符)가경(經)으로 된 것이 천부경(天符經)입니다. 전 세계의 모든 종교와 사상은 천부(天符)를 만날 때 완전해진다고 감히 말씀드립니다. 그리고 이것이야말로 세계 모든 종교와 사상이 이 땅에 들어온 '진짜' 이유라고 감히 말씀드립니다.

불교에는 이런 말이 있습니다.

**만법귀일 일귀하처(萬法歸一 一歸何處)**

'만법(萬法)이 하나로 돌아가는데 그곳은 어디인가?'라는 뜻입니다. 부도지 강의를 마치며 감히 말씀드립니다. 만법(萬法), 즉 세상의 모든 종교와 사상은 천부경을 만나야 완성될 수 있습니다.

그래서 만법귀일 천부경(萬法歸一 天符經)입니다.

지금까지 부도지 강의를 들어 주신 여러분, 진심으로 감사드립니다.
성통공완(性通功完)하십시오.

- 부도지 강의 끝 -

2부

# 부도지 원문

1) 부도지 원문(한글번역)
2) 부도지 원문(한문)

# 1) 부도지 원문(한글번역)

부도지(符都誌)
박제상 지음(364~419, 신라 버물왕 시대)

## 제1·2·3장

태초에 율려(律呂)가 있었다. 율려(律呂)는 우주를 창조한 태초의
에너지였다. 마고(麻姑)와 마고성(麻姑城)이 모두 율려(律呂)에서 나
왔다. 율려(律呂)가 몇 번 나타났다 사라짐을 반복하면서 수많은 별들
이 생겨났다. 이 시대를 선천(先天)시대, 짐세(朕世)라고 한다. 이때에
는 오직 태양만이 빛날 뿐 아무것도 없었다. 8려(呂)의 소리(음, 音)가
하늘에서 울리니 실달성(實達城)과 허달성(虛達城)과 마고성(麻姑城),
3개의 성(城)이 모두 이 소리(음, 音)에서 출현하였다.

실달성이 아래에 있고 마고성은 그 위에 허달성과 나란히 있었다.
짐세의 마지막 무렵에 마고가 궁희(穹姬)와 소희(巢姬) 두 딸을 낳았

다. 마고는 두 딸로 하여금 다섯 가지 소리와 일곱 가지 조(오음칠조, 五音七調)의 음절(音節)을 맡아서 관장하게 했다. 마고성 안에 땅에서 젖이 나오니 땅의 젖, 지유(地乳)였다. 궁희와 소희가 네 명의 하늘 남자(天人)와 네 명의 하늘 여자(天女)를 낳아 땅의 젖을 먹여 길렀다. 율려(律呂)를 나누어 하늘 여자들은 려(呂)를 하늘 남자들은 율(律)을 맡아서 관리하게 하였다.

하늘 남자(天人)는 첫째가 황궁씨(黃穹氏), 둘째가 백소씨(白巢氏), 셋째가 청궁씨(靑穹氏), 넷째가 흑소씨(黑巢氏)였다. 황궁씨와 청궁씨의 어머니는 궁희씨(穹姬氏)이고, 백소씨와 흑소씨의 어머니는 소희씨(巢姬氏)였다. 마고는 선천(先天, 하늘의 먼저 시대)을 남자로 삼고 후천(後天, 하늘의 나중 시대)을 여자로 삼아 짝 없이 궁희와 소희를 낳았다. 궁희와 소희도 역시 결혼하지 않고 각각 두 하늘 남자(天人)와 두 하늘 여자(天女)를 낳았는데 합하여 네 하늘 남자와 네 하늘 여자였다.

마고성은 지상에서 가장 높은 성(城)이다. 마고성의 한가운데에는 천부(天符)를 받들어 지켰고 성의 동서남북 사방에는 네 명의 하늘 남자들이 피리를 불어 소리(음, 音)를 만들었다.

선천(先天, 하늘의 먼저 시대)이 지나가고 후천(後天, 하늘의 나중 시대)의 운(運)이 열렸다. 율려가 다시 부활하여 울리는 형상(향상, 響像)을 만드니 이는 소리 성(聲)과 소리 음(音)이 섞인 것이었다. 마고가 실달성을 끌어당겨 하늘 물(天水)이 있는 곳에 떨어뜨리니 실달성의 기운이 솟아올라 물과 구름을 덮고 물 가운데 땅이 생겼다. 육지가 바다가 생겨나고 산과 강이 넓게 뻗어 나갔다. 하늘 물(天水)이 있던 곳이 변하여 육지가 되고, 계속 변화하여 물과 땅이 서로 어우러져 돌면서 비로소 시간의 흐름이 생겨났다. 기운, 불, 물, 흙이 서로 섞여 낮과 밤, 사계절이 나눠지고, 풀과 나무, 들짐승과 날짐승을 길러 내니 땅위에 일이 많아졌다.

네 명의 하늘 사람들이 만물의 본래 소리(본음, 本音)를 나눠서 관리하니 흙(토, 土)을 맡은 자는 황(黃), 물(수, 水)을 맡은 자는 청(靑)이되어 장막 같은 집(궁, 穹)을 만들어 맡은 바 임무를 지켰고, 공기(기, 氣)를 맡은 자는 백(白), 불(화, 火)을 맡은 자는 흑(黑)이 되어 새집같이 높은 집(소, 巢)을 만들어 맡은 바 임무를 지켰으니 황, 청, 백, 흑은 각 부족의 성씨(姓氏)가 되었다.

하늘에서는 공기(氣)와 불(火)이 서로 밀어내어 찬 기운이 없어졌고 땅에서는 물(水)과 흙(土)이 서로 어울려 조화롭게 되었다. 위에는 소리의 형상(음상, 音象)이 있어서 언제나 비춰 주고, 아래에는 울림의 형상(향상, 響象)이 있어서 조율해 주기 때문이었다.

# 제4장

이때 위에 있는 만물의 본래 소리(본음, 本音)를 맡아 보는 하늘 사람이 여덟 명이었지만, 아래에서 받아 주는 울림소리(향상, 響象)를 맑게 닦아 증명하는 사람이 없었기 때문에 만물(萬物)이 잠깐 사이에 태어났다가, 잠깐 사이에 없어지며 조절이 되지 않았다.

이에 지구어머니 마고는 네 명의 하늘 남자와 네 명의 하늘 여자에게 명을 내려 겨드랑이를 열어 아이를 낳게 하였다. 이에 네 명의 하늘 남자와 네 명의 하늘 여자들이 짝지어 결혼하여 각각 3남 3녀를 낳았다. 이 사람들이 땅위에 처음으로 태어난 인간의 시조(始祖)였다(4종족 × 3 = 12시조).

남자와 여자들이 서로 결혼하여, 몇 대를 이어져 내려오면서 종족이 불어나 각각 3,000명이 되었다(4종족 × 3,000명 = 12,000명, 또는 12시조 × 3,000명 = 36,000명).

12사람의 시조는 각각 동서남북 4개의 성문을 지키고(성문마다 3명의 시조), 그 나머지 자손들은 땅의 울림(향상, 響象)을 나눠서 관리하고 맑게 닦아 증명하니 비로소 시간의 흐름이 조절되었다.

마고성 사람들은 성품이 맑았으며, 만물과의 조화를 알았고, 땅에서 나는 젖을 마시므로 피와 기운(血氣)이 맑았다. 귀에는 검은 금(오금, 烏金)을 달아 하늘의 소리(天音)를 모두 듣고, 이동하고자 할 때에는 마음껏 걷고 뛰고 할 수 있으므로 오고감이 자유로웠다. 맡은 바 임무를 마치면 금빛 같은 기운으로 변하여 성스러운 기운의 몸을 보전하였고, 혼의 의식을 일으켜 소리 내지 않고도 말을 할 수 있었으며, 기운의 몸을 움직여 형상(육체) 없이도 능히 움직일 수 있었다. 지구의 기운과 조화롭게 어울리면서 그 수명은 끝이 없었다.


## 제5장 오미의 변(五味之變)

어느 날이었다. 백소씨(白巢氏)족의 지소씨(支巢氏)가 여러 사람들과 함께 땅의 젖(지유, 地乳)을 먹으려고 젖이 나오는 샘에 갔는데 사람들이 길게 줄을 서 있었다. 다섯 명에게 양보를 하니 젖이 말라 마시지 못하였다. 지소씨가 집에 돌아와 배고픔에 지쳐 쓰러졌다. 귀에서는 희미한 소리가 들렸다. 그때 난간 넝쿨에 달린 포도를 보았다. 자기도 모르게 포도를 먹었다. 그리고 난생 처음 보는 다섯 가지 맛(오미, 五味)에 깜짝 놀라 펄쩍 뛰었다. 땅의 젖은 아무 맛도 없는 밋밋한 맛인데 포도 열매는 신맛, 단맛, 짠맛, 쓴맛, 떫은맛(또는 매운맛)이 있었다. 다섯 가지 맛(오미, 五味)을 알게 된 것은 정말로 경이로운 체험이었다.

그리고 높은 집(새집, 巢)에서 내려와 걸으면서 자기도 모르게 노래를 불렀다.


『호탕하구나. 천지여!

그러나 내 기운이 너를 이긴다.

이것이 어찌 도道인가?

포도의 힘이로다!』


포도의 다섯 가지 맛, 즉 오감(五感)의 세계를 노래한 것이었다. 노래를 들은 사람들이 정말로 그런 세계가 있냐고 물으며 의심하였다. 지소씨가 참으로 좋다고 하므로 사람들이 따라서 포도를 먹었다. 포도를 먹은 사람들이 많아졌다.


# 제6장

원래 마고성에는 오직 단 하나의 율법이 있었는데, 강제로 금지하지 않되 스스로 알아서 금지하는 자재율(自在律, 스스로 존재하는 율법)이었다. 마고성 사람들은 마고성에서 각자 맡은바 대로 만물의 본래 소리(律呂, 本音, 音響)와 그 소리를 받아 주는 울림소리(響象, 音聲)를 만들어 지구의 모든 생명에게 보내 주는 임무를 수행하고 있었다. 하지만 포도를 먹은 사람들은 피와 기운이 탁해져 더 이상 맡은 바 임무를 수행하지 못할 지경이 되어 버렸다. 어쩔 수 없이 포도를 먹은 이들은 임무를 수행하지 못하도록 금지할 수밖에 없었는데 이는 곧 스스로 금지하는 자재율(自在律)을 파기하는 것이었다. 자재율이 있었기에 자유를 마음껏 누리면서도 완벽한 조화를 이룰 수 있었던 마고성에 처음으로 강제하는 법이 생겨 버린 것이었다.

이때부터 열매 먹는 습관과 수찰(守察, 지키고 살피는 일 = 임무)을 금지(禁止)하는 법이 시작되니, 마고가 성문을 닫아 기운을 거두고 덮어 버렸다.

백소씨 종족 중에서 포도를 먹은 사람들의 몸에 변화가 생겼다. 강제로 살아 있는 것을 먹으니 입안에는 이(齒)가 생겼고, 살아 있는 생명을 강제로 먹으니 침은 뱀의 독과 같이 독성(毒性)이 생겼다. 수찰(守察, 지키고 살피는 일 = 임무)을 금지당한 사람들은 눈이 밝아져 올빼미 눈같이 보게 되었으니, 이는 사사로이 공율(公律)을 훔쳐보았기 때문이었다.

피와 살은 탁해지고 마음은 독해져서 유순하고 맑은 천성을 잃게 되었다. 검은 금(烏金) 귀걸이는 모래로 변하여 더 이상 하늘의 소리를 듣지 못하게 되었다. 발과 다리는 무거워져서 걸을 수는 있지만 더 이상 뛰지 못하게 되었고, 아기 낳는 기운이 탁해져서 짐승처럼 생긴 사람을 많이 낳게 되었다. 수명이 짧아지고 빨리 늙게 되니 그 죽음이 천지기운으로 변하는 것이 아니라 썩게 되었다. 그 정신이 어리석음에 빠져 버렸기 때문이었다.

## 제7장

이에 사람들이 지소씨를 원망하고 타박하였다. 지소씨가 크게 부끄러워하며 무리를 이끌고 성을 나가 멀리 숨어 버렸다. 포도를 먹은 사람과 너 이상 임무를 수행할 수 없는 사람들도 모두 성을 나가 흩어졌다. 황궁씨가 그들을 불쌍하게 여겨 당부하였다.

> 『여러분의 어리석음이 깊어 성품과 몸이 변하여 비록 마고성 안에서 함께 살 수는 없게 되었지만 스스로 타고난 성품을 닦고 증명하기를 열심히 하면 어리석음을 남김없이 깨끗이 씻어 낼 수 있을 것이요, 자연히 다시 돌아오게 될 것이니 부디 포기하지 말고 노력하고 노력하시오.』

인간 세상의 이러한 변고는 하늘의 공기와 땅의 흙이 서로 부딪쳐 부조화를 일으키게 하니, 시간을 만드는 빛줄기가 기울고, 물 기운과 불기운의 조화가 깨지게 되어 살아 있는 모든 생명들이 시기하는 마음을 품게 되었다. 이것은 마고성에서 사람들이 비추는 율려의 빛이 그 전과 같지 않고, 성문을 굳게 닫아 성 밖에서는 하늘의 소리를 들을 수가 없게 되었기 때문이었다.

## 제8장

성을 나간 사람들 중에 어리석음을 뉘우친 사람들이 복본(復本, 근본을 회복함, 근본으로 돌아옴)에 때가 있음을 모르고 성 밖에 몰려와 직접 성으로 들어오고자 하였다. 그들은 먼저 땅의 젖을 먹고자 젖샘

을 찾아 성벽 아래를 파 내려가기 시작하였다. 곧 성터가 무너지고 젖
샘이 사방으로 흘러내렸다. 하지만 이렇게 강제로 흘러나온 땅의 젖은
흙으로 변해 먹을 수가 없게 되었다. 젖샘이 마르니 성안에 있는 사람
들도 동요하기 시작했다. 먹을 것이 없어진 사람들이 다투어 풀과 과
일을 먹었다. 마고성은 파괴되고 사람들도 더 이상 맑은 기운을 지킬
수가 없게 되었다.

황궁씨는 모든 사람들 중에 가장 어른이었다. 흰 띠를 머리에 묶고
직접 지구어머니 마고 앞으로 나아갔다. 제일 어른으로서 인류와 모든
생명의 어머니 앞에 스스로 책임을 짊어지고 인류가 다시 근원으로 돌
아올 것을 서약하였다. 복본(復本)의 맹세였다.
황궁씨가 물러나와 사람들에게 말했다.

『오미(五味, 다섯 가지 맛, 오감의 감각)의 재앙이 거꾸로
밀려오니 성을 나간 사람들이 도리(道理)를 모르고 오히
려 어리석음이 커졌기 때문이다. 사람의 맑은 품성은 사
라지고, 마고성도 함께 위험해졌으니 이를 어찌하면 좋
단 말인가.』

이에 8명의 하늘 사람(사천인, 사천녀)들이 마고성을 온전히 보전하
기 위하여 종족을 이끌고 성을 나가기로 결정하였다.
이에 황궁씨가 인간의 본성을 회복하여 다시 근원으로 돌아오는 밑

음의 증표(열쇠), 천부(天符)를 골고루 나눠 주고 칡으로 식량 만드는 법을 가르쳐 주며 모두 성을 나가 살 것을 명하였다.

청궁씨가 종족을 이끌고 동쪽의 운해주(雲海州)로 가고,

백소씨가 종족을 이끌고 서쪽의 월식주(月息州)로 가고,

흑소씨가 종족을 이끌고 남쪽의 성생주(星生州)로 가고,

황궁씨가 종족을 이끌고 북쪽의 천산주(天山州)로 갔다.


천산주는 그중에서도 가장 춥고 험한 땅이었다. 황궁씨가 그곳으로 간 까닭은 스스로 고통을 참고 견디며 어떠한 어려움 속에서도 '복본(復本)의 맹세'를 지켜 내고자 하는 뜻이었다.


# 제9장


각 종족이 제각각 살 땅에 도착해 어느덧 천 년이 흘렀다. 그러나 그곳에는 먼저 성을 나간 사람들의 자손들이 이미 자리를 잡고 있으면서 세력이 강성하였다. 더구나 그들은 자신들이 어디에서 왔는지 뿌리를 잃어버린 채 성질은 사납게 변하여 사람들을 보면 공격하고 해쳤다. 이런 어려움을 이기고 정착을 하였으나 서로 멀리 떨어지고 산과 바다가 가로막아 서로 간에 왕래가 거의 없게 되었다.

한편 마고는 궁희와 소희와 함께 마고성을 수리하고 보수하였다.

하늘의 물(天水)을 가져와 성내(城內)를 청소하고 마고성을 허달성의 위로 옮겨 버렸다. 이때 마고성을 청소한 물이 동쪽과 서쪽에 넘쳐 나 운해주의 땅을 상하게 하고, 월식주의 사람들이 많이 죽게 되었다. 이로부터 지구의 중심(지축, 地軸)이 변화하여 역수(曆數)의 차이가 생기니 삭(朔)과 판(昄)의 현상이 시작되었다.

## 제10장

황궁씨는 천산주에 도착하여 무리들과 함께 어리석음을 벗고 다시 근원으로 돌아갈 것(해혹복본, 解惑復本)을 서약하고, 본성을 닦고 증명하는 일(수증, 修證)에 전념하게 하였다.

첫째 아들 유인씨(有因氏)에게 명하여 사람의 이치와 사람이 세상에서 마땅히 해야 할 일을 밝히게 하고, 둘째 아들, 셋째 아들로 하여금 모든 대륙을 돌며 본성과 근원을 잊어버린 사람들에게 진리를 전하는 순례를 하게 하였다. 이것을 순행(巡行)이라고 한다.

황궁씨가 인류의 복본(復本)을 위한 발판을 마련해 놓고 천산(天山)으로 들어가 스스로 하늘의 소리를 받아 온 세상에 울려 퍼지게 하는 돌이 되었다. 그리하여 그 스스로가 영원히 하늘의 소리, 율려(律呂)를 전하여 사람과 세상의 어리석음을 남김없이 없애고자 하였다.

황궁씨는 마침내 마고성을 회복하겠다는 복본(復本)의 서약을 지키고 사명을 완수하였다.

첫째 아들 유인씨가 천부삼인(天符三印)을 이어받았다. 천부(天符), 천부삼인(天符三印)은 천지의 뿌리가 되는 하늘 소리(天音), 율려(律呂)의 형상인데, '모든 것의 근본이 하나임을 알게 하는 것'이었고 마고성에서 인류가 나올 때 황궁씨가 복본서약(復本誓約)의 증표로 각 종족에게 나눠 준 것이었다.

유인씨가 사람들이 추위와 어둠에 시달리는 것을 불쌍히 여겨 나무를 뚫고 마찰시켜 불을 일으켜서 밝게 비춰 주고, 몸을 따뜻하게 하고, 음식을 익혀 먹는 법을 가르치니 사람들이 크게 기뻐하였다. 유인씨가 천 년 동안 무리를 이끌고 아들 환인씨(桓因氏)에게 천부(天符)를 전하며, 정갈하게 하여 부정을 씻어내고 하늘에 제사하는 의식(계불, 禊祓)을 전하고는 산으로 들어가 나오지 않았다. 아버지 황궁씨의 뒤를 따른 것이었다.

환인씨(桓因氏)가 천부삼인(天符三印)을 이어받아 인간과 세상의 이치를 증명(인세증리, 人世證理)하는 일을 크게 밝히니 햇빛이 고르게 비추고, 기후가 순조로워져 생물들이 편안함을 얻게 되었으며, 사람들의 괴이한 모습들도 점점 본래의 모습을 되찾게 되었다. 이는 황궁씨, 유인씨, 환인씨가 삼천 년간 닦고 증명(修證)하기에 힘써 그 공력(功力)을 거의 다 써 버렸기 때문이었다. 황궁씨, 유인씨, 환인씨의 공력으로 땅과 생명과 인간이 비로소 조화를 찾고 편안하게 되었다.

# 제11장

환인씨의 아들 환웅씨(桓雄氏)는 태어날 때부터 큰 뜻을 가지고 있었다. 아버지 환인으로부터 천부삼인을 이어받아 스스로를 닦아 하늘에 제사하고 근본으로 돌아가는 의식을 치렀다. 하늘의 도(천웅의 도, 天雄之道)를 세워 사람으로 하여금 그 뿌리를 알게 하였다.

언제부터인가 사람 세상이 먹고사는 일에만 치중하게 되었다. 환웅씨는 어리석음을 남김없이 없애기 위해 무여율법(無餘律法)을 만들어 사람들로 하여금 시행(조절, 調節)하게 하였다.

무여율법(無餘律法)은 어리석음을 남김없이 없애는 율법이라는 뜻으로 4개 조항이 있었는데 다음과 같다.

---

1조

사람의 행적은 시시때때로 맑게 하여 모르는 사이에 귀신이 맺혀 생기지 않게 하고, 번뇌(煩惱, 괴로움)에 빠져 마귀가 되지 않도록 하여 **인간 세상이 한 점 가림 없이 밝게 통하게 하라.**

2조

사람이 살아생전 쌓은 자취는 죽은 후에 모두 그 공(功)을 제시하여 허물을 늘어놓아 귀신이 되지 않도록 하며, 함부로 손상하여 마귀가 되지 않도록 **인간 세상이 널리 윤택하게(화목하게) 하여 한 점 서운함(원통함, 恨)이 남지 않도록 하라.**

---

3조

고집스럽게 집착하고 삿되어 미혹한(어리석은) 자는 광야로 유배를 보내 그 행동을 씻게 하여 **삿된 기운이 한 점 세상에 남지 않게 하라.**

4조

죄를 크게 범한 자는 외딴 섬에 유배시키고 그가 죽은 뒤에는 그 시체를 불 태워 **죄의 기운이 지상에 한 점 남지 않게 하라.**

환웅씨는 궁궐을 짓고 배와 차(마차, 우차, 수레)를 만들어 사람들이 편히 살고 다니는 법을 가르쳤다. 환웅씨가 배를 타고 나아가 큰 바다와 큰 대륙을 순방하며 천부(天符)를 비추어 증명하여 사람들로 하여금 근본을 닦아서 믿음을 기르게 하고, 모든 사람들이 서로 소식을 소통하여 근본을 잊지 않도록 호소하였다. 궁(宮)을 짓고 배(舟)와 차(車)를 만들고 음식 익혀 먹는 법을 가르쳤다.

환웅씨가 순방을 마치고 돌아와 8개의 음악과 2개의 학문(8音 2文)을 닦고, 달력(역법, 曆法)을 정하고 의학(醫學)과 약학(藥學)을 익히게 하고 천문(天文)과 지리(地理)를 알려 주니 세상 사람이 널리 이로운 홍익세상(弘益人世)이었다. 이는 마고성 시대부터 이어진 세대(世代)가 점점 더 멀어지고 법은 사라져 사람들이 몰래 왜곡된 도를 만들고 따르는 일이 늘어나기 때문에 일상생활 속에서 근본의 도를 밝게 보전하기 위함이었다. 비로소 학문을 연구하고 공부하는 풍조가 크게 일어났는데, 사람들이 어리석어져 더 이상 익히고 배우지 않고는 진리를 알 수 없기 때문이었다.

# 제12장

환웅씨가 임검씨(壬儉氏)를 낳았다. 그때는 인류가 천부의 이치를 배우지 않고 스스로 어리석음과 유혹에 빠져 세상이 많이 고통스러운 때였다. 임검씨는 이러한 세상에 깊은 우려를 가지고 천웅의 도(하늘의 도, 天雄之道)를 닦아, 하늘에 제사하고 천부삼인(天符三印)을 이어 받았다.

논밭을 갈고, 누에 치고, 칡을 먹고, 그릇 굽는 법을 가르치고, 서로 교역하며, 결혼하고 족보 만드는 제도를 공포하였다. 임검씨는 뿌리를 먹고 이슬을 마시는데 수염이 길었다. 여러 대륙(운해주, 월식주, 성생주, 천산주)을 돌아다니며 종족들을 차례로 방문하니 백 년 사이에 가지 않은 곳이 없었다. 모든 사람들과 함께 천부(天符)를 밝게 비춰 증명하고 근본을 닦아 믿게 하며, 어리석음을 풀고 근본으로 돌아올 것을 맹세하며 부도(符都)를 만들자고 약속하였다.

부도(符都)를 만드는 이유는 서로 멀리 떨어져 있어 소식은 끊어지고 종족의 언어와 풍습이 서로 다르게 변하였기 때문에 한 자리에 모여 화합하는 자리를 만들고, 천부(天符)의 이치를 가르쳐 알게 하기 위함이었다. 이것은 모이게 하여 가르치는 것의 시작이 되니 사람들의 삶이 번거롭고 바빠서 가르치지 않으면 잊어버리기 때문이었다.

# 제13장

임검씨가 여러 종족들을 순방(巡訪)하고 돌아와 부도(符都)를 만들 땅을 정하였다. 그곳은 동북(東北)쪽에 기운이 강한 땅(磁方)이었다. 2·6이 교감(交感)하는 핵심지역이고, 4·8이 상생(相生)하여 결과를 만들어 내는 땅이었다.

밝은 산과 맑은 물이 만리(萬里)에 뻗어 있고, 바다와 육지가 서로 통하니 9의 끝과 1의 시작이 다함이 없는 터전이었다.

신령한 풀(人蔘 = 山蔘)과 상서로운 열매(잣)와 일곱 색의 보배로운 옥(玉)이 모든 곳의 땅속에 단단하고 전 지역에 가득하니 1·3·5·7의 기운의 정기가 모여 만물을 만들어 내는 길한 땅이었다. 태백산(太白山, 한밝산, 백두산?) 위에 천부단(天符壇)을 만들고 동서남북 사방에 천부단(天符壇)을 지키는 작은 성(보단, 堡壇)을 쌓았다. 천부단과 보단 사이에는 세 겹의 길을 두어 통하게 하였는데 길과 길 사이는 천리(千里)였으며, 길의 좌우에 관문을 설치하여 지키게 하였다. 이는 마고성을 본떠 만든 것이었다.

부도(符都)의 아래쪽에는 마을을 만들었다. 세 개의 큰 바다 주변에 있는 땅이 연못에 잠기었다. 네 개의 나루터(津)와 네 개의 포구(浦)가 천리 간격으로 연결되어 동서로 둘러쌌다. 나루터와 포구 사이에 다시 6부(六部)를 설치하여 여러 종족이 살았다. 부도(符都)가 완성되니 웅장하고 화려하며 밝아서 온 인류와 함께 화합하기에 충분하였다. 모든 종족을 연결하는 살아 있는 고리와 같았다.

# 제14장

임검씨는 황궁씨의 후예 6만 명을 이주시켜 살게 하고 나무를 베어 뗏목 8만 개를 만들어서 신령한 천부(天符)의 신표(信符)를 새겨 천지(天池)의 물에 흘려보내 지구 곳곳에 살고 있는 인류를 초청하였다. 모든 종족이 그 신표가 새겨져 있는 뗏목을 보고 차례로 모여들어 박달나무 숲에 신시(神市, 신들의 도시, 신성한 시장)를 크게 열고 계율을 닦아 마음을 맑게 하며, 하늘의 형상을 살핀 후에 마고로부터 이어 온 계보대로 각 종족의 족보를 밝히고 천부의 소리에 따라 말과 글을 정리하였다. 북두칠성과 하늘의 별의 위치를 정하여 하늘 앞에 제물을 올리고 노래하며 하늘의 웅장한(天雄) 음악을 연주하였다.

모든 종족이 방장산 방호의 굴에서 7가지 보물인 옥을 캐어 천부(天符)를 새기고 방장해인(方丈海印)이라 하여 일곱 가지 재앙(칠란, 七亂)을 없애고 돌아갔다. 이후부터 10년마다 반드시 신시(神市)를 여니 말과 글이 같아지고 천하가 하나로 되어 사람 세상이 크게 평화로워졌다. 바닷가에 성(城, 돌을 쌓음)을 쌓아 천부(天符)에 제물을 올리고, 모든 종족으로 하여금 정착하여 집을 지어 살게 하니 그 뒤로 천 년 동안 성황(城隍, 성과 해자, 국제도시)을 만드는 풍습이 전 지역에 널리 퍼졌다.

# 제15장

또 물고기를 잡을 수 있는 강과 밝은 땅이 만나는 중심지에 시장(조시, 朝市, 이른 아침에 처음 열리는 시장, 밝은 시장)을 열고, 여덟 연못 (8澤)이 있는 곳에 어시장(해시, 海市)을 열어 매년 10월에 제사를 지내니 각 대륙의 모든 종족이 특산물을 바쳤다. 산악 지역에 사는 종족은 사슴과 양을 바치고 바닷가에 사는 종족은 물고기와 조개를 바쳐 기쁨의 노래를 불렀다.

> 『물고기와 양을 잡아 제사를 지내니
> 오미(五味)의 화(禍)로 탁해진 피가 깨끗해지고
> 모든 생명의 재앙을 그치게 하소서.』

이렇게 모든 종족이 모여 특산물을 하늘에 올리며 오미(五味)의 재앙(禍)이 씻기기를 기원하는 제사를 조선제(朝鮮祭)라고 하였는데 이 뜻은 조시(朝市)에 물고기(魚)와 양(羊)을 바쳐, 다시 깨끗해지기를 (선, 鮮) 염원하는 제사(祭)라는 뜻이다.

(※ 조선제가 열리는 신성한 나라가 곧 조선, 朝市의 朝, 魚 + 羊 = 鮮)

산악 지방과 해양 지방에 사는 종족들이 물고기와 들짐승 고기를 많이 먹으니 교역하는 물건이 대부분 절인 해산물과 조개와 가죽들이었기 때문에 동물들을 위하여 '희생을 추모하는 제사'인 희생제(犠牲

祭)를 지내 인간으로서 반성하고 생명의 은혜에 보답하게 하였다. 피에 손가락을 꽂아 생명의 소중함을 성찰하고, 땅에 피를 부어 고통과 슬픔을 애도하였다.

매년 제사를 지낼 때마다 특산물들이 넘쳐 나기에 네 개의 나루(浦)와 네 개의 포구(津)에 시장을 크게 열어, 몸을 깨끗하게 하고 땅의 이치를 거울삼아 교역(交易)의 법을 행하여, 물건의 근본을 판별하여 그 가격과 양을 정하였다.

또한 부도(符都)와 여덟 연못을 본 떠 연못을 파고, 강이 굽이치는 곳에서 보답하는 굿을 하고, 함께 모여 잔치를 열고 만물을 구제하는 의식을 치렀다. 모든 종족이 봉래산(蓬萊山) 원교봉(圓嶠峯)에서 다섯 가지 상서로운 열매를 얻으니, 즉 잣나무 열매였다. 이를 봉래해송(蓬萊海松, 봉래산 해송)이라 하여, 다섯 가지 은혜로운 행운(幸運)을 얻고 돌아갔다. 이로부터 온 인류가 산업이 크게 일어나서 교역이 왕성하게 되므로 천하가 풍족하였다.

# 제16장

조선의 시장에 온 사람들은 영주 대여산 계곡에서 신령한 뿌리를 얻으니 곧 인삼(人蔘)이었다. 그것을 영주해삼(瀛州海蔘)이라 하였는데, 능히 세 가지 덕을 얻어 돌아갔다. 인삼은 기운 좋은 동북지방(자삭방, 磁朔方)에서 자란 것은 품질이 좋아 반드시 오래 사는데 40년을

1기로 잠을 자고 13기를 1삭(520년)으로 정기를 모아, 4삭(2080년)을 경과하여 씨를 맺으니 이러한 것은 부도(符都)가 있는 신령한 지방이 아니고서는 얻을 수가 없다. 그러므로 방삭초(方朔草, 자삭방에서 난 신령한 약초)라고 하니 세상에서는 불로초, 불사약이라고 하였다. 부도(符都)의 지역에서 생산된 것은 작은 뿌리라도 모두가 영험한 효과가 있으니 신시(神市)에 온 사람들은 반드시 그것을 구하였다. 신령한 약초인 인삼(人蔘)과 상서로운 열매인 잣(蓬萊海松)과 일곱 가지 보배로운 옥(玉)에 새긴 신표(信標)는 밝은 땅의 특산품으로 모든 인류에게 큰 혜택이었다.

## 제17장

이때에 요(堯, 요임금)가 천산(天山)의 남쪽에서 일어났다. 마고성에서 1차로 나간 자들의 후예였다. 조선(朝鮮)에서 열리는 시장(市場, 朝市)에 왕래하고 서쪽 성벽(堡)을 지키는 수장(干)에게 와서 도(道)를 배웠으나 수학(數, 고대수학, 수리철학)은 힘써 배우지 않았다. 아홉 개의 숫자 가운데 있는 다섯(5)의 이치를 알지 못하고, 여덟(8) 개의 숫자만을 알아서 1이 8이라고 잘못 생각하고, 안에서 밖을 통제하는 이치(以內制外之理)라 하여 스스로 목(木), 화(火), 토(土), 금(金), 수(水) 오행(五行)의 법(法)을 만들고 스스로 제왕의 도(帝王之道)라고 칭하였다.

소부(巢父)와 허유(許由) 등 밝고 어진 사람들이 심히 꾸짖고 그것을 거절하였다. 요는 관문을 나가 무리를 모아 묘족(苗族)을 쫓아냈는데, 묘족은 황궁씨의 후예이며, 그 땅은 유인씨의 고향이었다.

임검씨가 여러 사람들과 함께 순방(巡訪)을 하느라 부도(符都)를 비운 사이에 습격을 하니 묘족이 동쪽, 서쪽, 북쪽으로 흩어졌다. 요가 땅을 그어 나라를 만들고 스스로 중심에 사는 제왕(帝王)이라고 칭하며 부도(符都)에 대립하는 당도(唐都, 당의 도시)를 세웠다. 거북이 등에 있는 무늬와 명협풀이 피고 지는 것을 보고 신(神)의 계시라 하여 새로운 달력체계(역曆, 역법曆法)를 만들고 천부의 이치를 버리고 부도(符都)를 배척하였다. 이것은 마고성에서 있었던 오미의 변 이후에 인간 세상에 나타난 두 번째 변고였다. 이것을 오행의 변(五行의 變, 화禍)이라고 한다.

## 제18장

이에 임검씨(壬儉氏)가 크게 걱정하여 유인씨(有因氏)의 후손 유호씨(有戶氏) 부자(父子)에게 환부, 권사(관리) 등 백여 명을 이끌고 가서 그를 깨우치게 하였다. 유호씨는 부도(符都)에 있을 때부터 칡을 먹고 오미(五味)를 먹지 아니하니 키는 열 자(1자는 25~30cm)이고 눈에서는 불빛이 나왔다. 임검씨보다 나이가 백여 살 더 많았으며, 아버지와 할아버지의 일을 이어받아 임검씨를 도와 도(道)를 행하고 사람들을 가르쳤다.

요가 유호씨 일행을 정중하게 맞이하여 복종하며, 극진히 대접하면서 그곳에 살게 하였다. 유호씨가 요를 관찰하면서 거처를 옮겨가며 사람들을 가르쳤다. 유호씨가 임검씨의 사자가 되어 어리석고 고집 센 세상을 구제하려 하니 어려운 일이 많았다. 유호씨의 아들은 순(舜, 유순有舜, 순임금)인데 요가 그의 사람됨을 눈치채고 두 딸을 보내 유혹하였다. 순이 요의 두 딸을 아내로 맞이하고 요에게 넘어가 협력하였다.

## 제19장

유호씨는 아들 순에게 수시로 경계하여 조심하게 하였으나 순은 아버지 앞에서 알겠다고 대답만 하고 고치지 않았다. 순은 요의 청탁을 받아들여 현명한 자들을 찾아 죽이고 묘족을 정벌하였다. 유호씨가 참지 못하고 크게 꾸짖으며 토벌하니 순은 하늘을 향해 통곡하고, 요는 몸을 둘 데가 없어져 순에게 제왕을 물려주었다.

유호씨가 말하였다.

『오미의 재앙이 아직 다 끝나지도 않았는데 또다시 오행의 화(재앙)를 만들어 내니 죄가 땅에 가득하다. 하늘은

어둡고 어지러운 일이 많아져 인간 세상이 고통스러워졌
으니 바로잡지 않을 수 없다. 모르고 죄를 짓는 자는 혹
여 용서하여 가르칠 수 있으나 알고도 죄를 짓는 자는 가
까운 혈육이라도 용서할 수가 없다.』

둘째 아들 유상(有象)에게 명하여 무리를 모아 죄를 알리고 수년 동
안 싸워 마침내 당도(唐都)를 모두 정리하였다. 요는 도중에 죽고 순은
창오(蒼梧)의 들로 도망하니 그의 무리들이 사방에 흩어졌다. 요의 무
리 중에 우(禹, 우임금)가 순(舜)을 추격하여 죽여 버렸다. 순(舜)이 우
(禹)의 아버지를 죽였기에 원수를 갚은 것이었다. 요의 딸이자 순의 두
아내도 남편을 따라 강물에 몸을 던져 자결하였다.

우(禹)가 명을 따르겠다고 말하고 군사를 모아 돌아갔다. 유호씨가
물러나 우(禹)가 하는 짓을 관찰하니 우(禹)는 도읍을 옮기고, 무리를
모아 방패와 창을 고치고 유호씨에게 항거하며 스스로 하왕(夏王, 하
나라 왕)이라고 칭하였다.

# 제20장

우(禹)가 마침내 부도(符都)를 배반하고 도산(塗山)에 단(壇, 제단)
을 만들었다. 서남쪽에 사는 종족을 정벌하여 제후(諸侯)로 삼고 도산

(塗山)에 모이게 하여 조공(朝貢, 공물)을 받았다. 이는 부도(符都)에서 열리는 시장과 교역을 본 딴 것이었으나 폭력과 강제로 한 당돌한 짓이었다.

이에 세상이 크게 어지러워져 부도(符都)로 도망하여 오는 사람들이 많아지니 우가 부도(符都)와 통하는 물길과 육로의 길을 막아 연락과 왕래를 하지 못하게 하였다. 하지만 감히 부도(符都)를 공격하지는 못하였다.

이때 유호씨는 서쪽에 살면서 묘족을 수습하여 소부(巢父)와 허유(許由)와 연락하고 서남쪽에 있는 종족과 연락하니 그 세력이 강성해져서 큰 고을을 이루었다.

유호씨가 우에게 사신을 보내 명하였다.

『요는 하늘의 수리(천수, 天數)를 몰랐다. 땅을 제멋대로 나누고 천지(天地)를 제 맘대로 하려 하였다. 기회를 틈타 홀로 제단(祭壇)을 쌓고 사사로이 개와 양을 기르기 위하여 사람을 내쫓고 스스로 제왕(帝王)이라 칭하며 혼자만의 고립된 세계(독단, 獨斷)에 빠져 버렸다. 이 세상은 흙이나 나무, 풀처럼 말이 없고 하늘의 이치는 거꾸로 흘러 허망함에 빠져 버렸다. 이것은 하늘의 권위를 거짓으로 훔친 것이며, 사사로운 욕심에 강제로 행한 것이다. 제왕(帝王)이라는 것이 만약 하늘의 권위를 대신하는 것이라면 능히 해와 달을 움직일 수 있어야 할 것이고, 만물을 마음대로 지을 수 있어야 하는 것이 아니겠느냐. 제왕(帝王)은 수(數, 숫자)의 이치를 바로 아는 것이며, 사람이 거짓으로 사칭할 수 있는 게 아니다. 거짓으로 제왕을 칭하게 되면 허망함과 악함에 빠지게 될 뿐이다.

사람의 일은 이치를 증명(증리, 證理)하는 것이고, 세상의 일은 이치를 증명한 사람의 일을 밝혀 주는 것(明其證理之人事也)이니, 그 외에 다른 무엇이 있겠는가?

그러므로 부도(符都)의 법은 하늘의 이치를 밝게 증명하여, 사람으로 하여금 각자가 맡은 바 일을 하게 하여 그 복을 받게 할 뿐이다. 그러므로 이치를 말하는 자와 듣는 자는 비록 먼저와 나중이 있으나 높고 낮음이 있지는 않은 것이고, 주는 자와 받는 자는 비록 친하고 생소한 것은 있겠으나, 끌어들이고 몰아내기를 강제로 할 수는 없는 것으로 인간 세상이 평등하며 모든 종족이 스스로 행하는 것이다.

오미의 책임을 속죄하는 것과 마고성을 회복하는 것은 언제나 한 사람의 희생으로 주관하는 것이지, 여러 사람의 능력으로 되는 것이 아니다. 그렇기 때문에 이 일은 예로부터 인간 세상의 일(물질적인 일)과 함께할 수가 없었던 것이다. 황궁씨와 유인씨의 예가 그러한 것이다.』

# 제21장

『요가 만든 오행(五行)이라는 것은 본래 천지의 수의 이치(天數之理)에 존재하지 않는 법이다. 5가 자리한 중앙이라는 방위는 서로 만나는(교차, 交叉) 것을 의미하는 것이지 변하여 가는 것이 아니다. 변한다는 것은 1에서 시작하여 9에 이르는 것으로 5라는 것은 항상 중앙이라는 자리에 있는 것이 아니고 9가 돌고 돌아 율려(律呂)가 서로 어울리고 나서야 만물이 생겨나니 이것은 그 수를 말하는 것이다. 그 5와 7이 크게 퍼져나가 고리를 이루면 5라는 자리는 범위와 한계가 없을 뿐만 아니라 4와 7이 있게 되는 것이다.

그 순종하고 거스르며, 나고 사라지며 덮는 것은 5가 아니라 4다. 서로 만나 만물의 짝이 된다고 하는 금·목·수·화·토(金木水火土) 5가지 가운데 금(金, 쇠)과 토(土, 흙)를 어찌 나눠놨단 말인가(그 기준은 무엇인가)?

그 작은 차이가 더 큰 차이를 만든다. 그런 식으로 한다면 어찌하여 공기(氣), 바람(風), 풀(草), 돌(石)은 나눠 놓지 않은 것인가? 모두를 그런 식으로 나누자면 끝이 없는 것이다. 엄격히 나누자면 금·목·화·수(金木火水, 쇠, 나무, 불, 물) 또는 토·목·화·수(土木火水, 흙, 나무, 불,

물)의 4개로 나누어야 옳다.

더욱이 그 물질의 성질(목·화·토·금·수)을 어떻게 수(數)의 성질과 짝을 짓는단 말인가? 숫자의 성질은 원래 5가 아니라 9다. 그러므로 오행(五行)이라는 주장은 황당 무계한 말이다. 이렇게 세상에서 이치를 증명하는 것을 속이고 미혹되게 하여 천하에 큰 죄를 지으니 어찌 두려운 일이 아니겠는가?』

# 제22장

『또한 역법(曆法) 제도를 사사로이 만든 것은 천지의 수의 근본(天數之根本)을 살피지 못하고 거북이와 명협풀 같은 미물(微物)에서 근본을 취하니 요는 도대체 무슨 생각을 한 것인가? 천지만물이 모두 수에서 나와 제각기 수를 상징하고 있는데 거북이와 명협풀만 특별하단 말인가? 만물과 모든 일에는 각기 역(曆, 시간)이 있으니 역(曆)이라는 것은 곧 역사(歷史)이다.

그러한데 요가 사사로이 만든 역법의 제도는 거북이와 명협풀의 역법이지 사람의 역법이 아니니 당연히 사람 세상과는 맞지 않다. 세 가지 바른 것을 바꿔서 그릇되게 하여(세 가지 잘못 즉, 오행의 법을 만든 것, 제왕을 칭한 것, 잘못된 역법을 만든 셋) 억지로 이치에 끼워 맞추려 하나 맞지 않고 하늘 앞에 죄를 지어 세상에 큰 화를 불러 일으켰다.

원래가 역, 역법(曆法)이라는 것은 인간 세상에서 이치를 증명하는 것이 기본으로, 그 수(數)는 없는 곳이 없다. 그러므로 역(曆法)이 바르면 하늘의 이치를 인간 세상에 증명하고 합하여 복(福)이 되고, 역(曆法)이 잘못되면 하늘의 수(數)와 어긋나 화(禍, 재앙)가 된다.

복(福)은 이치가 존재하는 곳에 있고, 이치는 바르게 증명(正證)하는 곳에 존재한다. 그러므로 그 역(曆)이 바르고, 바르지 않고는 사람 세상이 복(福)을 받느냐, 화(禍)를 입느냐의 처음 시작(원인)이 되니 어찌 신중히 하지 않겠는가? 그 옛날 한 사람의 어리석음에서 오미의 재앙이 시작되어 만대(萬代)가 지나도록 모든 영혼(生靈)에게 미치는데, 지금 또다시 역법(曆法)을 어긋나게 만든 재앙은 장차 천 세대(千世)를 지나도록 진리에 그 화(禍, 재앙)를 미칠 것이니 두려운 일이다.』

## 제23장

『하늘의 도(天道)는 돌고 돌아 끝과 시작이 있고, 끝과 시작은 또 돌아 4단계로 중첩되어 시작과 끝을 이룬다.

하나의 '끝과 시작 사이(一終始之間, 한 사이클, 한 바퀴)'
를 소력(小曆, 작은 시간 = 1년)이라 하고,

'끝과 시작의 끝과 시작'을 중력(中曆, 중간 시간)이라 하고,

'4개의 중첩된 끝과 시작'을 대력(大曆, 큰 시간)이라 한다.


가장 작은 단위인 소력(小曆)의 한 바퀴를 사(祀 = 1년)
라 하니 사(祀 = 1년)는 13개의 기(期 = 1달, 즉 13달)로
이루어졌고,

1기(期 = 1달)는 28일로 이루어졌고,

28일은 4개의 요(曜 = 7일)로 이루어졌다.

1요(曜)는 7일이고, 요(曜)가 끝나는 것을 복(服)이라 한
다.

그러므로 1사(祀 = 1년)는 52요복(曜服 = 52주)이니 곧
364일(52주 × 7일 = 364)이다.

이것은 1·4·7의 본성이 되는 숫자(性數)이다.


매사(每祀 = 매년)를 시작할 때 단(旦)이 있는데, 단(旦)
은 1일과 같으니, 1일을 합하여 365일이고,

3사(3년)의 반(半)에 대삭(大朔, 큰 초하루)의 판(昄 = 日
+ 反 = 달)이 있으니 판(昄)은 곧 사(祀 = 1년)의 2분절(分
節 = ½)이다.

이깃은 2·5·8의 법칙이 뇌는 숫자(法數)이니
판(販)이 긴 것은 1일과 같아서 4년(4祀)마다 366일이 된다.

10사(十祀 = 10년)의 반(半)에 대회(大晦, 큰 그믐날)의
구(晷, 달그림자)가 있으니 구(晷, 달그림자)는 시간의 근
본(時之根)이다.

300개의 구(晷, 달그림자)는 1묘(眇)가 되니 묘(眇)는 구
(晷, 달그림자)가 눈에 느껴지는 것(볼 수 있는 것)이다.
이와 같이 9633의 묘(眇)를 지나서 각(刻, 현대는 15분으
로 봄), 분(分), 시(時)가 1일(日)을 이루니 이것은 3·6·9
의 몸통이 되는 숫자(体數)이다.
끝과 시작이 이와 같아서 계속 이어져 중력(中曆, 중간
시간), 대력(大曆, 큰 시간)으로 이치의 수(理數)가 만들
어진다.

요(堯)가 이치를 크게 거스르며 세 가지 큰 잘못(① **오행
의 법을 만든 것 ② 제왕을 칭한 것 ③ 잘못된 역법을 만
든 것)**을 한 것은 헛된 욕심을 부린 것이니 어찌 부도(符
都)의 진실된 도를 따라 말하지 않았단 말인가? 허황됨은
곧 안에서부터 이치(理)가 부실(不實)해져 결국 멸망에
이르고, 참됨은 곧 이치(理)가 항상 내 안에서 충만하게

있어 나와 짝이 되어 스스로 존재하는 것이다.』

# 제24장

유호씨가 이와 같이 단단히 타일러 모든 잡다한 법을 폐하고 부도(符都)로 돌아올 것을 권하였으나 우(禹)가 말을 듣지 않았을 뿐만 아니라 위협하고 모욕하는 것이라 여겨 무리를 이끌고 유호씨를 공격하였다. 그러나 이기지 못하고 싸움터에서 죽었다.

이에 하나라 무리들(夏衆)이 분통해하며 죽기를 원하는 자가 수만 명이었다. 이들은 우(禹)와 함께 치수(治水, 치수사업, 물을 다스림)하던 자들이었다. 우의 아들 계(啓)가 무리를 이끌고 유호씨의 고을로 공격하여 왔다. 유호씨의 군사는 비록 수천 명에 불과했으나 하(夏)나라 군사는 한 번도 이기지 못하였다. 계(啓)가 마침내 두려워 후퇴하고 다시는 공격하지 못하였으나 그 무리가 분통해하였다.

이에 유호씨가 하나라 무리들이 어리석어 눈이 먼 것을 보고 고치기가 어렵다고 생각하여 장차 서남쪽의 여러 종족들을 가르치기 위하여 그 무리를 이끌고 가니 고을이 자연히 없어졌다.

# 제25장

이로부터 천산의 남쪽 태원지역(太原地域)이 어지러워져 주인이 없는 것 같아서 왕(王)이란 자는 눈이 멀고, 백성은 장님이 되어 어둠이 겹겹이 쌓이게 되었다. 강한 자는 위에 있고 약한 자는 아래에 있어, 왕(王)과 제후(諸侯)를 임명하는 풍습과 백성을 지배하고 괴롭히는 폐해(弊害)가 만연하여 마침내 이로부터 서로 침략하게 되니 무리지어 살아 있는 생명을 죽이고 한 가지도 세상에 이로운 것이 없었다. 하(夏)나라, 은(殷)나라가 모두 그 법으로 망하고서도 그 이유를 알지 못하니 이것은 스스로 부도(符都)와 단절하여 진리의 도(眞理之道)를 들을 수가 없기 때문이었다.

한편 유호씨는 그 무리를 이끌고 월식주, 성생주의 땅에 들어가니 이곳은 백소씨와 흑소씨가 살던 땅이었다. 백소씨와 흑소씨의 후예들은 마고성에서의 높은 집(새집 소, 巢)을 짓던 풍속을 잊지 않고 높은 탑(고탑, 高塔)과 높은 집(층대, 層臺)을 많이 만들었다. 그러나 천부의 본래 소리(天符之本音)를 잃어버리고 탑(塔)을 만드는 유래가 마고성에서 온 것을 깨닫지 못하여, 본래의 도(道)가 그릇되게 바뀌어 다른 도(道)가 되어 서로 시기하고 의심하며, 싸우고 정벌하는 것을 일로 삼았다.

마고성에서의 일은 기괴하게 바뀌고 허망하게 잊혀져 유호씨가 각 지역을 다니면서 마고의 도(麻姑之道)와 천부의 이치(天符之理)를 말하였으나 무리가 이상하게 여기며 받아들이지 않았다. 그러나 옛날의 일을 맡아 보는 사람(典古者)이 황송하게 일어나 맞이하므로 이에 유호씨가 본래 이치(本理)를 설명하여 전하였다.

# 제26장

임검씨가 유호씨의 행적을 듣고 그의 일을 장하게 여겨 유호씨 족에게 가르치는 일을 하며 살도록 하였다. 이때 임검씨가 하(夏)나라의 형세를 심히 걱정하고 어리석음을 풀고 근본으로 돌아가는 도(해혹복본의 도, 解惑復本之道)를 전수한 후 산으로 들어갔다.

임검씨의 아들 부루씨(夫婁氏)가 천부삼인(天符三印)을 이어받아 천지가 하나의 이치로 돌아가는 것을 증명(天地之爲一理)하여 사람들이 모두 한 가족(人生之爲一族)이 되어 크게 조상의 도를 일으키고(大興父祖之道) 널리 천웅의 법(天雄之法)을 행하여 인간 세상에 이치를 증명(人生證理)하는 일에 전념하였다.

일찍이 운해주에 사는 운해족과 긴밀하게 연락하여 하나라가 하나로 돌아오게 하였으나 다른 도(異道)가 날로 강성해져 마침내 뜻을 이루지 못했다.

부루씨(夫婁氏)가 천부(天符)를 아들 읍루씨(挹婁氏)에게 전하고 산으로 들어갔다. 읍루씨는 태어날 때부터 세상에 대한 큰 사랑과 애통함(大悲之願)을 가지고 있었다. 천부삼인(天符三印)을 이어받고 하나라 종족(夏族, 지나속, China)이 고통에 빠진 것을 불쌍하게 여기고, 진리가 거짓된 지역에 떨어진 것을 슬프게 생각하였다(悲痛眞理之墜詐端之域).

마침내 밝은 땅의 제단(明地之壇)에 천부(天符)를 봉쇄(封鎖)하고 복본의 큰 원력(復本之大願)을 세상에 전하고 산으로 들어갔다. 백 년 동안 나오지 않으니 남겨진 백성들이 통곡하며 슬퍼하였다. (단군조선의 문을 스스로 닫다.)


임검씨가 후천의 말기, 초에 태어나 세상의 일을 미리 살피고 부도(符都) 건설을 시범(示範)하니 천 년 사이에 그 공과 일(功業)이 크게 이루어졌다. 마침내 천부(天符)의 전해짐이 끊어졌다. 마고성에서 나온 이래로 황궁씨, 유인씨, 환인씨, 환웅씨, 임검씨, 부루씨, 읍루씨 7세에 천부(天符)가 전해지니 7천 년이었다.

# 제27장

은(殷)나라(BC 1600~BC 1046)에서 기자(箕子)가 패잔병과 난민을 이끌고 부도(符都)의 서쪽으로 도망쳐 왔다. 당우(唐虞, 요순)의 법(帝王之道)을 행하고 오행(五行)과 삼정(三正, 君臣, 父子, 夫婦 사이의 도리)을 쓰고, 점치고 복을 비는 일(홍범무함, 洪範巫咸)을 시행했다. 천웅의 도(天雄之道)와는 용납할 수 없는 일이었다.

은나라의 패잔병과 난민이 무력으로 부도(符都)의 남겨진 백성들(遺衆)을 억압하므로 부도(符都)의 백성들이 천부(天符)가 묻혀 있는 밝은 땅의 제단(明地之壇)을 금지하여 접근하지 못하게 하고(봉금, 封禁) 동해 바닷가에 피난하여 살았다. 그곳은 옛날 서라벌(사례벌, 斯禮筏)의 빈 땅이었다. 서라벌은 긴 깃발을 뜻하는데, 원래 광야에 유배된 죄인이 긴 깃발을 아침에 내 걸고 저녁에 거둬들여 먼 곳에서 지키는 관리로 하여금 자신이 도망가지 않았음을 알게 했던 것이다.

부도(符都)의 유민들은 육촌(六村, 여섯 마을)을 만들고 제족과 접하여 이웃이 되어 일을 분담하여 함께 지켜 내니 이것을 한(韓)이라 했다. 한은 지키고 방비(保衛)한다는 뜻이다. 북쪽에는 마한(馬韓), 남쪽에는 변한(弁韓), 동쪽에는 진한(辰韓)이 있어 삼한(三韓)이라 했다.

각각 부족이 스스로 다스리고, 선조로부터 내려온 도를 굳게 지켜 이후 천 년 동안 은나라 기자의 법을 받아들이지 않고 지키고 방비하는 일에 전념하였다.

이때 하나라의 땅(夏土, 지나支那, China)에 전쟁과 약탈의 바람이 점차 격심해지니 동요와 혼란이 삼한(三韓)에까지 미쳤다. 이에 육촌 사람들이 서로 대책을 논의하여 서쪽의 화가 점차 다가오는데 지키고 방비하기가 위태로우니 어쩔 수 없이 서로 통합하여 방비하지 않을 수 없다고 결론을 내리고 경계선을 정하고 요새를 세우고 혁거세(赫居世)를 추대하여 통솔하고 다스리는 일을 위임하였다. 다른 부족도 역시 수령을 추대하여 방비하였는데, 남쪽은 백제(百濟)요, 북쪽은 고구려(高句麗)였다. 고구려가 곧 북쪽에 있는 부도(符都)의 보(堡, 성, 성벽)가 있던 땅을 회복하여 서쪽에서 침략하는 사람들을 쫓아 버리고 그 지역을 완전히 지켜 냈다.

## 제28장

이보다 앞서 육촌(六村)의 촌장들이 약초 캐는 날 함께 모였는데, 선도산(仙桃山) 사당(壇廟)의 성스러운 여인(성모, 聖母)이 알을 낳았다는 말을 듣고 가서 보았다. 동쪽에 있는 우물에 데려가 장막을 가리고 물로 씻어 껍질을 벗겨 내니 남자아이였다. 몸에서는 빛이 나고 귀가 부채만큼 컸다. 박(朴)으로 성씨(姓氏)를 삼고 이름을 혁거세(赫居世)라 하였다. 박(朴)은 박달나무를 뜻하는 단(壇, 檀)에서 따온 것으로 성(姓)을 삼은 것이며, 혁(赫)은 빛을 의미하니, 광명(光明)으로써 암흑 세상에 사는 사람들을 구원한다는 뜻이다. 육촌(六村)의 사람들이 함께 기르니 점차 자라면서 신령한 기운이 밝게 솟고 큰 사람이 되었다.

13살에 여러 사람이 추대하여 거서간(居西干)이 되니, 거(居)는 거(据, 일하다)라는 뜻이요, 간(干)은 방(防, 방어하다)을 뜻하고 수장(首長)을 뜻하니, 이것은 서방(西方)을 방어하여 지키고 경계하는 수장, 즉 방어장(防禦長)이라는 뜻이다. 서방(西方)은 서쪽에서 침략하여 삿된 도를 행하는 자들(箕子)이다.


## 제29장


혁거세(赫居世) 씨는 타고난 성품이 신(神)과 같고, 지혜는 성인(聖人)과 같았다. 또한 현명한 왕비, 알영(閼英)을 맞이하니 사람들은 그들을 가리켜 두 명의 성인(二聖)이라 하였다. 능히 여러 부족들을 통솔하여 선조로부터 내려온 도(道)를 행하며, 하늘에 제사하고 시장을 여는 법(祭市之法)을 부흥시키고, 남쪽에 있는 태백산(太白山, 강원도 태백산)에 천부소도(天符小都)를 건설하였다.

중앙에는 천부단(天符壇)을 세우고 동서남북의 네 곳에는 작은 단

(堡壇)을 설치하여 하늘에 제사 지내고 몸과 마음을 깨끗이 하는 의식을 행하고 대인(大人)으로 하여금 금척(金尺, 금으로 된 자, 신령한 물건)의 이치로 기준으로 삼아(準金尺之理) 천지의 뿌리와 근본 이치를 증명하고, 옥피리(만파식적, 萬波息笛) 소리로 만물을 고르게 조율하며(調玉管之音), 율려로써 만물을 살리고 화합하는 법(율려화생법, 律呂化生法)을 닦고 증명하였다.

매년 10월에는 백의제(白衣祭)를 지냈는데 이는 마고성에서 황궁씨가 지구어머니 마고 앞에서 흰 띠를 묶고 오미의 화를 속죄하며 다시 돌아올 것을 맹세한 일을 따른 것이다. 달구(達丘, 달구벌, 지금의 대구로 추정)에 아침 시장(조시, 朝市)을 열고, 율포(聿浦, 지금의 울산으로 추정)에는 어시장(해시, 海市)을 열어 육지와 바다가 서로 교역하는 제도를 만들었다. 항상 순행(巡行, 두루 다님)하며 농사짓고, 누에치고, 실을 뽑고 베 짜는 일을 권장하니 들에는 곡식 가마가 쌓이고 집에는 베가 많았다.

이처럼 선한 일을 크게 부흥시켜 고통과 기쁨을 함께 나누고 밖으로는 창과 방패를 쓰지 않으며 이웃과 더불어 평화롭게 하였다.

일심으로 협력하여 옛일을 회복하고, 다시 재건하는 일에 전념하니 도가 살아 있어 옛 부도와 흡사하였다. 이에 변한과 진한의 모든 백성들이 하나로 힘을 모으니 비록 경계선을 두고 방비하나 나라를 칭하지 아니하고, 스스로 왕이라 칭하지 않았다. 안을 다스리는 일은 선조들의 법을 지켜서 하고, 부족들의 모임에서 의결되지 않으면 한 가지 일도 사사로이 행하지 않았기 때문에 우두머리를 계승하는 법이 혈족(血族, 아들딸)에 한정할 필요가 없었으며, 현명한 사람을 택하여 우두머리로 삼았다.

# 제30장

아름답고 말 잘하는 20살 남자를 뽑아 마랑(馬郎 = 화랑花郎)이라는 직책을 주고, 먼 곳까지 순행(巡行)하게 하였다. 이것을 원행(遠行, 멀리 다님)이라고 했다. 혹여나 성생주, 월식주의 옛 땅에 나아가기도 하고, 운해주, 천산주의 여러 지역에도 가니 이렇게 다니는 것은 수행(修行)하며 도(道)를 전하던 옛 부도(符都)의 제도를 이은 것이었다.

동해 바닷가에 피해 산 지 천 년 정도가 지났다. 부도(符都)에 모여 제사 지내고 시장을 열어 교역하지 못하니 왕래가 오랫동안 끊어졌다. 나라를 세워 서로 전쟁하고 쟁탈하는 풍조가 세상에 만연해져 모든 종족들이 각자 나라를 칭하고 오랜 세월 동안 싸우는 일이 반복되니 겨레가 서로 찢어지고 나누어져 말이 잡다하게 변하였다.

천부(天符)는 잊혀지고, 설사 아는 이가 있다 하더라도 이미 형태가 변하여 소리가 다르니 마랑(馬郎)들의 이러한 원행(遠行)이 매우 어려워 목숨을 잃는(순절殉節, 순교殉敎) 사람들이 많았다. 그러나 마랑(馬郎)들은 머나먼 원행(遠行)에서도 뜻을 굳건히 지켜 내어 모든 고난 속에서도 사명을 완수하였다. 그 기풍이 진실로 호탕하고 고매하였다.

장하게도 귀환을 하면 반드시 직책을 주어 임명하고, 천문(天文), 지리 (地理), 역법(曆法), 수학(數學), 박물학(博物學)을 익히게 하였다. 이것은 곧 선조의 시대에 세상이 평화롭게 서로 통한 것을 본받아 하나의 법으로 사람 세상을 평화롭게 하고자 하는 것이었다.

## 제31장

서라벌에 도읍을 세운 지 3세대가 지나고 백 년 정도 되었다. 세상의 흐름이 크게 변하여 바깥의 여러 어려움으로부터 지키고 보전하기가 어려울 지경이었다. 이때에 왕국을 세우고 권력을 행사하게 하자는 논란이 일어나 서로 의견이 분분하였다.

그것을 반대하는 사람들은,

『선대(先代)로부터 내려온 법이 천부(天符)를 밝게 하니, 비록 지금이 어렵다고는 하나 잘 지키고 방비하여 보전하고 때를 기다리는 것이 옳다. 어찌 거짓된 도(詐道)에 굴욕을 당하는 것을 참아 내어 스스로 소인배가 되고 이치가 어그러지는 지경에 빠질 것인가? 이와 같다면 의롭게 자결하여 후세에 참된 도를 뚜렷하게 전해 주는 것이 고통이 없고 편안할 것이다.』

이에 찬성하는 사람들은,

『외세(外勢)가 긴박하여 파동이 격심하니 어찌 굳건히 지켜 낼 수 있을 것인가. 담장 안에서도 의견이 다르고 서로 반대하여 시끄러움이 그치지 않는데 어찌 지켜 내고 보전한단 말인가. 일이 이미 이렇게까지 되어 버렸으니 그들과 함께 뛰어, 쫓아가 부강해진 연후에 선조의 유업을 회복하는 것이 불가능하지 않다.

지금 세상의 모든 종족이 거짓된 도를 따라 미쳐 날뛰어 장님이 된 지 이미 오래다. 우리가 지금 자멸하면 참된 도를 누가 밝게 비출 것이며, 후세에 누가 있어 이것을 알 것인가. 만약에 튼튼히 지켜서 보전하더라도 오래 고립되면 천 마리 새 중에 한 마리 백로가 되어 오히려 우리가 다른 도가 되어 세상에 존재하지 못하게 될 것이다.

장차 이것을 어찌할 것인가. 이렇게 된다면 다 옳지 못하다. 오직 우리가 선택할 수 있는 것은 나라를 세우고 왕을 존귀하게 여겨 그로 하여금 대권(大權)을 행사하게 하고, 군마(軍馬)를 호령하게 하며, 파죽지세로 전진하여 옛 부도의 땅을 모두 회복하는 것이다. 부도를 다시 세우고 그 뿌리를 명시하면 세상 모든 종족이 비록 완고하나 반드시 각성하여 깨어나 근본으로 돌아오게 될 것이다.』


## 제32장


마침내 대중의 여론(중론, 衆論)이 결정되었다. 여론이 나라를 세우고 국왕에게 권력을 위임하자고 주장하는 석(昔)씨에게로 갔다. 석씨는 동쪽에 있는 부도의 작은 성에 유배된 자들의 후예로 대대로 바닷가에 살던 사람이었다. 체격이 크고 지략이 있어서 남해씨(南解氏)가 딸을 주어 아내로 삼았다. 이때에 이르러 사람들의 지지에 힘입어 자리를 이어받아 탈해왕(脫解王)이라고 칭했다. 탈해(脫解)라는 것은 지키고 보전하는 속박에서 풀고 벗어나는 것을 의미하는 것이었다. 또 나라 이름을 서라국(徐羅國, 신라)이라 하고 창과 방패를 사용하여 관내를 평정하였다. 병력(兵力, 무력)을 과도하게 사용하여 나중에는 배척당하였다.

대중의 뜻이 지키고 보전하자는 박씨에게 다시 돌아가니 박씨가 계승하고 왕국이라 칭함을 폐지하였다. 4세대가 지나 대중의 뜻이 다시 석씨에게 돌아갔으나 무력으로 정벌하는 것은 원하지 않으니 석씨가 무력으로 정벌하지 않겠다고 대중에게 약속하고 계승하니 그가 벌휴씨(伐休氏)였다. 벌휴(伐休)는 정벌을 하지 않는다는 뜻이다. 석씨가 4세대를 이어 오는 동안 또 무력으로 정벌을 하니 대중의 뜻이 중간 입장의 김씨에게 돌아갔다.

김씨는 원래 부도에서 동쪽으로 이주한 사람들로 따뜻하고 겸손하며 덕이 두터워 지마씨(祗摩氏)가 손녀딸을 주어 아내로 맞이했다. 이때에 자리를 계승하니 그가 미추씨(味雛氏)이다. 이때에 서북쪽에서 환란이 계속 일어났으나 한 가지도 처리되지 못했다. 대중의 뜻이 다시 석씨에게 가니 석씨가 다시 자리를 이어받고 3세대를 지나면서 정벌하는 일이 많아서 민생을 탕진했다. 이에 석씨가 크게 배척받았다.

중론이 다시 김씨에게 돌아가니 김씨가 이어받아 지금까지 내려왔다.


## 제33장 박제상의 평론


오직 근본을 지켜 온 나의 민족은 동해바다에 피난하여 살면서 지키고 방어하며 보전한 지 삼백여 년 동안 중론(衆論)을 번복(飜覆)하면서 바깥세상의 어지러운 바람을 살폈으며 거짓으로 떨어진 세상에서도 천부의 진리로 의연하게 지켜 왔음을 알 수 있다.

그러므로 세세토록 이어 온 대중의 여론(중론, 衆論)은 반드시 그 도가 무너지지 않게 하는 것에 근거하였으며, 역대 우두머리들은 자신이 중론(衆論)에 따르지 못하는 것을 두려워하여 능히 과격하지도 약하지도 않게 조절하면서 지키고 보전하여 크게 전하였다.

그리하여 지금 사람들로 하여금 천부의 존재를 들을 수 있게 하였으며, 또 장차 후세 사람들로 하여금 때가 왔을 때 부도를 회복하여 다시 세우는(符都建設) 것을 가능하게 하였다. 앞으로 세상 사람들이 두루 평화롭게 통하며(通和四海) 인류가 복본(人世復本)하여 진리를 밝게 증명(明證眞理)하면 그 당시에 석씨의 주장이 불행 중 다행을 성취하는 게 아니겠는가.


아지랑이 까마득히 오르는 걸 바라보니
나그네 마음은 가을처럼 지는구나.

세간의 견백(궤변)도 유유한 세상사도
징강을 대하고 앉아 근심을 잊는다.


煙景迢迢望欲流 연경초초망욕류
客心搖落却如秋 객심요락각여추
世間堅白悠悠事 세간견백유유사
坐對澄江莫設愁 좌대징강막설수. 觀雪堂 관설당


눌지왕 2년(418년) 공이 왜국에 들어갈 때 지은 시라고
함.
觀雪堂(관설당) : 박제상 선생의 호
迢迢 : 까마득히 먼 모양, 높은 모양
堅白 : 궤변(= 堅白石)
澄江 : 징심헌(澄心軒, 경남 양산시) 앞의 강
澄心軒(징심헌)은 경남 양산시(삽량주)에 터가 있음, 징
심헌에서 징심록을 지었다는 설이 있음.


- 부도지, 소부도지 끝 -

## 2) 부도지 원문(한문)

符都誌原文
부도지 원문

## 第一章 (제1장)

麻姑城은 地上最高大城이니 奉守天符하야 繼承先天이라.
마고성　지상최고대성　　봉수천부　　계승선천

成中四方에 有四位天人이 堤管調音하니 長曰 黃穹氏오
성중사방　유사위천인　제관조음　　장왈 황궁씨

次曰 白巢氏오 三曰 靑穹氏오 四曰 黑巢氏也라.
차왈 백소씨　삼왈 청궁씨　사왈 흑소씨야

兩穹氏之母曰穹姬오 兩巢氏之母曰巢姬니
양궁씨지모왈궁희　　양소씨지모왈소희

二姬 皆麻姑之女也리.
이희 개마고지녀야

麻姑이 生於朕世하야 無喜怒之情하니 先天爲男하고
마고 생어짐세 무희노지정 선천위남

後天爲女하야 無配而生二姬하고 二姬이 亦受其情하야
후천위여 무배이생이희 이희 역수기정

無配而生二天人二天女하니 合四天人四天女라.
무배이생이천인이천녀 합사천인사천녀

## 第二章 (제2장)

先天之時에 大城이 在於實達之上하야 與虛達之城으로
선천지시 대성 재어실달지상 여허달지성

並列하니 火日暖照하고 無有具象하야
병열 화일난조 무유구상

唯有八呂之音이 自天聞來하니 實達與虛達이
유유팔려지음 자천문래 실달여허달

皆出於此音之中하고 大城與麻姑이 亦生於斯하니 是爲朕世라.
개출어차음지중 대성여마고 역생어사 시위짐세

朕世以前則律呂幾復하야 星辰已現이러라.
짐세이전즉율여기복 성진이현

朕世幾終에 麻姑이 生二姬하야 使執五音七調之節하다.
짐세기종　마고　생이희　　사집오음칠조지절

城中에 地乳始出하니 二姬又生四天人四天女하야 以資其養하고
성중　지유시출　　이희우생사천인사천녀　　이자기양

四天女로 執呂하고 四天人으로 執律이러라.
사천녀　집여　　사천인　　집율


## 第三章 (제3장)

後天運開에 律呂再復하야 乃成響象하니 聲與音錯이라.
후천운개　율려재복　　내성향상　　성여음착

麻姑이 引實達大城하야 降於天水之域하니
마고　인실달대성　　강어천수지역

大城之氣이 上昇하야 布幕於水雲之上하고
대성지기　상승　　포막어수운지상

實達之体이 平開하야 闢地於凝水之中하니
실달지체　평개　　벽지어응수지중

陸海並列하고 山川이 廣坼이라.
육해병렬　산천　광기

於是에 水域이 變成地界而雙重하야 替動上下而斡旋하니
어시　수역　변성지계이쌍중　　체동상하이알선

曆數始焉이라.
역수시언

以故로 氣火水土이 相得混和하야 光分晝夜四時하고
이고  기화수토  상득혼화  광분주야사시

潤生草木禽獸하니 全地多事라.
윤생초목금수  전지다사

於是에 四天人이 分管萬物之本音하니
어시  사천인  분관만물지본음

管土者爲黃하고 管水者爲靑하야 各作穹而守職하고
관토자위황  관수자위청  각작궁이수직

管氣者爲白하고 管火者爲黑하야 各作巢而守職하니
관기자위백  관화자위흑  각작소이수직

因稱其氏라.
인칭기씨

自此로 氣火共推하야 天無暗冷하고 水土感應하야
자차  기화공추  천무암냉  수토감응

知無凶戾하니 此는 音象이 在上하야 常時反照하고
지무흉려  차  음상  재상  상시반조

響象이 在下하야 均布聽聞姑也라.
향상  재하  균포청문고야

# 第四章 (제4장)

是時에 管攝本音者이 雖有八人이나 未有修證響象者라.
시시　관섭본음자　수유팔인　　미유수증향상자

故로 萬物이 閃生閃滅하야 不得調節이라.
고　만물　섬생섬멸　　부득조절

麻姑이 乃命四天人四天女하아 辟脇生產하니
마고　내명사천인사천녀　　벽협생산

於是에 四天人이 交娶四天女하야
어시　사천인　교취사천녀

各生三男三女하니 是爲地界初生之人祖也라.
각생삼남삼녀　　시위지계초생지인조야

其男女이 又復交娶하야 數代之間에 族屬이 各增三天人이라.
기남여　우복교취　　수대지간　족속　각증삼천인

自此로 十二人祖는 各守城門하고 其餘子孫은
자차　십이인조　각수성문　　기여자손

分管響象而修證하니 曆數始得調節이라.
분관향상이수증　　역수시득조절

城中諸人이 稟性純精하야 能知造化하고 飮啜地乳하야
성중제인　품성순정　　능지조화　　음철지유

血氣淸明이라.
혈기청명

耳有烏金하야 具聞天音하고 行能跳步하야 來往自在라.
이유오금　　구문천음　　행능도보　　래왕자재

任務己終則遷化金塵而保己性体하야 隨發魂識而潛聲能言하고
임무기종즉천화금진이보기성체　　수발혼식이잠성능언

時動魄體而潛形能行하야 布住於地氣之中하야 其壽無量이러라.
시동백체이잠형능행　　포주어지기지중　　기수무량


## 第五章 (제5장)


白巢氏之族支巢氏이 與諸人으로 往飮乳泉할새 人多泉少어늘
백소씨지족지소씨　여제인　　왕음유천　　인다천소

讓於諸人하고 自不得飮而如是者五次라.
양어제인　　자부득음이여시자오차

乃歸而登巢하야 遂發飢惑而眩倒하니 耳鳴迷聲하야
내귀이등소　　수발기혹이현도　　이오미성

吞嘗五味하니 卽巢欄之蔓籬萄實이라.
탄상오미　　즉소란지만리도실

起而偸躍하니 此被其毒力故也라.
기이투약　　차피기독력고야

乃降巢濶步而歌曰 浩蕩兮天地여 我氣兮凌駕로다 是何道兮오
내강소활보이가왈 호탕혜천지　　아기혜능가　　시하도혜

萄實之力이로다.
도실지력

衆皆疑之하니 支巢氏日眞佳라하거늘 諸人이 奇而食之하니
중개의지　　지소씨왈진가　　　　제인　기이식지

果若其言이라.
과약기언

於是에 諸族之食萄實者多러라.
어시　제족지식도실자다

## 第六章 (제6장)

白巢氏之諸人이 聞而大驚하야 乃禁止守察하니
백소씨지제인　문이대경　　내금지수찰

此又破不禁自禁之自在律者也라.
차우파불금자금지자재율자야

此時에 食實之習과 禁察之法이 始하니 麻姑閉門撤冪이러라.
차시　식실지습　금찰지법　시　　마고폐문철멱

已矣오 食實成慣者이 皆生齒하야 唾如蛇毒하니
이의　식실성관자　개생치　　타여사독

此 强呑他生故也오 設禁守察者이 皆眼明하야 視似梟目하니
차 강탄타생고야　설금수찰자　개안명　　시사효목

此는 私瞧公律故也라.
차    사초공율고야

以故로 諸人之血肉이 醅化하고 心氣이 醋變하야
이고   제인지혈육 배화    심기   혹변

遂失凡天之性이라.
수실범천지성

耳之烏金이 化作兎沙하야 終爲天聾하고
이지오금   화작토사    종위천롱

足重地固하야 步不能跳하며 胎精不純하야 多生獸相이라.
족중지고     보부능도    태정불순    다생수상

命期早熟하야 其終이 不能遷化而腐하니 此는 生命之數이
명기조숙    기종   불능천화이부    차   생명지수

縒惑縮故也라.
착혹축고야

## 第七章 (제7장)

於時에 人世이 怨咎하니 支巢氏이 大耻顔赤하야
어시  인세   원구    지소씨   대치안적

率眷出城하야 遠出而隱이라.
율권출성    원출이은

且氣慣食葍實者와 設禁守察者이 亦皆出城하야 散去各地하니
차기관식도실자　설금수제자　역개출성　　산거각지

黃弓氏이 哀憫彼等之情狀하야 乃告別曰
황궁씨　애민피등지정상　　내고별왈

諸人之惑量이 甚大하야 性相變異故로 不得同居於城中이라.
제인지혹량　심대　　성상변이고　부득동거어성중

然이나 自勉修證하야 淸濟惑量而無餘則自然復本하리니
연　　자면수증　　청제혹량이무여즉자연복본

勉之勉之하라.
면지면지

是時에 氣土相値하야 時節之光이 偏生冷暗하고 水火失調하야
시시　기토상치　　시절지광　편생냉암　　수화실조

血氣之類이 皆懷猜忌하니 此는 冪光이 卷撤하야 不爲反照하고
혈기지류　개회시기　　차　멱광　권철　　불위반조

城門이 閉隔하야 不得聽聞故也라.
성문　폐격　　부득청문고야

## 第八章 (제8장)

已矣오. 出城諸人中悔悟前非者이 還到城外하야 直求復本하니
이의　출성제인중회오전비자　환도성외　　직구복본

此未知有復本之時所故也라.
차미지유복본지시소고야

乃欲得乳泉하야 掘鑿城廓하니 城址破損하야 泉源이
내욕득유천     굴착성곽     성지파손     천원

流出四方이라.
유출사방

然이나 卽化固土하야 不能飮啜이라.
연     즉화고토     불능음철

以故로 城內에 遂乳渴하니 諸人이 動搖하야 爭取草果하니
이고  성내  수유갈     제인  동요     쟁취초과

混濁至極하야 難保淸淨이라.
혼탁지극     난보청정

黃穹氏이 爲諸人之長故로 乃束身白茅하고 謝於麻故之前하야
황궁씨   위제인지장고    내속신백모     사어마고지전

自負五味之責하여 立誓復本之約이러라.
자부오미지책     입서복본지약

退而告諸族曰五味之禍이 反潮逆來하니 此出城諸人이
퇴이고제족왈오미지화    반조역래     차출성제인

不知理道하고 徒增惑量故也라.
부지리도     도증혹량고야

淸淨已破하고 大城將危하니 此將奈何오.
청정이파     대성장위     차장내하

是時에 諸天人이 意決分居하야 欲保大城於完全하니
시시　제천인　의결분거　　　욕보대성어완전

黃穹氏이 乃分給天符爲信하고
황궁씨　내분급천부위신

敎授採葛爲量하야 命分居四方이라.
교수채갈위량　　　명분거사방

於時에 靑穹氏이 率眷出東間之門하야 去雲海洲하고
어시　청궁씨　솔권출동간지문　　　거운해주

白巢氏이 率眷出西間之門 去月息洲하고
백소씨　솔권출서간지문 거월식주

黑巢氏이 率眷出南間之門 去星生洲하고
흑소씨　솔권출남간지문 거성생주

黃穹氏이 率眷出北間之門 去天山洲하니
황궁씨　솔권출북간지문 거천산주

天山洲는 大寒大險之地라.
천산주　대한대험지지

此는 黃穹氏이 自進就難하야 忍苦復本之 盟誓러라.
차　황궁씨　자진취난　　　인고복본지 맹서

# 第九章 (제9장)

分居諸族이 繞倒各洲하니 於焉千年이라.
분거제족　요도각주　　어언천년

昔世出城諸人之裔이 雜居各地하야 其勢甚盛이라.
석세출성제인지예　잡거각지　　기세심성

然이나 殆忘根本하고 性化猛獰하야
연　　태망근본　　성화맹영

見新來分居之族則作群追跡而害之러라.
견신래분거지족즉작군추적이해지

諸族이 已定住하니 海阻山隔하야 來往이 殆絶이라.
제족　이정주　　해조산격　　래왕　태절

於時에 麻故與二姬로 修補大城하고 注入天水하야
어시　마고여이희　수보대성　　주입천수

淸掃城內하고 移大城於虛達之上이러라.
청소성내　　이대성어허달지상

是時에 淸掃之水이 大漲於東西하고
시시　청소지수　대창어동서

大破雲海之地하고 多滅月息之人이라.
대파운해지지　　다멸월식지인

自此로 地界之重이 變化하야 曆數生差하니
자차　지계지중　변화　　역수생차

始有朔眅之象이라.
시유삭판지상

# 第十章 (제10장)

黃穹氏이 到天山洲하야 誓解惑復本之約하고
황궁씨　도천산주　　　서해혹부본지약

告衆勸勉修證之業이라.
고중권면수증지업

乃命長子有因氏하야 使明人世之事하고
내명장자유인씨　　　사명인세지사

使次子三子로 巡行諸洲리라.
사차자삼자　순행제주

黃穹氏乃入天山而化石하야 長鳴調音하야
황궁씨내입천산이화석　　　장오조음

以圖人世惑量之除盡無餘하고
이도인세혹량지제진무여

期必大城恢復之誓約成就리라.
기필대성회복지서약성취

於是에 有因氏이 繼受天符三印하니
어시　유인씨　계수천부삼인

此卽天地本音之象而使知其眞一根本者也라.
차즉천지본음지상이사지기진일근본자야

有因氏이 哀憫諸人之寒冷夜暗하야 鑽燧發火하야
유인씨 애민제인지한냉야암 찬수발화

照明溫軀하고 又敎火食하니 諸人이 大悅이라.
조명온구 우교화식 제인 대열

有因氏千年에 傳天符於子桓因氏하고 乃入山하야
유인씨천년 전천부어자환인씨 내입산

專修禊祓不出이라.
전수계불불출

桓因氏이 繼受天符三印에 大明人世證理之事하니
환인씨 계수천부삼인 대명인세증리지사

於是에 日光均照하고 氣候順常하야 血氣之類이 庶得安堵하고
어시 일광균조 기후순상 혈기지류 서득안도

人相之怪이 稍得本能하니 此는 三世修證三千年에
인상지괴 초득본능 차 삼세수증삼천년

其功力이 庶幾資於不咸者也라.
기공력 서기자어부함자야

# 第十一章 (제11장)

桓因氏之子桓雄氏이 生而有大志하야 繼承天符三印하고
환인씨지자환웅씨　생이유대지　　계승천부삼인

修禊除祓하고 立天雄之道하야 使人知其所由러라.
수계제불　　입천웅지도　　　사인지기소유

於焉人世이 偏重於衣食之業하니 桓雄氏이 制無餘律法四條하야
어언인세　편중어의식지업　　　환웅씨　제무여율법사조

使鰥夫로 調節하니
사환부　조절

一日人之行蹟은 時時淸濟하야 勿使暗結生鬼하며 煩滯化魔하야
일왈인지행적　시시청제　　　물사암결생귀　　　번체화마

使人世로 通明無餘一障하라.
사인세　통명무여일장

二日人之聚積은 死後堤功하야 勿使陳垢生鬼하며 濫費化魔하야
이왈인지취적　사후제공　　　물사진구생귀　　　람비화마

使人世로 普洽無餘一憾하라.
사인세　보흡무여일감

三日頑着邪惑者는 謫居於曠野하야 時時被其行하야 使邪氣로
삼왈완착사혹자　적거어광야　　　시시피기행　　사사기

無餘於世上하라.
무여어세상

四日大犯罪過者는 流居於遲島하야 死後焚其尸하야 使罪集으로
사왈대범죄과자　류거어섬도　　사후분기시　　사죄집

無餘於地上하라.
무여어지상

又作宮室舟車하야 敎人居旅러라.
우작궁실주차　　교인거여

於是에 桓雄氏이 始乘舟浮海하야 巡訪四海할새
어시　환웅씨　시승주부해　　순방사해

照證天符修身하고 疏通諸族之消息하며 訴言根本之不忘하고
조증천부수신　　소통제족지소식　　소언근본지부망

敎宮室舟車火食之法이러라.
교궁실주차화식지법

桓雄氏이 歸而修八音二文하고 定曆數醫藥하며 述天文地理하니
환웅씨　귀이수팔음이문　　정역수의약　　술천문지리

弘益人世러라.
홍익인세

此는 世遠法弛하야 諸人之暗揣摸索이 漸增詐端故로
차　세원법이　　제인지암췌모색　점증사단고

欲保根本之道於日用事物之間而使昭然也라.
욕보근본지도어일용사물지간이사소연야

自是로 始興修學之風하니 人性昏昧하야 不學則不知故也라.
자시　시흥수학지풍　　인성혼매　　불학즉부지고야

# 第十二章 (제12장)

桓雄氏生壬儉氏하니 時에 四海諸族이 不講天符之理하고
환웅씨생임검씨     시   사해제족   불강천부지리

自沒於迷惑之中하야 人世因苦라.
자몰어미혹지중       인세인고

壬儉氏懷大憂於天下하고 修天雄之道하며 行禊祓之儀하야
임검씨회대우어천하       수천웅지도       행계불지의

繼受天符三印이라.
계수천부삼인

教耕稼蠶葛陶窯之法하고 布交易稼聚譜錄之制러라.
교경가잠갈도요지법       포교역가취보록지제

壬儉氏이 啖根吸露하고 身生毛氅하야
임검씨     담근흡로       신생모삼

遍踏四海하야 歷訪諸族하니 百年之間에 無所不往이라.
편답사해       역방제족       백년지간   무소불왕

照證天符修身하고 盟解惑復本之誓하며 定符都建設之約하니
조증천부수신       맹해혹복본지서       정부도건설지약

此는 地遠信絶하야 諸族之地言語風俗이
차   지원신절       제족지지언어풍속

漸變相異故로 慾講天符之地理於會同協和之席而使明知也라.
점변상이고   욕강천부지지리어회동협화지석이사명지야

是爲後日會講之緖하니 人事煩忙하야 不講則忘失故也라.
시위후일회강지서　　인사번망　　불강즉망실고야


# 第十三章 (제13장)


壬儉氏이 歸而擇符都建設之地하니 卽東北之磁方也라.
임검씨　귀이택부도건설지지　　즉동북지자방야

此는 二六交感懷核之域이오 四八相生結果之地라.
차　이륙교감회핵지역　　사팔상생결과지지

明山麗水이 連亘萬里하고 海陸通涉이 派達十方하니
명산려수　련긍만리　　해륙통섭　파달십방

卽九一終始不咸之其也라.
즉구일종시불함지기야

三根靈草와 五葉瑞實과 七色寶玉이 托根於金剛之臟하야
삼근영초　오엽서실　칠색보옥　탁근어김강지장

遍滿於全域하니 此一三五七磁朔之精이 會方成物而順吉者也라.
편만어전역　　차일삼오칠자삭지정　　회방성물이순길자야

乃築天符壇於太白明地之頭하고 設保壇於四方이라.
내축천부단어태백명지지두　　설보단어사방

保壇之間에 各通三條道溝하니 其間이 千里也오
보단지간　각통삼조도구　　기간　천리야

道溝左右에 各設守關하니 此取法於麻故之本城이라.
도구좌우　각설수관　차취법어마고지본성

劃都坊於下部之体하고 圜涵澤於三海之周하니
획도방어하부지체　　환함택어삼해지주

四津四浦이 連隔千里하야 環列於東西라.
사진사포　연격천리　　환열어동서

津浦之間에 又設六部하니 此爲諸族之率居也라.
진포지간　우설육부　차위제족지솔거야

符都旣成하니 雄麗光明하야 足爲四海之總和요
부도기성　　웅려광명　　족위사해지총화

諸族之生脉이라.
제족지생맥

於是에 移黃穹氏之裔六萬이 守之하고 乃割木作桴八萬하야
어시　이황궁씨지예육만　수지　　내할목작부팔만

刻信符流放於天池之水하야 招四海諸族하니
각신부류방어천지지수　　초사해제족

諸族이 得見信桴하고 次第來集하야
제족　득견신부　차제래집

大開神市於朴達之林하고 修稧淨心察于天象하야
대개신시어박달지림　　수계정심찰우천상

修麻姑之譜하야 明其族屬하고 準天符之音하야
수마고지보　　명기족속　　준천부지음

整其語文이러라.
정기어문

又奠定北辰七耀之位하야 燔贖於盤石之上하고
우전정북진칠요지위　　번속어반석지상

會歌而奉天雄之樂이러라.
회가이봉천웅지악

諸族이 採七寶之玉於方丈方壺之堀하야
제족　채칠보지옥어방장방호지굴

刻天符而謂之方丈海印하야 辟除七難而歸라.
각천부이위지방장해인　　벽제칠난이귀

自此로 每十歲必開神市하니 於是에 語文同軌하야
자차　매십세필개신시　　어시　어문동궤

一準天下하니 人世太和러라.
일준천하　　인세태화

仍以築城 於海隅하야 奉奠天符하고 使駐留諸族으로
잉이축성 어해우　　봉전천부　　사주류제족

舘而居之하니 爾來千年之間에 城隍이 遍滿於全域이라.
관이거지　　이래천년지간　　성황　편만어전역

# 第十五章 (제15장)

又設朝市漁澧陽交地之腹하고 設海市於八澤하야
우설조시어례양교지지복　　설해시어팔택

每歲十月에 行朝祭하니 四海諸族이 皆以方物로 供進이라.
매세시월　행조제　　사해제족　개이방물　공진

山岳諸族은 供之以鹿羊하고 海洋諸族은 供之以魚蚧하야
산악제족　공지이록양　　해양제족　공지이어개

乃頌曰『朝祭供進魚羊犧牲五味血鮮休咎蒼生하라』
내송왈　조제공진어양희생오미혈선휴구창생

此謂之朝鮮祭러라.
차위지조선제

是時에 山海諸族이 多食魚肉하니 交易之物이
시시　산해제족　다식어육　　교역지물

擧皆包具皮革之類故로 乃行犧牲之祭하야 使人反省報功也라.
거개포구피혁지류고　　내행희생지제　　사인반성보공야

插指于血하야 省察生命하고 注血于地하야 環報育功하니
삽지우혈　성찰생명　주혈우지　　환보육공

次代物而償五味之過하야 願其休咎하니 卽肉身苦衷之告白也라.
차대물이상오미지과　　원기휴구　　즉육신고충지고백야

每歲祭時에 物貨輻湊하니 廣開海市於津浦하고
매세제시　물화복주　　광개해시어진포

除祓禊身하야 鑑于地理하고 行交易之法하야
제불계신　　감우지리　　　행교역지법

定其値量하며 辨物性之本하야 明其利用이러라.
정기치량　　변물성지본　　　명기이용

又象鑿符都八澤之形하야 報賽於典水之間하고
우상착부도팔택지형　　　　보새어전수지간

會燕而行濟物之儀러라.
회연이행제물지의

諸族이 取五瑞之實於蓬萊圓嶠之峰하니 卽栢子也라.
제족　취오서지실어봉래원교지봉　　　즉백자야

謂之蓬萊海松하야 惠得五幸而歸라.
위지봉래해송　　　혜득오행이귀

自此로 四海興産하야 交易殷盛하니 天下裕足이러라.
자차　사해흥산　　교역은성　　　천하유족

# 第十六章 (제16장)

來市者이 又取三靈之根於瀛州岱輿之谷하니 卽人蔘也라.
래시자　우취삼령지근어영주대여지곡　　　즉인삼야

謂之瀛州海蔘하야 能保三德而歸라.
위지영주해삼　　　능보삼덕이귀

盖人蔘이 具其數格하야 生於磁朔之方者이 必長生하니
개인삼　구기수격　　　생어자삭지방자　필장생

以四十歲爲一期休眠하고 以一三期爲一朔而蓄精하고
이사십세위일기휴면　　　이일삼기위일삭이축정

經四朔而結子乃化하니 如是者는 非符都之域則不得也라.
경사삭이결자내화　　　여시자　비부도지역즉불득야

故로 日方朔草하니 世謂之不死藥이 是也라.
고　왈방삭초　　　세위지불사약　시야

其或小根이라도 産於符都之域者는 皆有靈效故로
기혹소근　　　　산어부도지역자　개유영효고

來市者이 泌求之也러라.
래시자　필구지야

大抵三根靈草之人蔘과 五葉瑞實之栢子와 七色寶玉之符印은
대저삼근영초지인삼　　오엽서실지백자　칠색보옥지부인

眞是不咸三域之特産이오 四海諸族之天惠라.
진시부함삼역지특산　　　사해제족지천혜


# 第十七章 (제17장)

是時에 陶堯이 起於天山之南하니 一次出城族之裔也라.
시시　도요　기어천산지남　　　일차출성족지예야

曾來往於祭市之會하고 聞道於西堡之干이라.
증래왕어제시지회　　문도어서보지간

然이나 素不勤數하야 自誤九數五中之理하고
연　　소불근수　　자오구수오중지리

以爲中五外八者는 以一御八하며 以內制外之理라하야
이위중오외팔자　이일어팔　　이내제외지리

自作五行之法하고 主唱帝王之道하니
자작오행지법　　주창제왕지도

巢夫許由等이 甚責以絶之라.
소부허유등　심책이절지

堯乃出關聚徒하야 驅逐苗裔하니 苗裔者는 黃穹氏之遺裔오
요내출관취도　　구축묘예　　묘예자　황궁씨지유예

其地는 有因氏之鄉也라.
기지　유인씨지향야

後代壬儉氏이 率諸人出於符都而不在故로 堯乘其虛而襲之하니
후대임검씨　솔제인출어부도이부재고　요승기허이습지

苗裔이 逐散去東西北之三方이라.
묘예　축산거동서북지삼방

堯乃劃地九州而稱國하고 自居五中而稱帝하야
요내획지구주이칭국　　자거오중이칭제

建唐都하야 對立符都라.
건당도　　대립부도

時見龜背之負文과 蓂莢之開落하고 以爲神啓라 하야
시견구배지부문　명협지개락　　이위신계

因之以作曆하고 廢天符之理하며 棄符都之曆하니
인지이작력　　폐천부지리　　기부도지력

此는 人世二次之大變이라.
차　　인세이차지대변


# 第十八章 (제18장)


於時에 壬儉氏이 甚憂之하야 使有因氏之孫有戶氏父子로
어시　임검씨　심우지　　사유인씨지손유호씨부자

率鰈夫權士等百餘人하고 往而曉之하니
솔환부권사등백여인　　왕이효지

堯이 迎之而服命恭順하야 使居於河濱이라.
요　영지이복명공순　　사거어하빈

有戶氏이 黙觀其狀하고 自爲敎人하야 數移其居러라.
유호씨　묵관기상　　자위교인　　수이기거

先時有戶氏在於符都에 採桑而不食五味하야 身長十尺이오
선시유호씨재어부도　채상이불식오미　　신장십척

眼生火光이라.
안생화광

年長於壬儉氏百餘歲오 承父祖之業하야
연장어임검씨백여세   승부조지업

助壬儉氏而行道敎人이러니 至是爲使하야 濟度頑迷之世하니
조임검씨이행도교인       지시위사     제도완미지세

其行이 艱難이러라.
기행   간난

時에 堯見有戶氏之子有舜之爲人하고 心中異圖하야
시   요견유호씨지자유순지위인       심중이도

任事以示協하며 以其二女로 誘之하니 舜乃迷惑이라.
임사이시협      이기이녀   유지     순내미혹

有舜이 曾爲符都執法之鰥夫하야 過不及而無節이러니
유순   증위부도집법지환부       과불급이무절

至是爲堯之所迷하야 密娶其二女하고 暗附協助러라.
지시위요지소미       밀취기이녀     암부협조

## 第十九章 (제19장)

是時에 有戶氏이 隨警隨戒하니 舜이 唯唯而不改라가
시시   유호씨   수경수계     순   유유이불개

終受堯屬하야 追戮賢者하며 仍又伐苗어늘
종수요속      추류현자     잉우벌묘

有戶氏이 遂不能忍耐라가 論責討之하니
유호씨　수불능인내　　논책토지

舜은 呼天哭泣하고 堯는 置身無地하야
순　호천곡읍　　요　치신무지

遂讓位於舜而自閉하니
수양위어순이자폐

有戶氏曰 五味之災未濟에 又作五行之禍하야
유호씨왈 오미지재말제　우작오행지화

罪滿於地하고 罡蔽於天하니 數事多乘하야 人世困苦라.
죄만어지　　강폐어천　　수사다승　　인세곤고

此不可不正之오 且不知而犯者는 容或誨之로되
차불가부정지　차부지이범자　용혹회지

知而犯者는 雖至親이라도 不可得恕라 하고
지이범자　수지친　　불가득서

乃命次子有象하야 率權士聚衆하야 鳴罪而攻之하니
내명차자유상　　솔권사취중　　명죄이공지

戰及數年에 遂革其都라.
전급수년　수혁기도

堯死於幽閉之中하고 舜逃於蒼梧之野하야 徒黨이 四散이라.
요사어유폐지중　　순도어창오지야　　도당　사산

堯之徒禹이 與舜有殺父之怨이러니 至是하야 追擊殺之라.
요지도우　여순유살부지원　　지시　　추격살지

舜之二妻이 亦投江自決하니 禹이 乃言正命立功하고
순지이처   역투강자결     우   내언정명입공

慰衆師而歸之어늘 有戶氏이 退而黙觀禹之所行이러니
위중사이귀지     유호씨     퇴이묵관우지소행

於是에 禹이 移都聚群하야 增修干戈而拒有戶氏하고
어시   우   이도취군     증수간과이거유호씨

自稱夏王이러라.
자칭하왕

# 第二十章 (제20장)

禹遂背反符都하고 設壇於塗山하야 伐西南諸族而謂之諸侯하야
우수배반부도     설단어도산     벌서남제족이위지제후

驅聚於塗山而受朝貢하니 此効符都祭市之制而暴突者也라.
구취어도산이수조공     차효부도제시지제이폭돌자야

於是에 天下騷然하야 走符都者多하니 禹乃遮斷水陸之路하야
어시   천하소연     주부도자다     우내차단수륙지로

孤隔符都而使不得來往이라.
고격부도이사부득래왕

然이나 不敢攻符都러니 是時에
연     불감공부도     시시

有戶氏 居於西方而收拾苗裔하야 通於巢許之鄕하고
유호씨 거어서방이수습묘예    통어소허지향

連結西南諸族하니 基勢甚盛하야 自成一邑이라.
연결서남제족    기세심성    자성일읍

有戶氏乃送權士論禹曰
유호씨내송권사론우왈

『堯誤天數하야 割地爲自專天地하고 制時爲獨壇利機하고
 요오천수    할지위자전천지    제시위독단이기

驅人爲私牧犬羊하야 自稱帝王而獨斷하니
구인위사목견양    자칭제왕이독단

人世黙黙爲土石草木하야 天理逆沒於虛妄이라.
인세묵묵위토석초목    천리역몰어허망

此는 假窃天權하야 恣行私慾之暴也라.
차    가절천권    자행사욕지폭야

帝王者는 苦代行天權則亦能開閉日月하며 造作萬物乎아.
제왕자    고대행천권즉역능개폐일월    조작만물호

帝王者는 數諦오 非人之所假以稱之者니
제왕자    수체    비인지소가이칭지자

假稱則徒爲詐虛之惡戱而已라.
가칭즉도위사허지악희이이

人之事는 證理也오 人世之事는 明其證理之人事也니
인지사    증리야    인세지사    명기증리지인사야

此外에 復有何哉리오.
차외　복유하재

故로 符都之法은 明證天數之理하야
고　부도지법　명증천수지리

使人遂其本務而受其本福而已라.
사인수기본무이수기본복이이

故로 言者聞者는 雖有先後나 無有高卑하며 興者受者는
고　언자문자　수유선후　무유고비　　여자수자

雖有熟疎나 無有牽驅故로 四海平等하야 諸族이 自行이라.
수유숙소　무유견구고　사해평등　　제족　자행

唯其報贖五味之責과 恢復大成之業은
유기보속오미지책　회복대성지업

常在於一人犧牲之主管이오 非人人之所能爲者故로
상재어일인희생지주관　　비인인지소능위자고

此事는 自古不雜於人世之事하니 黃穹氏有因氏之例이 是也라.
차사　자고불잡어인세지사　　황궁씨유인씨지례　시야


# 第二十一章 (제21장)


且其所謂五行者는 天數之理에 未有是法也라.
차기소위오행자　천수지리　미유시법야

方位五中者는 交叉之意오 非變行之謂也라.
방위오중자　교차지의　비변행지위야

變者는 自一至九故로 五者不得常在於中而九者輪回하야
변자　자일지구고　오자불득상재어중이구자윤회

律呂相調然後에 萬物이 生焉하나니 此는 基數之謂也오
율여상조연후　만물　생언　　　차　기수지위야

至其五七大衍之環則其位이 不限於五而亦有四七也라.
지기오칠대연지환즉기위　불한어오이역유사칠야

且其順逆生滅之輪羃은 四也오 非五也니 即原數之九이
차기순역생멸지륜멱　사야　비오야　즉원수지구

不變故也라.
불변고야

叉輪羃一終之間 二八之七也오 非五也라.
차륜멱일종지간 이팔지칠야　비오야

叉其配性之物은 金木水火土 五者之中에 金土를 如何別立乎아.
우기배성지물　금목수화토 오자지중　금토　여하별입호

以其小異로 亦將別之則氣風草石之類는 豈不共擧耶오.
이기소이　역장별지즉기풍초석지류　기불공거야

故로 皆擧則無數也오 嚴擧則 金木水火或 土木水火之四也오.
고　개거즉무수야　엄거즉 금목수화혹 토목수화지사야

不得爲五也라.
부득위오야

尤其物性은 由何而配於數性乎아.
우기물성  유하이배어수성호

數性之物은 其原이 九也오 非五也라.
수성지물  기원  구야  비오야

故로 五行之說은 眞是荒唐無稽之言이니라.
고  오행지설  진시황당무계지언

以此로 誣惑證理之人世하야 乃作天禍하니 豈不可恐哉아.
이차  무혹증리지인세    내작천화    기불가공재


# 第二十二章 (제22장)

且其曆制는 不察乎天數之根本하고 取本於龜筴之微物하니
차기역제  불찰호천수지근본      취본어구협지미물

堯且何心哉오.
요차하심재

天地之物이 皆出於數하야 各有數微하니 何必龜筴而已哉리오.
천지지물이  개출어수    각유수미    하필구협이이재

故로 於物於事에 各有其曆하니 曆者는 歷史也라.
고  어물어사  각유기력    역자  역사야

故로 堯之曆制는 卽龜筴之曆이오 非人世之曆이니
고  요지역제  즉구협지력    비인세지력

其不合於人世者이 固當然也라.
기불합어인세자　고당연야

以故로 飜覆三正하야 將欲苟合而不得하야 遂致天禍也로다.
이고　번복삼정　장욕구합이부득　수치천화야

大抵曆者는 人生證理之其本故로 其數無不在躬이라.
대저역자　인생증리지기본고　기수무불재궁

是故로 曆正則天理人事이 證合而爲福하고
시고　역정즉천리인사　증합이위복

曆不正則乖離於天數而爲禍하니 此는 福在於理存하고
역부정즉괴리어천수이위화　　차　복재어리존

理存於正證故也라.
이존어정증고야

故로 曆之正與不正은 人世禍福之端이니 可不愼哉아.
고　역지정여부정　인세화복지단　　가불신재

昔世五味之禍이 出於一人之迷惑하야 及於萬代之生靈이러니
석세오미지화　출어일인지미혹　　급어만대지생령

今且曆禍는 將欲及於千世之眞理하니 懼矣哉라.
금차역화　장욕급어천세지진리　　구의재

# 第二十三章 (제23장)

天道回回하야 自由終始하고 終始且回하야
천도회회　자유종시　종시차회

疊進四段而更有終始也라.
첩진사단이경유종시야

一終始之間을 謂之小曆이오 終始之終始를 謂之中曆이오
일종시지간　위지소력　종시지종시　위지중력

四疊之終始를 謂之大曆也라.
사첩지종시　위지대력야

小曆之一回日祀니 祀有十三期하고
소력지일회왈사　사유십삼기

一期有二十八日而更分爲四曜라.
일기유이십팔일이경분위사요

一曜有七日하고 曜終日服故로 一祀有五二曜服하니
일요유칠일　요종왈복고　일사유오이요복

卽三百六十四日이라.
즉삼백육십사일

此는 一四七之性數也오 每祀之始에 有大祀之旦하니
차　일사칠지성수야　매사지시　유대사지단

旦者與一日同故로 合爲三百六十五日하고
단자여일일동고　합위삼백육십오일

三祀有半에 有大朔之昄하니 昄者는 祀之二分節이라.
삼사유반　유대삭지판　　판자　사지이분절

此는 二五八之法數也오 昄之長이 與一日同故로 第四之祀는
차　이오팔지법수야　판지장　여일일동고　제사지사

爲三百六十六日이라.
위삼백육십육일

十祀有半에 有大晦之晷하니 晷者는 時之根이라.
십사유반　유대회지구　　구자　시지근

三百晷爲一眇하니 眇者는 晷之感眼者也라.
삼백구위일묘　　묘자　구지감안자야

如是經九六三三之眇刻分時爲一日하니
여시경구육삼삼지묘각분시위일일

此는 三六九之体數也라.
차　삼육구지체수야

如是終始하야 次及於中大之曆而理數乃成也라.
여시종시　　차급어중대지력이이수내성야

大抵堯之此三誤者는 出於虛爲之欲이니
대저요지차삼오자　출어허위지욕

豈可比言於符都實爲之道哉아.
기가비언어부도실위지도재

虛爲則理不實於內하야 竟至滅亡하고 實爲則理常足於我하야
허위즉리부실어내　　경지멸망　　실위즉리상족어아

配得自存이니라.』
배득자존


# 第二十四章 (제24장)


有戶氏이 如是叮嚀告戒하야 勸廢諸法而復歸於符都하니
유호씨　여시정녕고계　　권폐제법이복귀어부도

禹이 頑强不聽하고 反爲威侮라 하야 乃率衆攻有戶氏라가
우　완강불청　　반위위모　　내솔중공유호씨

數次未勝하고 竟死於茅山之陣하니 於是에 夏衆이 悲憤하야
수차미승　　경사어모산지진　　어시　하중　비분

願死者數萬이라.
원사자수만

此盖與禹治水之徒也라.
차개여우치수지도야

禹之子啓이 率此大軍하고 進擊有戶氏之邑하니 有戶氏之軍은
우지자계　솔차대군　　진격유호씨지읍　　유호씨지군

不過數千이라.
불과수천

然이나 夏軍이 戰則必敗하야 一無擧績하니
연　　하군　전즉필패　　일무거적

啓이 遂懼而退陣하야 不復再擧하니 其衆이 激昂이러라.
계　수구이퇴진　　불복재거　　기중　격앙

於是에 有戶氏이 見夏衆之爲聾盲하고 以爲不可速移라 하야
어시　유호씨　견하중지위고맹　　이위불가속이

將欲敎西南諸族하야 率其徒而去하니 基邑이 自廢라.
장욕교서남제족　　솔기도이거　　기읍　자폐

# 第二十五章 (제25장)

自是로 天山之南太原地域이 紛紛然囂囂然若無主人하야
자시　천산지남태원지역　분분연효효연약무주인

所謂王者는 爲聾하고 所謂民者는 爲盲하야
소위왕자　위고　　소위민자　위맹

暗黑重疊而强者爲上하고 弱者爲下하야
암흑중첩이강자위상　　약자위하

王侯封國之風과 制壓生民之弊이 蔓延成痼하야
왕후봉국지풍　제압생민지폐　만연성고

遂至於自相侵奪하니 徒殺生靈하고 一無世益이라.
수지어자상침탈　　도살생령　　일무세익

以故로 夏殷이 皆亡於其法而終不知其所以然하니
이고　하은　개망어기법이종부지기소이연

此는 自絶符都하야 未聞眞理之道故也라.
차 자절부도 미문진리지도고야

於焉에 有戶氏이 率其徒하고 入於月息星生之地하니
어언 유호씨 솔기도 입어월식성생지지

卽白巢氏黑巢氏之鄕也라.
즉백소씨흑소씨지향야

兩巢氏之裔이 猶不失作巢之風하야 多作高塔層臺러라.
양소씨지예 유부실작소지풍 다작고탑층대

然이나 忘失天符之本音하고 未覺作塔之由來하야
연 망실천부지본음 미각작탑지유래

訛轉道異하고 互相猜疑하야 爭伐爲事라.
와전도이 호상시의 쟁벌위사

麻姑之事는 殆化奇怪하야 泯滅於虛妄하니
마고지사 태화기괴 민멸어허망

有戶氏周行諸域하야 說麻姑之道와 天符之理하니
유호씨주행제역 설마고지도 천부지리

衆皆訝而不受러라.
중개아이불수

然이나 唯其典古者이 悚然起來而迎之하니 於是에 有戶氏이
연 유기전고자 송연기래이영지 어시 유호씨

述本理而傳之라.
술본리이전지

# 第二十六章 (제26장)

壬儉氏이 聞有戶氏之行하고 壯其途하야 使有戶氏之族으로
임검씨　문유호씨지행　　　장기도　　　사유호씨지족

就於敎部而居之러라.
취어교부이거지

是時에 壬儉氏이 甚憂夏土之形勢하야
시시　임검씨　심우하토지형세

遂入山專修解惑復本之道러라.
수입산전수해혹복본지도

壬儉氏之子夫婁氏繼受天符三印하고 證天地之爲一理하며
임검씨지자부루씨계수천부삼인　　　증천지지위일리

人生之爲一族하야 大興父祖之道하고 普行天雄之法하야
인생지위일족　　　대흥부조지도　　　보행천웅지법

專念人世證理之事러라.
전념인세증리지사

尙緊密雲海之族하야 欲試夏土之歸一이러니
상긴밀운해지족　　　욕시하토지귀일

異道漸盛하야 未得遂意라.
이도점성　　　미득수의

夫婁氏傳符於子浥婁氏하고 入山이라.
부루씨전부어자읍루씨　　　입산

浥婁氏生而有大悲之願하야 繼受天符三印하고
읍루씨생이유대비지원　　계수천부삼인

哀憫夏族之陷於塗炭之中하고 悲痛眞理墜於詐端之城하야
애민하족지함어도탄지중　　비통진리추어사단지성

遂封鎖天符於明地之壇하고 乃入山專修複本之大願하야
수봉쇄천부어명지지단　　내입산전수복본지대원

百年不出하니 遺衆이 大哭이라.
백년불출　　유중　　대곡

壬儉氏이 生於後天末世之初하야 豫察四海之將來하고
임검씨　생어후천말세지초　　예찰사해지장래

示範符都之建設하니 千年之間에 其功業이 大矣至矣라.
시범부도지건설　　천년지간　　기공업　　대의지의

至是符傳이 廢絶하니 麻姑分居以來
지시부전　폐절　　마고분거이래

黃·因·桓·雄·儉·夫·婁七世傳七千年이라.
황·인·환·웅·검·부·루칠세전칠천년

# 第二十七章 (제27장)

殷之亡人箕子이 率敗軍難民하고 逃來於符都之西하야
은지망인기자　솔패군난민　　도래어부도지서

爲名行唐虞之法하고 用五行三正하야 施洪範巫咸하니
위명행당우지법　　용오행삼정　　시홍범무함

與天雄之道로 固不相容이라.
여천웅지도　고불상용

殷之軍民이 武壓符都之遺衆하니 遺衆이 遂封禁明地之壇하고
은지군민　무압부도지유중　　유중　수봉금명지지단

避住於東海之濱하니 卽昔世斯禮筏之空地也라.
피주어동해지빈　　즉석세사례벌지공지야

斯禮筏者는 長旆니 曠野之謫人이 朝揭暮藏하야
사례벌자　장패　광야지적인　　조게모장

使遠居之守者로 知其不逃也라.
사원거지수자　지기부도야

乃設六村하고 與隣接諸族으로 分擔共守하되 各稱韓而保之라.
내설육촌　　여인접제족　　분담공수　　각칭한이보지

韓者保衛之意니 北馬南弁東辰之三韓이 自行部族之治하고
한자보위지의　북마남변동진지삼한　자행부족지치

固守先世之道하야 爾來千年之間에 不納殷箕之法하고
고수선세지도　　이래천년지간　　불납은기지법

專以保防爲事하야 殆無餘力이러라.
전이보방위사　　태무여력

於是에 夏土爭奪之風이 漸次激眼하야 搖混混亂이
어시　하토쟁탈지풍　점차격심　　동요혼란

波及於三韓하니 是時에 六村之人이 相謀以爲西禍漸迫하야
파급어삼한　　시시　육촌지인　상모이위서화점박

保守將危하니 不可不統合防備라 하고
보수장위　　불가불통합방비

遂限境設塞하야 推擧赫居世하야 委任統御之事하니
수한경설새　　추거혁거세　　위임통어지사

諸族이 亦擧首領而防備라.
제족　역거수령이방비

南曰百濟오 北曰高句麗니 高句麗이 仍卽恢復北堡之地하야
남왈백제　북왈고구려　고구려이　잉즉회복북보지지

驅逐西侵之人하고 完保其域이러라.
구수서침지인　　완보기역

# 第二十八章 (제28장)

先時에 六部村長이 會於採藥之日이러니
선시　육부촌장　회어채약지일

聞仙逃山壇廟之聖母이 生卵하고
문선도산단묘지성모　생란

諸人이 往見할새 設冪於東井하고 剝剖而得男兒하니
제인　왕견　설멱어동정　　박부이득남아

身生光彩하고 耳大如扇이라.
신생광채　　이대여선

乃以朴爲姓하고 名曰赫居世라 하니
내이박위성　　명왈혁거세

朴者는 壇之語音曰朴達故로 取之爲姓하고
박자　단지어음왈박달고　취지위성

赫者는 光也니 卽以光明匡居暗黑世之意也라.
혁자　광야　즉이광명광거암흑세지의야

六村之人이 共扶養育하니 漸長에 神氣秀明하고 有大人之度라.
육촌지인　공부양육　　점장　신기수명　　유대인지도

十三世에 諸人이 推擧하야 爲居西干하니 居者는 据也오
십삼세　제인　추거　　위거서간　　거자　거야

干者는 防也오 長也라.
간자　방야　장야

即詰拒西方而防禦之長之意니
즉힐거서방이방어지장지의

西方者는 即彼西侵而行詐道者也라.
서방자　즉피서침이행사도자야


# 第二十九章 (제29장)


赫居世氏이 性神智聖하고 又迎賢妃閼英하니
혁거세씨　성신지성　　우영현비알영

時人이 謂之二聖이라.
시인　위지이성

能率諸部之族하야 行先世之道하며 復興祭市之法하고
능솔제부지족　　행선세지도　　부흥제시지법

建天符小都於南太白할새
건천부소도어남태백

築天符壇於中臺하고 設堡壇於東西南北之四臺하야
축천부단어중대　　설보단어동서남북지사대

行禊祓之儀하고 使大人으로 準金尺之理하야
행계불지의　　사대인　　준금척지리

證天地始原之本하며 調玉管之音하야 修律呂化生之法하고
증천지시원지본　　조옥관지음　　수율여화생지법

每歲十月에 行白衣祭하니 此因黃穹氏束身白茅之義也라.
매세십월　행백의제　　차인황궁씨속신백모지의야

設朝市於達丘하고 開海市於栗浦하고 立陸海交易之制하고
설조시어달구　　개해시어율포　　입육해교역지제

常時巡行하야 勸獎農桑紡績하니 野有露積하고 家有貯布러라.
상시순행　　권장농상방적　　야유노적　　가유저포

如是內大興善事하야 與諸人으로 同其苦樂하고
여시내대흥선사　　여제인　동기고락

外不行干戈하야 與諸隣으로 保其平和하며
외불행간과　　여제린　보기평화

一意復古而專務重建하니 境內有道하야 恰如昔世러라.
일의복고이전무중건　　경내유도　　흡여석세

於是에 弁辰諸族이 合同協力하니 雖限境設防이나
어시　변진제족　합동협력　　수한경설방

不稱國又不稱王이라.
불칭국우불칭왕

境內治事를 一遵先世之法하야 非祭會之通議면 未嘗行一事故로
경내치사　일준선세지법　　비제회지통의　미상행일사고

領首繼位之法이 亦不必限於血系오 擇賢者而立之러라.
영수계위지법　역불필한어혈계　택현자이입지

# 第三十章 (제30장)

男兒年二十質美而善辯者를 擇授馬郞職하야 奉命遠行하야
남아년이십질미이선변자　택수마랑직　　봉명원행

或出於星生月息之古地하며 或往於雲海天山之諸域하니
혹출어성생월식지고지　　혹왕어운해천산지제역

此行符都修信之遺制也라.
차행부도수신지유제야

自避居東海千有餘年之間에 未得開祭市之會하야
자피거동해천유여년지간　미득개제시지회

彼此來往이 久爲杜絶하고 又封國爭奪之風이 蔓延四海하야
피차내왕　구위두절　　우봉국쟁탈지풍　만연사해

諸族이 各自稱國하고 悠久歲月에 反覆戰亂하니
제족　각자칭국　　유구세월　반복전란

族分縱橫하고 語訛雜多라.
족분종횡　　어와잡다

至於天符는 殆乎忘却하야 或有知之者라도 皆變形音異하니
지어천부　태호망각　　혹유지지자　　개변형음이

馬郞之行이 甚爲艱難하야 殉節者多리라.
마랑지행　심위간난　　순절자다

然이나 馬郞者이 萬里持節하야 能勵勁志하고
연　　마랑자　만리지절　　능려경지

克除百難하야 遂行使命하니 其風度이 眞豪邁也러라.
극제백난　　수행사명　　기풍도　진호매야

壯而歸還則必任職事하야 修天文地理曆數博物하니
장이귀환즉필임직사　　수천문지리역수박물

此則先世이 通和四海하야 ⋯準人世之遺業也라.
차즉선세　통화사해　　일준인세지유업야


# 第三十一章 (제31장)


詐禮筏創都之後에 於焉經三世하니 百有餘年이라.
사례벌창도지후　어언경삼세　　백유여년

世潮大變하야 保守艱難하니 於是에 王國行權之論이
세조대변　　보수간난　　어시　왕국행권지론

擡頭하야 可否紛紜이라.
대두　　가부분운

其否者曰先世遺法이 昭昭於天符하니 今雖有時艱이나
기부자왈선세유법　소소어천부　　금수유시간

保守堅防하야 以待其時可也라.
보수견방　　이대기시가야

何忍屈從於詐端하야 自爲小者而瀆於悖理之中乎아.
하인굴종어사단　　자위소자이독어패리지중호

寧有如是면 不苦殉義自滅하야 顯彰眞道而遺於後世也니라.
영유여시　불고순의자멸　　현창진도이유어후세야

其可者曰外勢緊迫하야 波動激甚하니 如何以堅防乎아.
기가자왈외세긴박　　파동격심　　여하이견방호

墻內離反하야 騷然不能止하니 如何而保守乎아.
장내이반　　소연불능지　　여하이보수호

事已至此則不如並立於追逐之場하야
사이지차즉불여병립어추축지장

圖得富强以後에 恢復遺業이 未有不可也라.
도득부강이후　　회복유업　　미유불가야

今四海諸族이 狂奔於詐道하야 化作瞽盲이 久矣라.
금사해제족　광분어사도　　화작고맹　구의

我今自滅하면 眞道이 由誰而顯彰하며 後世에 有誰而知此乎아.
아금자멸　　진도　유수이현창　　후세　유수이지차호

若能堅防保守라도 久爲孤立則如鳥千之一鷺하야
약능견방보수　　구위고립즉여조천지일로

反爲異道而不得存立於世하리니 將又何之乎아.
반위이도이부득존립어세　　　장우하지호

如是者이 皆不當也오 唯有所擇者는 立國尊王하야
여시자　개부당야　유유소택자　입국존왕

執行大權하며 號令軍馬하야 破竹前進而恢復符都之全域而已라.
집행대권　　호령군마　　파죽전진이회복부도지전역이이

符都得建而明示其本則諸族이 雖頑이나 必覺醒而返本矣리라.
부도득건이명시기본즉제족　수완　　필각성이반본의

# 第三十二章 (제32장)

於是에 衆論이 遂定하야 人望이 歸於王國主張之昔氏하니
어시　중론　수정　　인망　귀어왕국주장지석씨

昔氏者는 東堡謫人之裔로 自昔世住居於海濱者也라.
석씨자　동보적인지예　자석세주거어해빈자야

壯大而有知略하니 南解氏以女妻之라.
장대이유지략　　남해씨이여처지

至是依於衆望而繼位하야 稱脫解王하니
지시의어중망이계위　　칭탈해왕

即解脫於保守桎梏之意也라.
즉해탈어보수질곡지의야

又稱徐羅國하고 始用干戈하야 平定境內러라.
우칭서라국　　시용간과　　평정경내

用兵過度하야 畢竟受斥이라.
용병과도　　필경수척

衆論이 復歸於朴氏之保守하니 於是에 朴氏復繼하고
중론　복귀어박씨지보수　　어시　박씨복계

廢土國之稱이라.
폐왕국지칭

經四世하야 衆論이 再歸於昔氏하되 但不願征伐之事하니
경사세　　중론　재귀어석씨　　단불원정벌지사

於是에 昔氏復繼하야
어시　석씨복계

誓衆以不行征伐하니 是爲伐休氏也라.
서중이불행정벌　　시위벌휴씨야

昔氏四世之間에 征伐又作하니 衆論이 歸於金氏之中和라.
석씨사세지간　정벌우작　　중론　귀어김씨지중화

金氏者는 元來符都東遷之族而溫讓德厚하야
김씨자　원래부도동천지족이온양덕후

祗摩氏以孫女妻之라.
지마씨이손녀처지

至是繼位하니 是爲味雛氏也라.
지시계위　　시위미추씨야

當此之時하야 西北之患이 繼作하되 一無所措하니
당차지시　　서북지환　계작　　일무소조

衆論이 復歸於昔氏라.
중론　복귀어석씨

於是에 昔氏又復繼位하고 三世之間에 征事許多하야
어시　석씨우복계위　　삼세지간　정사허다

蕩盡民物하니 大受時斥이라.
탕진민물　　대수시척

衆論이 再歸於金氏하니 於是에 金氏復繼하야 至于今日也라.
중론　재귀어김씨　　어시　김씨복계　　　지우금일야

# 第三十三章 (제33장)

唯我守本之族이 避居於東海하야 設防保守三百餘年之間에
유아수본지족　피거어동해　　설방보수삼백여년지간

衆論之飜覆이 如是則可以察域外風雲之如何하며
중론지번복　여시즉가이찰역외풍운지여하

又可以知天符眞理之毅然不滅於邪端之世也라.
우가이지천부진리지의연불멸어사단지세야

故로 世世衆論이 必根據於斯道之不墜하고
고　세세중론　필근거어사도지불추

歷代領首이 猶恐不副於衆論之所在하야
역대영수　유공불부어중론지소재

不激不緩하고 能得調節而保守大傳하야
불격불완　　능득조절이보수대전

竟使今人으로 可得聞而知天符之在하며
경사금인　　가득문이지천부지재

又將使後人으로 及其時而行之하야 能得符都復建하야
우장사후인　　급기시이행지　　능득부도복건

通和四海하며 人世復本하야 明證眞理則當時昔氏之論이
통화사해　　인세복본　　명증진리즉당시석씨지론이

果成就於不幸之幸歟아.
과성취어불행지행여


「煙景迢迢望欲流 客心搖落却如秋
 연경초초망욕류 객심요락각여추

 世間堅白悠悠事 坐對澄江莫設愁」
 세간견백유유사 좌대징강막설수

　　　　　　　　　　觀雪堂(관설당, *박제상 선생의 호)


- 부도지 원문 끝 -

부록

# 부도지의 가치와
# 통일한국 VISION

### - 인간성 회복과 부도재건을 통한
### 인류평화 프로젝트

## 부도지(符都誌)의 유래(由來)

부도지는 어떤 책이며 어떻게 우리 곁에 출현하게 되었을까? 부도지는 오랫동안 존재가 알려지지 않은 서적으로 세상에 등장한 지는 불과 100년이 채 되지 않았다. 경상남도 양산시에는 징심헌(澄心軒)이 있다. 부도지(符都誌)가 포함된 징심록(澄心錄)을 지은 박제상(朴堤上, 363년~419년 추정) 공(公)이 이곳의 옛 지명인 삽량주(歃良州)의 간(干, 양산태수)으로 있었을 때 건립한 것을 양산시에서 복원해 놓은 것이다. 징심(澄心)은 마음을 맑게 한다는 뜻이다. 인근 울산시 울주군에는 박제상 공 부부를 모신 치산서원(鵄山書院)이 있다. 치산서원에는 부도지에 대한 언급이 없고(2025년 현재), 양산 징심헌 안내문에는 박제상 공이 부도지를 지었다는 내용이 안내되어 있다.

부도지(符都誌)는 신라 내물왕~눌지왕 시대 박제상 공이 지었다는 징심록의 상교(上敎) 5지(誌), 중교(中敎) 5지(誌), 하교(下敎) 5지(誌), 총 15지(誌) 중 하나이다. 상교(上敎) 5지(誌)에는 부도지(符都誌)를 포함하여 음신지(音信誌), 역시지(曆時誌), 천웅지(天雄誌), 성신지(星辰誌)가 있으며, 중교(中敎) 5지(誌)에는 사해지(四海誌), 계불지(禊祓誌), 물명지(物名誌), 가악지(歌樂誌), 의약지(醫藥誌)가, 하교(下敎) 5지(誌)에는 농상지(農桑誌), 도인지(陶人誌)가 있고 나머지 3지(誌)는 제목조차 알 수 없다고 한다. 박제상 공의 아들인 백결 선생(박문량 공)이 후대에 금척지(金尺誌)를 추가하여 모두 16지(誌)로 구성되어 있었다고 한다.

박세상 공은 고구려와 왜국(倭國)에 볼모로 잡혀있던 왕자를 구하고 순절한 충신으로 알려져 있다. 고구려에서는 다행히 대화와 설득으로 왕자를 데려올 수 있었지만 왜국에서는 왕자는 탈출시켰으나 본인은 죽임을 당하게 되었다고 전한다. 공의 인품을 높이 산 왜왕이 신하가 되라고 회유하였으나 계림의 개돼지가 될지언정 왜국의 신하는 되지 않겠다는 말씀을 남기고 순절하였다고 하여 후세에 충절의 상징이 되었다.

징심록(澄心錄)은 박제상 공이 고구려와 왜국에 가기 전 보문전(寶文殿) 태학사(太學士)로 있을 때 저술한 것이라고 한다. 보문전(寶文殿)은 지금의 국립중앙도서관에 해당되는 곳으로 나라의 진귀한 문서들을 모아 놓은 기관으로 추정된다. 공은 이곳에서 고대로부터 전해져온 국가의 문서와 박혁거세 후손인 본인 가문의 서적을 바탕으로 징심록을 지었다고 한다. 박제상 공은 영해박씨(寧海朴氏) 시조이므로 징심록은 대대로 영해박씨 문중에 간직하여 전해졌다.

영해(寧海)는 경상북도 영덕군 영해면인데, 인근에는 칠보산과 마고산이라는 지명이 있다. 부도지를 세상에 공개한 영해박씨 후손 박금씨에 의하면 영해 일대에서 살던 영해박씨 문중을 서울로 불러올린이는 세종대왕이었다고 한다. 신라는 물론, 고려 왕조와 조선 초기까지 역대 왕조에서는 영해박씨 문중을 은근히 대접하였다고 하는데 박제상 공의 후손이라는 이유와 함께 징심록을 간직한 가문이었기 때문이다. 박금씨에 의하면 세종대왕은 종가(宗家)와 차가(次家)를 성균관옆에 살게 하면서 부도(符都)에 대한 일을 묻기도 하는 등 나라의 원로 가문으로 대우해 주었다고 한다. 실제로 세종~문종~단종시대 영해 박씨 인물 여럿이 국가요직에 보인다. 박금씨에 의하면 세종대왕이 훈민정음을 창제할 당시에도 징심록의 도움을 받았다고 한다. 이때 영해 박씨 문중과 친밀하게 교류한 인물 중에는 생육신의 한사람인 김시습 (金時習, 1435~1493, 세종~성종)이 있었다. 세종 이후 문종이 단명하고 아들 단종이 즉위하자 수양대군(세조)은 조카인 단종을 죽이고 왕위를 찬탈하는 계유정난(癸酉靖難, 1453)을 일으킨다. 이에 반대하여 단종복위 운동이 일어났는데, 서울에 있던 영해박씨 일족도 세조에 반대하여 강원도 김화군(金化郡)으로 야반도주를 하게 된다. 김화군은 철원군과 인접한 곳으로 현재 북한에 속해 있는데, 인접한 강원도 철원군 근남면에는 이들을 기리는 사당 구은사(九隱祠)가 있다. 구은사 는 계유정난으로 숨은 9명의 의로운 선비(九隱)를 모신 사당으로 배향 된 인물 중에서 김시습(金時習), 조상치(曺尙治)를 제외한 박도(朴渡), 박제(朴濟), 박규손(朴奎孫), 박효손(朴孝孫), 박천손(朴千孫), 박인손 (朴璘孫), 박계손(朴季孫) 7명이 영해박씨이다. 박금씨에 의하면 징심 록은 영해박씨 일족이 야반도주를 할 때 운와(雲窩) 박효손(朴孝孫, 1428~1495) 공이 보관하였다고 한다. 운와 박효손은 단종 때 형조판서 를 역임한 인물이다. 이때 김시습은 박효손으로부터 징심록을 얻어 읽고 징심록추기(澄心錄追記)라는 글을 썼는데 이 또한 영해박씨 문중에 전해져 왔다고 한다. 징심록은 다시 박효손의 동생이자 단종 때 병조판서를 역임한 박계손(朴季孫, 1419~1485)의 집에 보관되어지다 그의 아들 박훈(朴薰)이 가지고 함경도 문천(文川, 원산 근처), 운림산(雲

林山)으로 가지고 늘어갔다고 한다.

자취를 감추었던 징심록의 존재를 약 400년 만에 세상에 드러낸 이
는 이들의 후손 박금씨이다. 박금씨는 일제강점기 동아일보 기자로 재
직하였는데, 어릴 때부터 읽었던 징심록의 부도지를 번역하여 동아일
보에 연재하고자 하였으나 일제의 탄압을 우려한 편집장의 반대로 무
산되었다고 한다.

## 박금씨에 대하여

조선 세조 이후 함경도 문천에 자리 잡은 박씨 가문은 대대로 일대
의 명망 있는 유림(儒林)이 되었다고 한다. 부도지를 세상에 공개한
박금씨는 이들의 후손으로 영해박씨 55세손이며, 원래 이름은 박재
익(1895~1969), 호는 금당(琴堂)이며, 후에 이름을 금(錦)으로 개명하
여 박금(朴錦)씨로 알려졌다. 문천에서 태어났으며 정규 교육은 받지
않고 가학(家學)을 익혔다고 한다. 1924년(30세) 무렵 원산의 동아일
보 지국에 입사, 원산지국장을 거쳐 동아일보 본사로 옮겨 사회부 기
자를 지냈는데, 1931년(37세) 만보산(萬寶山) 사건을 취재하면서 기자
로서 이름을 알렸고, 기사로 일제의 침략야욕을 막아 중국 국민당 정
부 주석 장개석으로부터 중산복(中山服)과 친서(親書)를 받았다고 한
다. 1934년(40세) 동아일보를 퇴사하였고, 1941년(47세) 2차 세계대
전이 일어나자 문천 금호(錦湖)에 칩거하여 금호종합이학원(錦湖綜

合理學院)을 설립, 가학(家學) 연구에 몰두하였다고 한다. 1950년(56세) 6.25전쟁 발발로 급히 피난하는 과정에서 그만 문천의 금호이학원(속칭 양산 댁)에 징심록 원문을 남겨두고 내려오게 되었다고 한다. 이에 박금씨는 1952년(58세) 울산 피난처에서 어린 시절부터 금호이학원 운영 당시까지 연구한 징심록 중 가장 먼저 부도지를 기억에 의존, 복원하여 1953년(59세) 세상에 공개하였다. 훗날 원문을 회수하면 맞게 고치라는 뜻으로 앞에 요정(要正)을 붙여 공개하였으나 내용의 큰 뜻은 잃지 않았다고 했다. 전쟁 중에 물자가 부족하여 프린트 형식으로 공개하였기에 이후에도 거의 알려지지 않다가 1986년 김은수(金殷洙, 1937~1986)에 의해 부도지(符都誌)라는 이름으로 주해(注解) 출판되어 세상에 알려지게 되었고, 1980년대 환단고기(桓檀古記) 등 민족사학에 대한 사회적 관심과 맞물려 여러 학자와 일반인들에게 알려져 지금에 이르고 있다. 이처럼 부도지는 영해박씨 문중에 비전(祕傳)되어 온 가학(家學)으로 세상에 공개된 것이 아니기 때문에 조선시대 수서령(收書令)이나 일제강점기 민족사서 압수에도 살아남아 우리 곁에 올 수 있었다. 하지만 원문을 제시하지 못한다는 이유로 위서(僞書) 시비(是非)에서 자유롭지 못한 것 또한 사실이다. 하지만 부도지를 연구해 본다면 분명 부도지는 개인의 창작이라고 할 수 없을 것이며, 부도지에 녹아 있는 위대한 가치를 발견할 수 있을 것이다.

## 부노지(符都誌)의 의미

보통 부적(符籍)이라는 의미로 많이 쓰는 '부(符)' 자는 원래 대나무를 반으로 쪼갰다가 딱 붙이면 한 치의 오차도 없이 완전히 맞아떨어지는 것을 상형(象形)했다고 하며 '부합(符合)하다'는 뜻을 가지고 있다. 천부경(天符經)할 때 천부(天符)도 역시 하늘(天)과 완벽하게 부합(符)한다는 뜻이다. 하늘과 땅과 사람이 원래 하나였기에 딱 맞는다는 뜻이니 이보다 거룩하고 진실한 단어가 있을까? 도(都)는 도시(都市), 도읍(都邑), City이다. 그러니 부도(符都)는 천부도시(天符都市) 즉, '하늘과 완벽하게 부합하는 도시'라는 뜻이다. 지(誌)는 글, 기록이니, 부도지(符都誌)는 '하늘과 완벽하게 부합하는 도시에 대한 글, 기록'이라는 뜻이다. 부도(符都)는 또한 삼국유사 등 단군사화(檀君史話)에 등장하는 신시(神市)의 다른 표현이다. 다만, 환단고기나 삼국유사 등에서는 신시(神市)를 환웅 시대로 기술한 것과 달리 부도지는 임검씨, 즉 단군왕검 시대로 기술한 것이 다르다고 할 수 있는데, 환단고기나 삼국유사에서는 신시(神市)라는 이름만 등장할 뿐, 그 실체가 모호했는데 부도지의 신시(神市)는 그 개념이 매우 구체적이고 명확할 뿐만 아니라 21세기를 사는 우리에게 웅대한 비전(VISION)을 제시해 주기까지 하니 실로 연구할 가치가 높다고 하겠다. 신시(神市)를 현대적 용어로 표현하자면 '신성(神聖)국제(자유)무역도시'라고 할 수 있다. 부도지의 부도(符都)에 대한 묘사는 신성(神聖)한 시장을 뜻하는 신시(神市)의 의미를 보다 명확하게 이해할 수 있게 도와준다.

부도(符都)는 또한 단군조선의 수도 아사달(阿斯達)이다. 작게 보면 아사달이요, 크게 보면 단군조선을 이르는 말이다. '아사(Asia)'는 '해가 떠오르는 아침'이고 '달'은 '땅'이니, 아사달은 그 자체로 조선(朝鮮)과 통한다. 부도(符都)를 건설한 이는 임검씨(壬儉氏), 즉 단군왕검(檀君王儉)이다. 임(壬)은 곧 왕(王)이요, 임검(壬儉)은 곧 왕검(王儉)으로 볼 수 있다. 임검(임금)은 이후 '임금'님이라는 보통명사가 되었다. 부도(符都)는 단군왕검이 만든 홍익인간세상(弘益人世)이다.

## 부도지의 구성과 내용

그렇다면 부도지의 주인공은 누구일까? 처음 부도지를 접하는 사람들 대부분은 창세기의 '마고(麻姑)'와 마고성(麻姑城)을 접하고 깊은 인상을 받는 경우가 많다. 그러나 '부도지'라는 제목에서 알 수 있듯이 부도지의 주인공은 부도(符都)를 건설한 임검씨(壬儉氏, 단군왕검)이다. 부도지는 태초의 낙원 마고성을 인간세상에 재현한 이상세계인 부도(符都)를 중심으로 그 이전과 이후를 묘사하고 있으며, 창세기(創世記)부터 시작한다. 태초에 율려(律呂)에서부터 짐세와 여러 세상이 나왔고 허달성과 실달성과 마고성이 나왔다. 마고가 마고성을 중심으로 생명을 창조하고 인간을 낳아 마고성에서 함께 살았다.

그러던 어느 날 인류 역사에 있어서 첫 번째 변고인 오미(五味)의 변(變, 또는 화禍)이 발생하게 되어 인간들은 마고성을 나오게 된다. 이를 출성(山城)이라고 한다. 이때 인류는 천부(天符)를 나눠 간직하고 마고성으로 다시 돌아올 것을 맹세하였으니 이를 복본(復本)의 맹세라고 하였다. 청궁씨, 백소씨, 흑소씨가 각각 동서남쪽으로 나가고 맏이인 황궁씨가 가장 춥고 험한 북쪽 천산주로 나갔다. 부도지는 출성 이후 3개 종족의 행방은 기록하지 않고, 황궁씨 계보를 따라 기록하였는데 황궁씨와 아들 유인씨 이후에는 익숙한 이름들이 등장한다. 환인씨, 환웅씨를 거쳐 천부삼인을 이어받아 부도를 건설한 임검씨(壬儉氏) 즉 단군왕검으로 이어진다. 부도는 출성 이후 최초로 마고성을 복원한 것이며, 인류가 한자리에 모여 교역(交易)하고 하늘에 제사하며 화합하는 유토피아로 건설된 것이다. 그러나 두 번째 낙원인 부도(符都)는 요임금으로 알려진 요(堯)가 일으킨 오행(五行)의 변(變, 또는 화禍)으로 끝내 뜻을 온전히 이루지 못한다. 요가 육로와 수로의 길을 끊어 여러 종족들이 부도의 시장에 가지 못하게 하였기 때문이다. 인류는 더 이상 신성(神聖) 국제(자유)무역도시 신시(神市)에서 회합(會合)하지 못하고, 소유와 지배라는 권력욕에 빠져 타락(墮落)하고 흩어진다. 하늘의 자손이자 형제로 인간을 존중하는 문화는 사라지고 인간이 인간을 지배하는 제왕지도(帝王之道)가 들불처럼 번져 나가 세상을 물들였던 것이다. 이에 부루씨가 부도를 복원하려 하였으나 제왕지도(지배의 도)가 강성하여 뜻을 이루지 못하였고, 마침내 읍루씨가 결단을 내리게 되니, 마고성에서 출성할 때 복본의 징표로 가지고 온 천부(天符)를 더 이상 전하지 않고 몰래 묻어 봉쇄한 후 산으로 들어가 버렸다고 한다.

부도(符都)의 문을 스스로 닫은 것이다. 하지만 복본의 염원은 끊어지지 않고 박혁거세의 소부도(小符都)로 이어진다. 박혁거세는 세상이 타락한 도(道)인 제왕지도(帝王之道)에 물들어 인류가 마고의 일과 복본의 맹세를 잃어버린 세상에서, 옛 법을 다시 복원하여 태백산에 소부도(小符都)를 선설한다. 이때 금척(金尺)이 천부(天符)를 대신하여 신물(神物)이 되었는데, 천부(天符)는 읍루씨가 전하지 않고 땅에 묻어 버렸기 때문이었다. 박제상 공은 마지막에 신라 건국부터 공의 시대인 5세기 초 눌지왕 당시까지 석씨와 김씨의 내력과 이들이 신라의 지배세력으로 합류하는 과정을 기록하였다. 공에 의하면 박혁거세 이후 신라는 스스로 담을 쌓고 외부와 단절한 채 복본의 맹세를 지키고 부도 복원의 염원을 계승하자는 쇄국보수파인 박씨세력과 이미 세상이 타락하여 패권을 다투는 마당에 뛰어들어 함께 경쟁하여 힘으로 우위를 점한 다음, 마고와 복본의 맹세를 알려 주자는 급진개혁파인 석씨세력(석탈해)이 번갈아 권력을 행사하다가 결국 중간입장인 김씨세력(김알지)이 민심을 얻어 정권을 잡게 되었다고 전한다. 이 과정에서 삼국사기나 삼국유사에는 등장하지 않는 왕명(王名)의 의미가 등장하는데, 석탈해(昔脫解)는 말 그대로 (쇄국을) 풀고(解) 벗어난다(脫)는 의미이며, 정권을 잡은 석(昔)씨가 정벌을 많이 하여 민심을 잃으니, 민심을 다시 얻기 위해 앞으로는 '정벌을 하지 않겠다는 의미'로 벌휴(伐休)라 했다는 설명은 그 어디에도 존재하지 않는 부도지만의 독보적인 기록이다. 부도지의 이러한 기록은 신라 초기 역사를 연구하는 데 분명 참고가 될 수 있을 것이다. 또한 신라 말기에 이르러 52세

효공왕(김씨) 이후 53세 신덕왕, 54세 경명왕, 55세 경애왕 3세에 다시 박씨가 왕이 되어 정권을 잡는데(마지막, 56세, 경순왕은 김씨) 김시습의 징심록추기는 그 이유를 이렇게 설명하고 있다.

> "신라 말경 국사가 다난하므로 제상공 가문의 종사(宗嗣) 문현(文鉉) 선생이 … 효공왕(52세, 재위 897~912) 시절 왕위 분쟁이 있으므로 … 세론을 환기하여 말하기를, '신라의 건국은 부도(符都)를 복건(復建)하는 데 있다. 위에 있는 사람은 반드시 이 일에 힘쓸 것이요… 우리들은 이에 각성하여 일체의 분쟁을 불에 태워버리고 마음을 돌이켜 반성하는 것이 옳다.'고 하였다. 이에 국론이 바로잡히고 조정이 숙연하여 왕위를 박혁거세 제일 증손의 후예에게 반환하니 이가 신덕왕(53세, 박씨, 재위 912~917)이었다."

사람이 죽기 전에 일시적으로 정신을 차리고 회광반조(回光返照)하는 것처럼 신라 말기 국운이 다해 갈 때 박혁거세의 건국정신을 기억하여 재건을 시도했던 것일까? 조선 말 고종의 대한제국이 연상되기도 하는 이러한 역사도 부도지를 참고하여 연구할 만하다.

부도지(소부도지)는 박제상 공의 다음과 같은 소회로 마무리한다.

> "오직 근본을 지켜온 나의 민족은 동해바다에 피난하여 살면서 지키고 방어하며 보전한 지 삼백여 년 동안 중론(衆

論)을 번복(飜覆)하면서 바깥세상의 어지러운 바람을 살폈으며 거짓으로 떨어진 세상에서도 천부(天符)의 진리로 의연하게 지켜왔음을 알 수 있다. 그러므로 세세토록 이어온 대중의 여론(중론, 衆論)은 반드시 그 도(道)가 무너지지 않게 하는 것에 근거하였으며, 역대 우두머리들은 자신이 중론(衆論)에 따르지 못하는 것을 두려워하여 능히 과격하지도 약하지도 않게 조절하면서 지키고 보전하여 크게 전하였다. 그리하여 지금 사람들로 하여금 천부(天符)의 존재를 들을 수 있게 하였으며, 또 장차 후세 사람들로 하여금 때가 왔을 때 부도(符都)를 회복하여 다시 세우는(符都建設) 것을 가능하게 하였다. 앞으로 세상 사람들이 두루 평화롭게 통하며(通和四海) 인류가 복본(人世復本)하여 진리를 밝게 증명(明證眞理)하면 그 당시에 석씨의 주장이 불행 중 다행을 성취하는 게 아니겠는가."

# I.

# 부도지의 가치 1 - 마고성

　부도지에는 귀한 가치가 셀 수 없이 숨어 있고 그것을 캐내어 제련하고 활용하는 것은 온전히 우리의 몫이다. 그중에 핵심은 박제상 공의 마지막 말씀에 있지 않을까 한다.

> "(부도지가 전해짐으로 인해서) 지금 사람들로 하여금 천부
> (天符)의 존재를 들을 수 있게 하였으며, 또 장차 후세 사람
> 들로 하여금 때가 왔을 때 부도(符都)를 회복하여 다시 세
> 우는(符都建設) 것을 가능하게 하였다."

　흔히 인간은 창조의 동물이라고 한다. 하지만 자세히 들여다보면 어떤 인간도 무(無)에서 유(有)를 창조할 수는 없다. 하늘 아래 새로운

것은 없다는 말처럼 유(有)에서 유(有)를 창조할 뿐이다. 명확히 말하면 모방하여 결합하는 것이다. 인간이 하는 사고(思考)도 사실은 무언가에 기반한다. 맥락 없이 떠오르는 생각이나 아이디어 또한 마찬가지이다. 칼 융은 이를 집단무의식이라는 개념으로 설명하였다. 인간의 무의식의 기저(基底)에 집단무의식이 존재한다는 것이다. 싱징이나 신화(神話)는 집단무의식을 드러내는 대표적인 것이다. 우리 민족에게는 '이상세계를 현실에 실현하고자 하는 염원'이 있었다. 박혁거세 이후 신라의 왕족이 된 김씨 세력은 불교를 수용하여 불국토를 이루려는 꿈을 가졌고, 이는 궁예를 거쳐 왕건의 고려까지 이어진다. 조선왕조에 이르러 '이상세계에 대한 열망'은 더욱 구체화되었다. 성리학을 받아들인 사대부들은 유학을 기반으로 하여 요순시대를 재현하고자 했다. 20세기 북한은 사회주의를 통한 이상세계를 꿈꾸었고, 대한민국은 세계 역사상 가장 단기간 내에 경제발전과 민주화를 이뤄 내 선진국의 반열에 올랐지만 아직도 한국인은 여전히 결핍감에 시달리고 있다. 마치 한국인에게는 '지금보다' 더 완전한 세상을 만들어야 한다는 생각이 '강박'처럼 존재하는 듯하다. 더 완벽해지려는 한국인의 특성은 정신적 스트레스가 되어 여러 사회문제로 나타나고 있다. 홍익인간이라는 건국이념의 관점에서 보면 열심히는 하는데 방향이 맞지 않기 때문이다. '이상적인 세상'을 만들고자 하는 한국인의 무의식적 충동은 어디에서 비롯되었을까? 이를 이해하기 위해서 먼저 단군사화(檀君史話)를 살펴볼 필요가 있다. 하느님의 아들 환웅(桓雄)은 지상세계를 바라보며 이상세계를 만들고자 하는 꿈을 품었다. 이에 하느님은 3천의 무리와 함께 내려가 뜻을 이룰 것을 명한다. 태초에 거룩한 사명이 부여된 순간이다. 환웅은 지상에 내려와 신시(神市)를 열고 땅의 딸(웅녀)을 만나 단군왕검을 낳는다. 신화(神話) 또한 나름의 '역사 기록 방식'이라는 점은 잠시 접어 두고 온전히 신화(神話)라는 관점에서만 접근하더라도 단군사화(檀君史話)는 한민족의 집단무의식의 기저(基底)에 무엇이 있는지를 명확히 보여 주는 대표적인 지표(指標)이다. 즉, 한민족은 처음 시작부터 '하느님의 자손'이라는 정체성을 지니고 있었고, 세상을 이롭게 하는 '이상세계에 대한 꿈'이 있었고, 실제로 그러한 '사명을 부여받았다'는 것을 드러내기 때문이다. 이는 삼국유사나 제왕운기의 단군사화(檀君史話)뿐만 아니라 삼성기, 태백일사, 단군세기 등에서 한층 더 구체적으로 묘사되어 전한다. 원동중의 삼성기가 전하는 기록을 보자.

"환국(桓國)의 말기 안파견이 삼위(三危)와 태백(太白)을 내려다보시며 「가히 홍익인간(弘益人間) 할 곳이로다」 하시며 누구를 시킬 것인가 물으시니 오가(五加)가 대답하기를 「서자(庶子) 환웅(桓雄)이 용맹함과 어진 지혜를 함께 갖추었으며 일찍이 홍익인간의 이념으로써 세상을 바꿀 뜻이 있었사오니 그를 태백산에 보내시어 다스리게 함이 좋겠나이다」 하니 마침내 천부인(天符印) 세 개를 내려 주시며 「사람과 만물의 할 바가 이미 다 이루어졌도다. 그대는 수고로움을 아끼지 말고 무리 3천을 이끌고 가 하늘의 뜻을 열고 가르침을 세워 세상을 잘 다스려 만세(萬世)의 자손 들에게 큰 모범이 될지어다」 하셨다.” (환단고기)

아득히 오래전 처음 시작부터 ‘이상세계를 건설하겠다는 꿈(사명)’을 가진 한 무리 집단이 있었으니, 그 증표는 천부인(天符印)이고, 이상세계를 만들 핵심 재료이자 설계도는 홍익인간(弘益人間)이었음을 명확히 설명하고 있다(부도지에서는 설계도가 마고성과 부도). 하지만 오랜 세월이 흘러 천부인과 홍인인간은 거의 망각하고, ‘이상세계를 만들어야 한다는 염원’만이 강박처럼 무의식에서 끓어올라 넘치고 있었던 것이다. 그 충동적 생각의 근원을 알지 못했기에 이상세계를 만들기 위한 재료와 설계도를 외부에서 찾게 되었다. 이는 불교, 유교, 기독교, 자본주의, 공산주의 등 모든 종교 사상이 한국에 와서 꽃을 피우는 중요한 요인이 되었다. 하지만 모두가 근원을 기억하지 못한 것은 아니었다. 이상세계를 만들고자 하는 한민족의 본능이 어디에서 시작되었는지 근원을 통찰한 인물 중에는 최치원이 있었다. 최치원(崔致遠, 857~908?)이 남긴 난랑비서(鸞郞碑序)에는 이러한 그의 통찰과 지식이 명쾌하게 드러난다.

**국유 현묘지도 왈풍류(國有 玄妙之道 曰風流)**

나라에 현묘한 도가 있으니 풍류라 한다.

**설교지원 비상선사(設敎之源 備詳仙史)**

이 가르침의 근원은 선사(仙史)에 자세히 나와 있다. 선사(仙史)는

선가(仙家)의 역사서이다. 유가(儒家)의 역사서가 있고, 불가(佛家)의
역사서가 있다. 삼국사기는 단군왕검(檀君王儉)을 선인왕검(仙人王
儉)이라고 기록하였다. 단군 이전의 우리 민족 고유의 정신세계를 선
가(仙家)라고 할 수 있고, 환단고기, 규원사화, 부도지 등을 선가사서
(仙家史書)라고 할 수 있다.

### 실내 포함삼교 접화군생(實乃 包含三敎 接化群生)

삼교(三敎), 즉 유교, 불교, 도교를 포함하는 가르침이 이미 우리나
라에 있어서 뭇 백성들을 교화하였다. 예로부터 존재해 왔으면서 유불
도(儒佛道) 세 가지 가르침을 모두 포함하는 우리나라의 가르침은 단
군의 홍익사상밖에는 없다. 홍익사상의 핵심이 천부경인데, 고대 문자
녹도문으로 된 천부경을 한자(漢字)로 번역하여 전한 이 역시 최치원
이다. 뒤에는 보충 설명을 하고 있다. 우리 민족 고유의 도(道)에서,

### 차여입즉효어가 출즉충어국 노사구지지야(且如入則孝於家 出則忠於國 魯司寇之旨也)

집에서 효도하고 나라에 충성하는 것은 공자의 도(유교)와 같고,

### 처무위지사 행불언지교 주주사지종야(處無爲之事 行不言之敎 周柱史之宗也)

무위로서 행하고 말없이 가르치는 것은 노자(도교)의 가르침과 같
으며,

### 제악막작 제선봉행 축건태자지화야(諸惡莫作 諸善奉行 竺乾太子之化也)

모든 악(惡)을 막고 모든 선(善)을 행함은 석가모니의 가르침(불교)
과 같다.

최치원의 증언을 현대적으로 확장하면 불교의 자비(慈悲), 유교는 인(仁), 기독교의 사랑, 노자의 무위자연(無爲自然), 자본주의의 자유(自由), 공산주의의 평등(平等)을 모두 포함한 사상이 한민족에게 이미 있었다는 것이 된다. 이미 있었기에 낯설지가 않고 쉽게 친숙해질 수 있었던 것이다.

일연(삼국유사), 이승휴(제왕운기)의 단군사화(檀君史話)에 더하여 삼성기, 태백일사, 단군세기의 기록만으로도 충분하겠지만 한민족의 집단무의식에 있는 '이상세계를 향한 꿈'을 가장 명쾌하고 구체적으로 드러내 전하는 것은 부도지(符都誌)이다. 즉, **부도지를 만날 때 집단무의식은 비로소 외부의식으로 올라와 인식될 수 있고 현실로 실현될 가능성도 커지는 것이다.** 부도지는 세상과 인류가 처음 생긴 태초부터 마고성이라는 이상세계를 묘사하고 있다. 이후 이상세계의 붕괴와 출성(出城)이라는 과정을 거치며 다시 이상세계로 돌아가겠다는(같은 맥락에서 이상세계를 현실에서 구현하겠다는) 복본(復本)의 꿈이 생겼다고 전한다. 그리고 그 꿈을 사명(책임)으로 물려받은 임검씨(壬儉氏)가 부도(符都)라는 이상세계를 마침내 현실에서 건설하니, 부도지는 인류 탄생 이후로 마고성(麻姑城)과 부도(符都)라는 두 개의 이상세계에 대하여 그 어떤 기록보다 구체적으로 전해 주고 있는 것이다. 부도지에서 **마고성(麻姑城)에 대한 묘사는 인류의 집단무의식의 원형을 찾는 데 가장 적합한 보물창고이며, 부도(符都)에 대한 묘사는 21세기 이후 한민족과 한민족의 터전인 한반도 일대를 인류의 화합과 평화를 위하여 어떻게 설계할 것인가에 대한 중요한 아이디어와 영감을 제**

공한다. 이른바 부도(符都)의 재건(再建)이다.


## 1. 인류 집단무의식의 원형을 간직한 신화(神話)


집단무의식(원형의 의식패턴)이 문명을 만든다고 해도 과언이 아니다. 심리학에서는 무의식이 그 사람을 만든다고 한다. 프로이트는 무의식에 있는 콤플렉스, 특히 성(性)에 대한 억압이 많은 영향을 미친다고 하였고 융은 이를 더 발전시켜 집단무의식이라는 개념을 만들고 정리하였는데, 이를 연구하기 위해 점성술과 행성, 천체의 의미, 연금술, 마법 등 당시 서구인들에게 고대로부터 영향을 미쳤던 상징뿐만 아니라 동양의 고대 학문과 경전에도 깊은 관심을 가졌다. **융은 특히 신화(神話)를 허구로 이해하는 대부분의 학자들과 달리 인간의 집단무의식적 관점에서 원형**(元型, 독일어: Archetyp 또는 Archetypus, 영어: archetype)**으로 이해하였다.**

융은 신화(神話)는 의식적인 산물이 아니라 무의식에서 생겨난 것이며, 무의식의 콤플렉스는 어린 시절의 일이나 억압된 충동에서 비롯된 트라우마가 아닌 선천적으로 갖고 있는 원형적인 것이라고 말했다. 또한 신화와 콤플렉스는 같은 것으로 신화(神話)는 콤플렉스를 비유적인 형태로 구체화한다는 것이다. 융에 의하면 신화(神話)는 집단무의식의 산물이다. 즉, 신화를 통해 민족이나 집단, 더 나아가 인류의 집단무의식에 있는 원형을 알아낼 수 있다는 것이다. 그렇다면 현대 인류문명에 가장 큰 영향을 미친 신화(神話)는 무엇일까? 그것은 두말할 것도 없이 바이블의 구약(舊約)이며, 그중에서도 천지창조와 인간의 탄생을 그린 에덴신화(神話)이다. 에덴신화(神話)는 이스라엘, 팔레스타인, 레바논 지역에서 발생한 3개의 종교 유대교, 기독교, 이슬람교의 공동 신화이며, 현내 물질문명을 이룩한 서구 유럽인들의 기저(基底)에 존재하며 지금도 큰 영향을 주고 있다.

### 1-1. 현대 인류의 이원론(二元論)적 원형, 에덴신화(神話)

인간의 일생에 가장 큰 영향을 주는 존재는 부모이다. 나와 부모와의 관계는 형제와 이웃이라는 수평관계와 조상과 자손이라는 수직관계로 확장된다. 사랑받지 못하고 학대받은 아이의 콤플렉스와 트라우마는 수평, 수직의 인간관계에 일생을 두고 영향을 미친다. 같은 맥락에서 인류와 인류가 만든 문명에 가장 큰 영향을 주는 관계는 신(神)과 인간(人間)의 관계라고 할 수 있다. 그런 의미에서 에덴신화에서 신과 인간이 어떤 관계로 시작되었는지에 대한 통찰이 필요하다. 인간은 사랑을 받았을까, 아니면 학대를 받았을까? 에덴신화에서 신(神)은 창조주(創造主)이자 소유주(所有主)이며 인간은 피조물(被造物)이자 소유물(所有物)이다. 인간은 신에게 종속되어 있는 존재이고 복종할 의무를 지닌다. 신과 인간은 주종(主從)관계를 형성한다. 이 관계를 관통하는 단어는 '다름'과 '분리'라고 할 수 있다. 신과 인간은 '다른' 존재이며 '분리'되어 있는 존재이다. 이것이 그들의 집단무의식에 있는 관계의 첫 출발점인 것이다. 신은 인간을 통제하는 동시에 큰 권한을 준다.

선악과(善惡果)는 먹지 말라고 금지하는 동시에 그 외의 모든 것은 마음대로 해도 된다는 권한이다. 신과 인간의 주종관계는 인간과 만물로 확장되었다. 신이 인간의 주인이듯이 인간은 만물의 주인(소유주)이라고 인식한 것이다. 신에게 순종(복종)하는 단 하나의 조건만 충족한다면 에덴동산의 모든 것을 소유하고 지배할 수 있었지만, 최초의 인간은 신의 명령을 어기고 선악과를 먹고야 말았다. 인간에게 주어진 벌은 낙원에서 쫓겨나는 것이었다. 이른바 실낙원(失樂園)이다. 인간은 절대적 존재인 신에게 죄를 짓고 벌을 받는 존재로 전락했다. 이후 인간은 태초의 원죄(原罪)를 대물림하기 시작했다. 모든 인간은 태어날 때부터 원죄(原罪)를 안고 태어나는 숙명을 지니게 된 것이다. 인간은 신이 용서해 줄 때까지 속죄할 의무가 있었다. 그랬을 때 언제가 될지는 모르지만 신에게 용서받고 구원받을 수 있기 때문이었다. 구원과 메시아에 대한 유대교, 기독교, 이슬람교의 서로 다른 입장은 끊이지 않는 분쟁의 씨앗이 되어 주기적으로 발아(發芽)하고 있다. 이러한 세계에서 인간은 신을 믿는 자와 믿지 않는 자로 구분하기 시작했다. 인간은 (신에게) 구원받을 자와 구원받지 못할 자만 존재할 뿐이었다. 신에 대한 절대적 믿음과 순종은 때로 잔인한 가학성과 배타성으로 표출되었는데 마녀사냥이나 종교전쟁, 스위스의 성시화(聖市化)운동은 신의 이름으로 저지른 학살의 예이다. 아메리카 원주민을 학살한 백인들의 죄의식은 신(神)을 믿지 않는 자는 죽여도 된다는 교리로 희석되었다. 중동 분쟁은 에덴신화에 기반한 두 집단의 집단무의식이 구원에 대한 입장차이로 충돌하는 것뿐이다. **에덴신화에서 신과 인간의 기울**

**어진 관계는 '신인분리(神人分離)'라고 정의할 수 있으며, 현대 인류가 가진 전형적인 이원론적 사고의 원형이다.** 에덴동산에서 파생된 기독교적 집단무의식은 유럽에서 시작되어 자본주의로 대표되는 현대 물질문명의 뿌리가 되었다. 유럽인들은 에덴동산의 신과 인간의 관계를 세계로 확장시켜 물질문명을 발전시켰다. 그들의 이원론적 사고는 아프리카나 아메리카, 호주대륙에 식민지를 개척할 때 고스란히 표출되었다. 원주민들은 문명화되지 못한 야만인, 심지어는 인간이 아니라고까지 부정당하곤 했는데, 나와 같은 신(성경)을 믿지 않는다는 이유였다. 유럽인들에게 기독교(성경) 전파는 야만인을 구원(救援)하는 것이었고, 식민지 지배와 수탈은 구원받을 수 있게 도와준 '우월한' 문명인의 당연한 권리로서 정당화되었다. 신과 인간이 분리되어 있고, 더 나아가 주종관계를 형성하였듯이 백인과 흑인, 유럽인과 식민지인 역시 주종관계가 당연한 것이었다. 정복과 지배는 신(성경)의 이름으로 정당화되었다. 신과 인간의 기울어진 관계는 인간과 자연의 관계에서도 같은 패턴으로 확장되었다. 인간이 신의 소유물이라는 관계는 인간에게 있어 자연은 인간의 소유물이자 지배의 대상이라는 인식으로 확장되었다. 이러한 사고는 아프리카나 아메리카, 호주대륙의 여러 원주민들이 고대로부터 땅을 신성한 어머니로 여겨 온 것과 매우 이질적인 것이었다. 역설적이게도 현대 물질문명은 인간이 자연을 소유와 지배의 대상으로 여긴 결과물이다. 결국 현대 물질문명을 만든 집단무의식에는 에덴신화(神話)가 있었던 것이다. 에덴동산의 이원론이 인류의 집단무의식에서 의식으로 발현한 결과물이 현대 문명이다.

## 1-2. 동양의 이원론(二元論)적 원형, 주역(周易)사상

이원론적 사고의 원형으로서 서양에 에덴신화(神話)가 있다면 동양에는 주역(周易)이 있다. 이론(異論)의 여지는 있지만 주역은 전형적인 이원론적 세계관을 상징하며 동아시아 전반에 사상적으로 큰 영향을 준 경전이다. 주역에서 음양(陰陽)은 사상(四象)을 낳고 사상은 팔괘(八卦)를 낳고 팔괘는 64괘로 발전한다. 즉 2에서 4, 8, 64로 2의 배수로 분화하는 것이다. 에덴동산에서 신과 인간의 관계에서부터 확장성을 보았다면 주역에서는 첫 시작인 음양(陰陽)의 관계가 중요하다. 첫 관계의 패턴이 확장된 관계에서도 같은 패턴을 형성하기 때문이다. 음양은 다른 말로 천지(天地)라고 할 수 있고, 남녀(男女)라 할 수 있는데, 이것을 관통하는 관계 또한 '다름'과 '분리', 그리고 '불평등'이다. 주역이 가진 원래 의미와 별개로 주역을 어떻게 인식하였는지가 집단무의식에 큰 영향력을 가지기에 주역을 풀이한 계사전(繫辭傳)을 살펴볼 필요가 있다. 계사전은 천지(天地)의 관계를 천존지비(天尊地卑)라고 정의한다. 음양(陰陽)의 관계는 천지(天地)의 관계로, 천지(天地)는 남녀(男女)의 관계로 확장되었다. 즉, 천존지비(天尊地卑)는 남존여비(男尊女卑)로 확장되는 것이다. 고조선 이후 고려시대까지 비교적 남녀평등적인 사회 분위기는 유교를 국시로 하는 조선시대에 급격히 변모하였는데, 아마 한국 역사에서 최악의 여성차별시대가 조선시대라고 해도 틀린 말은 아닐 것이다. 유교 경전에는 사서삼경(四書三經)이 있고 그 최정점에 공자가 많이 읽어 가죽끈이 세 번 끊어졌다는 주역(周易)이 있음은 부정할 수 없다. 이러한 유교의 집단무의식은 조선

에 이르러 유교적 이상국가를 건설하려는 사대부들에 의해 남녀칠세
부동석과 남존여비로 의식화(현실화)되었다. 다름과 분리는 불평등을
낳고 불평등은 소유와 종속과 지배로 확장되었다. 집단무의식이 바뀌
지 않는다면 패턴 또한 바뀌지 않는다.

### 1-3. 이원론의 전개방식과 인류문명의 전개 패턴

이원론적 집단무의식의 원형을 단어로 표현한다면 '다름'과 '분리'라
고 할 수 있다. 처음 시작을 '다르다', '분리되어 있다'는 것으로 시작했
고, 때문에 동등한 관계가 아니며, 이러한 불평등한 관계는 대립과 경
쟁을 낳고 강자와 약자가 우열을 가리며, 결국 지배자와 피지배자가
생기고, 주종관계로 확장된다. 그리고 이는 패턴화되어 다시 분열되고
반복된다. 인류의 집단무의식의 가장 아래 시작점에 '다르다', 같은 의
미로 '분리'가 들어있는 문명집단이 있었다. 그리고 이러한 **이원론적
집단무의식은 동서양을 막론하고 오랫동안 인류문명의 주류로 군림
했다.**

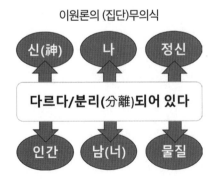

이원론의 (집단)무의식

신과 인간은 '다르나'. 신과 인간은 '분리'되어 있다.

정신과 물질은 '다르다'. 정신과 물질은 '분리'되어 있다.

천지(天地)는 '다르다'. 천지(天地)는 '분리'되어 있다.

남녀(男女)는 '다르다'. 남녀(男女)는 '분리'되어 있다.

나와 남은 '다르다'. 나와 남은 '분리'되어 있다.


이러한 생각이 이원론의 무의식적인 시작점이라고 할 수 있다. 첫
의식, 첫 생각이기 때문이다. 이 생각은 어떻게 분화되어 자라날까? 에
덴신화(神話)와 주역(周易)은 전혀 다른 것처럼 보이지만 동일한 이원
론적 패턴을 가지고 있음을 알 수 있다. 이에 이원론의 전개 패턴을 정
리하면 다음과 같다.

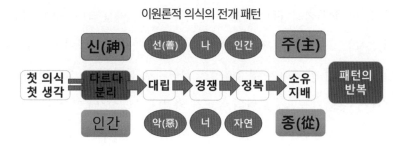

이원론적 의식의 전개 패턴

태초의 관계인 신과 인간이 '다르고' '분리'되어 있다는 의식을 지닌
집단은 현실에서도 지배와 피지배, 주종(主從)으로 관계성이 표면화
된다. 창조주인 신(神)과 피조물(被造物)인 인간(人間)은 소유주와 소
유물의 관계이며, 구원하는 신과 구원받는 인간의 관계로 정립되는데,

이러한 생각은 인간관계로 확장되기 때문이다. 인간은 신에게 선택받은 인간과 선택받지 못한 인간으로 분리되었다. 두 집단 사이는 증오와 미움이 자리할 수밖에 없다. 존중은 존재하지 않는다. 지구촌의 절반을 차지하는 기독교, 이슬람교, 유대교 문화권은 지금도 이러한 의식이 상당한 지배력을 행사하고 있다. 정신심리학 차원에서 본다면 정화해야 할 무의식이 무엇인지는 명확하다. '다름'과 '분리'에서 시작된, '대립', '경쟁', '승자와 패자', '지배자와 피지배자', '소유'와 '정복'과 '지배'의 패턴이 우리가 역사 시간에 배운 것의 전부라고 해도 과언이 아니다. 중동과 유럽에서 시작된 문명이 현재 지구촌을 지배하고 있기 때문이다.

　서양 문화의 원류는 크게 헤브라이즘과 헬레니즘으로 정의된다. 헤브라이즘이라는 신본주의(神本主義) 문명이 있었다. 그 실체는 유대교다. 반면에 헬레니즘이라고 하는 인본주의(人本主義) 문명이 있었다. 그리스·로마의 문명을 의미한다. 처음에는 헬레니즘이 강세였으나 약 2천 년 전 로마가 이스라엘을 식민지로 삼은 이후, 오히려 유대교에서 나온 기독교가 로마의 국교가 되었다. AD 313년 콘스탄티누스 황제에 의해 공인받은 기독교로부터 서양(유럽)은 약 1천 년간 신본주의 문명을 만들게 되었다. 신본주의는 말 그대로 신을 중심으로 하는 문명으로 신은 위에 있고 인간은 아래에 있으니 신존인비(神尊人卑)라고 할 수 있다. 사제인 교황이 국왕보다 위에 있었고, 예술과 건축은 대부분 신을 위해 존재했다. 이러한 질서에 편입되지 않는 사람들은 마녀나 이교도라는 죄목으로 불태워졌다. 급기야 신(神)을 위해 전쟁까지 하게 되었으니, 12~14세기 유럽인들이 기독교 성지 예루살렘 탈환을 위한 십자군 전쟁을 일으킨 것이다. 전쟁의 참화를 대가로 비로소 집단적 각성이 일어나 1천 년에 걸친 중세시대는 변화를 맞이하였으니 르네상스라는 인본주의의 등장이었다. 이는 비교적 인간 중심의 헬레니즘을 부활시킨 것이었는데, 이로부터 유럽은 신에게서 인간으로 사고의 대전환이 시작되었다. 약 200년에 걸쳐 신 중심에서 인간 중심으로 이동이 이루어진 것이다. 이른바 혁명(革命)이라 부르는 것들로, 신 중심의 보수 가톨릭에서 조금이나마 중심을 인간 쪽으로 이동한 개신교의 종교혁명, 지구가 태양을 돈다는 지동설(地動說)의 과학혁명, 인간의 삶을 편리하고 풍요롭게 하기 위한 산업혁명, 시민에게 권력을 가져온 시민혁명이 그것이다. 유럽과 아메리카 유럽인(백인)들은 인간 중심의 문명을 만들었고, 이를 확장시켜 신대륙과 식민지 개척, 그리고 1, 2차 세계대전을 거치며 21세기 현대에 이르기까지 인류사회의 주류세력으로 자리하고 있다. 강대국들은 경쟁적으로 값싼 원료와 시장인 식민지를 개척하여 자본주의(資本主義)를 발전시켰는데, 소수의 자본가와 다수의 노동자 사이에 빈부격차가 발생하자 이에 대한 반작용으로 공산주의(共産主義)가 등장하게 되었다. 공산주의는 세상을 '가진 자'와 '가지지 못한 자' 즉, 부르주아라는 자본가와 프롤레타리아라는 노동자로 나눠 규정하고, 부르조아가 프롤레타리아를 지배하니 프롤레타리아가 혁명을 일으켜 노동자 중심의 평등한 세상을 만들어야 한다고 주장하였다. 공산주의는 1991년 소련 해체로 막을 내리기까지 약 100년 동안 인류의 절반 정도를 '정신적으로' 지배하였다. 집단무의식의 관점에서 보자면 공산주의야말로 전형적인 이원론(二元論)에 기반을 둔 사상이다. 공산주의는 그 시작점에 '가진 자'와 '가지지 못한 자'가 '분리'되어 '다르게' 존재한다고 규정하였기 때문이다. 즉 '다르다'와 '분리'를 첫 의식, 첫 생각으로 인식한 패턴의 반복이 있음을 알 수 있다. 공산주의는 노동자가 주인이 된 평등한 세상을 주창했지만 공산주의 혁명 이후에도 소수의 독재권력과 다수의 빈곤한 노동자로 재편되었을 뿐이었다. 1990년대 초 구소련의 해체와 중국의 자본주의 도입 이후 지구상에는 공산주의를 사칭한 독재만 있을 뿐 공산주의는 사실상 존재하지 않는다. 지배라는 달콤한 열매와 우월감의 도취는 이원론적 무의식이 의식으로 표출된 결과물이다. 결국 무의식의 시작에 '다르다'와 '분리'가 있기 때문에 이원론의 전개 패턴에서 벗어나지 못하는 것이다. 이러한 이원론의 한계는 공산주의가 사라졌지만 아직도 인류가 냉전시대 못지않은 대립에서 쉽사리 벗어나지 못하는 이유이기도 하다. 집단무의식이 그 문명을 만들고, 인류는 여전히 이원론적 의식에서 사로잡혀 있기 때문이다. 21세기 현대 인류의 물질문명 또한 이러한 이원론의 의식패턴이 만든 결과물이다. 이원론적 의식의 장점은 빠른 외형적 확장이다. 20세기 한국의 괄목할 만한 발전 또한 이원론의 전개 패턴으로 해석이 가능하다. 자본주의와 공산주의라는 서로 '다른' 이념으로 '분단(분리)'된 남북의 대결구도는 군사 경제 외교 등 모든 분야에서 '경쟁'하게 만들었고 결국 자본주의를 기반으로 한 남한이 '우월'한 고지를 점령하였다. 만약에 남북분단이 없었다면 대한민국은 경제력과 군사력을 지금 수준으로 발전시킬 수 있었을까?

어느 정도는 분단과 경쟁의 성과물임을 부정할 수는 없을 것이다.

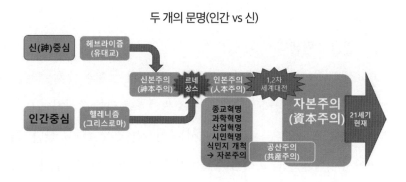

두 개의 문명(인간 vs 신)

## 2. 마고성 이야기에서 발견한 인류 집단무의식의 원형

에덴신화(神話)가 신과 인간의 관계를 창조주와 피조물, 주종관계로 정의하여 오랫동안 중동과 유럽인을 중심으로 인류에게 큰 영향력을 미쳐 온 반면, 아시아와 아메리카, 호주, 아프리카 등 지구 곳곳에서는 신과 인간을 친화적으로 인식한 여러 흔적들을 발견할 수 있다. 부도지를 제외하더라도 한반도와 중국에는 '마고(麻姑)'에 대한 지명(地名), 전설, 민담, 신화(神話)가 셀 수 없이 산재해 있다. 한민족의 여러 전승설화에서는 마고는 주로 마고할미라 부르는데, 이는 세상을 창조한 주체를 여신(女神), 할머니, 어머니(母)로 인식해 왔다는 것을 보여준다. 부도지는 민간에 널리 퍼져 있는 마고신화의 원형을 탐구하는 데도 큰 가치가 있으며, **부도지의 마고성 이야기는 인류의 집단무의식**

에 신과 인간, 인간과 자연이 조화와 공생(共生)의 관계로 존재하는 원형을 구체적으로 알려 주고 있다.

## 2-1. 인간의 탄생

마고성에서는 인간을 출산(出産)한다. 마고가 궁희와 소희를 낳고 궁희가 황궁씨와 청궁씨를, 소희가 백소씨와 흑소씨를 출산하여 인간이 탄생했다고 하였다. 에덴동산에서는 인간을 만들었다고 한다. 흙을 빚어서 아담을 만들고 아담의 갈비뼈를 빼서 이브를 만들었다고 했다. 마고성은 출산(出産)이고 에덴동산은 창조(創造)이다. 신(神)과 인간(人間)의 관계를 볼 때 마고성 이야기에서는 부모, 자식의 혈연관계가 형성이 되고, 에덴동산에서는 창조주와 피조물의 관계가 형성된다고 볼 수 있다. 여기서 파생되는 것이 관계성이다. 에덴동산에서는 주종(主從)관계, 소유주와 소유물의 관계가 형성되었고 주종(主從), 소유의 개념에서 명령(지배)하고 복종(服從)하는 관계가 설정되었다. 마고성의 부모 자식 관계에서는 천손(天孫)의식이 생겼다. 인간은 하느님의 자손, 우리 민족은 하느님의 자손이라는 의식이다. 에덴동산에서는 선민(選民)의식이 생겼다. 선택받은 백성이라는 뜻이다. 신은 수많은 피조물을 만들었지만 그중에 유대민족을 선택했으니, 유대민족만이 선택받은 특별한 민족이고 나머지는 그렇지 않다는 것이다. 결국 마고성 이야기는 '신과 인간이 하나'라는 의식으로 귀결된다. 하나에서 시작했고, 자녀이고, 그렇기 때문에 모든 것을 상속받은 존재가 인간이다. 마고와 인간은 결국 하나다. 이처럼 **부도지의 처음과 끝을 관통**

하는 세계관은 신인합일(神人合一), 신인일체(神人一體)라고 할 수 있다. 에덴동산 이야기에서는 신과 인간은 '다른' 존재이고, '분리'되어 있는 존재이다. 각자의 위치가 있고 각자의 본분이 있는 것이다. 인간은 절대 신(神)이 될 수 없고 신(神)의 영역을 넘볼 수 없다.

### 2-2. 인간의 존재 이유

마고성 이야기에서는 인간의 존재 이유가 명확하다. 마고성에서는 인간을 향상(響像)을 수증(修證)하는 존재, 즉 **창조주와 함께 세상을 창조하고 조화롭게 운영할 존재로서 인간이 탄생했다고 말하고 있다.** 자식이 부모의 일을 도와 가업을 이어 나가듯 인간은 신과 동반자적인 관계였던 것이다. 이는 단군사화(檀君史話)와 같은 맥락을 형성한다. 하느님이 사랑하는 아들 중에 지혜롭고 능력 있는 환웅(桓雄)을 세상에 내려보내 널리 이롭게 했다는 대목은 **신과 인간이 혈연으로 맺어진 상속자적 관계이며 역할에 있어서는 동업자 관계에 있음을 나타낸다.**

### 2-3. 자율성(自律性)

마고성 이야기에서 주목할 것 중 하나는 '자율성'이다. 마고성에는 '금지하지 아니하되 스스로 금지하는' 자재율(自在律)이라는 법(法)이 있었다고 한다. 각자의 양심에 따르며 누구도 '강제하지 않는' 법(法)이다. 강제하지 않기 때문에 '법(法) 아닌 법(法)'이다. 에덴동산에서의 유일한 법(法)은 '선악과를 먹지 마라.'는 금지법(禁止法)이다. 강제성이 있는 법(法)이다.

## 2-4. 타락(墮落)

마고성과 에덴동산에서 모두 변고(變故)가 일어났다. 타락(墮落)이라고 할 수도 있다. 마고성에서는 포도를 먹은 오미(五味)의 변(變)이라고 하는데, 오미(五味)는 다섯 가지 맛으로 곧 오감(五感)의 세계에 빠져 버렸다는 것을 의미한다. 에덴동산에서는 선악과(善惡果)를 먹었고 그로 인해서 선악(善惡)을 알게 되었다. 이것은 선악(善惡)이라는 관념, 분별심이 생긴 것을 의미한다. 하지만 에덴동산에서 선악과를 먹었다는 것은 창조주인 신(神)의 명령을 어긴 죄(罪)로 인식되어 처벌(處罰)의 대상이 되었다. 반면 마고성에서 포도를 먹은 것은 '죄'라기보다는 '변고', '사건', '사고'의 의미가 강하다고 해석할 수 있다.

## 2-5. 선택권과 결정권

에덴과 마고성에서는 모두 인간이 낙원(樂園)에서 살다가 나온다. 마고성 이야기에서는 이를 출성(出城)이라고 하고, 에덴동산 이야기에서는 실낙원(失樂園)이라고 부른다. 중요한 것은 낙원에서 나오는 과정에서 선택권과 결정권은 누구에게 있는가이다. 이것은 지금까지 각 문화권에 속한 인류의 사고와 행동에 큰 영향을 주고 있다는 것을 알 수 있을 것이다. **마고성 이야기에서는 결정권이 인간에게 있다.** 인간이 나가는 것을 결정하고 마고에게 통보한다. "인간이 낙원을 나가기로 결정하였으니, 훗날 본래 모습을 회복하여 돌아올 것을 약속합니다." 말 그대로 통보이다. 중요한 것은 복본의 맹세다. 특히 황궁씨는 출성 이후 고난(苦難)까지도 스스로 선택한다. 에덴동산에서는 신이

'결정'한다. 나가라고 명령하고 인간은 신의 결정과 명령에 복종할 뿐이다.

### 2-6. 낙원을 나가는 이유

부도지에서 인간이 마고성을 나온 이유는 분명하다. **마고성을 보존하기 위해서'**였다. 결코 벌받은 게 아니라는 것에 주목할 필요가 있다. 부도지와 직접적인 연관성은 증명하기 어렵지만 마고전승설화를 간직한 동양문화권 어디에서도 갓 태어난 인간에게 죄의식을 부여하는 곳은 존재하지 않는다. **에덴동산에서 쫓겨나는 이유는 바로 '신의 명령을 어긴 죄'에 대한 '형벌'이었다.** 이후 이 집단에 속한 사람들은 대대로 '원죄(原罪)'라는 '죄의식'을 갖게 되었다. 인간은 태생부터 '신의 명령을 어긴 죄'가 있다는 것이다. 2천 년 전에 하느님의 아들이라는 남자가 모든 인간의 '원죄'를 대신 짊어지고 십자가에 못 박히는 속죄(贖罪)를 했고, 그의 가르침을 따르는 사람이 많은데도 불구하고 여전히 '원죄'는 사라지지 않은 듯 보인다.

### 2-7. 목표: 복본(復本)과 구원(救援)

마고성이나 에덴동산이나 나온 사람들 모두 다시 낙원으로 돌아가길 희망했다. 그것은 대대로 인류의 목표가 되었다. 마고성에서는 그것을 복본(復本)이라고 했다. 근본을 회복한다, 근원을 회복한다, 마고성으로 돌아간다는 뜻이다. 에덴동산에서는 구원(救援)이라고 한다. 그렇다면 인류의 고향, 낙원으로 돌아가기 위해서 무엇을 어떻게 해야 할까? 마고성 이야기에서 출성(出城)을 앞둔 인류에게 황궁씨가 간곡히 당부한다. '수증(修證)하고 수증(修證)하시오.' 모든 미혹(迷惑)됨을 남김없이 씻으라는 수증(修證)은 '닦고 증명한다'는 뜻으로 수행(修行), 수련(修鍊), 수도(修道)와 같은 의미로 이해할 수 있다. 황궁씨는 복본의 열쇠이자 '모든 것이 하나임을 알게 하는 천부(天符)'를 나눠 주면서 훗날 낙원에서 다시 만나자고 당부한다. 수증(修證)은 막연히 수행하라는 것이 아니라 천부(天符)가 중심이 된 상태에서 해야 한다는 뜻이다. 천부경에는 사람 안에 하늘과 땅이 하나 되어 들어있다는 인중천지일(人中天地一)이라는 구절이 있다. 천부(天符)와 천부경(天符經)의 관계는 연구가 필요하지만 같은 맥락선상에 있다는 것은 분명해 보인다. **마고성 이야기에서 낙원으로 돌아가는 '주체(主體)'는 인간이다.** 인간의 간절함에 '신(神)'이 도움을 줄 수는 있겠지만 복본(復本)은 분명 인간의 몫이다. 에덴동산 이야기에서 낙원으로 돌아가기 위해서는 구원을 받아야 하고, 구원받기 위해서는 속죄(贖罪)를 해야 한다. '죄 사함'을 받아야 하는 것이다. 에덴동산에서는 구원의 열쇠가 신에 대한 믿음이고 순종(順從)이다. 신(神)과 신이 보낸 메시아의 선택으로 인간은 구원받을 수 있기 때문이다. 결정권은 신(神)만이 가지고 있다.

## 3. 집단무의식에서 조화(調和)와 공생(共生)의 가지를 건져 올리는 열쇠, 부도지

에덴신화(神話)와 마고성(마고) 이야기, 두 창세기는 동서양의 여러 문화권에 영향을 주었다. 에덴신화(神話)의 영향력은 의심의 여지가 없고, 마고성(마고) 이야기와 동양문화권의 사유체계와의 연관성은 앞으로 많은 연구가 뒷받침되어야 하겠지만, 부도지를 배제하더라도 마고전승설화를 포함한 지모(地母)사상(홍산문명의 여신상 등)은 아시아를 넘어 지구 곳곳의 인류 사회에 전해져 오고 있었음은 분명하다. 마고성의 인간관(人間觀)은 인간 자신이 인과(因果)와 해탈(解脫)의 주체라는 불교의 가르침과도 상통한다. 마고성(마고) 이야기는 정도의 차이는 있지만 동양의 선도(仙道), 불교(佛敎), 유교(儒敎), 도교(道敎), 힌두교, 중앙아시아, 티베트 지방에 영향을 주었다고 유추해 볼 수 있다. 에덴 이야기는 중동지방에서 시작해서 주로 서양에 큰 영향을 주었음이 분명하다. 유대교와 유대교에 뿌리를 둔 기독교, 그리고 이슬람교이다. 유대교, 이슬람교, 기독교는 에덴의 창세기로 시작되는 구약을 공유한다. 이들 종교가 구약을 공유하며 매우 비슷한 교리를 가지고 있으면서도 사이가 좋지를 못한 이유는 구원의 열쇠를 쥐고 있는 '메시아' 때문이라고 해도 과언이 아니다. 자신들이 구원 즉, 신의 선택을 받아 낙원(천국)으로 다시 돌아가는 문제이니 목숨보다 소중하지 않겠는가? 이러한 집단적 강박증은 '내 민족(종교)만이 선택(구원)받는다.'는 선민사상으로는 치료가 어렵다. 모든 인류가 하느님의 자손이며, 구원의 열쇠는 본인 자신이 쥐고 있다는 의식의 진일보만이 자유를 줄 수 있다. 때문에 천손(天孫)사상은 전 인류로 확대가 가능하며, 복본(復本) 또한 어떤 종교와도 부딪칠 일이 없다. 실제로 한민족만이 아니라 모든 인류가 본래 천손임은 부정할 수 없는 사실이다. 이는 또한 한민족의 민족주의가 세계 인류 평등, 평화, 공생(共生)주의로 확장이 가능한 이유이기도 하다.

### 3-1. 이상세계를 이루는 주체

마고성 이야기는 '인간' 중심이다. 낙원은 결국 인간이 만든다. 널리 인간을 이롭게 하고 조화로운 세상을 만들라는 홍익인간 이화세계 사상이 나올 수밖에 없는 구조이다. 19세기 동학(東學)이 출현하여 홍익인간 사상을 다른 이름으로 드러냈는데 바로 시천주(侍天主)요, 인시천(人是天)이었다. 사람 안에 하느님을 모시고 있다. 즉, 사람이 곧 하늘(하느님)이니, 사인여천(事人如天) 사람을 하느님과 같이 섬기라는 사상이다. 각자 인간이 하느님이 되어 이 세상을 하느님이 사는 세상으로 만들자는 동학사상은 마고성 이야기와 단군사화(檀君史話), 홍익인간 이화세계와 완벽하게 일치한다. 그렇다면 **이상세계는 누가 어떻게 이룰까? '하느님'이 내재된 인간, 더 정확히는 '하느님'이 발현된 인간이 이룬다고 할 수 있다.** 이 또한 저항이 있겠지만 인류사회 전체로 확장이 가능하다.

에덴동산의 세계관에서 말하는 이상세계는 신 중심, 메시아가 인도해주는 세상이라고 할 수 있다. 인간은 수동적일 수밖에 없다. 할리우드 히어로(Hero) 영화를 보면 이러한 무의식이 투영된 것을 발견할 수 있다. 슈퍼맨, 아이언맨, 배트맨 등 영웅이 등장하는 마블 영화에서 대부분의 인간들은 무기력한 존재로 그려진다. 인간들이 악마(빌런)에 의해 고통받을 때 히어로 즉, 구원자요 메시아가 등장해서 평화를 찾아 주는 것이다. 히어로는 인간을 구해 주고 평화로워진 지구에 살게 한다. 이런 발상의 깊은 곳에 에덴동산에서 유래한 무의식적 원형이 작용하고 있음은 어렵지 않게 유추할 수 있다.

20세기부터 지금까지 인권(人權)이라는 개념은 우리 사회의 화두(話頭) 중 하나이다. 우리나라에서도 인권에 대한 논의가 많이 있어 왔다. 노동자 인권, 여성 인권, 아동 인권, 노인 인권, 외국인 인권, 난민 등등. 그런데 인간에 대한 관점에 있어서 동서양은 근본적인 차이가 있다는 사실을 간과하고 있는 듯하다. 현대사회에서 말하는 인권이라는 개념은 서양에서 나온 개념이다. 서양의 인권, 즉 사람에 대한 이해와 인식이 우리나라의 전통적인 사람에 대한 인식과 어떻게 다른지 차이를 짚어 볼 필요가 있다. 우리말에 '못됐다.'는 말이 있다. 바로 '인간이 되지 못했다'는 것이다. 인간이라고 하기에 함량이 조금 모자란다는 것이다. 우리 조상들은 인간으로 태어났다고 해서 다 '인간'으로 인정하지 않았다는 것을 알 수 있는 것이다. 비록 육체적으로는 인간으로 태어났지만 진정한 '인간'이 되는 어떤 과정을 거쳐야 한다는 인식이 있었다는 것이다. 껍데기가 아니라 내면(영혼)이 수행적인(후천적인) 노력을 통해서 인격이 어느 수준으로 충족되었을 때 비로소 인간으로 인정해 주었다. 한 미국인 교수는 한국에 와서 '도덕'과목이 있는 것을 보고 놀랐다고 한다.(미국교수가 한국을 연구할수록 한국인에게 더욱 소름돋는다는 이유, 유튜브 어썸코리아 Awesome Korea 채널) 우리 민족에게 인간이 되었다는 기준은 무엇이었을까? 이 또한 우리말에서 답을 찾을 수 있다. 우리말에 '법(法) 없이도 살 사람'이라는 말이 있다. 마고성의 자재율(自在律)을 알면 이 말을 더욱 깊이 이해할 수 있을 것이다. 한국에서는 전통적으로 '법 없이도 살 사람' 정도는 되어야 '인간'이라고 할 수 있고 '법이 있어도' 통제가 어려운 사람은 '(인간) 못된 놈'이라고 불렸다. 그런데 서양에서 유래된 현대사회의 인권(人權)에서 인격(人格)은 고려사항이 아니다. 인간은 후천적 노력으로 완성을 향해 간다는 한국의 고전적인 인간관과 현대사회의 인권개념을 상호 보완한다면 인류는 더 좋은 사회를 만들 수 있지 않을까? 인생 전반에 걸쳐 수행적인 과정을 통해 인격을 성숙시킨다는 전통적인 관념은 인생의 목표를 자기완성, 내면의 완성에 두게 했다. 경쟁과 승리, 소유와 성공, 정복과 지배라는 가치를 추구한 결과 21세기 지구는 인류역사상 가장 풍요로운 시대를 열었지만 동시에 가장 위태로운 시대를 살아가고 있다. 문제가 어떻게 시작됐는지를 안다면 해답도 알 수 있다. 지금 21세기 지구의 여러 위기의 원인을 인류의 집단무의식에 있는 에덴동산과 이원론(二元論)적 사고라고 한다면, 위기를 극복할 해법은 인류의 집단무의식에 있는 마고성과 비이원(非二元論)적 사고, 더 나아가 삼원론(三元論)적 사고에서 찾을 수 있다는 것은 명확해진다. 하늘과 땅과 사람이 하나라는 삼원론적 사고가 부도지에서는 이야기로, 천부경은 가르침으로 고스란히 명쾌하게 정립되어 있다.

## 3-2. 인류 집단무의식의 오류를 업그레이드할 패치파일

그 집단의 집단무의식이 그 문명을 만들기에 우리는 우리의 집단무의식에 무엇이 들어 있는지 탐구할 필요가 있다. 그리하여 무의식에 부정적인 것이 있으면 정화하고 교정할 필요가 있다. 개인에게 콤플렉스나 트라우마가 있다면 치료가 필요하듯이 민족이나 국가 같은 집단, 더 나아가 인류 전체가 콤플렉스와 트라우마에 시달린다면 당연히 치료해야 마땅하다. 아울러 집단무의식에 좋은 것이 있다면 우물에서 물을 길어 올리듯 의식으로 끌어올려 발현시킬 필요가 있다. 무의식의 것을 의식의 세계로 가져오기 위해서는 '자각(自覺)'이 필요하다. 분명하게 인식할수록 힘은 강해진다. 융은 신화(神話)를 집단무의식의 산물이라고 했다. 집단무의식을 알기 위해서는 신화(神話)라는 형태로 화석화(化石化)된 고대사(古代史)를 알 필요가 있다. 고대 역사, 신화(神話), 경전(經典) 등을 연구하는 이유는 결국 우리 자신을 알기 위해서이며, 그 핵심은 결국 집단무의식이란 말로 귀결될 수 있을 것이다. 만약에 에덴신화(神話)나 주역(周易)밖에 없다면 인류의 집단무의식에 이원론 말고 다른 것이 있다는 것을 알기는 쉽지 않았을 것이다. 아마 우리는 아프리카나 아메리카 원주민, 호주 대륙의 원주민의 문화 속에 남아 있을지도 모르는 원형을 찾아 헤매야 했을지도 모른다. 집단무의식에 있는 것을 의식의 영역으로 끄집어내어 현실화하려면 무의식과 의식을 관통하는 매개체가 필요하다. 다행히 우리나라에는 에덴신화(神話)나 주역(周易)만큼 잘 알려져 있지는 않지만 천부경과 삼일신고, 마고신화의 정수라고 할 수 있는 부도지 같은 선가(仙家)의 기

록이 조선시대 이후 일제강점기까지 대대적인 말살 시도에서 살아남
아 전해지고 있다. 천부경, 삼일신고, 부도지를 부정하고 삼국유사에
등장하는 단군사화(檀君史話) 정도만 가지고서라도 에덴신화나 주역
과는 다른 사유체계가 있었다는 것을 발견할 수는 있다. 그러나 이해
하기 쉽고 명확하며 구체적인 매개체는 부도지라고 본다. 안타깝게도
현재 한국인 대부분이 천부경이나 부도지를 잘 알지 못하기에 아직까
지 고대 사유체계의 정수(精髓)는 집단무의식의 깊은 곳에 잠들어 있
다고 할 수 있다. 잠들어 있다는 것은 의식과 현실에 강력한 영향은 주
지 못한다는 뜻이다. 말 그대로 무의식 깊은 근원(根源)에만 존재할 뿐
이다. 고대사와 신화(神話), 경전, 특히 부도지를 알고 알려야 하는 이
유이다.

자연을 소유와 지배와 정복의 대상으로 대한 결과 물질문명은 발전
했다. 하지만 물질문명이 발전한 결과 오히려 인간이 위험해지고 있
다. 그렇다면 물질문명을 다 버리고 다시 자연으로 돌아가야 옳은 것
일까? 인류가 만들어 놓은 현대 물질문명이 전대미문의 엄청난 결과물
인 것은 부정할 수 없다. 그럼에도 불구하고 물질문명은 여전히 위험
하고 위태롭다. 컴퓨터 프로그램을 아주 완벽하게 잘 만들었는데 2%
정도 버그 때문에 위험한 상황이 되었다면 어떻게 해야 할까? 컴퓨터
를 없애야 할까? 그런 선택을 할 사람은 많지 않을 것이다. 오류를 수
정하고 프로그램을 업그레이드할 수 있는 패치파일을 반드시 만들거
나 찾으려고 할 것이다. 단언컨대 그것이 부도지에 있고 천부경에 있
다. 하지만 천부경(天符經)은 너무 고차원적이고 난해하여 이해하기

가 어렵다. 에덴신화도 이야기이기에 이해하기도 전파되기도 쉬웠던 것이다. 마고성 이야기도 이야기이기에 세계 인류 남녀노소 누구나 이해가 가능하다.

부도지는 신과 인간의 관계는 주종관계, 복종의 관계가 아니라 부모와 자식의 관계라고 말한다. 그래서 신이 인간이고 인간이 신이라고 알려 준다. **인간이 곧 하느님으로서 모든 결정권을 가지며 모든 것을 상속받은 주인이기 때문에 책임을 지는 존재**라는 것을 직접적으로 알려 주는 것이다. 자연은 정복과 소유와 지배의 대상이 아니라 인간이 신(神)과 함께(신이 되어) 돌봐야 할 존재라고 말한다. 신과 인간, 인간과 인간, 인간과 자연은 공생(共生)의 관계라고 말한다. '조화롭게 이 세상을 함께 돌보는 존재로서의 인간', '공생인간(共生人間)', '상생인간(相生人間)'이야말로 현대문명의 위기를 극복할 마지막 퍼즐조각이다.

# II.

# 부도지의 가치 2 - 부도(符都)

앞서 마고성 이야기를 중심으로 인류의 집단무의식적 관점에서 부도지의 가치를 제시하였다면 부도지의 주인공(主人公)이라고 할 수 있는 임검씨가 건설한 부도(符都)의 기록은 현실적이고 미래지향적인 차원에서 부도지의 가치를 드러낸다. 부도지는 부도(符都), 즉 단군조선의 모습을 그 어떤 기록보다 구체적으로 묘사하고 있다. 부도지에서 묘사하는 부도(符都)를 현대적 용어로 정의하면 **'신성(神聖)국제 (자유)무역도시'**라고 할 수 있다. 현대 자본주의 국제무역도시와는 근본부터 차이가 있겠지만 부도의 모습을 안다면 단군사화(檀君史話)에 등장하는 '신시(神市)'라는 용어가 매우 적절한 것이었다는 데 동의할 것이며, 자본(資本)이 인간보다 위에서 군림하는 현대 물질문명의 병증(病症)을 고치고 완성시킬 지혜를 얻을 수 있을 것이다. 또한 홍익인간 이념을 바탕으로 세계 평화와 범한민족(한민족+동이 계열 민족)의 번영을 향한 미래 통일한국과 만주를 구상하는 데에도 큰 참고가 되리라 확신한다. 즉, **부도의 재건(符都再建)**이다.

부도지 13장부터 15장까지 부도(符都)에 대한 기록을 살펴보자.

"임검씨가 여러 종족들을 순방(巡訪)하고 돌아와 부도(符都)를 만들 땅을 정하였다. 그곳은 동북(東北)쪽에 기운이 강한 땅(磁方)이었다. 2·6이 교감(交感)하는 핵심지역이고, 4·8이 상생(相生)하여 결과를 만들어 내는 땅이었다. 밝은 산과 맑은 물이 만리(萬里)에 뻗어 있고, 바다와 육지가 서로 통하니 9의 끝과 1의 시작이 다함이 없는 터전이었다. 신령한 풀(人蔘=山蔘)과 상서로운 열매(잣)와 일곱 색의 보배로운 옥(玉)이 모든 곳의 땅속에 단단하고 전 지역에 가득하니 1·3·5·7의 기운의 정기가 모여 만물을 만들어 내는 길한 땅이었다. 태백산(太白山, 한밝산, 백두산?) 위에 천부단(天符壇)을 만들고 동서남북 사방에 천부단(天符壇)을 지키는 작은 성(보단, 堡壇)을 쌓았다. 천부단과 보단 사이에는 세 겹의 길을 두어 통하게 하였는데 길과 길 사이는 천리(千里)였으며, 길의 좌우에 관문을 설치하여 지키게 하였다. 이는 마고성을 본떠 만든 것이었다. 부도(符都)의 아래쪽에는 마을을 만들었다. 세 개의 큰 바다 주변에 있는 땅이 연못에 잠기었다. 네 개의 나루터(津)와 네 개의 포구(浦)가 천리 간격으로 연결되어 동서로 둘러쌌다. 나루터와 포구 사이에 다시 **6부(六部)를 설치하여 여러 종족이 살았다. 부도(符都)가 완성되니 웅장하고 화려하며 밝아서 온 인류와 함께 화합하기에 충분하였다. 모든 종족을 연결하는 살아 있는 고리와 같았다.**" (부도지 제13장)

"임검씨는 황궁씨의 후예 6만 명을 이주시켜 살게 하고 나무를 베어 뗏목 8만개를 만들어서 신령한 천부(天符)의 신표(信符)를 새겨 천지(天池)의 물에 흘려보내 지구 곳곳에 살고 있는 인류를 초청하였다. 모든 종족이 그 신표가 새겨져 있는 뗏목을 보고 차례로 모여들어 박달나무 숲에 신시(神市, 신들의 도시, 신성한 시장)를 크게 열고 계율을 닦아 마음을 맑게 하며, 하늘의 형상을 살핀 후에 마고로부터 이어온 계보대로 각 종족의 족보를 밝히고 천부의 소리에 따라 말과 글을 정리하였다. 북두칠성과 하늘의 별의 위치를 정하여 하늘 앞에 제물을 올리고 노래하며 하늘의 웅장한(天雄) 음악을 연주하였다. 모든 종족이 방장산 방호의 굴에서 7가지 보물인 옥을 캐어 천부(天符)를 새기고 방장해인(方丈海印)이라 하여 일곱 가지 재앙(칠난, 七亂)을 없애고 돌아갔다. 이후부터 10년마다 반드시 신시(神市)를 여니 말과 글이 같아지고 천하가 하나로 되어 사람 세상이 크게 평화로워졌다. 바닷가에 성(城, 돌을 쌓음)을 쌓아 천부(天符)에 제물을 올리고, 모든 종족으로 하여금 정착하여 집을 지어 살게 하니 그 뒤로 천년 동안 성황(城隍, 성과 해자, 국제도시)을 만드는 풍습이 전 지역에 널리 퍼졌다."

(부도지 제14장)


'국제'라는 용어가 적합한 이유는 부도(符都)에 말 그대로 여러 종족이 모여 서로 교역하고 정착하여 살았다는 기록 때문이다. 부도(符都)를 이해하는 핵심 키워드 '국제(여러 종족)', '교역(무역)', 그리고 '제사'를 기억하자.


"또 물고기를 잡을 수 있는 강과 밝은 땅이 만나는 중심지에 시장(조시, 朝市, 이른 아침에 처음 열리는 시장, 밝은 시장)을 열고, 여덟 연못(8澤)이 있는 곳에 어시장(해시, 海市)을 열어 매년 10월에 제사를 지내니 각 대륙의 모든 종족이 특산물을 바쳤다. 산악지역에 사는 종족은 사슴과 양을 바치고 바닷가에 사는 종족은 물고기와 조개를 바쳐 기쁨의 노래를 불렀다.

『물고기와 양을 잡아 제사를 지내니

오미(五味)의 화(禍)로 탁해진 피가 깨끗해지고

모든 생명의 재앙을 그치게 하소서.』

이렇게 모든 종족이 모여 특산물을 하늘에 올리며 오미(五

味)의 재앙(禍)이 씻기기를 기원하는 제사를 조선제(朝鮮
祭)라고 하였는데 이 뜻은 조시(朝市)에 물고기(魚)와 양
(羊)을 바쳐, 다시 깨끗해지기를(선, 鮮) 염원하는 제사(祭)
라는 뜻이다. (※ 조선제가 열리는 신성한 나라가 곧 조선,
朝市의 朝, 魚+羊=鮮)

산악지방과 해양지방에 사는 종족들이 물고기와 들짐승 고
기를 많이 먹으니 교역하는 물건이 대부분 절인 해산물과
조개와 가죽들이었기 때문에 동물들을 위해 '희생을 추모하
는 제사'(희생제, 犧牲祭)를 지내 인간으로서 반성하고 생
명의 은혜에 보답하게 하였다. 피에 손가락을 꽂아 생명의
소중함을 성찰하고, 땅에 피를 부어 고통과 슬픔을 애도하
였다. 매년 제사를 지낼 때마다 특산물들이 넘쳐나기에 네
개의 나루(浦)와 네 개의 포구(津)에 시장을 크게 열어, 몸
을 깨끗하게 하고 땅의 이치를 거울삼아 교역(交易)의 법
을 행하여, 물건의 근본을 판별하여 그 가격과 양을 정하였
다. 또한 부도(符都)와 여덟 연못을 본떠 연못을 파고, 강이
굽이치는 곳에서 보답하는 굿을 하고, 함께 모여 잔치를 열
고 만물을 구제하는 의식을 치렀다. 모든 종족이 봉래산(蓬
萊山) 원교봉(圓嶠峯)에서 다섯 가지 상서로운 열매를 얻으
니, 즉 잣나무 열매였다. 이를 봉래해송(蓬萊海松, 봉래산
해송)이라 하여, 다섯 가지 은혜로운 행운(幸運)을 얻고 돌
아갔다. 이로부터 온 인류가 산업이 크게 일어나서 교역이

왕성하게 되므로 천하가 풍족하였다." (부도시 제15장)

임검씨는 전 세계를 다니면서(순행, 巡行) 인류에게 천부(天符)를 전하고, 마고성을 복원한 부도(符都)를 만들겠다고 약속하였다. 인류가 서로 멀리 떨어져 있어서 소식은 끊어지고 종족의 언어와 풍습이 서로 다르게 변하였기 때문이었다. 부도지는 임검씨(壬儉氏, 단군왕검)가 부도(符都)를 건설한 이유로 **인류를 한자리에 모이게 하여 화합하게 하고, 천부(天符)의 이치를 가르쳐 알게 하기 위함**이었음을 분명히 하고 있다. 즉, 부도건설의 목적은 세계평화와 인류화합, 그리고 복본(復本)이었던 것이다. 더 놀라운 점은 **임검씨의 부도(符都)는 인간이 물질과 정신 한쪽으로 치우치지 않고, 정신적으로 조화로우면서도 물질적으로 풍요를 누렸다는 것인데**, 이를 위해 구체적으로 종족들이 특산물을 가져와 교역(交易, 무역)을 하게 하는 동시에 특산물을 제물로 올려 천부(天符)와 복본(復本), 생명에 대한 소중함을 알게 하였으니 그 전략은 너무나 절묘하다 할 것이다. 임검씨는 이러한 목적에 적합한 위치, 즉 대륙(산악)종족과 해양(바다)종족이 함께 모일 수 있는 땅을 찾아, 마고성을 참고하여 웅장하고 신성(神聖)한 국제무역도시를 건설했던 것이다.

**임검씨가 순행을 마치고 돌아온 후 부도를 건설할 땅을 찾았다.** 환단고기나 삼국유사에는 아사달(阿斯達)이 등장하는데, 고대 단어는 한자(漢字)의 뜻도 의미가 있겠지만, 발음을 통해 의미를 유추해 볼 수 있다. '아사'는 해가 뜨는 곳, 광명이 비치는 곳, 밝은 땅이란 뜻이고 '달'

은 '땅'을 의미한다. 그러니 아사달은 '해가 뜨는 광명(光明)의 땅'이란 뜻으로 이 또한 부도(符都)와 의미가 상통함을 알 수 있다. 임검씨(단군왕검)가 드디어 부도를 건설할 땅을 찾았는데, 그곳은 바로 '동북(東北)의 자방(磁方)'이었다. 지금의 백두산 근방 만주 지역, 더 넓게 확장시키면 홍산문명 유적이 발굴되는 내몽골 자치주까지라고 추정해 본다. 자방(磁方)은 자력(磁力), 그러니까 강력한 에너지가 있는 땅이라고 볼 수 있을 것이다. '신시(神市)'와 '아사달'은 '부도(符都)'를 만나 그 의미가 더욱 선명해진다.

**'부도(符都)'는 한민족과 인류가 평화롭고 풍요로운 지구촌 문명을 만드는 데 있어 '청사진(靑寫眞)' 그 자체**이다. 특히 구체적인 경제시스템에 대하여 시사하는 바가 큰데 이를 굳이 현대적 용어로 표현한다면 **홍익경제, 홍익자본주의**라고 할 수 있을 것이다. 현재 지구촌 문명은 '자본주의 경제시스템'으로 운영되고 있다. 자본주의 경제시스템의 목적은 '이윤 추구'이다. 인류는 이 목적으로 열심히 달려왔고 자본주의(資本主義)의 최고 전성기를 살고 있다. 자본주의는 말 그대로 자본이 최우선이기 때문에 인간은 자본보다 위에 있지 않다. 그래서 목적이 중요한 것이다. 자본주의의 목적은 자본이다. 하지만 처음을 생각해 보라. 자본, 즉 돈이라는 것은 원래 인간의 편의를 위한 수단으로 만들어진 것이었다. 이는 마치 인간을 위해 봉사하라고 만들어 놓은 AI나 로봇이 인간을 지배하는 것같이 매우 모순된 상황이다. 그러니 자본주의는 '자본과 이윤추구'라는 지금까지의 목적을 업그레이드할 필요가 있다. 현대 자본주의의 목적을 상향조정한다면 그것은 바로 공생(共

生)이 되어야 할 것이다. 인간과 인간의 공생, 인간과 자연의 공생이다. 지구상에는 이미 인류가 소비할 수 있는 것보다 많은 식량과 의복과 공산품이 생산되고 있고, 주택 또한 부족하지 않다. 그럼에도 불구하고 인류는 지금 다 같이 죽느냐, 다 같이 사느냐의 기로에 서 있다. 무엇이 문제인지 우리 모두는 잘 알고 있다. 해결방법도 모르지 않는다. 하지만 치킨게임을 누가 먼저 멈출 것인가? 부도지에서는 부도(符都) 건설의 목적이 '인류의 화합'임을 분명히 했다. '인류의 화합'이라는 목적에 따라 부도의 시스템이라고 할 수 있는 홍익경제, 홍익무역, 홍익 자본주의는 실행되었고 그 결과 부도에 동참한 인류는 서로 화합하고 풍요를 누렸다.

단군사화(檀君史話)에는 환웅이 신시(神市)를 열었다고 했는데, 신시(神市)가 무엇인지 학자들 의견이 분분하지만 도시(都市)와 함께 시장(市場)이라는 의미가 있으리라 예상하는 건 어렵지 않다. 하늘에 부합하는 도시이자 시장인 부도(符都)의 홍익경제, 그리고 그 구체적인 모습인 국제(자유)무역도시에는 교역(交易)의 의미를 가진 3개의 시장(市場)이 등장한다. 그와 함께 3개의 특정한 행사(의식)가 있었는데 교역이라는 경제적 기능에 더하여 인류화합의 기능을 하는 천제(天祭) 같은 제례 행사였다. 시장(市場)을 열기 전 하늘에 제사를 올렸으므로 교역과 제천행사(축제)를 함께 했다는 것을 알 수 있다. 마치 고대 그리스 제전(祭典) 올림픽이 연상되기도 하지만 그것이 신에게 올리는 제사와 운동경기가 결합된 것이라면 **부도는 시장(市場)의 기능이 핵심적 요소로 기능**하고 있는 것이다.

첫 번째 시장(市場)은 신시(神市)였다.

박달나무 숲에서 신시(神市)를 열었는데 계율로서 마음을 맑게 하고 마고 이후로 모든 종족들의 계보를 밝혀서 족보를 정리하고 천부(天符)를 근거로 말과 글을 정리해서 서로 통(通)하게 했다.

신시에 모인 인류는 하늘에 천제(天祭)를 올리면서 인류가 다시 모여 화합함을 하늘에 고하였다.

북두칠성과 하늘의 별의 위치를 정하여 하늘 앞에 제물을 올리고 노래하며 하늘의 웅장한(天雄) 음악을 연주하였다.

축제의 모습이 연상된다. 이렇게 10년마다 종족들이 모여 가장 중요한 모임인 신시(神市)를 열었다고 한다. 신시는 가장 높은 차원의 시장으로 족보를 정리하고 말과 글을 정리했다는 것으로 보아 마치 학술회의 같은 모습도 연상된다.

두 번째 시장(市場)으로 매년 10월에 열리는 조시(朝市)와 해시(海市), 세 번째는 여러 진포(津浦)의 시장이 있었다.

"강, 바다와 밝은 땅이 만나는 곳에는 조시(朝市)를 열고, 큰 못(큰 바다)가 있는 곳에는 해시(海市)를 열어… 매년 10

월에 제사를 지내니 각 내륙의 모든 종족이 특산물을 바쳤다. 산악지역에 사는 종족들은 사슴과 양을 바치고 바닷가에 사는 종족은 물고기와 조개를 바쳐 기쁨의 노래를 불렀다. 이렇게 모든 종족이 모여 특산물을 하늘에 올리며 오미(五味)의 재앙이 씻기기를 기원하는 제사를 조선제(朝鮮祭)라고 하였는데 이 뜻은 조시(朝市)에 물고기(魚)와 양(羊)을 바쳐 다시 깨끗해지기를 염원하는 제사라는 뜻이다. (朝鮮=魚+羊)

산악지방과 해양지방에 사는 종족들이 물고기와 들짐승 고기를 많이 먹으니 교역하는 물건이 대부분 절인 해산물과 조개와 가죽들이었기 때문에 동물들을 위해 '희생을 추모하는 제사'(희생제, 犧牲祭)를 지내 인간으로서 반성하고 생명의 혜에 보답하게 하였다. 피에 손가락을 꽂아 생명의 소중함을 성찰하고, 땅에 피를 부어 고통과 슬픔을 애도하였다. 매년 제사를 지낼 때마다 특산물들이 넘쳐나기에 네 개의 나루(浦)와 네 개의 포구(津)에 시장을 크게 열어, 몸을 깨끗하게 하고 땅의 이치를 거울삼아 교역(交易)의 법을 행하여, 물건의 근본을 판별하여 그 가격과 양을 정하였다. (중략) 이로부터 온 인류가 산업이 크게 일어나서 교역이 왕성하게 되므로 천하가 풍족하였다." (부도지 제15장)

각 종족이 가져온 특산물이 많아 여러 곳에 시장을 여니, 특산물 대부분이 양과 물고기 같은 동물들이었으므로 '먼저 인간을 위해 희생한 동물들에게 감사하는 희생제(犧牲祭)를 지냈다'는 것은 시장(市場)이 단순히 이익만을 추구하는 교역의 장소가 아니었음을 말해 준다. 하늘 앞에 인류가 하나로 화합하여 살 것을 고하는 신시(神市)의 천제(天祭), 오미의 재앙이 그치기를 바라는 조신제(朝鮮祭), 인간을 위해서 희생한 이 동물들에게 감사하는 희생제(犧牲祭)를 '교역(交易)에 앞서 시행했다'는 것은 물질과 이익에만 집착하지 않고 '정신과 물질이 함께 조화로운 풍요를 추구'했음을 알려 준다. 마치 현대 자본주의가 보완해야 할 점을 미리 지적해 주는 것 같은 부도에서 인류는 정신과 물질을 모두 만족하고 돌아갔던 것이다. 또한 몸을 깨끗하게 하고 땅의 이치를 거울삼아 교역(交易)의 법을 행하여, 물건의 근본을 판별하여 그 가격과 양을 정하였다는 구절은 인류가 무분별한 이익 추구에만 치우치지 않았다는 것을 말해 준다.

인류 사회는 무역을 해야 풍요로워질 수 있다. 원시 물물교환시대부터 현대 자본주의사회까지 이것은 변하지 않는 불변의 진리이다. 자급자족 생활보다 농사, 유목, 어로, 수렵활동에 종사하는 각 종족이 잉여생산물을 서로 교환할 때 훨씬 더 풍요로운 생활을 할 수 있기 때문이다. 부도에서는 이처럼 여러 종족이 모여 교역을 했는데 자세히 보면 놀라운 개념 하나를 발견할 수 있다. **'산악종족'과 '해양종족'이라는 단어에 주목해 보자.** 산악종족을 상징하는 특산물은 양(羊)이고 해양종족을 상징하는 특산물은 물고기(魚)인데, 이것은 특산물이자 동시에 제물(祭物)이었다. 이와 관련하여 부도지는 한민족의 정체성을 드러내는 국호 '조선(朝鮮)'에 숨겨진 놀라운 사실을 알려 주고 있다. 먼저 글자 그대로 보면 조선(朝鮮)의 조(朝, 아침 조)는 '아침', '밝음', '나라', '모이다', '(임금)을 배알하다'는 뜻이 있고, 선(鮮, 고울 선)은 '물고기(魚)'와 '양(羊)'이 합쳐진 글자임을 알 수 있다. 그러니 조선(朝鮮)은 '물고기'와 '양'을 들고 '모이는 나라'라고 풀이해 볼 수 있다. 부도지는 또한 '물고기(魚)'는 해양종족의, '양(羊)'은 산악종족(대륙종족)의 특산물이자 제물이며, 교역에 앞서 물고기와 양을 제물로 올려 조선제(朝鮮祭)를 지냈다고 하였으니, **조선(朝鮮)은 '해양종족(魚)과 대륙종족(羊)=(鮮)이 함께 모여 밝아지는(朝) 땅, 나라**'라는 해석이 가능해지는 것이다. 이처럼 조선(朝鮮)이라는 단어에 숨겨진 의미를 부도지가 알려 주고 있는데, 우리가 특히 주목해야 할 것은 부도지는 조선(朝鮮)이라는 이름 자체에 '산악(대륙)종족(羊)'과 '해양종족(魚)'을 내포하고 있어, '인류가 함께 모여 화합했다'는 역사와 정체성을 알려 주고 있다는 것이다. 이처럼 부도지를 통해 '조선(朝鮮)'이 어떤 나라였는지 더 깊이 이해할 수 있을 뿐만 아니라, 이것은 곧 **앞으로 한민족이 만들어야 할 나라에 대한 청사진 그 자체를 의미**한다. 조선(朝鮮), 즉 부도의 재건은 인류의 화합과 평화의 프로젝트인 것이다.

같은 맥락에서 부도지에는 국제도시(자유무역도시)와 같은 개념이 등장한다.

바닷가에 성(城)을 쌓아 천부(天符)에 제물을 올리고 여러 종족으로 하여금 정착하여 집을 지어 살게 하니 천 년 동안 성황(城隍)을 만드는 풍속이 널리 퍼졌다.

부도지는 성황당(城隍堂)을 연상시키는 성황(城隍)이라는 단어에 대하여, 기존과 전혀 다른 해석의 영역을 열어 주고 있다. 부도지는 **성황(城隍)을 '여러 종족이 정착하여 집을 지어 사는 곳'이라 하였으니 이는 곧 국제도시**이다. 부도는 교역을 위한 시장이었으므로 '국제(자유)무역도시'라고 해도 무방할 것이다. 사실, 기존의 관념을 걷어 내고 '성황(城隍)'이라는 글자를 있는 그대로 풀이하면 '성(城)'과 '해자(垓字=隍)'라는 뜻이 되니 사람들이 모여 사는 도시를 떠올리는 건 어렵지 않다. 마치 환호(環濠=해자)가 있는 춘천 중도의 고대도시가 연상된다.

이처럼 부도지는 인류 여러 종족이 부도에 와서 서로 교역하고 때로는 이주하여 살았으니, 천하(天下)가 풍요롭고 하나 되는 곳이었다고 전하고 있다. 그 여러 종족을 부도지는 '대륙(산악=羊)종족'과 '해양(바다=海)종족'이라고 불렀는데, 이 개념을 근현대로 확장시켜 적용하면 적어도 **인류가 활발히 대양을 누리던 19세기 이후부터의 세계사와 격동의 한국 역사가 하나로 연결되는 것을 알게 될 것**이다. 뿐만 아니라 앞으로 한민족과 인류가 나아가야 할 방향 또한 분명하게 깨닫게 되리라 확신한다.

해방 후 80여 년간 한민족은 좌익과 우익, 남과 북, 자본과 공산주의라는 프레임 속에서 '갇혀' 살면서 그 너머로 시야를 확상시키지 못하였다. 좌익 vs 우익, 남 vs 북의 프레임은 부도지가 제시하는 대륙세력과 해양세력의 관점에 비해 만들어진 역사가 짧을 뿐 아니라 의식을 한반도에 매몰되게 하여 세계와 세계 속의 한국을 제대로 이해하지 못하게 만든다. 부도에는 산악(대륙)종족과 해양종족이 모였다고 했는데, 부도를 한반도와 만주 일대로 가정했을 때 대륙종족과 해양종족이 다시 만난 것은 19세기이다. 즉, 단군조선을 부도라고 정의했을 때 **부도지의 관점에서 보면 단군조선이 막을 내린 지 약 2천 년 만에 옛 부도의 땅에 해양종족과 대륙종족이 다시 찾아온 것**이다. 그러나 안타깝게도 그 만남은 그전처럼 평화적인 만남이 아니었다.

## 1. 대륙세력(종족)과 해양세력(종족), 그리고 우리

근현대적 의미에서 대표적인 대륙세력은 중국과 러시아다. 그중에서 중국은 동아시아의 토착 대륙세력이고 러시아는 서양의 대륙세력이다. 해양세력은 영국과 미국을 중심으로 한 파이브아이즈(FVEY, Five Eyes, 미국, 영국, 캐나다, 호주, 뉴질랜드)가 대표적이다. 역시 동아시아의 토착 해양세력으로 일본이 있다. 2천 년 가까이 중국(사실은 실체가 모호하지만)과 일본(왜)은 한민족과 평화적, 비평화적 교류가 지속적으로 있었으므로 러시아와 영미(英美) 등 서양의 대륙, 해양종족(세력)을 중심으로 이해해 보자. 왜냐하면 이들이 19세기부터 현대까지 세계사를 주도해 왔기 때문이다.

19세기 대륙세력(러시아)의 목표는 해양 진출이었다. 바다로 나가 시장을 개척하고 무역을 하기 위해서였다. 반면 해양세력의 목표는 대륙세력이 해양으로 나오지 못하도록 저지하는 것이었다. 바다를 독점한다는 것은 곧 시장을 독점하는 것이었기에 당연한 전략이었다. **키워드는 '무역', 그리고 '시장'이다. 군사력은 이것을 위한 수단임을 이해하자.** 이러한 이해관계로 19세기 이후 두 세력은 세계 곳곳에서 충돌하였고, 지금도 충돌하고 있으며, 21세기 초 현재까지 해양세력은 대륙세력을 효과적으로 저지하고 있다. 이러한 대륙세력과 해양세력의 헤게모니 대결구도를 이해하면 19세기 이후부터 현재까지 세계사가 하나로 연결될 뿐 아니라 세계사의 소용돌이 한가운데에 있는 한국의 역사 또한 일관된 흐름으로 진행되고 있다는 것을 알게 될 것이다. 거듭 강조하지만 부도의 관점에서 이러한 흐름을 이해한다면 21세기 우리가 나아갈 미래는 선명해진다.

대륙세력 러시아를 살펴보자. 19세기 초(1830년대) 러시아는 인도양으로 진출하려 하였고, 그러기 위해서는 반드시 넘어야 할 관문, 아프가니스탄이 있었다. 이에 인도를 점령 중이던 영국은 아프가니스탄을 친영(親英)정권으로 바꾸고 러시아의 인도양 진출을 저지하였다. 이것은 오늘날 그레이트게임이라 불린다. 2021년 미군이 철수함으로써 대륙, 해양세력 모두가 '마침내' 떠나게 된 아프가니스탄의 비극은 이러한 역사적 배경에 뿌리를 두고 있다. 아프가니스탄에서 남하가 저지된 러시아는 크림반도로 눈을 돌린다. 하지만 러시아가 크림전쟁

(1853~1856)에서 승리했음에도 베를린조약(1878)에서 영국을 비롯한 유럽 세력들의 반대에 러시아의 해양진출은 또 다시 좌절되고 만다. 21세기 초(2014, 2022) 크림반도를 둘러싼 러시아-우크라이나 전쟁도 바다로 나가고자 하는 러시아의 오랜 숙원과 무관하지 않다. 아프가니스탄(인도양)과 발칸반도(대서양)에서 해양 진출이 좌절된 러시아는 유럽인의 정체성을 지녔음에도 불구하고 극동아시아에서 출구를 찾을 수밖에 없었다. 19세기 후반이었다. 당시 청나라는 영국과의 아편전쟁으로 만신창이가 되어 있었다. 영국에게 천문학적인 배상금을 갚기 위한 과도한 세금은 청나라의 경제와 민심을 더욱 어지럽게 만들었다. 청나라가 아편전쟁 이후 여러 내홍으로 몰락하고 있을 무렵, 러시아는 동진(東進)하여 극동(極東)에 이르렀는데 그곳에는 조선에 있었다. 이에 영국은 급히 군대를 조선으로 보내 남해 거문도를 점령하니, 이른바 거문도점령사건(1885)이다. 이 사건을 학계에서 이렇게 정의한다.

**'발칸반도에서 남하가 저지된 러시아가 극동으로 방향을 틀자 러시아를 막기 위해서 거문도를 영국이 점령한 사건'**

이는 극동 조선에서 해양 vs 대륙세력이 대치한 첫 번째 사건으로 대륙 vs 해양세력의 헤게모니 게임장이 비로소 동북아로 옮겨 온 것을 의미했다. 하지만 부도지의 관점에서 본다면 대륙세력(러시아)과 해양세력(영미)이 2천 년 만에 옛 부도의 땅에 들어와 만난 것으로 해석이 가능해진다. 다만 옛 부도와 다른 점은 들어온 이유가 화합하고 평화롭게 교역하기 위함이 아니라 패권을 다투기 위해서였고, 옛 부도의 땅도 평화와 화합의 장소가 아닌 패권을 위한 대결 장소로 전락했다는 것이었다. 2년 후인 1887년 영국은 점령을 풀고 거문도에서 철수한다. 하지만 이는 조선이나 청나라의 항의 때문이 아니라, 러시아를 막기에는 거문도가 효과가 없겠다고 판단했기 때문이었다. 옛 부도의 위상이 사라진 조선의 존재감은 미미했다. 손님, 주인 모두가 부도를 망각했기 때문이었다.

대륙 vs 해양세력의 대결구도 관점에서 한국이 식민지가 된 과정을 살펴보자. 영국은 대륙세력 즉 러시아와 청나라 중에서 일찍이 청나라를 아편전쟁으로 약화시키는 데 성공했기에, 러시아의 남하를 저지하는 데 힘을 집중할 수 있었고, 그 전략적 위치는 한반도 일대였다. 영국은 러시아의 남하를 막기 위해 다각적 방법을 모색하였는데, 그중 하나는 한반도 분할안이었다. 청일전쟁 직전인 1894년 7월 22일, 영국 외상 킴벌리(Kimberley)는 극동의 평화를 위하여 조선의 중립화, 또는 조선을 남북으로 청(淸)과 일본이 분할 점령하는 방안을 제안하였다. '극동의 평화를 위해' 청과 일본을 중재한다는 명분이었지만 두 나라가 조선을 분할 점령한다면 러시아의 태평양 진출은 차단될 수밖에 없었으니 해양세력의 입장에서는 절묘한 전략이었다. 다행인지 불행인지 영국의 제안은 정한론(征韓論)이라는 목표에 눈먼 일본에 의해 거절되었다. 조선이라는 케이크 조각을 조금이라도 더 차지하기 위한 열강들 사이에서 조선은 세계가 움직이는 판(대륙 vs 해양의 대결구도)

을 끝내 읽지 못한 것으로 보인다. 조선은 여전히 사대주의에 매몰돼 있었다. 조선의 중심은 여전히 청(淸)이었고, 조선의 집권세력인 민씨정권 역시 친청(親淸)이었다. 1882년 임오군란이 발발하자 청나라의 개입으로 흥선대원군을 제압하고 권력을 견고히 한 민씨정권은 1884년 갑신정변에 이어 1894년 갑오농민혁명이 일어나자 또다시 청나라에 의지하여 정권을 유지하고자 하였다. 하지만 임오년, 갑신년과 달리 텐진조약을 빌미로 일본군이 조선에 출병하게 되었고 결국 청일(淸日) 양군이 조선에서 충돌하고 만다(1894~5, 청일전쟁). 믿었던 청나라가 일본군에 패하자 민씨정권은 급히 친러로 선회한다. 러시아를 끌어들여 일본을 막으려는 전략을 일본은 비열한 방법으로 민비를 살해하여 저지하였다(1895, 을미사변). 말 그대로 수단과 방법을 가리지 않았던 것이다. 이에 고종은 러시아 공사관으로 피신하여(1896, 아관파천), 러일전쟁(1905)이 끝날 때까지 러시아의 힘을 이용, 일본(해양세력)을 견제하는 데 성공하면서 대한제국이라는 이름으로 마지막 불꽃을 피우려 했지만 결과적으로 세계사의 거대한 흐름(대륙 vs 해양)을 알지 못한 대가는 너무나 컸다. 친청(親淸) 민씨정권과 친(親)러시아 고종(대한제국)이 영미(英美) 해양세력에게 탐탁찮은 존재였음을 21세기를 사는 우리에게는 이해하기 어려운 일이 아니다. **해양세력과 대륙세력이 헤게모니 게임을 하는 것을 읽지 못하고 해양세력(영·미)을 멀리하고 대륙세력(청·러)에만 의지한 것이 조선의 패착(敗着)이었던 것이다.**

대륙세력 러시아를 견제하는 게 최종목표인 영미 해양세력은 마침내 동아시아의 토착 해양세력인 일본을 밀어주기로 결정한다. 서양의 제국주의를 모델 삼아 급성장한 일본 또한 조선정벌이라는 목표를 위해서라도 러시아와 청(淸)을 조선에서 몰아내야 했으니, 영미(英美) 해양세력과 목표가 같았다. 지극히 일본에게 유리한 전개였으며 당연한 수순이었다. 청일전쟁(1895)에서 일본이 승리한 이후 영미(英美) 해양세력과 군국주의 일본제국은 한층 더 밀착한다. 1902년 1차 영일동맹은 그 시발점이 되었다. 학계는 이를 **'러시아의 남하를 막기 위해 영국과 일본이 체결한 군사동맹'**으로 정의한다. 일본 뒤에서 영국이 밀어주기 시작했다는 것을 알 수 있다. 2년 후인 1904년 러일전쟁이 발발하자 해양세력의 '동아시아 지부장'으로 임명받은 일본은 영국의 지원하에 러일전쟁(1905)에서 승리하였고, 전리품(조선)을 챙기는 데 거칠 것이 없었다. 러일전쟁에서 일본이 승리한 데에는 여러 요인이 있지만 독도(동도)에 설치한 망루가 큰 역할을 했다고 한다. 이는 2025년 현재까지 일본이 독도에 집착하는 이유와 무관하지 않다. 군국주의 일본의 찬란한 전성기를 열어 준 상징인 독도는 그들에게 성지(聖地)나 다름없기 때문이다. '을씨년스럽다'는 말이 1905년 을사년에 생겼다고 하니 을사년은 한국과 일본의 역사에서 매우 특별한 해임이 분명하다. 이때부터 대한제국은 몰락하고 일본은 날개를 달았는데, 한쪽 날개는 영국이, 다른 한쪽은 미국이 달아 주었다. 을사년, 일본은 미국과 가쓰라테프트 밀약(7.29)을, 영국과 2차 영일동맹(8.12)을 체결하였던 것이다. 앞서 1902년 1차 영일동맹이 러시아의 남하를 막기 위해서였다면, 2차 영일동맹은 한국에 대한 조항을 구체적으로 명시하였다. 제3

조항을 살펴보자.

> "일본은 한국에서 정치 군사, 경제상의 탁월한 이익을 가지
> 고 있으므로 영국은 일본이 이 이익을 옹호 증진하기 위하
> 여 정당하고 필요하다고 인정하는 지도 감리 및 보호의 조
> 치를 한국에서 취할 권리를 승인한다."

두 개의 날개를 얻은 일본은 1905년 11월 17일 을사늑약(을사보호
조약, 외교권 박탈)을 강제로 체결하였고, 이후 정미칠조약, 고종퇴위,
대한제국 군대해산, 한일병탄까지 거칠 것(청, 러시아)이 없었다. 변변
한 전쟁 한 번 치러 보지 못한 채 일본이 양성한 친일파의 매국(賣國)
과 해양세력의 지원(군사, 외교)으로 대한제국은 1910년(경술년) 8월
29일 국권을 강탈당했다.

**1905년 을사년에 완성된 해양세력의 동아시아 구도는 영국과 미국
이 대장인 가운데 일본을 동아시아 지부장으로 임명하고, 한국은 지
부장의 관리구역으로 정해졌다는 것을 기억할 필요가 있다.** 왜냐하면
2025년 현재에도 일본의 우익세력과 영미 보수세력(네오콘)들은 1905
년의 동아시아 구도를 포기하지 않고 있기 때문이다. 특히 일본 우익
세력은 여전히 건재하고 이들의 자금을 지원받는 한국의 보수단체와
개인은 파악조차 하기 어려울 정도지만 일부 드러난 사실만으로도 신
친일파가 꾸준히 양성되어 왔음을 알 수 있다. 만약에 일제가 1905년
의 구도(영미-일본-한국)에서 만족했다면 한국은 여전히 식민지로 남

아 있었을지도 모른다. 하지만 대륙진출이라는 일본의 탐욕은 한국에게는 광복의 기회로 작용하게 되었다. 영국과 미국조차 세계 여러 나라를 식민지로 삼았을지언정 대륙세력의 본진인 러시아와 중국 본토를 차지하지는 않았다(또는 못했다)는 사실은 일본이 얼마나 거대한 야망을 품고 실행했는지를 보여 준다. 조선을 착취하여 힘을 키운 일본은 해양세력의 동아시아 지부장에 만족하지 못하고 기어이 대륙을 침략하고야 말았다. 만주를 점령(1932, 만주국)하고, 이어 중국을 침략(1937, 중일전쟁)하여 대륙의 절반을 점령하였다. 뿐만 아니라 미얀마(버마) 등 인도차이나반도, 필리핀 등 동남아와 남태평양까지 전선(戰線)을 확대하였다(1941, 태평양전쟁). 일본의 야욕은 넘지 말아야 할 선을 기어이 넘고야 만다. 미국영토인 하와이 진주만을 공격함으로써 마침내 임명권자인 미국을 침략한 것이다. 이는 해양세력의 본진(영미) 입장에서는 쿠데타나 다름없는 배신행위였다. 이렇게 미국(영국)과 일본, 해양세력의 균열된 틈과 나치 독일, 이탈리아, 일본의 군사동맹을 저지하기 위한 일시적 해양-대륙(미국, 소련, 중국)동맹에서 기회를 잡아 한국은 기어이 독립을 쟁취해냈다. 하지만 이러한 역사는 오늘날 뉴라이트 신친일세력이 독립운동과 광복을 부정하고 폄하하는 주장의 근거로 악용되기도 한다. 하지만 2차대전 이후 독립을 맞이한 국가 중에서 온전히 자신만의 힘으로 독립을 맞이한 나라가 존재하는가? 중국도 미국의 군사력, 특히 원자폭탄의 도움을 받아 악명 높은 관동군 등 일본군을 철수시킬 수 있었다. 만약에 중국의 어떤 학자가 중국군이 일본군과 싸운 전쟁은 무의미하고 미국이 일본군을 몰아내 주었다고 주장한다면 그는 결코 무사하지 못할 것이다. 준비된 자에게 기회가 온다는 말처럼 한국은 임시정부 등 독립운동가들의 끊임없는 노력의 결과로 1943년 이집트 카이로에서 장개석(장제스, 국민당)이 전후 한국의 '즉각' 독립을 요구한 것은 학계에 공인된 사실이다. 이를 반대한 것은 영국수상 처칠이었고 미국 루즈벨트의 중재로 '적절한 시기' 독립하는 것으로 절충되었다. 1, 2차 영일동맹으로 동아시아에서 일본을 키워 준 해양세력이 영국임을 기억한다면 처칠이 한국독립을 반대한 이유를 추정하기란 어렵지 않을 것이다.

조선과 달리 일본은 일찍부터 세계를 보는 시야가 트여 있었다. 1861년 러시아 군함이 쓰시마 섬 일부의 영구 조차를 요구하자 영국이 전함을 파견, 철수시킨 쓰시마 점령 사건도 일본 지배층이 당시 그레이트게임을 이해하는데 큰 역할을 했을 것이다. 영미 해양세력의 목표가 자신들의 목표와 맞아떨어진 게 큰 비중을 차지하긴 했지만, **일본은 대륙세력(러시아, 청)과 해양세력(영·미)의 헤게모니 대결구도를 이해하고 있었고, 어디까지 의도했는지는 모르지만 일찌감치 해양세력의 편에 선 전략이 적중했다.** 이는 조선의 패착과 정반대였다. 하지만 일본의 야욕은 해양세력의 동아시아 지부장 자리에 만족할 수 없었다. 아시아를 점령하여(대동아공영) 영국과 미국을 능가하는 세력, 말 그대로 명실상부한 대일본제국으로 부상하고 싶은 탐욕이 너무나 컸던 것이다. 일찍부터 세계를 파악하고 대일본제국주의 전략을 추진해 온 수뇌부(조슈번, 명치유신 주역)들은 1945년, 2차 세계대전 이후에도 해양 vs 대륙세력의 대결구도를 이용하여 일제의 핵심세력(전범우익)을 존치시키는 데 성공한 것으로 추정된다. **당초 연합국의 계획은 전후 일본을 미국, 영국, 러시아, 중국이 4분할 점령하는 것**이었기 때문이다.

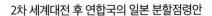

2차 세계대전 후 연합국의 일본 분할점령안

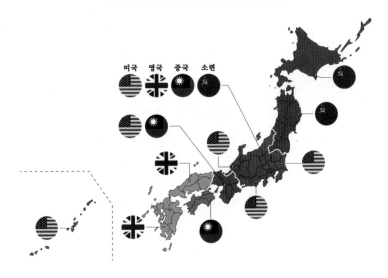

하지만 6년이라는 2차 세계대전(1939~1945, 일본 참전은 1941년부터 4년) 기간은 100년 넘게 지속된 대륙 vs 해양세력의 대결 기간에서 보면 잠깐에 불과했다. 일본을 분할하여 그중 일부를 소련(러시아)과 중국(국민당)에게 내준다는 것은 대륙세력의 오랜 숙원이었던 바다(태평양으로 갈 수 있는 길)를 내준다는 것을 의미했다. 이것은 영미 해양세력의 입장에서는 도저히 용납할 수 없는 것으로 전범국 독일을 분할하여 동독을 소련의 관할하에 두는 것처럼 단순히 접근할 일이 아니었다. 더구나 당시 대륙세력(소련)은 공산주의라는 정체성을 갖고 있었으니 더더욱 불가한 일이었다. 하지만 방법이 없는 것은 아니었다. 일본을 분할하는 대신 19세기 이후 여러 번 논의되었던 한반도를 분할하여 38선 이북을 일시적 동맹인 소련에게 전리품으로 준다면 대륙세력의 발을 묶어 놓을 수 있었다. 가련한 한국은 여전히 희생양 신세를 면치 못했던 것이다. 실제로 한반도 38선 분할은 소련군의 남하를 막기 위한 미국의 제안으로 1945년 8월 11일 새벽 2시, 30분 만에 획정되었다는 게 정설로 통용되고 있다. 이뿐만이 아니었다. 해양세력 입장에서는 동북아에 대륙세력(소련, 공산주의)을 견제할 (정치)세력을 남겨둘 필요가 있었는데 이는 갓 해방된 혼란한 한국에게는 기대할 수 없는 것이었다. 이것이 전범국 일본 우익세력이 살아남은 이유이자, 한국이 분할된 이유라면 지나친 비약일까? 패전국임에도 한국을 희생시키고 과분한 특혜를 얻어 내기 위해 일본의 수뇌부가 구체적으로 어떤 역할을 했는지에 대해서는 더 깊은 연구가 필요하지만 결과적으로 독일과는 달리 일본의 전범 우익세력은 살아남았고 한국은 분단되어 분쟁의 불씨를 품은 채 광복을 맞이하게 된 것은 명백한 역사적 사실이다.

이 무렵부터 **대륙세력과 해양세력은 본격적으로 공산주의 진영과 자본주의(자유) 진영으로 불리게 되었다. 조선이 망할 때까지 대륙 vs 해양세력의 대결구도를 이해하지 못한 한국인들은 해방 이후에도 여전히 이해할 시간을 갖지 못한 채 적대적 이념에 물든 미·소 냉전의 세계만을 전부로 알게 되었다.** 정작 미국과 소련은 연합국이었는데도 말이다. 100년 넘게 이어진 세계구도를 이해하지 못하고 잠시 옷을 바꿔 입은 이념(1917년 볼셰비키혁명~1991년 소련 해체)으로만, 그것도 적대적 감정으로 이해한 결과 시야는 더욱 한반도에 묶이게 되었고, 세상을 보는 안목은 좁아졌으며, 이후 80년간 갈등하고 분열하는 집단 병증을 남기게 되었던 것이다.

2차 세계대전 이후 세계는 체제와 이념의 옷을 갈아입고 대륙세력은 대륙세력끼리, 해양세력은 해양세력끼리 '무역'하는 경제권을 만들어 대립하였다. 인류에게 수많은 피를 흘리게 한 공산주의는 1990년대 초 실패로 막을 내렸다. 1991년 소련은 해체되었고 중국은 개혁개방이란 이름으로 공산주의를 버리고 자본주의를 받아들였다. 공산주의가 독재로 대체된 지 30년이 넘었지만 한민족은 좌익 vs 우익의 이념이라는 새장 속에 여전히 갇혀 살고 있다. 남이나 북이나 분단에서 이익을 얻는 위정자들은 이념 갈등이 심할수록 권력에 유리하기에 해소하기보다는 오히려 부추긴 탓도 크다. 세계 모든 종족들이 옛 부도의 땅에 모여 전쟁하고 피 흘리던 1953년, 부도지가 세상에 모습을 드러냈으니, 뿌리를 망각한 한민족과 인류의 모습을 더 이상 지켜볼 수 없었던 하늘의 뜻이었을까? 부도의 일을 기억하는 사람은 여전히 드물어 미약하고, 부도의 후손들은 남북으로 편을 갈라 원수가 되어 자유, 공산이라는 이념의 대변인으로, 사실은 대륙 vs 해양세력의 파수꾼을 자처하며 살아온 세월이었다. 이유야 어떻든 대륙종족과 해양종족이 옛 부도 땅에 다시 찾아왔으니, 주인만 망각에서 벗어나 본래 역할을 기억한다면, 손님이 주인 노릇 하고 부도의 후손들을 남북으로 갈라 줄다리기하는 기막힌 현실은 바꿀 수 있다. 고비는 있겠지만 부도의 재건은 결코 불가능하지 않다.

2025년 현재에도 지구촌의 두 세력, 대륙 vs 해양세력의 대결구도는 여전히 진행 중이다. 소련해체 이후 러시아가 주춤한 사이 동아시아의 토착 대륙세력 중국이 급성장했는데, 이에 따른 반작용으로 토착 해양세력인 일본(자위대) 또한 다시 한국에 진출하여 1905년의 구도를 재현하려는 야심을 드러내고 있다. 해양세력의 리더들도 중국을 견제하기 위해 일본의 재무장을 용인하기 시작했다. 1905년 당시의 동아시아 구도를 구축하려는 일본 우익세력은 여전히 건재(健在)하며, 지난 수십 년 한국사회에 많은 공을 들여왔다. 그 대표적인 결과물이 뉴라이트이다. 일본은 일제강점기부터 한국인들이 깨어나지 못하도록 식민사관(植民史觀)이라는 강력한 백신을 주입해 놓았을 뿐 아니라, 해방 이후에도 신친일파를 양성하고 관리해 왔음을 알 수 있다. 일본우익을 대변하는 재단들의 자금이 한국 내 개인과 단체에 흘러들어간 정황이 일부나마 드러나고 있기 때문이다. 하지만 일본우익들이 공을 들인 것은 한국만이 아니었다. 그들은 80년간 반성하(는 척하)며 영미 해양세력에게 다시 간택받기 위해 절치부심해 왔다. 2013년 중국 시진핑 정권은 중국에서부터 중앙아시아와 유럽을 육상으로, 동남아시아와 유럽, 아프리카를 해상으로 연결하는 이른바 일대일로(一帶一路) 사업을 추진하기 시작했다. 특히 인도차이나반도와 남아프리카의 항구를 연결하는 진주목걸이 전략은 영미(英美)를 필두로 한 해양세력의 심기를 불편하게 만들었다. 중국의 확장을 견제하기 위해 해양세력(미국)은 인도와 호주, 하와이(미국), 그리고 일본을 연결하는 다이아몬드 전략(쿼드, Quad)으로 대응하고 있다. 여기서 잠깐. 한미동맹이라는 이름이 무색하게 한국은 다이아몬드에 '독자적'으로 존재하지 않는다는 것을 눈치챘을 것이다. 다이아몬드에 한국은 어디에 있을까? 더 정확한 질문을 해보자. 한국은 누구의 지휘를 받으라는 것일까? 해양세력의 다이아몬드 전략은 일본에게 찾아온 두 번째 기회가 되었다. 영미 해양세력(오바마 재임 2009~2013.1, 바이든 재임 2021~2025.1)의 후원 아래 일본 총리 아베(安倍晋三, 일본 96~98대 총리, 2012~2020 재임)는 우익세력을 기반으로 평화헌법 개정과 군국주의 부활을 일관되게 추진하여 왔다. 표면적 명분은 중국이 아니라 북한이었지만 사실상, 아베(오바마) 당시 일본은 동아시아 지부장(支部長)으로 재임명 되었다고 보는 게 타당하다. (다행스럽게도 미국 내에는 이와 다른 구상을 하는 세력도 존재하는데 트럼프도 그런 듯하다.) 1905년에는 견제해야 할 대상이 러시아였다면 지금은 신생강국으로 부상한 중국으로 대륙세력의 주축이 '약간' 바뀌었을 뿐, 구도는 여전히 명확하다(러시아도 여전히 건재하다). 미국 내에도 여러 세력이 있으니 정확히 하자면 오바마-바이든으로 이어지는 미국 민주당 세력이 일본우익과 한국 내 신친일(新親日)세력을 연결하여 1905년의 구도, 즉 해양세력의 대부인 미국과 동아시아 지부장 일본, 그리고 일본의 지휘를 받는 최일선 한국의 구도를 재구축하려 추진하고 있다고 보면 거의 정확하다. 한일군사보호협정 지소미아 체결(2016.11) 이후 2023년 2월 22일 일본 지정 '다케시마의 날'에는 '일본해'로 표기된 해도를 보면서 독도 앞바다에서 한미일군사훈련이 진행되었다. 반면 매년 두 차례 국군이 독도 인근에서 실시하는 독도방어훈련, 즉 동해영토수호훈련은 이전과 달리 비공개로 진행되었다. 유사시 한반도에 자위대 파병이 가능한 한미일군사동맹의 추진은 1905년을 가리키고 있다. 2024년 말 계엄사태 또한 이러한 전략과 무관해 보이지 않는다. 하지만 대부(大父) 미국이 패싱된 채 무리하게 강행된 점은 충격이었다. 한미동맹이 무색할 정도로 미국을 소외시키면서까지 일본우익과 한국 뉴라이트가 훨씬 강하게 밀착되어 있음이 드러났기 때문이다. 미국의 심기를 불편하게 만든 이 사건은 앞으로 일본우익의 계획에도 영향을 미치리라 예상된다. 일본우익을 지원하는 오바마(민주당)의 동북아 정책이 힐러리(낙선)-바이든(당선)-해리스(낙선)로 이어지지 못하고(바이든은 오바마의 부통령, 해리스는 바이든의 부통령), 트럼프(공화당)가 중간에 당선된 것은 한국(한민족)의 입장에서는 천운(天運)이었다. 트럼프는 2024년 한 인터뷰에서 '만약에 트럼프(1기) 대신 힐러리가 당선되었다면 한반도에는 핵전쟁이 났을 것'이라고 말했다. 물론 그의 말을 전부 신뢰할 수는 없지만 오바마(민주당)의 동북아정책을 이해한다면 무시하고 지나칠 수는 없을 것이다. 실제로 트럼프 1기 이후 당선된 오바마 행정부의 부통령 출신 바이든은 '한미일 군사동맹'을 그 어느 때보다 강하게 밀어붙였다. 다시 얘기해서 한일 양국을 군사적으로 강하게 밀착시키는 정책을 시행했다는 것이다. 해상자위대 군함이 한국 영해 독도 앞바다에서 해상훈련을 하고 돌아간 것도 이때였다. 하지만 1기 트럼프는 북한과의 대화를, 문재인은 일본의 핵심부품(소재, 부품, 장비) 수출 중단이라는 무역보복을 효과적으로 방어하였고, 오히려 일본 의존도를 낮추는 데 성공했다. 문재인은 한일군사보호협정 지소미아를 종료 이후 연장하지 않겠다고 밀어붙였는데(결국 연장했지만), 만약에 당시 미국이 민주당 정부였다면 그렇게 할 수 없었을 것이다. 트럼프 정권이었으니 가능한 일이었지만 이 때문에 한국에서는 (친일+반공우익) 보수세력이 결집하는 효과를 가져왔다. 2024년 11월 트럼프가 다시 당선되면서(2025년 1월 취임) 이러한 영미-일본을 주축으로 한 동아시아 전략은 변수가 불가피할 것으로 보인다. 적어도 느슨해질 수 있을 것이다. 미국 내 강경보수 네오콘들도 2024년 12월 한국의 계엄사태를 목격하고 적지 않은 충격을 받은 것으로 보인다. 미국 전체를 대변한다고 할 수는 없지만 브레드 셔먼 미국 하원의원은 계엄 직후 국내 언론(MBC)과의 인터뷰에서 미국이 계엄에 반대한 것은 물론 사전에 계획을 알고 있었음을 내비쳤다(**한국정부가 미국에 계엄을 미리 알렸을 경우 미국 정부는 절대 반대했을 것이고, 만약 대한민국 국군이 남한 내 한 장소를 공격했다면 미국은 북한의 공격이 아니라는 걸 알고 공개했을 것이다. -인터뷰 내용 중**). CEO를 무시하고 과장 말만 듣는 대리를 어떻게 해야 할까? 분명한 것은 2025년 1월 20일부터 시작되는 트럼프 2기 4년은 한국에게는 통일의 기회가 될 가능성이 그 어느 때보다 높다는 것이다. 트럼프의 전략은 한미일 vs 북중러의 극단적 대결 구도에서 벗어나 중국을 견제하기 위해 북한을 친미(親美)로 만드는 전략이라 볼 수 있다. 아울러 중국과 불편한 관계에 있는 러시아까지도 끌어안는 전략이다. 이러한 시대적 변화에도 여전히 국민 대부분이 대륙 vs 해양세력의 구도를 이해하지 못하고 반공이념에 매몰되어 친일세력과 그 뒤에 있는 일본우익의 전략에서 벗어나지 못하고 있는 실정이다. 한국의 이념갈등은 결코 국내문제가 아니다. 지난 몇 년을 볼 때 국내의 많은 정치가와 언론, 학계는 뉴라이트적 사고에 생각보다 깊이 잠식되어 있는 것으로 드러났다. 오바마-바이든-해리스(낙선)로 이어지는 미국 민주당과 아베-기시다-이시바로 이어지는 일본 자민당의 전략은 최근 몇 년간 우리나라에 노골적으로 나타나고 있는 정치, 학계, 언론, 종교 등 사회 각층의 노골적 친일 행위와 결코 무관하지 않은 것이다. 이는 단순한 한국 국내의 친일 vs 반일의 문제가 아닐뿐더러, 더 나아가 한일 갈등 문제도 아니다. 정확하게는 19세기부터 지금까지 이어지고 있는 지구상의 대륙세력과 해양세력의 대결 구도 속에서 한국과 일본의 전략적 배치를 다투는 문제라고 봐야 한다. 한국을 어디에 배치할 것인가? 일본을 어디에 배치할 것인가? 분명한 것은 일본우익과 한국 내 친일보수세력의 의도대로 된다면 한국은 최일선의 행동대장으로 전락할 뿐만 아니라, 우리 한민족은 대륙, 해양세력의 소모품으로 이용당할 수밖에 없다. 부도를 재건하여 인류평화의 중심세력으로 비상할 것인가, 소모품으로 살 것인가. 2025년 을사년, 한국 국민은 중대한 선택의 기로에 서 있다.


## 2. 한국의 민족의식 해체 전략

지난 80년, 1905년 구도의 재구축을 목표로 달려왔던 일본우익과 한국의 친일세력(뉴라이트)에게 가장 큰 방해 요소는 무엇이었을까? 단연코 한국의 반일정서였을 것이다. 손쉽게 동북아 문제를 해결하려는 미국 내 네오콘 세력의 입장에서도 한국민의 반일정서는 이해불가의 영역이다. 다인종, 다민족 이민국가인 미국이 볼 때 동북아의 작은 나라 국민이 가진 강한 민족성과 국가적 자존심은 구시대적 유물일 뿐이다. 일본에게 침략당한 필리핀이나 식민지였던 대만조차 일본에 대한 적대감은커녕 호감이 높은 게 현실이다. 19세기부터 한국의 반일정서는 그들의 전략에 방해요소일 뿐이며 정리 대상이었다. 반일정서는 뿌리 깊은 민족의식에 기반하고 있고 한국의 민족의식은 '한민족', '단군자손', '단일민족'이라는 세 단어로 정의할 수 있다. 결과적으로 21세기 들어오면서 세 단어는 사라지고 있다. 적어도 정부와 언론과 학계는 더 이상 '한민족', '단군자손', '단일민족'이라는 용어를 쓰지 않는다. '민족'이라는 용어 또한 '다문화'라는 말로 대치되고 있다. 하지만 우리는 분명히 짚고 넘어가야 한다. 국민 누구도 이것에 대해서 동의한 적이 없기 때문이다. '민족'을 버리고 '다문화'로 갈 것인지에 대하여 사회적 담론도 거치지 않았으며, 국민의 동의도 구하지 않았다. 국가와 언론과 학계는 '한민족'이라는 단어를 쓰지 말자고 내부적으로 합의한 듯하다. 이것은 국제화에 따른 자연스러운 현상일 뿐일까? 아니면 누군가의 의도와 계획의 결과일까? 분명한 것은 **누군가에게는** 이 단어들을 없애는 것이 매우 중요한 과제였고, 과거 이것을 없애겠다는 계획 또한 공식적으로 선포되었다는 사실이다.

1985년 9월 12일 자 중앙일보 기사에 의하면 당시 기독교계는 단군을 기짐으로 한 한민속의 징동성을 무정하고, 우리 민속은 딘일민속(인종)이 아니라 복합인종이라고 주장하였으며, 이를 서울시 단군성전 건립 반대의 논리적 근거로 삼았음을 알 수 있다.

또한 1987년 7월 10일 자 중앙일보는 국사교과서에 단군 역사를 사실로 기술하는 것에 대하여 기독교계가 범교단적 캠페인으로 반대할 것을 결의했다고 보도했다. 이러한 주장은 잠깐의 해프닝으로 그쳤을까, 아니면 우리 사회 한컨에서 일관되게 계승되어 왔을까?

2007년에는 국기에 대한 맹세문에서 '민족'이 삭제되었다.

> "나는 자랑스런 태극기 앞에 조국과 민족의 무궁한 영광을 위하여 몸과 마음을 바쳐 충성을 다할 것을 다짐합니다." (1974~2007 국기에 대한 맹세문)

> "나는 자랑스러운 태극기 앞에 자유롭고 정의로운 대한민국의 무궁한 영광을 위하여 충성을 다할 것을 굳게 다짐합니다." (2007.7.27. 개정된 국기에 대한 맹세문)

2011년에는 요일지정제를 추진하여 사실상 '개천절'이 사라질 뻔하였고, 2021년에는 '홍익인간'이 교육법에서 삭제하는 법안이 발의되었다(추후 철회). 도대체 누가 이런 짓을 하는 것일까? 이들의 배후는 누구일까? 노파심에서 사족을 붙이자면 한때 세계를 고통스럽게 만들었던 국수주의나 제국주의와 달리 한국의 '민족주의'는 결코 다른 민족의 존엄성을 침해하지 않았다는 점을 분명히 하고자 한다. 한국은 단 한 번도 편협한 민족주의를 한 적이 없다. 단군의 홍익인간에 기반한 한국의 민족주의는 오히려 존중과 공존(공생)을 기본으로 하며, 위기 때 독립운동의 중심사상으로 힘을 발휘하였을 뿐 다른 국가나 민족을 억압한 적도, 앞으로 그럴 생각도 없다. 이런 민족주의라면 오히려 널리 장려해도 모자라지 않을까? 그런데 오히려 석연찮은 이유로 삭제하려 하니 배후를 의심하지 않을 수 없는 것이다.

2024년 현재 역사학계를 보면 세상에 알려지진 않았지만 우려스러운 일들이 일어나고 있다. 일찌감치 폐기되었던 임나일본부가 이전에는 낮은 신뢰성으로 학자들이 인용하지 않았던 '일본서기'를 근거로 부활을 시도하고 있다. 그것도 세금을 들여서 말이다(전라도천년사). 그나마 민족진영의 목소리를 내오던 광복회조차 뉴라이트라는 친일세력 앞에서 밀리고 있다. 육군사관학교 교정의 홍범도 장군 동상 철거(2025년 1월 존치 결정), 안중근 김구 윤봉길을 테러리스트로 폄하, 식민지 근대화론의 대두, 광복절을 부정하는 뉴라이트 성향 인사를 독립관장에 임명, 독립기념관의 광복절 행사 취소, 서울 지하철 역사의 독도 조형물 철거가 수많은 논란에도 불과 1~2년 사이에 강행되었다. 2024년 11월 한국학중앙연구원은 국비로 '한국경제사 개관'이라는 영문판 원서를 발간하였는데, 일제 식민지배를 미화하는 식민지근대화론에 입각하여 역사를 서술, 배포하였다. 2023년 말 대한민국 국방부는 장병교육자료에 독도를 분쟁지역으로 기술하고 교육하였는데, 이는 독도를 분쟁 지역으로 만들어 국제사법재판소에 가져가는 게 목표인 일본의 일관된 전략과 일치하여 그 저의와 배경에 의구심을 갖지 않을 수 없다. 이뿐만이 아니다. 대한민국 국영방송 KBS는 2024년 광복절 자정이 되자마자 기미가요를 송출했고, 국군의 날 기념식 생방송 KBS는 건군 76주년이라는 자막으로 국군을 소개하였다. 건군 76주년이 되려면 대한민국의 국군은 1948년에 창설되었어야 한다. 그러나 이미 대한민국 임시정부는 1940년 광복군을 창설, 연합군과 함께 버마(미얀마) 등 동남아시아에서 작전을 수행한 바 있다. 광복군을 기점으로 두면 2024년은 건군 84주년이 되어야 하는 것이다. 세상에 알려진 것만 이 정도인데 물밑에서 움직이는 것들은 얼마나 많을지 짐작조차 하기 힘들다. 분명한 것은 한국의 민족성은 점점 해체되고 있다는 것이다. 적어도 표면적으로는 그렇다. 하지만 면면히 이어진 민족의 잠재력은 결코 쉽게 사라지지 않을 것이다.

## 3. 변수

1905년의 미-일-식민지 조선의 질서를 재구축하려는 세력과 그들의 노력은 2025년 지금까지도 지속되고 있다. 그러나 언제나 그렇듯 변수는 존재한다. 한미일 군사동맹을 밀어붙였던 바이든의 정책은 그의 부통령이었던 해리스로 계승되지 못하고 러시아·북한과 대화하겠다는 트럼프의 당선으로 미국의 정책은 어느 정도 변화를 예상해 볼 수 있다. 연장선상에서 북한정세 또는 북한정권의 국제외교 기조의 변화(대화를 중심으로) 또한 기대해 볼 수 있게 되었다. **중국의 야욕을 알고 있는 북한의 입장에서도 미국의 힘이 절실하기 때문이다.** 무엇보다 해방 후 80년간 한국민의 피나는 노력으로 한국의 국제적 위상 강화는 이러한 국제징세의 변화와 맞물려 영미(英美) 해양세력의 정책수정 가능성을 기대해 볼 수 있게 되었다. 물론 이 모든 것은 한국이 어떻게 하느냐에 달려있다. 한국은 120년 전(1905년, 을사년)에 비해 천지개벽 수준으로 발전했다. 비록 분단국이지만 눈부신 경제적, 정치(민주화)적 발전을 이루어 냈다. K-POP을 필두로 한 K-드라마, 한식 등 한류라는 대중문화는 전 세계에 긍정적인 영향을 미치며 세계인들을 친한파로 만들고 있다. 동양 작은 나라의 문화가 자부심 강한 백인 주류 사회까지 매료시킬 줄은 누구도 예상하지 못한 것이었다. 경제, 정치, 외교, 군사 등 정부관계자가 아닌 젊고 대중적인 친한파의 등장은 앞으로 최소 100년 이상 한국에게 엄청난 힘으로 작용하게 될 것을 예고한다. **세계가 부도의 후손들에게 힘을 모아 주고 있는 이유는 무엇일까? 세계인들의 응원과 열망에 어떻게 보답해야 할까?**

동북아에도 미약하지만 긍정적인 변화가 일어나고 있다. 사업가 출신이면서 김정은과 대화를 시도했던 트럼프가 당선(2024.11)되기 1달 전, 일본정계에서는 평화헌법 개정(전쟁할 수 있는 일본)을 반대하는 입헌민주당이 약진(2024.10)하였고, 비교적 온건파로 알려진 이시바 시게루가 총리로 당선되었다. 일본 군국주의 부활의 상징과도 같았던 총리 아베 사후 일본 정계에서는 자민당이 여전히 제1당이긴 하지만 이 또한 한반도와 동아시아 평화에 긍정적 가능성을 보여 준다. **그러나 이러한 외적인 환경요소보다 훨씬 중요한 것은 한국 국민들의 시대에 맞는 현명한 현실인식과 정치력이다.** 아직도 좌익과 우익이라는 프레임, 반공논리로 친일을 합리화하는 극우보수 논리를 극복하고, 말 그대로 대한민국 국민과 국가의 안전을 최우선으로 하는 진정한 민족 보수세력이 등장한다면 1905년의 질서는 역사서에만 존재하게 될 것이고 '을씨년스럽다'는 말은 '얼싸, 좋은' 해로 바뀌게 될 것이 분명하다. **위기 때마다 기적 같은 힘을 보여 주는 대한민국 국민과 한민족의 집단지성은 그 어느 것보다 강함을 증명해 왔다.** 홍익인간이라는 주춧돌 위에 서있기 때문이다.

## 4. 북한에 대한 냉정한 이해와 접근

무엇보다 북한에 대한 냉철한 이해와 접근이 필요하다. 구시대적인 이념적 접근이나 감정적 접근을 탈피해야 한다. 북한에 대한 적대감과 반공(反共)에 너무 몰입한 나머지 반공을 위해서라면 한국침략의 야욕을 여전히 가지고 있는 일본 우익과도 손잡을 수 있고, 심지어는 일본 밑으로 다시 들어가도 좋다는 극단적인 세력마저 용인한 결과, 한순간에 대한민국의 민주주의는 붕괴할 위기를 맞이하지 않았던가? **이미 세계 어디에도 공산주의가 설 자리가 없어진 지 오래다.** 이 말은 곧 '대한민국이 공산화가 될지도 모른다'는 공포와 트라우마는 이제 내려

놓아도 좋다는 뜻이다. 만약 누군가, 또는 어떤 세력이 대한민국을 공산화하려 시도한다면 오히려 좌파라는 이름으로 불렸던 사람들이 가장 먼저 일어나 응징하리라 확신한다. 공산주의는 이미 조선시대 성리학 수준으로 몰락한 구시대 유물이 되었다. 만약에 어느 지방 유림들이 대한민국을 유교를 중심으로 하는 조선으로 되돌리겠다고 한다면 비웃음만 사게 될 것이다. 공산화에 대한 염려도 이와 다르지 않다. 대한민국은 자유와 자본주의, 무엇보다 민주주의에 단단히 기초해 있으며, 그 누구도 흔들 수 없다는 것을 2024년 12월 전 세계가 목격했다. 오히려 우려할 대상은 극우와 독재를 추종하는 세력임이 증명되었다. 그러니 북핵과 북한에 대한 적대감과 공포심에서 조금은 냉정해져도 된다는 것이다.

한국계 미국인, 데이비드 강(강찬웅) 교수(USC, University of Southern California, 남가주대)는 한국인에게 '당신은 통일을 원하는가?'라는 질문은 잘못되었다고 말한다. **제대로 된 질문은 '북한정권이 붕괴한다면 북한을 일본, 중국, 한국 중에서 누가 가져야 되는가?'라고 해야 한다는 것이다.** 질문에 따라 보는 관점이 완전히 달라진다. 통일이라는 문제를 바라보는 시각 자체가 바뀌는 것이다. 대한민국 국민 중 대부분은 '북한정권 붕괴는 곧 통일'이라는 착각 속에 살고 있다. 1953년 7월 27일 정전(휴전)협정의 당사자는 중공(사령관 팽더화이), 북한(김일성) 그리고 미국(유엔군)이었다. 그 자리에 한국(이승만)은 없었다. 휴전협정서는 북한정권 붕괴 시 중국이 한반도 문제에 개입할 명분으로 이용될 수 있다. 고구려, 발해 역사뿐만 아니라 한강이북을 고대부터 중국영토였다고 주장하는 동북공정이 사실은 북한 붕괴 대비용임은 세상이 다 알아 버려서 더 이상 비밀이라 할 수도 없다. 6.25는 남북전쟁이 아니라 국제전이었고, 휴전도 국제적인 조약처럼 이루어졌으며 현재 진행형이다. 이를 남북당사자의 문제로 바꾸려면 정전협정을 종전협정으로 바꾸고 평화협정으로 전환시켜야 한다. 하지만 패전 후 6.25로 다시 일어난 일본이 한반도 평화를 원할까? 더구나 유일한 탈출구는 한반도 전쟁밖에 없다고 할 정도로 몰락하고 있는 일본입장에서? 대륙세력을 효과적으로 저지해 온 해양세력의 입장에서도 남북이 분단되어 대치하고 있는 상황은 결코 나쁘지 않았다. 오히려 세계 제일의 무기 소비처에서 막대한 이익을 얻은 것은 부정할 수 없는 사실이다. 하지만 공산주의 해체 이후(소련, 중공) 북한의 몰락은 중국이 압록강과 두만강 이남으로 영향력을 확대하는 결과를 만들어 냈다. 미국 주도의 대북경제제재 속에서 북한경제는 오히려 중국에 종속되어 버렸다. 만약에 위태로운 북한이 몰락한다면 휴전선 이북에 중국 인민해방군이 주둔할 수 있고, 이는 미국(해양세력) 입장에서도 절대 반가운 일이 아니다. 중국의 이러한 속셈을 잘 알고 있는 북한이 러시아와 밀착하자 중국은 북한 노동자를 강제 귀국시켜 노골적으로 불만을 드러낸 바 있다(2024). 집어삼키려는 중국을 피해 러시아에 기대는 북한, 이들의 삼각관계 속 틈을 미국의 47대 대통령 트럼프는 노리고 있다. 쉽지는 않겠지만 할 수만 있다면 **북한을 친미(親美)세력으로 만드는 것이 대륙 중국을 견제하는 가장 확실한 방법이 될 것이다.** 무엇보다 북한 개발은 무기장사보다 훨씬 더 안전하고 수익성 또한 높다. 북한 또한 중국에 잡아먹히지 않기 위해서라도 미국이 내미는 손을 잡고 싶어 한다. **한국은 이 절호의 기회를 '평화'와 '통일'로 연결시켜야 한다. 그렇게 하기 위해서는 낡은 이념갈등과 적대감에서 과감히 탈피해야 한다.** 성리학이라는 낡은 이념에서 헤어나오지 못하다 때를 놓쳐 몰락한 조선의 역사에서 교훈을 얻어야 한다. 동시에 북한정권이 붕괴할 경우, 미일중러의 오랜 속셈을 알고 대비해야 한다. 2014년 중국이 제안한 북한 분할안이 국내외 언론에 보도되었다.

북한 붕괴 시 4분할안

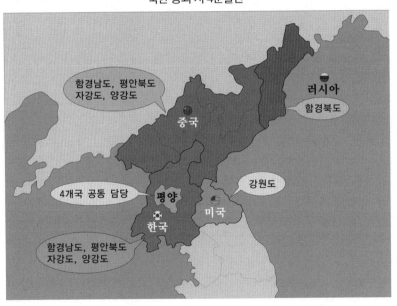

말 그대로 북한정권 붕괴 시 중국, 러시아, 미국, 한국이 안전하게 나눠 갖자는 제안이었다. **한국은 모든 가능성을 염두에 두고 최대한**

**안전한 길을 선택해야 한다. 그 길은 평화 위에 있다.** 북핵 위협은 경계해야 하지만 동시에 핵은 최후의 수단임을 이해해야 한다. 핵을 쓰는 순간, 누군가는 큰 피해를 입겠지만 핵을 쏜 장본인은 비참한 최후를 맞이하게 될 것을 그들이 더 잘 알고 있다. 그렇기 때문에 유화책이 필요한 것이다. 트럼프에 의하면 김정은을 만났을 때(2018) 왜 핵에 집착하느냐고 묻자, '(자신의) 안전을 위해서 어쩔 수 없다.'고 대답했다고 한다. 또, '안전하게 경제 개발할 수 있다면 왜 핵에 집착하겠냐.'는 말도 실제 김정은이 한 말이다. 미국 민주당 전 대선후보 털시 개버드는 '리비아의 카다피가 미국의 안전보장 약속을 믿고 핵을 포기했지만 오바마 행정부와 힐러리 클린턴은 약속을 어기고 리비아를 공격했다. 카다피는 결국 비참한 최후를 맞이했다. 김정은은 카다피와 같은 결말을 원하지 않는다.'고 말했다. 이럴 때일수록 과감한 대화와 접근이 필요하다. 최근 몇 년 사이에 선제타격을 통한 북침통일을 주장하는 극우세력의 목소리가 고개를 내밀고 있다. 약소국의 한계라고 조롱하는 이들도 있지만 한민족이 수많은 외침 속에서도 다른 나라를 먼저 침략하지 않은 역사는 홍익인간이라는 이념과 함께 대한민국의 가장 큰 자산 중 하나이다. 한국은 수천 년 역사를 통해서 평화를 사랑하는 홍익인간의 민족성을 증명한 것이며 평화의 신용도를 꾸준히 높여 온 것이다. 이러한 역사는 앞으로 국제사회에서 권한을 위임받거나 많은 나라가 협력할 파트너를 찾을 때 한국을 가장 앞줄에 세우게 할 것이 틀림없다. 국제사회에서 한 나라가 다른 나라에게 배신하지 않고 함께 상생(相生)할 파트너라는 믿음을 얻기란 결코 쉬운 일이 아니다. 그것은 최소 수백 년, 수천 년간 평화의 역사를 쌓아도 될까 말까 한 일이다. 그런데 한국은 자신도 모르는 사이에 세계가 신뢰할 수 있는 나라라는 누구도 강탈할 수 없는 무형의 자산을 축적해 온 것이다. 백번 양보해서 지금까지의 역사가 국력이 약해서라는 일부의 주장을 인정한다 해도 만약에 2025년 현재 한국이 세계 10위권의 경제력과 세계 5위의 압도적인 군사력을 보유하고도 전쟁이 아닌 평화로운 방법으로 화합과 통일을 주도한다면 어느 누가 이 나라와 손잡고 싶지 않겠는가? 진정한 힘은 경제력이나 군사력에 있는 게 아니다. 저 나라, 저 민족은 어떠한 경우에도 누구에게 상처를 주지 않고 평화를 수호할 거라는 믿음보다 강력한 힘은 인류 역사상 누구도 가져 본 적이 없다. 우리는 세계가 지켜보는 가운데 마지막 시험대 위에 서 있다. 만약에 우리가 마지막 시험을 통과한다면 세계의 민심은 온전히 한국을 향하게 될 것이다. 이는 앞으로 최소 수백 년간 한국이 세계를 리드할 자격과 민심을 얻게 될 것을 의미한다. 그런데 누구보다 평화를 사랑하는 우리 한민족이 일본 제국주의나 서구 열강이 했던 것처럼 침략이라는 방법으로 강제적 통일을 이루려고 한다면 그것은 다 된 밥에 재 뿌리는 것과 무엇이 다르겠는가? 목적이 정당하다면 방법은 평화적이어야 한다. 누가 우리를 침략한다면 단호하게 대응해야 하지만 우리가 누구를 먼저 침략해서는 안 된다. 그것은 결코 한민족의 길이 아니다.

## 5. 한민족이 인류평화를 이루는 플랜, 부도재건

　　대한민국은 현재 해양세력의 편에 서 있다. 비록 지위는 높아 보이지 않지만 말이다. 통일은 80년 섬 생활에서 벗어나 대륙과의 재연결을 의미하며 이는 곧 부도를 재건할 수 있는 최소한의 요건을 회복한다는 것과 같다. 한국은 옛 부도를 참고하여 한국은 해양세력의 본진인 미국과 한미동맹을 지속적으로 강화하는 동시에 대륙세력의 본진인 러시아와도 협력을 강화할 필요가 있다. 미국과 멀어지자는 의미가 결코 아니니 오해하지 말기 바란다. 미국은 한국과 힘을 합쳐 지구촌에 평화시대를 열었다고 훗날 역사(歷史)가 기록하게 만드는 건 불가능한 일이 아니다. **대한민국은 그 어떤 나라보다 미국이 지구촌에 세워진 존재 이유를 거룩하게 만들어 줄 수 있다.** 애증이 섞여 있지만 지금까지 한국이 힘을 회복하고 이만큼 성장하기까지 어느 누구도 아닌 미국의 도움이 컸다는 것은 부정할 수 없는 사실이다. 또한 앞으로 통일을 이루고 부도를 재건하기 위해서 미국과의 협력이 없이는 거의 불가능한 것 또한 틀림없는 사실이다. 그러니,

　　"결과적으로 미국은 한국을 돕기 위해 미리 세워진 나라였다고 해도 과언이 아니다. 그 한국은 통일한국이고, 마침내 부도를 재건한 한국이었다. 21세기, 마침내 한국과 미국은 협력하여 지구촌에 평화시대를 열었다."

이 말이 실제 역사가 되도록 우리가 한번 만들어 보자는 것이다. 어느 정도는 진행 중에 있지 않은가?

한편 **러시아는 우리에게 기회의 나라**이다. 러시아는 거대한 영토와 자원의 보고이지만 스스로 유럽인의 정체성을 지니고 있어 인구 대부분이 유럽과 가까운 모스크바를 중심으로 활동하고 있다. 영토에 비해 턱없이 적은 인구는 넓은 국토를 개발하는 데 한계로 작용하고 있다. 인구가 넘쳐나는 중국은 러시아의 극동(연해주)을 개발하고 싶어 하지만 러시아는 중국을 견제하고 있다. 또한 러일전쟁과 2차대전의 갈등이 영토분쟁으로 여전히 지속되고 있는 일본 또한 높은 기술력에도 불구하고 러시아가 파트너로 삼고 싶어 하지 않는다. 그렇다면 **러시아의 극동지역은 누가 개발할 수 있을까? 단언컨대 한국밖에 없다.** 러시아는 광활한 영토와 자원이 있고 한국은 우수한 인력과 기술이 있다. **풍부한 지하자원을 가지고도 바다를 접해 있지 않아 발전의 한계를 지닌 몽골 또한 한국의 도움이 절실하다.** 우리에게는 바다로 통하는 길이 있고, 중국처럼 탐욕적이지 않기에 지금도 몽골과 상호 호의적이다. **휴전선의 철조망을 제거할 수만 있다면, 옛 부도 단군조선 64족 연방을 재건하는 것이 결코 불가능한 일이 아니라는 것이다.** 하지만 동아시아의 토착 대륙세력, 요(堯)의 후손이자, **제왕지도의 나라 중국의 야욕은 경계해야 한다.** 동북공정이라는 그들의 목적이 이 시간에도 분명하게 한반도를 향하고 있기 때문이며, 이는 정한론(征韓論)을 포기도 반성도 하지 않는 전범 일본우익 세력을 경계해야 하는 이유와 같다. 물론 이와 별개로 불쌍한 일본 국민이나 중국 내 여러 소수민족에 대해서는 연민을 가져야 할 것이다. 최근 도쿄대학 연구에 의하면 일본인은 유전적으로 한반도에서 유래하였고 유전자가 80% 동일하다고 한다(20%는 토착 조몬인). 이것 때문은 아니지만 침략성을 포기한다면 일본인도 품어 줄 수 있어야 한다. 최악의 경우, 자연재해로 국토가 파괴되었을 때 일본 난민이 한국으로 올 경우도 대비해야 한다. 지금까지 한국은 북한만 바라보다가 그 너머의 대륙과 해양을 제대로 이해하지 못했다. 눈앞에 돌부리만 보다가 그 너머 펼쳐진 광활한 대지를 보지 못하는 어리석음은 이제 과감히 버려야 한다. 눈을 크게 뜨고 세상을 보자. 이미 대륙과 해양의 여러 종족들이 이 땅에 와서 주인이 주인 역할을 제대로 해 주기만을 기다리고 있는 게 보이지 않는가?

지금 인류는 3차 세계대전의 위험에 직면해 있다. 그 시작은 19세기 이후 지속되어 온 대륙세력과 해양세력의 헤게모니 충돌이다. 그 핵심은 '무역'이었고 '이권'을 위해서였다. 부도(단군조선) 이후 약 2천 년이 지난 19세기 옛 부도의 땅에 대륙세력과 해양세력이 다시 찾아왔다. 하지만 그 만남은 서로 형제임을 확인하고 화합하며 교역을 통해 풍요를 누리기 위함이 아니었다. 그들은 대포를 쏘며 통상을 요구했다. 교역의 의미는 이미 변질되어 있었다. 이 땅에 다시 찾아온 대륙세력(러시아, 중국)과 해양세력(영국, 미국, 일본)은 서로 다투고 오히려 옛 부도 땅을 차지하기 위해 싸움을 벌였고 폐허를 만들었다. 청(중공), 일본, 러시아(소련), 미국과 세계 여러 종족의 군인들이 이 땅에 와서 피를 흘리고 목숨을 잃었다. **변함없는 사실은 이 땅은 예나 지금이나 대**

륙종족과 해양종족들이 만나 교역하기 좋은 곳에 위치해 있다는 것이다. 해양과 대륙을 하나로 연결할 수 있는 지구상의 최고 명당에 우리가 살고 있다. 21세기 지구촌 위기의 핵심은 대륙세력과 해양세력의 헤게모니 싸움이 초래한 것이니, 누군가 나서서 대륙세력과 해양세력을 화합하게 할 수만 있다면 인류는 유례없는 평화의 시대를 열 수 있을 것이다.

다시 부도지를 살펴보자. 부도지는 부도(符都)의 위치로 추정되는 한반도와 만주 일대를 이렇게 묘사한다.

> "부도가 완성되니 웅장하고 화려하며 밝아서 온 인류와 함께 화합하기에 충분하였다. 모든 종족을 연결하는 살아 있는 고리였다." (부도지 13장)

대륙종족과 해양종족이 모여서 화합하고, 무역하며 풍요를 누리기 위해 건설된 부도(고대한국)는 이렇게 정의할 수 있다.

**인류를 한곳에 불러 모아서 화합하게 하고 근본을 알려 주는 곳.**
**해양세력과 대륙세력이 무역을 하며 경제적 풍요를 누리는 곳.**
**모든 종족을 연결하는 살아 있는 고리.**

이것만 기억한다면 부도지를 역사(歷史)로 인식하든, 신화(神話)로 인식하는 그것은 중요하지 않다. 역사든 신화든 얼마든지 현실 창조의 모티브가 될 수 있기 때문이다. 신화(神話)면 어떤가? 단군왕검이 이미 부지 선정과 국가계획, 모델하우스까지 다 만들어 놓았다. 신화면 어떻고 소설이면 어떠한가? 우리는 단지 그 아이디어를 가져다 쓰면 된다. 아무도 저작권을 주장하지 않는다. 왜냐하면 우리가 부도의 상속자이기 때문이다. 이제 남은 것은 단 하나, **부도를 재건하겠다는 선택만이 필요하다.**

2025년 현재 우리 앞에는 3개의 선택지가 있다. 해양세력에 붙는 것, 대륙세력에 붙는 것, 해양세력과 대륙세력을 화합하고 풍요롭게 하는 자주세력이 되는 것이다. 부도지를 모른 채 단지 한국의 생존만을 놓고 이원론(二元論)적인 프레임에 매몰된다면 당연히 해양세력(미국)에 붙어야 할 것이다. 그러나 그 평화와 번영은 얼마나 지속될 수 있을까? 또한 그 평화와 번영은 온전히 우리의 것일까? 우리는 그 이상을 봐야 한다. 대륙 vs 해양이라는 이원론적 구도는 평화가 아닌 대결의 구도, 파멸의 구도이기 때문이다. 더 이상 한민족이 대륙, 해양세력 사이에서 소모품이나 부속품이나 전리품이 되어서는 안 된다. 둘 중에 하나를 선택하라는 것은 이원론적인 사고이다. 홍익인간 정신으로 한민족과 인류의 평화를 지향한다면 제3의 선택지가 있다. 천부경의 삼원론(三元論)적인 사고이다. 천부경은 '인중천지일(人中天地一)'을 말한다. **'중(中)인 인(人)이 천(天)과 지(地)를 하나(一)로 귀결(歸結)시킨다.'**는 것이다. 결국 만법(萬法)은 일귀(一歸)할 것이고, 그 모델은 부도(符都)이다.

마지막으로 부도지 26장을 살펴보자.

> "(임검씨가) 세상의 일을 미리 살피고 부도(符都) 건설을 시범(示範)하였다(豫察 四海之將來 示範符都之建設)."

부도지에 의하면 임검씨는 인류의 장래를 미리 내다보고 부도를 건설하여 미리 시범(示範)을 보였다는 것이다. 임검씨는 수천 년 후 해양종족과 대륙종족이 서로 싸울 걸 알았던 것일까? 그때 가서 후손들이 싸움을 멈추게 하고 부도를 재건하여 서로 화합하게 만들기를 바라셨던 것일까? 부도를 완성하여 복본(復本)을 마침내 완수하게 하는 거대한 계획을 세우셨던 것일까? **분명한 것은 우리 한민족의 선택이 인류의 미래를 좌우한다는 것이다.** 이미 이 땅에 태어난 것 자체가 우리의 숙명이 아니면 무엇이란 말인가? 통일 또한 부도재건과 인류평화 프로젝트의 연장선상에서 이루어져야 한다. 만약에 남북이 대륙세력과 해양세력을 모두 화합하게 하는 대통일의 시대, 대화합의 시대를 연다면 홍익인간 이화세계라고 능히 말할 수 있을 것이다. 우리가 해야 할 일은 단 하나 평화통일을 이루고 부도를 재건하여 정신과 물질이 조화로운 신문명(新文明) 시대를 열어가는 것뿐이다. 인류의 복본이다. 누구는 이상적이라고 할지도 모르지만 이것만이 유일하게 우리가 살아갈 이유이자 길이 분명하다고 분명히 말해 주고 싶다.

# III.

# 그 외 부도지의 가치 3

부도지(符都誌)의 가치는 많아서 다 설명할 수 없지만 간략히 몇 가지를 추가로 제시하며 마무리하고자 한다.

## 1. 역사적 가치

부도지는 한민족의 입장에서 요순(堯舜)시대와 특히 순(舜)의 내력을 구체적으로 기술하고, 우(禹)임금으로 이어지는 과정에 대해서도 유의미하게 기록하고 있다. 또한 단군조선과 막연히 단어로만 존재했던 신시(神市)에 대하여 중요한 단초를 제공한다. 박혁거세, 석탈해, 김알지 등 신라 초기 역사 연구에도 때로는 삼국사기, 삼국유사보다 훨씬 상세하고 유의미한 것을 알려 주고 있다.

## 2. 한민족의 창세신화와 마고전승설화 연구

부도지를 제외하더라도 이미 한국에는 수많은 마고전승설화와 지명이 존재해 왔다. 노고단 등 지리산 일대, 문경과 양산의 마고산성, 용인 석성산의 할미산성도 마고설화의 유적이다. 문경시 마성(麻城)면의 옛 지명은 마고성(麻姑城)면이었다. 부도지는 우리나라 곳곳에 산재해 있는 마고전승설화와 지명을 연구하는 데 큰 도움을 줄 수 있을 것이다.

## 3. 기존의 동양철학을 뛰어넘는 한국철학 연구

지금까지 주역(周易)과 함께 음양오행사상은 동양철학의 대표사상으로 여겨졌으며, 현대에도 이를 비판하는 연구자는 찾기 어렵다. 그런데 부도지는 특이하게도 오행(五行)을 전면으로 부정한다. 인류가 화합하는 이상세계 부도(符都)를 망친 주역 요(堯)가 창시한 삿된 도(道)로 명시하며 인류 역사상 두 번째의 큰 변고라고 할 정도이다. 부도지는 유호씨의 말을 빌어 목화토금수 오행(五行)을 부정할 뿐만 아니라 하도낙서(河圖洛書)로 추정되는 거북이 등껍질 무늬와 명협풀 무늬에 의한

일체 철학적 접근을 부정한다. 실제로 불교에서는 만물의 근원이 되는 사대(四大)로 지수화풍(地水火風)을 들고 있고, 서양에서도 물, 불, 바람(공기), 흙의 4원소설이 중심이 되어 왔다. 부도지 또한 같은 맥락의 기화수토(氣火水土)를 제시한다. 한편 부도지는 천부경과 삼일신고의 3, 6, 9 수리체계와는 놀랍도록 일치한다. 부도지는 오랫동안 중국 중심의 동양철학에서 탈피하여 온전한 한국철학을 복원할 수 있는 길을 열어 주고 있다. 앞으로 많은 연구가 필요한 이유이다.

## 4. 고유 역법(曆法) 연구

부도지에는 1년이 13달로 이루어졌다는 부도의 역법(曆法)이 등장한다. 재야에서 이미 관련 연구자들이 성과를 내놓고 있는데, 대표적으로 '마고력'(이정희 저)이 있다. 부도지의 역법을 연구하면 세시풍속의 원류를 연구하고 인류에게 가장 적합한 역법을 찾을 가능성이 있지 않을까? 예를 들면 우리는 아이가 어머니 배 속에서 10달을 있다고 한다. 날수로는 280일이다. 하지만 서양의 달력이나 동양의 음력으로 해도 10달은 오차가 발생한다. 그런데 부도지의 역법으로 계산하면 1달(28일)*10달=280일로 정확해진다. '마고력'의 저자는 백중(百中)이 곧 하지(夏至)라고 주장한다. 부도의 역법으로 보면 현재 백중(百中)날로 알고 있는 음력 7월 15일이 정확히 하지(夏至)에 위치한다는 것이다. 부도지를 연구하여 고대 역법을 복원하는 일이 불가능하지 않을 것이다.

그 외 율려(律呂), 천부(天符), 천부인(天符印), 천부경(天符經), 금척(金尺) 등 국학(國學) 연구에서 부도지를 참고할 수 있을 것이다. 부디 부도지가 세계적으로 널리 알려지고 연구되어 한민족의 정체성 회복과 인류의 평화에 잘 쓰이기 바란다. 마지막으로 징심록 원본이 꼭 회수되기를 염원한다.

부도재건을 위하여!

- 끝 -

장한결의
# 부도지 강의

ⓒ 장한결, 2025

개정판 1쇄 발행 2025년 3월 24일

| | |
|---|---|
| 지은이 | 장한결 |
| 펴낸이 | 이기봉 |
| 편집 | 좋은땅 편집팀 |
| 펴낸곳 | 도서출판 좋은땅 |
| 주소 | 서울특별시 마포구 양화로12길 26 지월드빌딩 (서교동 395-7) |
| 전화 | 02)374-8616~7 |
| 팩스 | 02)374-8614 |
| 이메일 | gworldbook@naver.com |
| 홈페이지 | www.g-world.co.kr |

ISBN   979-11-388-4100-9 (03100)